금하 광덕 대종사

광덕 스님 법어록

광덕 스님 법어록

불광출판사

시대와 사람을 이어주는 다리가 될 것이니
- 불광 창립 50주년 기념 『광덕 스님 법어록』 간행에 제(題)하며

한 사람의 삶이 주변에 얼마나 깊은 울림을 줄 수 있는지 금하 광덕 대종사의 생애를 돌아보면서 다시 한번 깨닫게 됩니다. 일생 그 자체가 한 편의 법문임을 알려주기 때문입니다. 세간에서 개인 번뇌로 발심하였고 문제 해결을 위하여 구도의 길을 찾아 나섰던 수행 여정과 그 과정에서 마주한 수많은 중생들과의 만남, 그리고 그 만남 속에서 피어난 전법의 원력이 간단(間斷)없이 이어진 삶이었기 때문입니다.

월간 「불광」 창간과 '불광법회' 창립, 그리고 잠실 불광사를 창건하여 한국불교의 새로운 지평을 열었습니다. 그것은 단순한 포교활동의 차원을 넘어 불교를 현대인의 삶 속에 녹여내는 혁신적인 시도라고 할 것입니다. 부처님의 가르침은 늘 우리의 일상 속에 살아있어야 한다고 강조하셨습니다. 그것은 불교가 단지 사찰 안에 머물러서는 안 된다는 것에 대한 깊은 통찰이었습니다.

대종사의 가르침에서 가장 빛나는 것은 인간에 대한 '절대 긍정'이었습니다. 모든 중생은 불성을 지니고 있다는 말씀을 '내 생명 부처님 무량공덕 생명'이라는 신앙적 언어로 재해석하신 부분이라 하겠습니다. 이는 단순한 슬로건이 아니라 오랜 사유와 성찰 위에서 모든 존재의 존엄성을 널리 선언한 것이기 때문입니다.

평생 동안 한국불교의 현대화와 대중화를 위한 끊임없는 노력과 함께 중생구제라는 대원력을 실천하기 위해 살아가신 모습은 많은 이들에게 감동을 주었으며 이는 만세의 귀감이 되었습니다. 반야의 지혜로 세상을 꿰뚫어보셨고 자비의 실천으로 그 깨달음을 중생들과 나누면서 전법사상의 결정체인 '마하반야바라밀법' 운동을 널리 제창하신 것입니다.

한 줄기의 빛으로 어둠을 밝히고자 시작된 불광의 여정이 어느덧 반백 년이 되었습니다. 그 정진의 결실이 500여 페이지의 법어록으로 우리 앞에 나투었습니다. 당신의 장광설은 문자사리가 되었고 수행법은 '마하반야바라밀법'으로 여전히 우리에게 살아 있습니다. 영원히 시대와 사람을 이어주고 부처와 중생을 이어주는 다리가 될 것입니다.

방대한 양의 대종사 말씀바다 속에서 진주를 골라내고 알알이 꿰는 노고를 마다하지 않은 '광덕 스님 법어록 편찬위원회'와 불광출판사의 땀방울에도 다시 한번 감사의 말씀을 전하는 바입니다.

마지막으로 광덕 대종사의 원력 완성은 결국 남아있는 후학들의 몫임을 반드시 명심해야 할 것입니다.

불기 2568(2024)년 만추지절(晩秋之節)
금정총림 범어사 화엄전에서
여천 무비 쓰다

상생과 평화를 위해 몸과 마음을 바칩니다

〈순수불교선언〉이 불광(佛光)입니다.

불광은 부처님의 무한광명 지혜의 완성을 그대로 믿고 절실히 실천하는 보살도의 실행자입니다. 이 찬란한 태양을 중생 모두에게 보여주는 전법행자가 곧 불광을 믿는 보현행자입니다. 삼라만상 하나하나가 모두 부처님이십니다. 길가에 핀 풀 한 포기, 날아가는 새에서 떨어지는 깃털 하나도 부처님 아닌 것이 없습니다. 나의 원수도 부처님이십니다. 나의 도반도 부처님이십니다. 나도 부처님이십니다. 어찌 중생을 나와 다르다고 하겠습니까. 모두 나이기에 존중하고 예배합니다. 모든 업장을 참회합니다. 무시 이래로 알고 모르게 지은 죄를 모두 참회합니다.

일체세계에 극미진수의 부처님이 계시고 낱낱 부처님 계시는 곳마다 한량없는 보살들이 둘러 계심에, 내가 보현행원의 원력으로 닦고 깊은 믿음과 분명한 지견을 일으켜 공양하겠습니다.

진리에 목마른 이에게 법을 전해주고, 춥고 배고픈 사람에게는 재물을, 공포와 불안에 헤매는 사람에게는 편안함과 안정을 줄 것입니다. 모든 사람들과 함께 기뻐할 것이며 그 기쁨을 나누겠습니다. 나보다 지혜가 있는 분에게는 진리를 청하고 오래오래 이 세상에 상주하시길 원하겠습니다. 목숨을 다하여 배우겠습니다. 일체중생은 마음이 평등하므로 노여움 없이 모든 중생에게 순종하겠습니다.

모든 것은 내 것이 아닙니다. 함께 나누고 돌려주겠습니다. 불광 식구들은 모두가 보현행자입니다. 보현행자는 보현보살의 십대 행원을 실천합니다. 법등을 통하여 하나가 되겠습니다. 보현행으로 보리를 이루겠습니다.

우리는 모두가 각자 대지혜 광명을 가지고 있습니다. 그렇기에 보현행원을 실천할 수 있습니다. 우리는 부정적인 생각, 말, 행동을 거부합니다. 태양광명은 그림자가 없습니다. 그렇기에 영원합니다. 우리는 긍정의 힘, 반야의 노래를 합창하는 보현행자입니다.

"내 생명 부처님 무량공덕 생명, 용맹정진하여 바라밀 국토 성취한다."

내가 부처님 공덕생명이라 하여 내 개인의 소유가 아닙니다. 무량공덕 생명은 하나입니다. 그 하나로 돌아가는 것이 생명입니다. 내 생명이 따로 있지 않습니다. 내 것이 따로 있다는 생각이 무명이고 중생입니다. 광덕 스님은 이러한 착각을 타파하기 위해, 우리는 사회라는 공동체로서 살아 있음을 선언합니다.

"우리는 횃불이다. 스스로 타오르며 역사를 밝힌다."

상생과 평화를 위해 몸과 마음을 바칩니다.

광덕 스님은 〈순수불교선언〉에서 인간은 대반야의 완성자로서 보현행자가 될 때 참다운 인간이요, 불교인이요, 보현행자임을 선언

했습니다.

불광 창립 50주년을 기념하여 광덕 스님의 제자이며 불광법회 회장을 지낸 혜은 거사와 편찬위원들이 스님의 법어를 모아 『광덕 스님 법어록』을 엮어 펴냈습니다. 이 책은 광덕 스님의 마하반야바라밀 사상으로부터 보현행자의 실천까지를 논리정연하게 엮었습니다.

마하반야바라밀!
보현행원으로 보리 이루리!

불기 2568(2024)년 10월 향림정사에서
불광법회 2대 회장
동국대학교 13대, 14대 총장
철학박사 벽운 송석구 합장

목차

제3부   불광행자의 삶과 수행 (생활편)
보현행원으로 보리 이루리!

제4부　불교의 사회적 실천 (사회 편)

우리는 횃불이다
스스로 타오르며 역사를 밝힌다!

제5부　서원·발원·찬불가

⊙ 일러두기

『광덕 스님 법어록』은 사상 편·생활 편·사회 편으로 나뉘어져 있고,
부-장-절.항으로 분류하였다.

(예: 2-1-6.3 ⇨ 제2부 제1장 6절 3항 반야바라밀행자의 사명)

제

1

부

불광 사상

제1장
순수불교선언

부처님 보신 바에는 인간은 어느 누구의 피조물이거나 상관적 존재가 아니다. 사람의 참모습은 절대의 자존자며 무한자며 창조자다. 일체 신성과 존엄과 가치와 권위는 그로부터 인유한다. 그것은 인간이란 구극의 진리인 불성의 실현이기 때문이다.

그러므로 사람에게는 모든 덕성과 능력이 본래로 구족하다. 지혜와 자비는 그의 생리며 체온이다. 희망과 환희, 자신과 성취가 그의 맥박 이전부터 함께 있다. 사람은 본래로부터 축복된 자며 영원의 자재인 것이다. 그러므로 참된 인간세계에는 찬란한 광명이 가득하고 청정하고 싱그러운 기운은 대지 구석구석에 물결친다. 그러니 어디 메에 어둠이나 불안의 겁약이나 좌절이 깃들 것인가!

이것은 본래의 것이다. 빼앗길 수도 없고, 미(迷)하였다 하여 변할 수도 없다. 이것이 영원히 변할 수 없는 인간의 모습이며 현실인 것이다.

헌데, 오늘날 우리의 세태는 그렇지만은 않다. 원래로 이같이도 밝고 따사로운 햇빛인데, 인류의 앞길에는 첩첩이 불안의 구름이 가려보이는 것이다. 자원 고갈, 환경 파괴, 인구 폭발, 이상기상, 기아 만연, 전쟁 위기⋯. 게다가 극도로 거칠어진 무도덕의 물결은 우리 주변 어느 구석도 안전지대로 남겨두지 않는다.

우리는 이러한 세계적 소용돌이 속에서 이제 새 역사를 이룩하기 위하여 꿋꿋하게 일어서서 벅찬 노력을 계속하고 있다. 그중에 우리의 주위에는 감각과 물질위주 — 유물주의의 망령이 폭풍처럼 우리의 시계를 흐리게 하고 지성에 혼란을 일으키고 있는 것이다.

이것은 가치의 겁탈이며, 행복의 포기며, 인간의 자기부정과 통한다.

우리는 참으로 반야[지혜]의 눈을 크게 떠야 한다. 물질과 감각으로 착색된 미혹에서 벗어나 인간실상을 바로 보고 인간복지를 회복하여야 하겠다. 그리고 거기서 넘치는 힘과 충만한 공덕을 보고 무한의 지혜와 용력을 발현하여 이 땅 위에 평화 번영의 굳건한 터전을 이룩하여야겠다. 이것은 인간 본연의 영광을 이 땅 위에 구현하는 일인 것이다.

이에 본지 「불광」은 감히 우리의 역사와 생활 속에 부처님의 위광을 전달하는 사명을 자담하고 나선다. 이로써 조국의 발전이 기초할 정신적 기반과 동력을 공여하기를 기도하며, 전진하는 민족사의 방향과 저력을 부여함에 보탬이 되기를 기약한다.

오늘을 사는 불자로서 조국과 형제 앞에서 진실을 바치고자 함에서이다.

삼보제성이며, 증명하여지이다. 형제들이여 미충을 살펴지이다.

'나무 마하반야바라밀.'

_「불광」 창간호, 1974. 11월호 게재

제 2 장
한마음 헌장

부처님은 말씀하신다.
모든 부처님은 오직 일대사인연(一大事因緣)으로
세간에 나셨으니 그는 중생으로 하여금
불지견(佛知見)을 열어 청정을 얻게 하기 위함이라.
불지견을 보이고 불지견을 깨닫게 하고 불지견에 들게 함이니
일체 여래의 무량 무수한 교화 방편도 중생으로 하여금
오직 이 불지견을 보여 불지견을 깨쳐서 불지견에 들게 할 뿐이니라.

또 말씀하신다.
과거 현재 미래의 모든 진리 구현자는
청정 깨친 마음 두렷이[圓] 비춰
일체 불행 부수고 대각자 되신다.

또 말씀하신다.
과거 현재 미래 모든 부처님이

그 마음 청정하심 따라 불국토 이루신다.
또 말씀하신다.
가히 돌려보낼 수 있는 모든 것은
네가 아니라 하겠거니와
돌려보낼 수 없는 것은
이것이 네가 아니고 또 무엇이랴.

또 말씀하신다.
만물이며
우주며
허공 속 건립이라.
허공이 한마음[大覺]에서 남이여
바다에서
한 개의 물거품 일음[發生]인저.

또 말씀하신다.
일체 유위법(有爲法)들은 꿈이며, 환(幻)이며, 물거품이며, 그림자며,
잠깐이고 이슬이고 번개이니 마땅히 이러히 여길지니라.

또 말씀하신다.
나는 일체 지자(智者), 일체 견자(見者),
지도자(知道者)며 개도자(開道者)며 설도자(說道者)니,

미도자(未道者)에는 도(道)를

미해자(未解者)에는 해(解)를
미안자(未安者)에는 안(安)을
미열반(未涅槃)에는 열반을 얻게 하느니라.
또 말씀하신다.
마땅히 청정한 마음을 낼지니 색(色)에 머물러 마음을 내지 말고
성(聲), 향(香), 미(味), 촉(觸), 법(法)에 머물러 마음을 내지 말고
마땅히 머문 바 없이 마음을 낼지니라.

또 말씀하신다.
관세음보살은 반야바라밀다(般若波羅蜜多)로
일체 물질계 일체 정신계에 걸림이 없고
일체 고액에서 해탈했느니라.

또 말씀하신다.
삼세 모든 불보살들은 반야바라밀다로
일체에 걸림 없고 공포 없고 지혜 이루며
마침내 성불하니
이 반야바라밀다는 대신주(大神呪)며
대명주(大明呪)며 무상주(無上呪)며
무등등주(無等等呪)라.
능히 일체 고(苦)를 없애느니라.

또 말씀하신다.
무릇 있는바 모든 현상. 그 모두는 실(實)없는 것

만약 모든 상(相)이 상 아님을 보면 곧 여래를 보리라.

또 말씀하신다.
나는 성중(聖中)에 다시 성(聖)
일체 세간의 아버지.
이 삼계(三界)는 모두가 나의 소유
그 가운데 중생 모두가 나의 자식.
나 한 사람만이 능히 이들을 구호한다.

또 말씀하신다.
나는 실로 성불 이래 무량 백 천 만 억 겁.
그로부터 항상 이 사바세계에서
설법 교화 중생을 인도하고
수명은 무량 아승지겁(阿僧祇劫) 상주불멸(常住不滅)
중생들을 위하여 방편으로 열반을 보이나
실로는 멸하지 않고 언제나 법을 설한다.

마음, 마음, 마음.
한마음 한마음은 마음이 아니다.
관념이 아니다. 생각이 아니다.
하나이거나 둘이거나 수가 아니다.
유도 아니며 무도 아니며 유무 초월의 유이거나 무도 아니다.
일체 초절(超絶)의 진무(眞無)도 아니다.
현재도 아니며 과거도 아니며 미래도 아니다.

시간이거나 공간이거나 시공의 범주에 잡히는 것이 아니다.
형상, 비유, 언설, 무엇으로도 말할 수 없고
생각으로 촌탁(忖度)할 수도 없다.

인식은 시간 공간의 인식범주에서 형성되는 것.
한마음은 시간 공간의 범주 밖의 것이므로
인식, 형식으로 잡을 수 없다.
직관과 사유는 염(念)의 논리적 전개의 형식.
한마음은 염(念)이 아니므로 염의 단순 또는 복합적 반복으로나
논리 비논리의 전개로 어름대지 못하니
그는 사유나 직관으로 이를 수 없다.

나도 아니고 너도 아니고 저들도 아니고 모두도 아니다.
그는 물질이 아니다. 얻을 수도 없고 잃을 수도 없다.
무상(無常)도 아니다. 무아(無我)도 아니다.
고(苦)도 공(空)도 부정(不淨)도 아니다.
법칙이 아니다.
생도 아니고 멸도 아니다.
잡을 수도 없고 버릴 수도 없고 대할 수도 없고 떠날 수도 없다.
죽는 자가 아니다. 숨은 자가 아니다.

한마음은 한마음이다. 한마음일 뿐이다.
한마음만이 있다. 있는 것은 한마음이다.

영원과 자재와 광명과 무한과 환희가
대해(大海)의 파도처럼…
끝없이 너울치고 역동한다.

아침 해
바다를 솟아오른 찬란,
억겁의 암흑이 찰나에 무너지고
광명 찬란, 광명 찬란,
광명만이 눈부시게 부서지는 광명만의 세계
이것이 한마음이다.

모든 것이 완전하게 모든 것이 원만하게 모든 것이 조화 있게
이미 이루어졌고 구족하다.
대성취가 자족하다. 대성취 원만구족,
이것이 한마음이다.

한마음이
스스로를 인정하는 대로
대성취 원만 자족성은 인정하는 만큼 한정되고
한정은 한마음 무한성의 구상적(具象的) 표동(表動)을 촉발한다.
이것이 창조다. 이것이 성취다.

한마음의 자기 율동은 대해의 파도처럼…
무한히 자기를 실현하고 표현하고,

찰나의 쉼이 없이 창조는 펼쳐진다.
이래서 성취, 성취, 환희, 환희가,
한마음의 모습이다. 한마음의 표정이다.

오직 한마음만이 있다. 다른 자는 없다.
있는 것도 바로 그다. 없는 것도 바로 그다.
그는 모두의 모두 오직 그가 있을 뿐이다.
그가 뜻하는 것이 있는 것이다. 그가 뜻하는 것이 없는 것이다.
그가 가는 곳이 길이다. 그가 서는 곳이 우주의 중심이다.
밝음은 그에게서 비롯한다.
그가 마음 두는 곳에 완전은 개화하고 뜻하는 것은 이루어진다.

하늘이 덮지 못하고 땅이 싣지 못하고
하늘도, 땅도, 바다도, 그의 일동목(一動目) 따라 움직이니
일체 권위란 그에게 유인하고 무애용력은 그의 맥박이다.

무엇으로도 그를 막지 못한다. 아무도 그에 이길 자 없다.
아무도 그에 대할 자 없다.

그는 영원의 승자(勝者) 무한의 용자(勇者) 무상(無上)의 권위자,
그 앞에 사람 없다.
힘없다. 권위 없다.
겁약, 좌절, 실의, 절망이라는 말은 없다.

자신(自信), 자신,
해일(海溢)처럼 폭포처럼 화산처럼 넘치고 부어대며
폭발하고 솟구치는 용력(勇力)과 자신
떨치는 위신 이것이 한마음이다.

그는 우주에 앞서 있고 시간에 앞서 있고
공간에 앞서 있고 유무에 앞서 있고
전일(全一)에 앞서 있고 신(神)과 불(佛)과 진리에 앞서 있다.
아무도 그에 선재(先在)하는 자 없다.
그는 겁전 겁후의 결정자.

그에게는
차별도 색채도 음향도 대립도 정예(淨穢)도
미추(美醜) 강약(强弱) 대소(大小) 고저(高低) 원근(遠近)도,
그 어떠한 장애도 그로되 그가 아니다.
일통(一通)이기 때문이다. 즉일(卽一)이기 때문이다.
한 몸의 표현이기 때문이다. 자신의 자성분별이기 때문이다.

다시 온 대지를 덮고
온 하늘을
다시 온 우주를 덮는 뜨거운 사랑

미물도 곤충도 사자도 코끼리도
어족(漁族)도 비금(飛禽)도

사람도 귀신도
그리고 유정 무정 유상 무상 일체중생도
불보살(佛菩薩) 성현까지도
당신의 체온으로 데피는 따스한 사랑.
키우고 돕고 이루고 어울리고
피고 지고 뛰고 노는
영광스런 모든 생명 속성이
그의 훈훈한 사랑 혈맥의 피어남이라.

그의 뜨거운 그리고 커다란 훈훈한 사랑이
저 태양의 햇살같이 저 꽃의 향기같이
생명껏 펼쳐내고 뿜어내고
차별없이 하염없이 부어대는…

오직 줄 줄만 아는 끝없는 사랑이
주어도 주어도 끝이 없는
지칠 줄 모르는, 저 하늘과 태양과 신(神)의 등 너머에서
온 사랑이
이것이 한마음의 체온이다.

생명 궁겁을 꿰뚫은 생명,
우주를 덮고 유무에 사무친 생명,
피고 무성하고 낙엽지고
몇만 번을 반복하고

우주가 생성하고 머물고 허물어지고
다시 티끌조차 있고 없고
그는 유무에 생성에 변멸에 괴공(壞空)에 무관한
영원한 생명.
그는 활활자재 영겁 불멸성을
이 무상변멸(無常變滅)과 생성과 괴공과 유무로 보이니
이것이 무량생명, 영원생명, 절대의 생명.

그에게는 멸(滅)이란 없다.
무한을 자재로 생명할 줄만을 안다.
그는 생명이기 때문이다.
생명에는 생명밖에 없는 것.
빛에는 어둠이 공존할 수 없는 것.
활(活)에는 활밖에 없는 것.
몇만 번 천지가 번복되고
생명이라는 명상(名相)이 있고 없고
생명은 푸른 하늘처럼
출렁이는 바다의 끝없는 물결처럼
영원히 영원히 거기 살아 있다.
이것이 한마음의 수명이며 양상(樣相).

아무리 더럽혀도 때 묻지 않고
아무리 찍어도 다칠 수 없고
아무리 때려도 상하지 않고

아무리 잡아도 죽음이 없는
영원의 불사신, 금강신, 부사의신(不思議身)이
바로 한마음의 육신이며 진신이다.

존재에 앞선 존재 이전자.
모두의 모두이기에
모두는 그에게서 연원하고
모두는 이미 거기 있고
그의 것이다.
풍요 자재 광명 생명 평화 무한창조.

온몸을 온 천지를 뒤흔드는 기쁨
터져 나오는 환희
자족한 모두와 함께 있는 행복
지혜 자비
무량 공덕장이 자재 조화력이
구원생명의 무진파동으로 너울친다.
축복의 물결, 행복의 대해(大海),
한마음은 그를 희롱한다.

그는 규정하는 자.
규정받는 자가 아니다.
그는 스스로 있다.
청정, 청정,

무량청정, 광명장으로 거기 있다.
햇빛 앞에 어둠이 어리대지 못하듯이
죄라는 어둠을 생각할 수 없다.

툭 터진 푸른 하늘 태양은 눈부시게 부서지고
밤하늘 수 없는 찬란
신비와 희망이 반짝이고 소곤대고
끝없는 청정을 흘러내리듯
그에게는 청정 광명만이 몸을 휘감았다.

때 묻을 수 없다. 죄지을 수 없다.
더욱이 인과며 업보가 있을 수 없다.
지옥을 가고 아귀도를 가고 수라취를 날아도
거기에는 흰 연화 향기 나부끼고
우주의 호흡인 듯 대지의 진동, 천락(天樂)은 가득하다.
누가 있어
죄, 죄, 죄인, 죄인 하느냐.
한마음 나라에는 무구청정광(無垢靑淨光)뿐인 것을!

여기에는 물질도 감각도
표상도 의지도 의식도 찾을 수 없고
일체 인식도 대상도 현상도 본래로 없다.

그러니 어찌

죄(罪)며 업(業)이며 보(報)며
고(苦)며 병(病)이며 가난이며
액난(厄難)이란 게 있을까.

그것은 아예 없는 것이다.
이름만이 헛되게 굴러다닐 뿐
실로는 이름조차 없는 것이다.
모든 물질이 그렇고 물질계가 그렇고
모든 현상과 현상계가 그렇다.
현상이라는 환막에 그려지는
그 어떤 두려움도 병고도 고난도
그것은 환일 뿐이다.

인식이라는 허구적 형상에 나타나는
불안도 실의도 허망도 공포도 갈망도 분노도 슬픔도…
그것은 모두 포말(泡沫)에 비친 찬란한 그림자.
실로는 이름조차 없는 것이다.

그러기에 이러한 허망한 환상이나
허구적 영상에 잡히고 눌리고 할 것도
또한 이에서 벗어나고 이기고 하는
힘도 지혜도 도무지 없는 것이다.

여기 마음도 생각도 있음도 없음도

눌림도 벗어남도 힘도 지혜도
자취조차 없는 여기
구름 한점 없는 무한으로 터진 창공
올연(兀然)한 청정 무애광이
탕연(蕩然) 자적하는 여기
구룡이 난무하고
백화(百花) 경미(競美)하고
만수(萬獸)가 합창한다.

이 한마음 나라
가지 않았고 오지 않았고
멀리 있지 않고 가까이 있지 않고
보는 데 잡는 데
부르는 데 뛰노는 데
처처에 구원(久遠) 향풍 젖었고
사람마다 면전 밝은 달 두렷하니
만인 옷소매에 청풍은 떨친다.

삼세 여래는 이곳에 머무시고
제불정국토는 이곳에서 벌어지니
일체 착한 이들 이곳에서 성불하며
일체중생 모두가 이 나라 백성이니
대보살이며, 여래화신이며,
무상사(無上師)며 한 핏줄이라.

모두가
광명자재(光明自在)
신통묘용(神通妙用)
만덕자존(萬德自存)
지성(至聖) 지엄(至嚴) 지정(至淨) 지상(至祥)
지락(至樂) 지건(至建) 지강(至强) 지복(至福)

항사공덕(恒沙功德)은 본래로 지녔고
무량덕상(無量德相)은 원래로 구족하다.

한마음, 한마음,
공덕묘용(功德妙用) 넘쳐나고

마하반야바라밀, 마하반야바라밀,
자재해탈 일체성취 환연히 이룩된다.

마하반야바라밀, 마하반야바라밀,
나무 마하반야바라밀.

_「불광」 창간호, 1974. 11월호 게재

제
2
부

반야의 지혜와
보현의 실천
(사상 편)

내 생명 부처님 무량공덕 생명
용맹정진하여
바라밀국토 성취한다!

제1장
진리의 큰 지혜
마하반야바라밀

1. 부처님

1. 부처님은 진리로서 언제나 일체 생명의 완성을 실현하신다. 그러나 고정 관념이나 침체된 자세로는 부처님 진리의 공덕을 충분히 받기 어렵다. 마땅히 진리생명이 끊임없이 활동하고 순환하고, 그 사이에서 창조가 지속되는 것을 생각해야 한다.

2. 온 세계가 부처님의 광명이요, 모든 사람이 부처님 무량공덕의 주인공이라는 사실은 우리가 알든 모르든, 믿든 안 믿든 아무 상관 없는 본연의 실상이다. 우리 마음의 청정 정도에 따라 자신의 빛깔과 자신의 사회와 자연조건과 운명까지도 구체적으로 나타난다. 우리가 어떤 세계를 선택하고, 어떤 사회, 어떤 생활을 하게 될 것인가도 우리 자신에게 주어진 절대적 권능이요, 영역에 속한다.

3. 부처님의 법이 곧 진실한 나의 생명이며, 나의 진리생명이 바

로 부처님의 법이다. 부처님의 법을 지키고 법이 영원히 머물게 하고 법을 크게 빛내는 것은 부처님의 일을 도와 드리는 것이 아니라 바로 내가 나의 일, 나의 진실한 일을 하는 것이다. 부처님의 법을 남에게로 돌리지 않으며, 나 밖에 따로 있는 법으로 생각하지 않고 자기의 진리생명으로 보기 때문에 호법공덕이 지중하고 그 공덕으로 인해서 진리의 몸을 성취하는 것이다.

4. 부처님은 우리의 성장과 우리의 향상을 기원하신다. 성불하고 지혜가 밝아지고 행이 맑아지고 능력이 개발되고 다른 사람을 행복하게 해서 자기와 이웃이 향상되는 것이 부처님의 근본원이고 당신이 바라시는 것이다. 우리 한 사람 한 사람의 노력을 부처님께서 원하신다.

5. 우리 형제들은 부처님이 법신임을 잘 안다. 법신이란 진리의 몸이라는 뜻이다. 항상 머무시고 영원하시다는 뜻이다. 세간 변화에 상관없으시고 자재하시다는 뜻이다. 부처님은 "나는 항상 머문 몸이다. 상주신, 금강의 몸이다. 허물어지지 않는다. 법신이다. 진리의 몸이다"라고 말씀하신다.

6. 부처님은 열반에 드시기 전 아픔을 극복하면서 편안하고 밝은 얼굴로 나무 밑에 앉아 계셨다. 그때 부처님께서 하신 말씀이 자등명 법등명(自燈明 法燈明)의 법문으로, 이는 자기 자신을 등불로 삼고 법에 의지하라는 뜻이다. 법을 등불로 삼고 의지처로 삼는 것, 그것이 수행자로서 가장 부처님 뜻에 부합하는 일이다. 열반을 앞

두고 자등명 법등명의 가르침을 주신 이 말씀은 모든 중생이 영원히 가야 할 바른길이다.

7. 부처님은 우리 스스로 자기에게 주어진 것을 깨닫고 능동적으로 쓰기를 원하신다. 언제나 아버지에게 매달리고 어리광부리는 자식이 되기를 바라지 않는다. 은혜를 주시거나 기도를 해서 성취해 주시더라도 눈에 보이고 귀에 들리게 주는 현훈(現熏)의 방법을 쓰지 않는다. 명훈(冥熏)이다. 보이지 않는 가운데 기쁨을 주신다. 자기가 노력해서 내 것이 된 줄 알았는데, 알고 보니 기다리고 있던 손이 이미 있어서 그것이 이루어진 것이다. 단지 노력만으로는 이루어지지 않는다. 부처님의 도움이 필요하다.

8. 부처님을 철저히 믿고 흔들림 없이 기도하는 사람이 기도 성취하는 사람이다. 부처님이 나를 가호하시고 내 뜻과 내 소원을 이루어 주시고, 이 세상에서 잘 될 뿐만 아니라 성불하는 것까지 부처님은 보장하신다.

9. 삼보를 견실하게 믿어야 한다. '기도해도 부처님 영험이 없더라'라고 부처님에 대해 점수를 매기는 식으로 생각하지 말고, 이미 주신 은혜에 감사해야 한다. 생사가 없는 도리로 인도하시는 부처님을 생각하면서 항상 부처님께 무조건의 귀의를 바쳐야 한다. 법과 스님에 대해서도 마찬가지이다.

10. 부처님의 광명, 부처님의 지혜, 부처님의 위신력, 부처님의 평

화, 부처님의 무한공덕만 있다. 그렇게 믿고 그렇게 생각하며 행하는 것이 최상의 수행이고 반야바라밀 수행이고 순수불교 수행이다.

11. 원래 부처님의 세계는 무장애 법계이다. 그 본질적 속성은 공(空)이며 원만이며, 무한 창조이다. 대성취, 대안락이 원래 자족하다. 우리가 미혹의 경계에 빠져들어 두려움을 만났을 때 부처님을 생각하고 부처님에게로 나아간다면 그것은 최상의 피난 방법이다.

12. 진리의 말씀으로 보면 진리의 길이 보인다. 우리는 참된 인간 면목을 열어 보인 부처님의 가르침을 닦아야 한다. 부처님은 인간으로서 성불하여 인간의 참모습을 밝히고 인간에게 영광의 길을 열어 주셨다. 반야의 눈으로 볼 때 인간은 고통의 덩어리가 아니다. 죄와 불행에 싸인 존재로 보는 것은 미망의 소치이다. 인간은 부처님의 완전한 지혜 덕성을 온전하게 갖춘 자이다. 영원과 청정과 기쁨을 원래 지니고 있다. 인생은 값있고 빛나는 존재인데 이것을 괴롭고 어둡게 보는 것은 큰 잘못이다. 모름지기 부처님을 믿어서 큰 원을 세워 밝고 기쁘게 살고, 진리 무한성의 주인다운 권능으로 살아야 한다. '반야바라밀 법문'은 이 믿음을 닦는 수행이다.

13. 불자는 부처님에 대해 다음 네 가지를 믿는다.
첫째, 부처님의 청정자존성(清淨自存性)이다. 부처님은 진리이고 일체 허물이 없고 일체에 초월해 스스로 계신다. 부처님은 영원하고 청정하고 권위를 가지고 원래 스스로 무한하고 불멸하다.
둘째, 동체대비성(同體大悲性)이다. 부처님은 부처님으로 계시되 그것은 진리로 계시는 것이며 일체 세계 일체중생을 여의지 않으신다. 끝없이 베푸시고 한없이 용서하시면서도 영원히 싫어하시는 일이 없다.

셋째, 원만구족성(圓滿具足性)이다. 부처님은 끝없는 지혜와 한없는 덕성과 걸림 없는 위력을 원만하게 갖추셨다. 이 세간이 이루어지고 발전하며 보람을 이룰 수 있는 이유는 실로 부처님의 원만구족한 공덕을 받아서 쓰기 때문이다.

넷째, 무한창조성(無限創造性)이다. 부처님은 무한하신 진리 자체로서 무한한 창조를 이루신다. 부처님은 한없는 자비심과 깊이를 알 수 없는 너그러움과 끝없는 지혜로써 우리의 성숙을 돕고 계시다.

14. 우리가 살고 생각하고 움직이며 온갖 일을 이룩하는 근본 힘은 부처님의 위신력이다. 죄업의 힘이 아니다. 우리 생명의 본바탕이 부처님의 은혜로운 신력으로 충만하다. 그런데도 우리는 그런 줄 모르고 경계에 집착해 미혹 세계를 의식한다. 우리가 의식하는 미혹 세계는 장애도 많고 고난도 많다. 그러나 이 장애와 고난은 우리의 본래 세계인 부처님 은혜의 세계에는 원래 없는 것이다.

15. 우리가 성품이라 하고 마음이라 말해도 그것은 미혹 속의 말이다. 해탈을 말하고 청정을 말해도 업의 미혹된 말이 된다. '나'라고 말하지만, 그 '나'도 미혹된 의식이다. 우리가 쓰고 우리가 의식하는 것은 업력 소산일 뿐이다. 하지만 우리의 생명, 본성이 어디로 간 것은 아니다. 변질한 것도 아니다. 깨달은 눈으로 보면 영겁을 통해 변함없이 '지금 여기'에 있다. 바꿔 말하면 '부처님이 여기 계

시다'는 말이다. 부처님은 멀리 계시지 않는다. 언제나 우리와 함께 하신다. 자성불이라는 말은 부처님이 바로 자기 본성이라는 뜻이며 본성이 부처님이라는 말이다.

16. 방금 있던 마음과 어떤 일이 닥쳤을 때의 마음은 다르다. 그런 흔들리는 마음이 아닌 근본의 마음, 절대심, 이것이 부처님이고 바로 중생이다. 중생을 겉으로 보면 차별이 있지만, 그 근원의 마음은 부처님과 같다. 그래서 한 사람 한 사람이 부처님이고, 또 부처님은 진리이고, 진리는 일체중생이고 일체중생의 근원이 부처님이며 진리이다.

17. "부처님은 내 생명이다, 내 생명이 부처님이다." 내 생명은 육신의 생명, 업보를 받는 생명이 아니다. 내 생명은 각성본분(覺性本分)이요, 법성진여(法性眞如)이다. 그러므로 우리는 이미 태어날 때부터 부처님의 무량공덕한 생명력을 받아서 나온 사람들이다.

18. 부처님의 진리는 인간의 참된 진리를 회복하기 위한 큰 진리의 등불이다. 이 등불은 여러 가지로 나타난다. 개개인의 생명 속에 나타나기도 하고 사회에 나타나기도 한다. 우리의 국가와 온 세계, 혹은 일체중생이 누리고 있는 무수한 법계에 일일이 광명으로 나타난다. 이 진리의 등불만이 우리가 해탈하는 길이다.

19. 부처님은 진리이시고 무상법인 까닭에 막힘없이 일체를 다 아신다. 맑고 고요한 바다에는 하늘의 초롱초롱한 별들이 도장 찍

히듯 그대로 비친다. 이는 해인삼매(海印三昧)와 같다. 모든 것을 다 아시고 일체와 더불어 하나를 이루셨기에 뜨거운 행, 큰 지혜가 열리신 것이다. 중생을 어떻게 인도하고 건져야 하는지를 아시는 것이다. 부처님은 개개인을 조금씩 깨닫게 하시어 마침내 모든 중생이 부처님과 하나로 통하도록 하신다. 강물이 흘러 하나의 바닷물이 되는 것처럼 일체중생은 따로가 아닌, 모두 부처님 진리의 큰 바다 가운데 하나를 이루고 있는 도리를 깨닫도록 인도하신다.

20. 부처님께서는 생사가 없는 도리를 체득하시고 그 도리로 지혜의 눈을 열어 진리를 보니, 생사가 없고 고통이 없고 일체 재난이 없는 대해탈, 대자유의 경계가 자기의 경계일 뿐만 아니라 일체 중생의 경계임을 아셨다. 생사 속박에서 벗어난 대해탈을 성취하신 것이다. 그리고 생명의 뿌리를 같이 하고 있으면서도 그것을 모르고 생사의 물결에 휩쓸려 허우적거리고 있는 범부 중생들을 구해야겠다는 뜨거운 자비심이 들었다. 그래서 부처님께서는 한없는 시간 동안 한없는 국토에 오셔서 한없는 방편을 베풀고 설법을 전하여 중생들을 깨우치게 하셨다.

21. 부처님의 설법은 비를 내리는 것과 같다. 모든 중생은 종류를 달리하는 초목과도 같아서 그 비가 모든 초목을 풍족하고 윤택하게 키우고 꽃 피워서 열매 맺게 한다. 즉, 각자가 가진 특성 하나하나를 제대로 키운다는 의미이다. 이처럼 부처님의 설법은 모든 중생을 성취하게 한다. 제각기 하고자 하는 바에 따라 그것을 성취해 가면서 마침내 최상의 깨달음을 얻게 한다.

22. 순수불교의 수행은 출발부터가 부처님이다. 내 생명의 진실이 부처님인 까닭에 일심 정진해서 그 힘을 내어 쓴다. 그러면 내 생명의 뿌리가 부처님의 위신력인 까닭에 나에게서 일체를 극복하는 힘이 끊임없이 나온다. 바라밀 불자는 이 힘으로 가정과 사회와 국토를 완성해간다.

23. 부처님의 법문은 우리의 무거운 어둠을 쓸어버리고 밝고 따스한 빛을 가져오는 위없는 은혜의 물결이다. 부처님은 원래 진리의 몸이기에 나고 드심 또한 진리일 뿐이며 거기에 오고 가는 출몰이 있을 리 없다. 다만 범부의 미혹한 꿈속에 찬란한 광명으로 찾아오시어 이렇게 설하시고, 이렇게 머무르시며, 이렇게 닦으시고, 이렇게 열반을 보이신다. 찬란한 빛이여, 전단향 마디마디 전단향이듯 부처님의 자비시현 토막토막이 진리의 광명이고 은혜의 물줄기 아님이 없다.

24. "모든 것은 바뀌니 게으름 없이 힘써 닦아라." 부처님의 이 목소리가 지금도 나지막하게 귓전에 울리고 있음을 느낀다. 부처님은 열반시현으로 부처님의 영원하심을 다시 보이시고 우리 모두이 길을 향하여 끊임없이 정진하라고 가르치고 계시다. 가슴에 손을 얹고 다시 다짐한다. "부처님 다시는 방일하지 않겠습니다."

25. 부처님께서는 법성진여, 무상의 진리이신 채 사바세계 인간계에 오셨다. 말하자면 인간복을 입으시고 인간계에 오신 것이다. 그래서 우리 곁에서 우리 삶의 고뇌와 함께하시며 죽음과 고뇌에

서 벗어날 길을 보여 주셨다.

26. 부처님 오신 날이 불자들의 축제일일 수만은 없다. 부처님의 거룩한 뜻이 새겨져 가난하고 외로운 가슴을 붙들어 주고 겨레를 진리로써 키우며, 이 땅을 거룩한 빛으로 밝히는 지혜와 자비의 물결이 퍼져 나가야 할 것이다.

27. 부처님이 오신다는 뜻은 완료가 아닌 진행을 의미한다. 불성은 한 시대에 고착된 것이 아닌 영원한 존재이다. 부처님에 의해서 마음속 어둠이 사라지고 세상이 밝아졌다는 의미에서 등(燈)은 반야 지혜를 뜻하며 불탄절의 상징적 의미로 통용된다. 부처님의 대자대비는 계층을 구별하지 않는다. 다만 성숙한 이들에게 먼저 전달될 뿐이다.

28. 부처님은 백성을 위주로 정법 정치를 펼치며 청정을 보이셨다. 현대에 부처님이 오셔도 물질적인 것에서의 해방, 진실과 지혜를 간파하고, 동일법성의 중요성을 설법하실 것이다. 또한 대승(大乘)의 '승'이 큰 배를 의미한다는 것에서 모두가 서로의 이웃으로 공동체 속에서 같이 하고 있음을 중요하게 말씀하실 것이다. 제자들 사이에서 계율 문제로 대립하던 때 부처님은 그 누구도 좇으면 안 되고 사람이 아닌 법에 의지해야 함을 가르치셨다. 이러한 가르침에 이어 서로의 법등을 켤 때, 부처님이 오신 의미는 되살아날 것이다.

29 . 부처님은 일체의 불도를 중생들의 경계에 따라 그 사정에 맞추어서 설법하신다. 중생의 심성이 각기 다름을 아시어 거기에 맞추어 제도하신다. 우리가 가지고 있는 그릇된 점을 하나하나 보시고 그에 맞는 설법으로 부처님은 자비 방편을 베푸신다.

30 . 부처님은 형상에 매이지 말아야 참으로 보이는 것이고, 부처님이 형상이 아닌 까닭에 모든 사람 앞에 언제나 함께 계신다. 그렇지만 우리 생각이 망상과 형상이라는 번뇌에 집착하기 때문에 거기에 갇혀 있다. 부처님은 우리를 버린 적이 없다. 우리가 그렇게 다른 망념 가운데 살고 있을지언정 부처님이 보시기에 우리는 완전무결하다.

31 . 생각의 움직임을 마음이라 하니 이것이 미혹이다. 이 미혹이 무한공덕 세계인 부처님과의 통로를 가로막는다. 만약 우리가 이와 같은 미혹을 버린다면 언제나 부처님의 지혜에 인도되고 자비하신 위신력의 가호를 받는다. 우리들의 존재는 부처님께서 진리를 실현하시는 데 있어 중요한 존재이다. 우리 스스로가 그릇된 집착만 버린다면 부처님의 완전하신 위신력은 우리 생명력에서 솟아난다. 우리 모두 부처님에게서 받은 큰 사명을 완수하기 위하여 항상 바라밀을 관하고 부처님과의 통로를 활짝 열자.

32 . 부처님은 어느 곳에서나 함께하고 계신다. 라디오 전파에 비유하여 누구에게나 똑같이 흐르고 있으므로 그 소리를 들으려고 한다면 주파수를 맞추어야 한다. 부처님의 은덕과 위신력을 쓰려

면 우리들의 마음을 열어야 한다. 마음의 문을 닫고 있는 한 불행은 없어지지 않는다. 주파수가 통하듯 그 마음이 통하려면 이기심을 버리고 뜻을 함께하는 크고 넓은 마음을 가져야 한다. 그 과정에서 마음이 흔들리면 자기 마음의 파장이 바뀌는 것과 같아서 바라는 방송을 들을 수 없게 된다. 모름지기 일체 경계에 마음을 팔지 말고 순수한 염송 일념이 되어야 마음의 고난과 재난이 소멸한다.

33. 부처님 법은 세계에 영원한 광명이며 일체중생의 생명의 근원이다. 부처님 법은 능히 일체중생을 고뇌에서 해방하고 자유와 원만을 성취하고 일체 세계가 진리에 의한 질서와 번영을 성취하게 한다. 그러므로 부처님 법을 태양을 비유해 감로 묘약이라 말하는 것이다. 부처님 법의 핵심은 반야바라밀이다. 이 법문에는 삼세제불이 출현하고, 일체중생이 성불하며, 일체 국토가 불국 장엄을 성취한다. 이 최상의 법문은 국가를 진호하며 세계를 평화롭게 한다.

34. 반야를 통해서 일체중생의 요건, 즉 장애 고난 불행 어둠, 이 모두가 무(無)임을 부처님의 눈으로 보듯이 우리 믿음의 눈으로, 반야의 눈으로 보아야 한다. 그래서 있는 것은 완성자, 성취자, 바라밀의 진리만 있다. 부처님밖에 없다. 모든 사람의 가슴에, 일체 세계에 진리밖에 없다고 하는 견고한 확신과 믿음이 진실로 부처님을 믿게 한다.

35. 하늘에 달이 빛나고 있다. 달은 부처님의 원래 몸이다. 달은 차별 없이 모든 이들을 비춘다. 그늘진 곳에 숨어있는 사람을 빼고

는 모두를 비춘다. 그 빛으로 나오는 사람을 구별하지 않는다. 그러나 달을 보지 못하고 빛을 보지 못하는 사람은 물에 비친 그림자만 찾아다닌다. 강물을 물그릇에 떠놓고 거기 던져진 그림자만 본다. 그림자만 찾아다니면 부처님의 형상인 화신의 몸만 따라다니는 것이고. 참 진리인 달을 보는 사람이면 진짜 부처님을 보는 것이다.

36. 부처님은 우리 생명의 진실한 모습이다. 우리에게 재능과 덕성은 부처님 공덕의 표현이다. 그러므로 우리가 우리의 재능을 사랑하고 존중하는 것은 곧 부처님 공덕을 존중하는 것이 된다. 덕성을 존중하고 재능을 계발하자. 그리고 자신과 이웃을 위하여 크게 활용하자. 이것이 부처님 뜻에 부합하는 것이다.

37. 부처님은 우리가 능력을 개발하고 덕성을 닦기를 바라신다. 우리 모두 힘써 덕성을 빛내고 재능을 발휘하여 자비하신 부처님의 크신 부촉을 받들어 국토와 생활을 아름답게 가꾸자.

38. 부처님은 무한의 지혜, 나의 생명에 깃들어 나의 인생을 빛내주신다. 부처님은 무한의 자비, 나의 생명에 깃들어 나의 인생을 원만하게 키우신다. 나는 항상 부처님의 인도를 받아 성공의 길을 간다. 늘 감사할 뿐이다.

39. 부처님은 진리이시며 불성이시다. 부처님은 형상이나 목소리나 손으로 만져지거나, 대상화되는 감각으로 받아들이고 인식될 수 있는 존재가 아니라 법성진리 자체이시다. 부처님은 항상 머무

는 몸이시다. 멸하는 몸이 아니시다. 허물어지지 않는 금강의 몸이
시다. 법의 몸이시다. 불멸의 법신이시다.

40. 허공의 광명이 태양에서 오듯이, 인생의 모든 것은 부처님에
게서 오고 부처님의 것이고 부처님 위력의 활용이다. 세계도 부처
님 그림자요, 부처님 공덕의 모습이며, 부처님 위력의 표현이시다.
있는 것 모두가 부처님이다. 모든 생명이 부처님에게서 유래한다.

2. 불교·불법

1. 불교는 이론과 지식과 철학이 아니다. 불교를 취미나 교양으로
만 믿으면 별 힘을 내지 못한다. 이런 신앙을 가진 사람들은 어려운
일을 당했을 때 힘이 나지 않는다. 가정이나 자식, 부모님이 어려움
을 당했을 때 흔들리게 된다. "나는 부처님과 함께 있다. 부처님의
은혜 가운데 있다. 나는 불자다"라고 부처님을 부르고 대답하고 기
원하자. 부처님께서는 이미 우리를 거두어 주셨다. 감사하자! 염불
하는 믿음이 없다면 어려움을 이길 힘 역시 나오지 않는다.

2. 불교는 원래 근원적 인간 차원에서 문제를 제기한다. 공허와
결핍과 불안을 밖에서 얻고 충족하고자 하는 원초적 인간의 착각
을 깨우쳐 준다. 그래서 인간의 역사에서 두 갈래의 중요한 교훈
과 경고, 그리고 증언을 제출한다. 하나는 인간에 관한 확인이며,

둘은 인간다운 삶과 역사의 방향에 대해 실존 차원에서 마땅한 길을 밝혀 준다. 이것은 허망과 허위를 통해 진실과 행복과 번영을 추구하려는 인간의 허망을 깨트려 준다. 나아가 야욕과 충동적 생명의 어두운 그림자와 환상과 공허의 축적을 추구하는 역사적 현실의 허상 또한 깨부순다.

3. 불교는 창조의 근원을 자신에게서 구하여 일체유심조(一切唯心造)의 가르침을 뒷받침한다. 원을 세우고 깊은 믿음과 바른 정신을 계속할 때 법장 비구는 극락세계를 이룩하고, 우리는 청정 국토를 성취한다. 그 과정에서 우리의 생활과 환경은 바뀌어 간다.

4. 불교는 스스로가 수행을 통해 부처님을 이루는 종교이다. 일체를 성취하는 거룩한 공덕은 모두가 부처님의 위덕이요, 부처님의 공이며 우리를 완성하는 지혜와 자비, 깨달음과 위력도 모두 부처님의 위신력이다. 깨달음의 공덕을 성취하는 힘은 불력(佛力)이다. 범부의 불력은 타력으로 보이지만, 번뇌를 쉬어 분별심을 끊어내면 불력은 불력이요, 타력이 아니다.

5. 불교를 믿는 사람은 하나의 진리를 깨달음으로써 거룩하게 되고 행복하게 된다. 불교의 가르침이 단체와 사회와 나라에서 실현될 때 평화와 번영이 깃든다. 이렇게 함으로써 불교는 두 가지의 큰 목표를 달성할 수 있다. 첫째는 개인이 미혹에서 벗어나 진리의 본성을 회복함으로써 모든 사람이 신성한 인격을 완성하는 것이다. 둘째는 사회와 국토가 진리를 구현하고 진리를 펴 나아가는 이상

사회를 이루는 것이다.

6. 불교에서 고귀하게 여기는 청정이란 무엇인가? 그것은 자기 본심 가운데로 돌아오는 것이다. 불교에서 중요하게 여기는 적정, 고요한 마음이란 무엇인가? 그것은 진리생명 가운데로 돌아오는 것이다. 춤추며 뛰고 있다 하더라도 그것은 고요하다. 온 우주가 진리로서의 그것뿐, 온 우주가 절대적인 그것뿐, 대립이 없는 그것뿐이다. 그것은 끊임없이 활동하고 움직이고 있지만, 그 자체는 크게 고요한 삼매 가운데 있는 대적삼매(大寂三昧)이다.

7. 인간이 지닌 창조의 능력은 무한하다. 인간이 지닌 창조성이라는 자원은 한량이 없는 것이다. 그러므로 인간 보배를 바르게 활용하면 끝없는 번영이 약속된다. 보물을 참으로 보물답게 활용함으로써 나라의 번영뿐만 아니라 세계평화가 이루어지며, 마침내 인간의 행복이라는 삶의 의의를 이룰 수 있게 된다. 개인이 성공하는 것도, 한 사회가 번영하는 것도, 인간 보배를 존중하고 활용하는 데서 오는 것이고 나라의 발전도, 세계의 원만한 장엄도 인간 보배의 원만한 계발에 있다고 할 수 있다. 보배 중의 보배인 인간 보배를 어떻게 계발할 것인지를 불교가 가르쳐 준다.

8. 불법을 믿고 성실하게 닦아간다는 것은 진리를 행하고 이룬다는 의미이다. 불자가 불법을 믿으면서 생활 주변이 순조롭다는 것은 성실한 생활로 불법을 닦은 당연한 결과이다. 신비스럽고 다행스러움을 만났다는 것은, 첫째로 불법이 마음에서 이루어져 그 위

덕이 생활에 나타난 것이다. 불법은 합리나 논리를 초월한 것으로 불법 위덕이 나타나는 곳에는 합리나 논리를 초월한 그 무언가가 있다. 이런 현상을 우리는 불가사의나 신비롭다고 느끼지만, 불법 공덕이 나타난 당연한 결과로 보아도 좋다. 둘째로 청정한 원을 세우고 성실하게 닦는 사람에게는 불보살님과 성현의 가호가 있다. 성현의 가호력 또한 불가사의하다.

9. 불법에서 밝히고 있는 참으로 있는 것은 무엇일까? 그것은 깨달음의 성품과 각성이며 그 각성의 근원은 반야바라밀이다. 우리는 이를 믿고 행해서 진실과 진리를 자기 것으로 만들어야 한다. 그것이 성불의 궁극적 완성이다. 하지만 대개는 이 깨달음의 진실을 보는 사람이 없다. 보고 있는 것은 눈에 보이는 현상세계뿐이다. 이 세간에서 흔히 보이는 미혹의 그림자, 대립, 미움, 갈등, 투쟁, 재난, 불행과 같은 것은 부처님의 깨달음의 눈, 깨달음의 진리에 없다. 중생이 미혹해서 스스로 꿈꾸듯이 중생 세계에 있는 것일 뿐이며, 깨달음의 눈으로 보면 그런 것은 없다.

10. 불교를 믿는 과정에서 그것이 무엇이든지 간에 마음 가운데 체험하지 못했던 기쁨을 하나 얻으면 참지 못하는 이들이 많다. 나는 그런 경험이 없지만, 어떤 큰 스님의 법문에 의하면 그 스님은 깨닫고 나서 기뻐서 펄쩍펄쩍 뛰었다고 한다. 불법은 뛰지 않으면 안 될 만큼 가슴이 벅찰 정도로 기쁨이 나는 모양이다.

11. 불법은 모름지기 실천하는 데서 진미를 맛볼 수 있다. 바라건

대 경의 말씀을 믿고, 삶의 목표를 부처님의 법에서 분명히 하고 큰
소망 큰 원을 발해야 한다. 재가불자로서 조석으로 독경·염불하는
것은 필수적이다. 끊임없이 부어지는 부처님의 자비 위신력을 생
각하면서 일심으로 기도 정진하기를 부탁한다. 그럴 때 기쁨도, 자
신도, 새로운 희망도 더욱 뚜렷하고 밝게 드러난다.

12. 불법을 만나는 것은 생사에서 해탈하는 길을 만나는 것이기
때문에 중요하다. 불법을 만났다가 그냥 버리고 달아났다고 하더
라도 불법을 한 번 만나면 언젠가는 성불한다. 불법을 비난하고 가
더라도 그 인연으로 인해 다음 생에, 혹은 그다음 어느 생에 가서
마침내 깨달아 성불한다. 그러므로 어떻게든지 불법과 인연을 맺
어야 한다.

13. 경이나 이론으로 배우는 불교는 불법 진리에 대한 설명만 듣
는 것과 마찬가지다. 그러므로 불법을 체득하려면 불법을 찾아가
는 길을 알고 있을 뿐 아니라 몸소 불법의 주인공이 되어야 한다.
불법을 이론으로 알았다면 그다음은 체험으로 체득해야 한다.

14. 불법을 만나는 것이 인생에 있어 최상의 가치라면 다른 사람
에게 불법을 만나는 연을 갖게 하는 것은 최상의 베풂이다. 중생은
고통에서 벗어나고 속박에서 자유롭고 그가 지닌 큰 지혜와 덕성을
구김 없이 실현하기 위해 성장해야 한다. 미혹을 끊어 참된 자기를
회복하기 위해 성장해야 한다. 윤회의 쇠사슬을 끊고 자유로운 자
기 본분을 회복하기 위해 성장해야 한다. 스스로 본성이 지닌 지혜

와 덕성과 창조적 위력을 완전하게 발현하기 위해 성장해야 한다.

15 . 삶에서 부처님 법을 만나는 것이 최상의 가치인 이유는 무엇인가. 중생은 고통과 속박에서 벗어나 자유롭게 자신이 지닌 큰 지혜와 덕성을 실현할 수 있도록 성장해야 한다. 미혹을 끊어 참된 자기를 회복하기 위해 성장해야 한다. 부처님 법은 윤회의 사슬과 미혹의 근본을 끊어 인간 청정 본연의 본분을 회복시킨다. 따라서 불법을 만나는 인연이야말로 최상의 가치이며 인연이다. 아무리 좋은 환경에서 태어났고, 건강한 몸과 뛰어난 능력이 있더라도 참된 자기 면목을 알지 못한다면 미혹에 빠져 착각 속에서 사는 사람일 뿐이다. 그러므로 건강도 중요하고 부자가 되는 것도 중요하지만, 진실한 자기 회복보다 값진 것은 없다. 이런 점에서 불법을 만나는 인연이 최상의 가치이며 인연이라 말할 수 있다.

16 . 깨달음에 이르기 위해서 반드시 닦아야 할 세 가지 배움을 삼학(三學)이라 한다. 바로 계학(戒學)과 정학(定學)과 혜학(慧學)이다. 계학은 마음의 청정을 지키고 말과 행실을 단속해 마음의 진실을 지켜가는 행이다. 정학은 마음에 흔들림이 없이 배우는 것인데, 마음 안팎에서 일어나는 동요에 그 마음이 한결같음을 말한다. 혜학은 마음의 밝은 빛을 드러내어 바르게 쓰는 지혜이다.

17 . 정법에서 첫째로 알아야 할 것은 지금 만인의 본성이 불성이며, 불성은 형상이 없다는 것이다. 둘째는 일체 지혜와 일체 공덕이 밖에서 오는 것이 아니며 일체가 자성공덕이고 일체가 형상이 없

는 본무상(本無相) 가운데서 나타나는 빛이다. 셋째는 오직 본성·불성·진리만 있으므로 모든 사람이 뿌리에 들어가면 그 안에는 진리·본성뿐이요, 대립한 자가 없다는 것이다.

18 . 불자들의 수행은 천상에서 태어나기 위함이 아니요, 천상마저 버리고 참으로 복된 세계를 가고자 함이다. 불교의 가르침은 삼계를 벗어남이요, 행복과 불행에서 초월하여 해탈하는 것이다. 형상을 구하고, 형상 가운데서 진리를 찾고, 형상을 법으로 아는 것은 삿된 법, 즉 사법(邪法)이다. 이 삿된 것으로 형상을 구하지 않고 자기 성품 가운데서 보는 것이 바로 정법이다.

19 . 수행하는 사람이 그 행실에 계행이 없으면 마음이 흔들리고 거칠어져서 고요하고 맑은 본성을 보지 못한다. 마음이 흔들리고 맑지 못하면 지혜가 없어 옳고 그름을 분별하지 못하며, 수행은 성장하지 못한다. 삼학을 비유할 때 계를 그릇으로 말한다. 계의 그릇이 완전하고 튼튼해야 거기에 맑은 정(定)의 물을 담을 수 있고, 정의 물이 맑고 고요해야 거기에 밝은 지혜의 달이 원만하게 드러난다.

20 . 우리가 불법을 믿고 행해서 역사와 사회를 밝힌다고 말하는 것은 불법이 근본적으로 두려움에서 해방시키는 진리가 있기 때문이다. 불법을 올바르게 배워서 행하면 세간에서의 무지와 병고, 빈궁과 일체 공포가 무너진다. 그래서 안락세계에 든다는 것이며 불법을 행하는 이유가 여기에 있다.

21 . 불법은 참 생명의 목소리이다. 불법은 생명의 본래 법이다. 본래대로 행하는 것이 불법이다. 내부에 숨어있는 성품을 찾아내고 규명하는 것이 불법이다. 부처님의 교훈을 이론이나 지식으로 축적하지 말고, 스스로 믿으며 스스로 신뢰하여 창조해야 한다. 자기 자신을 끌어나가는 주체적인 자기를 발견해야 한다.

22 . 불교는 인간의 이성 관계를 정상적으로 인정하고 존중하되 탐착하지 말고, 경계를 하되 되도록 본심의 안정을 지키도록 가르친다. 이를 통해 근본적으로 인간을 회복시키고 그 질을 향상시킨다. 재가자의 이성 관계를 인정하지만, 절도와 예절을 가르치고, 출가자에게 무심을 가르치면서 모두가 거룩한 가치를 지닌 자로서 존중하고 그 완성을 돕는다.

23 . 불교만큼 '내가 무엇인가?'라고 자기를 추궁하는 종교도 없다. 불교는 자기의 진실 면목을 밝히는 것을 핵심으로 삼기 때문에 그럴 수밖에 없다.

24 . 불법은 특수 계층의 사상이나 철학이 아니라 인간 개개인의 생명을 키우는 가르침이다. 불법의 절대 가치는 인간의 완성에 있다. 인간 개개인을 완성하는 근본 진리가 단순히 주관적인 것이 아니라 주관과 객관을 완전히 초월한 절대적 진리이다. 불법의 절대적 진리를 존재론적으로 규명해서 그 관점에서 보면 체제의 윤리가 나온다. 그러므로 불법을 통한 국가 질서의 확립이나 사회제도의 변혁과 경제, 사회, 문화, 교육 등 모든 것에 대한 기본적인 체제

의 원리가 불법에서 나올 수 있다.

25. 우리는 이 세상을 살면서 모든 사람이 영원히 천년만년 살 것처럼 생각하고 자신이 제일 귀하고 깨끗한 것으로 알고, 현상만으로 모든 천지가 즐거운 것으로만 평가하지만, 부처님은 그것을 부정하셨다. 그것을 부정한 법문이 사념주(四念住)이다. 그것을 부정해서 어떻게 했는가? 현상을 부정해서 없다고 한다고 현상이 없는 것을 불법으로 알고 있는 것이 소승(小乘)이다. 자기 자신이 없다는 것이 아니라, 없는 것이므로 참으로 있는 것에 눈을 떠야 한다. 참으로 있는 것이 불성이다.

26. 부처님께서는 많은 유혹에도 그것이 생사 문제를 해결할지, 생사가 다한 열반법인지, 혹은 감로법인지를 물으셨다. "그 문제들을 해결하지 못하면 권세와 향락에 안주하지도, 천상에 안주하지도 않겠다"라고 하시면서 그 모든 것을 버리셨다. 보리수 밑에 앉으셔서 '해가 떨어지고, 달이 떨어지고, 히말라야 설산이 무너지고, 이 몸뚱이가 불구덩이에 던져지는 한이 있더라도 결단코 감로법을 증득하리라'라고 마음속으로 다짐하여 생사가 없는 길을 찾아 들어갔다. 이 생사가 없는 길이 평화의 길이다. 영원한 평화, 자기 혼자만의 평화가 아니라 일체와 함께하는 평화의 길이다. 진정 불법은 생사 해탈의 길이요, 평화 실현의 길이다. 이 생사가 없는 길이 불법의 궁극적인 가르침이고 목표이다.

27. 부처님은 두 가지 방법을 통해 생사 해탈의 법을 이룩하셨다.

하나는 보살도의 실천이고, 또 하나는 정념 청정, 곧 정념의 수행이다. 정념은 깊은 마음, 고요한 마음, 흔들림이 없는 안정된 마음을 말한다. 이것이 부처님의 성도를 가져온 직접적인 계기이다.

28. 정념이 맑고 고요하고 깊은 마음이고 생사 해탈로 가는 길이라고 한다면, 거친 마음, 황량한 마음, 술 먹고 방탕하고 성질부리는 마음 등은 생사로 가는 길이다. 염불을 조금이라도 하거나 고요한 마음을 갖고서 거친 생각들이 잠자고, 깊은 마음에 들어가서 고요하고 미세한 상태에 갔다면 그 사람은 생사를 벗어나지 못했어도 생사에서 조금 멀리 간 사람이다. 그 사람이 천상에 나는 사람이다.

29. 사성제(四聖諦)는 부처님 가르침의 골격이다. 사제 가운데 고(苦)와 집(集)은 미망의 세계의 결과와 원인을 밝히고, 멸(滅)과 도(道)는 깨달음의 세계의 결과와 원인을 가르친다. 이 사제는 부처님이 우리에게 주신 최초 법문이다. 우리는 첫째로 이 세계와 진리가 어떠한 것인지를 이 법문에서 배워야 한다. 둘째는 이와 같은 가르침에 따라 스스로 닦고 다른 이에게 권해야 한다. 셋째는 모두가 이 진리를 깨달아 미혹도 고통도 없는 진리의 경계를 회복해야 한다.

30. 불법은 본래 무한의 진리이다. 부처의 눈으로 보면 사바세계는 석가모니 불국토이다. 범부의 눈과 부처의 눈은 다르다. 범부의 눈에는 이 세계에 제도할 것이 너무나 많지만, 부처의 눈에는 제도할 것이 하나도 없다.

31 . 불법은 깨달음이고 깨달음을 각(覺)이라고 하는 까닭에 부처님을 대각존(大覺尊)이라고 한다. 각은 근원적인 진리이다. 진리는 부처님이나 특정인만이 도달할 수 있는 경계가 아니라 모든 사람이 원래 가지고 있는 참모습을 말한다. 즉, 본연 그대로의 모습이 진리이고, 바로 법이다. 이 법의 주체적 실현자가 부처님이시다. 법은 부처님에게 더 많거나 덜하지 아니하고, 못나고 죄지은 사람에게도 덜하지 않다.

32 . 법은 부처님이라고 해서 더한 것이 없고 일개 범부라고 해서 못할 것이 없는데, 왜 우리는 부처님을 우러러볼까? 부처님은 진리를 보시고 스스로 진리 자체가 되시어 진리 그대로 사시지만, 우리는 진리를 보지 못하기 때문이다. 범부는 진리인 채로 살고, 진리 속에서 살고 있으면서도 그 사실을 모른다. 푸른 하늘 가운데서 살고 밝은 태양 아래에서 살고 있으면서도 태양을 보지 못하고, 푸른 하늘을 보지 못하고 구름과 어둠과 고통과 속박 속에서 살고 있다. 그래서 비록 같은 공간 안에 있어도 한 사람은 자재한 삶을, 한 사람은 속박된 삶을 살아가는 것이다.

33 . 일체가 대립하지 않고, 일체가 무능하지 않으며, 일체가 죄에 때 묻지 아니한 참으로 청정하고 귀하고 복된 사람, 잘될 사람임을 다 알게 되는 것, 이것이 혜(慧)이다.

34 . 불법은 종래에 알고 있던 어떤 권능자를 중심으로 한 종교가 아니다. 불법은 있는 그대로의 진리, 그 진리 그대로를 구현해 가는

진리의 법이다. 참으로 있는 궁극적인 실재, 그것을 긍정하고 그것이 가지고 있는 진리·평화·권능을 구현시키는 것이 불법이다.

35. '실상불교', 그것은 만유를 전일적인 실상의 내용으로 파악하는 것으로 실상은 인간자성과 절대 무한 자성체의 활동 양상으로 수용한다. 이러한 실상은 만중생의 것이다. 평등한 권위는 권위가 아니다. 여기서 보현행은 실상신(實相身)의 생리적 현발(顯發)임을 알게 된다. 순화된 불교 본래의 이것은 '영원한 오늘'에 대응하는 불멸의 힘이며 영원의 빛임을 다시 알게 한다.

36. 만사를 불법의 거울로 비추어 모든 중생의 길을 밝히자. 불법은 중생의 옹호자이며 국토를 밝히는 등불이다. 그런 만큼 소중하고 불법을 지키는 공덕은 크다. 불법은 양심의 상징이며 지성의 표준이며 행동의 규격이며 역사의 호지자이다. 불법이 살아 움직일 때 나라와 개인이 함께 융성해진다. 민족의 역사가 영광으로 채워지는 것이다. 불자는 자신을 갖고 자각을 새로이 하자.

37. 진리의 등불 구실을 하는 것이 불법이다. 불자와 종단은 그 담임자며 책임자이다. 불자와 종단의 존재 이유가 여기에 있음을 명기하자. 그래서 중생의 의지가 되고 사회와 나라의 등불이 되자. 불법이 있는 역사와 시대를 증거한 자는 바로 오늘의 불자인 것을 명심해야 한다.

38. 불법은 실천으로 배우는 것이다. 경의 말씀도 선지식인의 말

씀도 그 진실한 의미 내용은 실천하는 데서 비로소 참된 이해가 온다. 실천을 통해서 불법의 진실을 알게 될뿐더러 불조(佛祖)의 은덕에 감사하고 보답할 의욕도 나오는 것이며 불법이 역사 위에 존재하는 의미도 현실적으로 드러난다.

39 . 우리가 불법을 믿고 세속생활을 한다는 것은 불법진리가 바로 내 진리생명이라는 사실을 깨달아 내 생명 속에서 불법진리를 실현해 간다는 의미이다. 끊임없이 마음속에, 그리고 우리 생활 가운데 부처님의 믿음을 끌어들여서 그 믿음으로 부처님의 진리를 자기 마음으로 삼고 깨달아가면서 생활하는 것이다.

40 . 불법은 행동으로써 법문을 듣는 것이다. 일심으로 염불하는 가운데서 법문을 듣고 산하대지 가득한 진리 광명을 볼 수 있다. 열심히 일하고 보시하고 독경하고 기도하는 사람 모두는 법문을 실천하는 것이고 행하는 것이고 참으로 법문을 듣는 것이다.

41 . 불교는 우리 민족의 마음을 맑게 하고, 독창적인 문화창조 역량을 크게 도야시켰다. 민족사에 찬란한 문명의 아침을 가져왔고, 민족의 온갖 역경을 이겨낼 힘을 주었다. 불교의 전래로 우리 민족은 국토를 지키고, 평화와 문화의 민족으로서 뚜렷한 면목을 이룩해 왔다.

42 . 불법은 오직 참된 진리를 믿고, 진리를 행하고, 진리의 길을 가는 것이다. 이 과정에서 진리 아닌 것은 자연스럽게 무너진다. 악

행과 대립이 무너지고, 마음 가운데 어둠이 무너지기 때문에 나와 나의 환경 나를 둘러싸고 있는 모든 일이 밝아지고 기쁜 일이 생긴다. 진리를 믿고 진리를 행하면 진리의 결실을 얻을 수 있다.

3. 불성·법성·본성

1. 인간 본성이 불성이다. 불성이 법성이다. 서로 다르지 않다. 그러므로 본성은 부처님이며 근원 진리이며 원만성취 완성자이다. 이것을 마하반야바라밀이라 한다. 그리고 우리가 그 주인이다.

2. 본성을 본 것은 불성을 본 것이다. 불성은 얻는 자도, 얻을 것도, 얻음도 없는 본연의 진리이다. 이 불성을 보았다는 것은 바로 자기 자신에게서 완전무결한 진리를 밝혀냈다는 뜻이기도 하며, 불보살님과 일체중생과 제불 국토의 참모습을 밝혔다는 뜻도 된다.

3. 인간 본성인 불성이라는 것은 모든 인간의 본래 면목이다. 불성에 앞선 절대자도 권능자도 없다. 또한 불성은 잃을 수도, 변하지도, 오염될 수도 없다. 따라서 모든 인간은 본래 평등하고 완전하다.

4. 불성은 번뇌의 숲에 덮여 사람들이 좀처럼 쉽게 보지 못한다. 불성은 한 맛이지만 번뇌 때문에 여러 가지 다른 맛을 내고, 사람들은 각기 다른 생(生)을 받는다. 사람들의 심신은 모래나 잔돌이고

불성은 금강석이다. 불성은 참으로 대장부의 상이다. 세간에서 남녀의 차별은 있어도 불법에는 남녀의 차별을 세우지 않는다. 불성을 지니므로 모두 존귀할 뿐이다. 금광석을 부수고 녹여 제련하면 순금을 얻듯이, 범부의 거친 마음을 녹여 번뇌의 찌꺼기를 버리면 어떤 사람도 차별 없이 불성을 열어서 나타낼 수 있다.

5. 우리의 본성은 진리이며 불성이며 법성이다. 그것은 영원하고 하나이고 불멸의 활성이다. 우리의 생명은 끝없이 푸르고, 끝없는 성장이 본색이다. 그러므로 우리의 본성은 정지나 정체를 생각할 수 없다. 일체처, 일체 시간에 끊임없이 진리를 실현하는 것은 우리 생명의 본 모습이다. 그렇다면 우리는 기도함으로써 본성에 순수하고 영원한 실현을 추구해 나아가야 한다.

6. 내가 누구냐, 불성이다. 불성이 무엇이냐, 부처님의 본모습이다. 우리 모두 악인이든 선인이든, 불자든 아니든 누구라도 불성이 있는 까닭에 성불할 수 있다. 우리는 어떻게 살아야 하는가? 불성을 완전히 드러내고 살아야 한다. 내 삶은 무엇인가? 불성으로 사는 것이다. 이 땅의 궁극적인 평화와 행복은 무엇으로 이룰 것이냐? 불성을 완전히 드러낼 때 내 마음이 활짝 열리고 기쁨이 열리며 생사를 넘어서고 마침내 온 생명과 함께할 수 있는 위신력이 함께한다.

7. 불성은 근원적인 세계이다. 생각이 없는 세계, 생각이 끊어진 세계이다. 이와 같은 세계는 오로지 인간이 가지고 있는 내부 신성

이 절대 권위자일 뿐, 사람들이 흔히 말하는 신에 의한 것이 아니다. 따라서 우리는 생각을 구렁텅이에 집어넣어서는 안 된다. 밝은 자가 굴리면 세상은 밝아지고 나아가서 역사도 바뀐다. 착하다고 하는 것, 어질다고 하는 것, 지혜롭다고 하는 생각들은 모두 다 불성에서 나온다.

8. 부처님은 불성 자체로 계시며 우리의 본성이 또한 불성이다. 그러므로 부처님과 우리의 본성은 둘이 아니다. 주고받을 것이 없다. 더하고 못함이 없다.

9. 우리의 성품은 본래 불성을 지녔기 때문에 변하고 덧없고 흘러가는 것이 없다. 우리를 범부로 만드는 모든 것은 다 마음에서 이루어진다. 이 세계는 우리에게 주어진 창조의 세계이다. 우리가 수행하여 우리의 성품을 발전시키면 창조적인 권위가 무엇인지 알 수 있다.

10. 인간이라는 존재는 무엇인가? 우리가 미혹한 상태에서 자신을 관찰하면 육체로 이루어져 있고 조건의 지배를 받는 가냘픈 존재로 보이지만, 실상인즉 우리는 진리, 법성, 불성 자체다. 이는 우리가 깨우치는 것과는 관계없는 현실이며, 아무리 미혹하고 불법을 외면하고 지내왔다 하더라도 그 본성에 있어서 부처님과 똑같은 여래의 법성이다.

11. 본성은 내 눈이나 머리와 같아서 대상화할 수 없는 절대 주체

이다. 그러므로 어떠한 표현도 본성을 설명하지 못한다. 우리의 본성인 불성은 다음과 같은 특징이 있다.

첫째, 원인 없이 스스로 존재하며 허물이 없는 청정자라는 사실이다. 둘째, 영원하다. 셋째, 변멸이 없다. 넷째, 원만구족하고 온갖 지혜와 덕성을 원래 갖추고 있다. 다섯째, 무한한 창조의 권능을 갖추었다.

12. 불자들은 모든 중생의 참모습이 불성인 것을 믿는다. 생명의 신성한 근거가 불성이라는 것을 안다면, 당연히 그 귀결로서 인간에게 깊은 신뢰를 준다. 생명 존중은 모든 인간이 차별 없이 평등하다는 것을 믿는 것이다. 그러므로 모든 사회 여건에서 인간의 소중한 가치가 충분히 발휘될 수 있고, 억압이 배제되고, 충분히 성장할 수 있도록 환경을 조성해야 한다.

13. 인간은 누구나 진리를 품고 태어났다. 지혜의 눈으로 보면 인간은 오직 진리일 따름이다. 한량없는 지혜와 덕스러움과 창조의 힘을 지니고 있다. 부처님은 이를 가리켜 "만인은 불성을 갖추고 있다"라고 말씀하셨다.

14. 인간 개개인은 모래알처럼 흩어진 개체가 아니라 실로는 법성이라는 동일자이다. 이것을 동일법성(同一法性)이라 한다. 인간은 개체가 아니라 함께 어울리는 무대립자이며 공동자이며 상호의존자이다.

15. 사람의 본성이 부처이며, 마음이 법이라고 하는 것은 교리가 아니다. 이것은 사실의 선포이다. 인간 권위와 가치와 자력 계발을 위해 만들어낸 이론이 아니다. 그래서 만인의 실상이 부처이며 본성이 법이다. 그런데 인간 본성 실상이 불(佛)이건만 우리가 의식하고 생활하는 세계는 미혹의 세계이며 업의 세계이다. 부처의 세계이건만 미혹과 업으로 그렇게 보고 그렇게 산다는 말이다.

16. 불성은 부처님의 성품이요, 진리의 체성이다. 완전한 지혜와 완전한 덕성, 무한의 능력, 완전한 조화, 그 모두가 갖추어진 원만한 진리이며 불변의 진리로서 근원적인 존재의 실질이다. 있는 것은 불성밖에 없다.

17. 우리가 최상의 그 무엇을 찾아서 구한다면 지상 가치인 불성을 구해야 할 것이다. 또 마지막 가는 최고의 것, 최후의 것을 구한다면 그것 역시 불성을 회복하는 일이다. 무엇이 진실이고, 참으로 있는 것이 무엇인지를 찾는다면 결국엔 불성에 도달할 것이다.

18. 우리의 본성은 부처님 성품이므로 차별이 없다. 부처님 성품을 지니고 있기는 범부나 부처님이나 도 닦은 사람이나 큰 보살이나 작은 보살이나 차별이 없다. 모두가 부처님 성품을 똑같이 지닌 차별 없는 사람으로 귀한 사람이고 존경받을 사람이고 대접받을 사람이고 행복할 사람이고 성불할 사람이다.

19. 자비와 지혜는 누구나 갖추고 있다. 다만 그것을 크고 구체적

으로 나타내는 자와 그렇지 못한 자가 있을 뿐이다. 사람은 원래가 육체나 물질이 아니라 본성이 불성이며 법성이므로 원래로 무한대의 지혜와 자비를 갖춘 존재이다.

20. 우리는 본성이 불성임을 알아서 자신에게 내재하는 위대한 힘을 깊이 믿어야 한다. 그리고 그것을 자유로이 발휘할 수 있도록 노력해야 한다. 인간 생활이 행복하지 못하고 유쾌하지 못하고 우울하다면 그 첫째 이유는 무엇보다도 자기에게 갖추어진 위력이 억압되어 발휘되지 못하고 있기 때문이다. 자기 본성의 본래 원만성을 믿고 일체 장애요인에서 생각을 떠난다면 인생은 사뭇 밝고 행복하며 능률은 향상될 것이다. 그러므로 우리는 경을 읽고 염송하고 설법을 들으며 마음을 덮고 있는 억압과 우울과 실패와 공포, 불안 등 일체 소극적이며 어두운 감정을 비워내야 한다.

21. 때로 인간은 너무나 가냘프고 미약한 존재로 보인다. 하지만 반야의 눈, 지혜의 눈, 깨달음의 눈, 부처님의 눈으로 바라보면 우리는 진리 자체요, 법성 자체요, 불성 자체이다.

22. 불성은 경에 적힌 것처럼 만인에게 평등한 것이고 만인의 진실한 면목이어서 누구든지 자기의 참된 모습, 진실한 자기를 만났다면 그것이 바로 불성이다. 그 외에 불성 아닌 것은 진실한 자기가 못 되고 거짓된 망념에 엉켜진 자기이며 일시적인 현상이고 모습이다. 참모습은 불성이라는 완전무결한 진리, 그것이 바로 자기이다.

23. 본래부터 가지고 있는 불성, 본래부터 가지고 있는 깨달음, 그 것을 본각(本覺)이라고 한다. 본래 가지고 있는 깨달음이지만 번뇌 망상 속에서 살고 있으므로, 이 번뇌 망상을 제거해서 하나하나 깨 달아 들어가야 한다. 깨닫는 과정의 첫 단계는 불각(不覺)이라 한다. 좀 더 깨달으면 성문·연각 정도의 단계에 이르는데 참된 깨달음과 유사하다 하여 상사각(相似覺)이라 한다. 더 깨달아서 대보살이 되 어 큰 지혜를 성취하면 부분적으로 진여를 깨달아 얻었다는 의미 로 수분각(隨分覺)이라 하고, 마지막까지 다 깨쳐버리면 구경각(究 竟覺)이라고 한다.

24. 우리의 생각인 '상념(想念)'은 하나의 '힘'이다. 절대의 위력을 가진 힘이다. 불성 무한력에 직접 통하는 '채널'이며 불성의 표현이 다. 그래서 생각은 무한한 힘일 뿐만 아니라 우리의 활동을 결정할 수 있는 지성을 스스로 지니고 있다. 그래서 생각을 어떻게 쓰느냐 에 따라 그 생각대로 이루어진다.

25. 우리는 불자다. 본성이 불성이고 불심이다. 무한의 능력, 무한 의 가능성을 지니고 있다. 우리가 지닌 무한의 재능은 불성에서 나 온다. 그러므로 자기 재능을 소중히 여기고 힘써 개발하면, 그 재능 은 항상 사회와 인류에게 도움이 된다는 생각으로 끊임없이 활용 되어야 한다.

26. 진리가 있는 그대로의 모습, 진실하여 영원히 변치 않는 것을 진여라고 한다. 진여는 또한 법성, 불성, 우리의 본성이라고도 한

다. 이런 진리의 근원적인 뿌리 바탕이 우리의 생명이고, 진여, 법성, 불성이 우리 생명의 참모습임을 항상 배운다. 우리의 생명은 이러한 진리의 바탕이다. 이것이 우리의 본래 모습이다.

27 . 자기에게 있는 생각, 지혜, 자비의 힘을 억제하고 은폐하고 아끼지 않았는지를 반성해야 한다. 나는 최선을 다할 만큼 성실했는가를 물어보아야 한다. 어떤 일에 보살핌과 성의가 부족했는지, 막바지 힘까지도 다 바치는 끈질긴 노력을 했던가를 철저히 반성해야 한다. '누군가가 해줄 것이다, 부처님이 해줄 것이다, 저절로 될 것이다'라는 생각에 의존하지 말아야 한다. 자기의 힘을 아낀다면 자신에게 있는 창조력의 발현 양식인 생명력과 지혜와 자비를 은폐한 것이 된다. 그것은 자신에게 내재한 불성을 소홀히 하고 불성 진리 이외에 다른 진리가 있는 것을 믿는 것과 마찬가지이다.

28 . 만화(萬化)의 조화주(造化主)이며 창조의 도깨비방망이 같은 불성 진리를 어떻게 현실에서 구현할 것인가! 이 문제는 현상을 보지 않고 진리 본성을 믿는 것으로 해결할 수 있다. 다시 말해서 그것은 새로 만들어내는 것이 아니라 있는 것을 나투는 것이니, 믿으면 믿는 대로 나타나는 법이다. 그래서 '믿음이 창조'라고 말한다.

29 . 진리가 있는 그대로의 모습, 진실하여 영원히 변치 않는 것을 진여라고 한다. 진여는 또한 법성, 불성, 우리의 본성이라고도 한다. 이런 진리의 근원적인 뿌리 바탕이 우리의 생명이고, 진여, 법성, 불성이 우리 생명의 참모습임을 항상 배운다. 우리의 생명은 이

러한 진리의 바탕이다. 이것이 우리의 본래 모습이다.

30. 불성은 인간 본성이다. 부처님 성품이 만인의 가슴속에 자리 잡고 있다. 누구든지 자비를 통해서 진리의 꽃, 즉 불성을 싹트게 할 수 있다. 그러니 서로 아끼고 키워주어야 한다.

31. 본래 우리는 이미 성불이 되어 있다. 따라서 모두 부처님으로 존경받을 사람들이다. 남에게 존경받을 뿐 아니라 자기 스스로도 긍지를 가져야 한다. 그렇게 믿고, 알고, 회향함으로써 완성의 길을 가야 한다. 끊임없이 올바른 믿음과 회향을 통해서 실현해 가야 한다.

32. 우리는 본래의 불성을 그대로 쓸 수 있는 자세를 가져야 한다. 어떻게 쓰는 것인가? 나의 본성이 태양처럼 빛나고 있다는 것을 믿을 뿐 그 외는 버려라. '기쁨과 자신을 가지고 믿어라', '부처님의 공덕은 저물지 않는다', '웃음과 기쁨과 행복이 꽉 차 있다'는 긍정적인 믿음을 가지고 움직일 때 기쁨은 비로소 온다.

33. 우리의 참면목이 불성이다. 우리는 스스로 있는 자다. 자존자이다. 누구의 은혜로 창조된 피조물이 아니다. 부처님의 생명이 나의 생명이어서 나는 극치의 존엄과 권위와 가치를 본래부터 타고났다.

34. 본성은 육체와 정신을 넘어서 영원하다. 결코 때 묻지 않고 병들지 않고 빼앗길 수 없다. 영원한 생명의 주체로서 항상 함께한

다. 그리고 온갖 지혜와 능력과 아름다운 덕성이 끝없는 바다처럼 넉넉하다. 우리의 본성은 우리 개개인이 주인공이로되 서로가 고립하여 흩어져 있는 것이 아닌 원래 모두와 함께한다. 서로 의존하고 함께 살고 있다. 그래서 인간은 참 자기에 충실하면 기쁨도, 보람도, 성장도 함께 있고 평화와 안정도 성숙하는 것이다.

35. 생각할수록 신비롭다. 이 다행스러움, 이 경사스러움에 가슴이 설렌다. 이 몸이 진리 광명의 표현이고 청정무구하기 이를 데 없는 법성 생명이다. 스스로 시간에 상관없이 우뚝하고, 공간의 변화에 상관없이 자재한다. 생명에 자재하며 온갖 지혜, 온갖 덕성, 온갖 위력으로 자약(自若)하다. 하늘도 땅도 세계도 한마음 기멸(起滅)하는 데서 출몰하고, 온 국토, 온 세계를 한 폭의 화폭 삼아 마음대로 그려내는 주인이다.

36. 부처님을 믿지 않는 사람은 불자가 아니다. 하지만 원래부터 부처님을 믿지 않는 사람은 이 세계에 없다. 원래의 본성이 불성이 아닌가. 불성인 본성은 영원히 변치 않는 것이다. 다만 감각에 나타난 물질의 힘만을 믿고 있을 때 우리는 불신자라고 부른다. 그에게 불심이 없는 것이 아니다. 있지만 모를 뿐이다. 금덩이를 갖고 있어도 그것이 금인 줄 모르는 사람이 자신을 가난하다고 말하는 이치와 같다.

4. 본래 청정

1. 우리는 흔히 선을 지어서 청산에 나고, 악을 지어서 악도에 떨어진다고 생각한다. 그러나 우리의 청정 자성은 오직 청정할 뿐이다. 언제나 밝고 착하고 오직 진리 공덕만이 가득하다. 청정 자성에 악(惡)이 있을 수 없다. 우리의 청정 자성은 원만한 공덕이 충만하다고 믿어야 한다.

2. 마음이 청정하면 얼굴, 환경, 국토가 청정해진다. 그러므로 우리는 마음 가운데 종자를 올바르게 심어야 한다. 부처님은 이미 제도하여 무량공덕을 주셨다. 우리 안에 보물이 있다고 말씀하셨다. 믿음을 세울 때 허망에 세우지 말고 영원히 가득한, 영원히 변치 않는 데에 세워야 한다.

3. 자신의 자성을 깨달아야 한다. 자성의 청정을 깨달으면 천지 만물이 나와 한 몸이요, 미혹하면 중생 세계가 벌어진다. 망념을 버리고 본래 밝은 마음이 드러나면 생사를 해탈한 진리의 주인이 된다. 우리 모두 주인이어야 한다. 부처님은 진리가 하늘에 있어서 내려 주는 것이 아니라 우리 모두의 손아귀에 있고 우리가 마음대로 쓰는 것이라고 하셨다. 그래서 깨닫는 것이 첫째 과제이고, 바로 믿고 행하는 것이 첫째 길이다.

4. 우리는 마땅히 본성을 알아 본성 본연대로 살아야 한다. 이것이 참된 인간 회복이다. 참된 나에 도달하는 두 가지 방법이 있다.

하나는 참으로 번뇌 망상이 없는 본마음의 자리를 마음의 눈으로 지켜보는 것[觀]이다. 다른 하나는 부처님의 반야의 가르침을 믿어서 일체 번뇌, 일체 대립은 무(無)임을 알고 모든 관념을 다 쉬어 버리면 반야바라밀, 완전무결한 진리의 세계가 드러난다.

5. 참 나는 무엇일까? 참 자기를 불교에서는 본성이라고도 한다. 우리는 모름지기 본성을 바로 알고 본성에 충실하며, 참 자기의 능력과 덕성을 유감없이 발휘하여 참된 성공과 보람을 누리는 존재가 되어야 한다.

6. 참 자기를 사는 사람은 어떠할까? 그 사람은 언제나 밝은 얼굴, 밝은 표정, 밝은 마음으로 산다. 언제나 적극적이고 긍정적인 말을 하고 평화와 번영을 이야기한다. 자신의 본성이 진리인 것을 믿고 무한의 지혜와 능력을 확신한다. 그리하여 자신과 환경을 끊임없이 변혁해 간다. 결코 좌절을 모르고 끊임없이 향상 전진한다. 직장은 자신의 보람을 이루는 바탕임을 믿고, 조국과 사회와 이웃을 자신과 동일자이자 공존자로 보고 존중하고 협동한다. 자신이 역사를 밝히는 창조자라는 자각과 책임감으로 산다. 그리고 인간 가치의 절대성과 존엄성과 위대함을 믿고 모두를 감사하며 받든다.

7. 우리에게는 우주 일체를 아는 대지혜가 통한다. 일체를 성취할 위력을 가지고 있고, 일체를 감쌀 크나큰 덕성이 있으며, 어려움을 이기는 용기가 있다는 신념을 가져야 한다. 이것이 우리가 불성 인간임을 자각하는 첫 번째 길이다. 일체유심조다.

8 . 대각은 본래의 참된 자기로 복귀한 상태이다. 참된 자기는 일체 피아(彼我)의 대립이 없는 절대적인 것으로, 유무(有無) 이전에 본래 완전히 이루어진 상태이다. 누가 주어서 있는 것이 아닌, 본래 자존하고 스스로 있는 자이다. 대각은 그런 완전한 상태이다.

9 . 참마음은 본성을 말한다. 우리가 인식하는 생기고 멸(滅)하는 마음과 상관없는 본래의 마음이다. 이 마음은 경계로 취하거나 마음으로 잡으려 하면 잡지 못하고, 놓아서 얻으려 하면 얻지 못한다. 구하는 마음이 쉴 때 원래 거기에 넘치고 있다는 것을 알게 된다. 참마음은 불성이라고 하고 법성이라고도 한다. 우리의 본성은 우리의 것이로되 우리의 것이 아닌 부처님 것이며, 부처님 것이로되 부처님 것이 아닌 법성 진리이다. 법성 진리이되 법성 진리가 아닌 우리의 본래 면목이다.

10 . 손님이 집에 왔다가 돌아간다고 해서 집이 없어지지 않는다. 이처럼 인연 따라 나고 멸하는 계교하는 마음이 없어졌다고 해서 자신이 없어지는 것이 아니다. 바깥의 인연 따라 변하는 계교하는 마음은 마음의 본체가 아니다. 우리는 오가는 손님에 매달려서 참된 자기를 잊어버리지 말고, 항상 있는 주인처럼 움직이지 않는 부동한 자리에 머물러야 한다.

11 . 우리들의 참생명, 진아(眞我)라고 하는 나, 나를 나라고 의식하는 주체적인 나는 제1의 법이다. 모든 법 공한 상 그것이고, 진리의 실상이며, 바라밀이고, 참 나이며, 제1의 법이다.

12. 우리는 자신의 본성이 지닌 자주적이고 능동적이며 창조적인 힘을 잊어서는 안 된다. 그리고 그러한 지혜와 힘은 일체와 나눌 수 없는 하나이며, 완전한 조화 속에서 하나의 생명으로 움직이고 있다는 사실을 명심해야 한다. 지혜와 자비와 위력은 자신의 본성에서 하나이며, 하나로 움직일 때 본성의 위력은 창조를 실현한다.

13. 본래 인간은 본성이 나뉠 수 없는 하나이며 따라서 대립하는 존재가 없다. 순수하고 전성적이며 전일적이며 절대적인 것이 본성의 원래 모습이다. 이러한 절대적이고 전일적 인간 존재가 경계를 보고 대상을 보고 혹은 집착하고 대립하는 데서 중생 세계가 벌어진다. 그러므로 중생은 자성이 순수한 상태일수록 큰 안정과 화합과 전일성이 유지되고, 자성의 순수성을 벗어난 정도에 따라 그 안정성이나 전일성도 적은 것이 되고 거친 것이 될 수밖에 없다. 자성이 순수할수록 순수 삼매를 지키는 것이고, 자성을 몰각한 정도에 따라 산란심이 더해 가고 마음에 거친 파도가 몰아치게 된다.

14. '진실한 자기'을 믿는 자는 무슨 일이든 대성할 수 있다. 진실한 자기란 육체를 말하는 것이 아니다. 육체를 초월한 '진리인 자기', '법성인 자기', '불성인 자기'를 말하는 것이다. 육체를 초월한 진리적 자아인 법성자아를 통하여 우리는 진리와 하나가 되고 부처님과 함께 진리위신력을 발휘할 수 있다.

15. 부처님은 우리에게 부처님의 지혜와 덕성이 완전히 갖추어 있다고 말씀하셨다. 그것은 부처님께서 보신 바를 그대로 말씀하

신 것이다. 그러나 우리는 자기 자신을 범부로 알고 다른 사람을 범부로 대한다. 그래서 범부행이 나온다. 범부에서 벗어나려면 자신에게 깃든 진실한 자기에 눈떠야 한다. 이것이 해탈이다. 나에게 깃든 진리에 눈떴을 때 진리를 회복하는 것이다. 육체를 자신으로 알지 않고, 현상 경계를 진실로 보지 않는다. 육체적 존재와 그 속성이 무(無)임을 알고 진실한 자기가 법성임을 자각한다.

16. 거짓된 자기에 대한 집착을 놓음으로써 완전히 큰 자기를 회복해서 진실한 자기대로 살라는 가르침이 무아(無我)의 가르침이다. 지혜와 용기와 물질에 걸림이 없는 자유로운 자기를 쓰라는 가르침이기도 하다. 무아의 법문을 통해서 우리는 작은 우리에서 벗어나 빛나는 진리인 자기를 회복하고, 정말 밝고 빛나는 진리 공덕을 누려야 한다.

17. 무아를 통해서 아집과 고집, 대립과 미움과 원망하는 감정을 버렸을 때 참다운 자기가 된다. 집착하고 있을 때는 참다운 자기가 아니고 거짓된 자기이다. 미워하고 원망하고 남과 다투고 있을 때는 가짜 자기이며 공덕 없는 자기이다. 그것을 버렸을 때 참 자기, 즉 작은 나에서 해방된 진리인 자기, 참다운 자기가 된다. 우리가 아집과 집착을 버렸을 때 부처님의 공덕은 함께한다. 그러면 너그럽고 지혜롭고 복되고 굳세고 용기 있는 자기, 그런 참 자기가 나온다.

18. 밝은 마음을 가져서 맑아지는 것이 아니다. 마음은 본래부터 맑다. 그 맑음을 알게 되어 밝은 마음이 되는 것이다. 내가 밝은 것

이기 때문에 밝게 살고, 내가 근본부터 귀한 존재이기 때문에 귀한 행을 하고, 내가 원래부터 착한 사람이기 때문에 착한 행을 하고, 본래 내가 자비한 자이기 때문에 자비한 행을 하고, 이렇게 주체적인 자기를 세우게 되는 것이다.

19. 사람들의 제각기 다른 특성인 개성은 부처님 공덕 바다에서 나온 싹이다. 내가 가지고 있는 개성과 특성을 살리면 내가 아름다워지고 내가 만족할 뿐만 아니라 이웃도 같이 좋아진다. 각자의 귀한 개성은 착실하게 행하고 나 자신을 돌이켜 보며 남한테 한눈팔지 않고, 어려운 일을 당하더라도 부처님이 나와 함께 있다는 것을 잊지 않음으로써 지켜진다.

20. 진실한 자기에 눈뜨지 못하는 것은 육체적인 존재, 물질적인 존재에 매달려서 그렇다. 물질적 존재, 육체적 존재, 감각적 존재, 이것이 나라고 생각하고 절대 가치로 알고 매달리는 것은 무명(無明)이다.

21. 한 사람 한 사람이 귀한 사람이며, 한 사람 한 사람이 복 있는 사람이며, 한 사람 한 사람이 권위 있는 사람이며, 한 사람 한 사람이 절대 가치를 지닌 사람이다.

22. 사람의 생명, 즉 우리의 본 생명 우리의 본성은 어디에도 구속됨이 없다. 아무 결점 없는 완전무결한 진리의 완전성을 그대로 갖추고 있으며 이것이 우리의 본성이다.

23. 우리는 귀한 사람들이다. 범부는 때 묻고 죄짓고 불안해하는 그러한 어두운 세간을 생각할지도 모르겠다. 그러나 한 사람 한 사람의 마음속에는 참으로 귀하고, 참으로 위대한 지혜와 덕성과 조화를 이루는 힘과 능력이 있다. 세간에서 어둡고 거친 일이 나타난다고 하더라도 그것은 사람들이 미혹해서 일시적으로 나타난 모습이다. 사람의 본성은 언제나 진실과 아름다움을 구하고 원만과 평화를 구한다. 그러므로 세간 사람들은 인정받고 존중받아야 한다.

24. 모든 사람은 겉모습 여하에 상관없이 내면에 지극히 착하고 지극히 위대한 덕성과 능력을 지니고 있으며, 그것은 곧 무엇으로 비유할 데 없는 최상의 가치며 진실이다. 그것은 만인의 생명이 깃들어 있는 영원히 저물지 않는 태양이다.

25. 우리는 제각기 본래 청정한 참마음, 본 성품을 지니고 있다. 이 마음을 등지고 잃어버린 그런 존재가 아닌, 함께 있고 서로 돕고 살아가는 공동 생명체이다.

26. 허물을 알면 뉘우치고 참회하여 마음을 비우자. 본성의 태양이 찬란히 빛나고 무한한 행복의 요건이 끊임없이 방출하고 있음을 깊이 믿자. 우리의 자성(自性)은 본래 청정하다. 때 묻을 수 없고, 죄지을 수 없고, 악할 수 없고, 결코 어두울 수 없다. 가난도 불행도 원래부터 없는 것이다. 어찌 찬란한 태양과 어둠이 공존할 수 있겠는가.

5. 진리생명

1. 우리의 진실한 생명은 반야바라밀 진리생명이다. 이는 원래부터 갖춰져 있던 참된 진실이자 궁극의 실체이다. 이에 우리 생명은 꺼지지 않는 횃불이다. 이 횃불은 생과 사를 초월한 생명이다.

2. 사람에게 가장 중요한 것은 자신이 부처님의 진리생명, 즉 법성생명이라는 사실의 자각이다. 인간은 범부, 능력 제한자, 업보 수신이 아닌 부처님의 법성생명이라는 자각에서 자신에게 무한의 창조 능력이 깃들어 있는 것을 깨달아야 한다. 이러한 자각을 통해 불성의 무한력이 자신에게 발현할 때 우리는 무엇이든 창조할 수 있다. 이 본래 갖추어진 능력을 십분 발휘하여 자신과 사회, 인류를 위하여 계발할 때 우리는 기쁨과 보람을 함께 누릴 수 있다.

3. 우리의 본성에는 부처님의 절대적 완전함만이 존재한다. 기쁨과 일체 성취만이 존재한다. 우리가 눈과 귀와 생각 등 감각 경계에서만 즐거움을 추구한다면 삶은 허망해질 뿐이다. 즐거움은 없고 괴로움만 가득하다. 진정한 즐거움은 우리의 진리생명 인간 본성에 있다. 이것이 진실한 자신이다.

4. 우리의 진리생명 인간 본성에는 끝없는 즐거움, 건강, 청정, 원만만이 있는 것을 알자. 이것이 진실한 자신이다. 그러므로 우리는 육체가 자기라든가 감각에서 오는 느낌이 자기라고 하는 생각을 버리고 무한공덕 충만한 법성 생명인 자신을 끊임없이 관(觀)해야

한다. 반야바라밀을 염하고 무한공덕세계를 생각하여 우리 생활환경에서 일체 고뇌와 불행을 쓸어내고 법성공덕 원만성을 드러내야 한다.

5. 원래 우리의 성품, 생명의 뿌리라고 하는 이 자리는 일체의 막힘없는 진리와 더불어 하나이다. 진리 자체가 우리의 본 성품인 것이다. 거기에는 생각이 이를 수도 없고, 형상도 끊긴 절대의 완전무결한 상태이다.

6. 욕망의 종속에서도 벗어나고 혼란에서의 안정도 벗어나고 공리와 진리와의 교환도 거부했을 때 마침내 남은 것은 무엇일까? 그것은 진실 하나뿐이다. 진리 그것뿐이다. 주체적·전성적·생명적 진리, 바로 그것뿐이다. 나와 너와 세계와 역사와 내지 온갖 가치와 시간과 공간이 나뉘기 이전에 원래부터 이미 있는 실다운 한 물건, 주체적 나, 근원적 생명의 진리인 존재 이전의 나, 영원한 시간 무한한 공간을 마음껏 펼치며 현실 밖에 다시 무엇이 있을까.

7. 우리의 믿음은 이 참된 진리의 긍정, 참된 생명의 긍정, 참된 진실의 긍정, 이것 외에 다른 것이 있을 리 만무하다. 모든 이욕과 타산과 허구를 넘고 우리 눈앞에 훤칠하고 우리 발 앞에 시원스럽고 우리 가슴에 툭 터 있는 이 현실 진리를 자신의 생명으로 믿지 아니하고 무엇을 믿어야 하겠는가?

8. 인간의 참모습은 진리의 세계이다. 이것은 현실이며 사실이다.

이 진리의 현실, 진리의 사실은 우리 인간의 본래 모습이다. 범부가 되었다고 착각했을 뿐 일찍이 진리의 참 현실을 손상하거나 잃은 적이 없다. 그러므로 진리의 눈으로 보면 인간은 본래 해탈자이며 원만 구족한 행복자이며 무한 창조의 능력을 갖춘 권능자이다. 이 것이 인간의 영원불변한 본 면목이다. 이렇게 믿고 생각하고 행하는 것이 불자의 인생관이며 세계관이다.

9. 인간의 진리생명은 괴로움과 즐거움, 득과 실, 안락과 행복 등 그 어떤 이해타산, 공리적인 것과의 교환을 거부한다. 인간의 진리 생명은 공리적 타산적으로 결코 이룰 수 없기 때문이다. 인간은 절 대적 주체자요, 근원적 실재요, 규정 이전의 전일자이고 자존자이 기 때문이다.

10. 진리에 의해서 이루어진 모든 사람은 지혜와 덕성과 풍성한 아름다움을 지닌다. 그런데도 세상이 나쁘다든지 악인이 있다고 하는 것은 우리의 표면 감각이 그렇게 인식할 따름이다. 우리는 마 땅히 부처님의 진리적 존재를 믿어야 한다. 감각이 제공하는 인식 을 따르면 안 된다.

11. 사람에게는 모든 덕성과 능력이 본래 구족한다. 지혜와 자비 는 그의 생리며 체온이다. 희망과 환희, 자신과 성취가 그의 맥박 이 전부터 함께 있다. 사람은 본래 축복받은 자이고 영원의 자재이다.

12. 진리이신 부처님은 우리에게 차별 없이 모든 것을 주셨다. 사

람은 스스로 지닌 진리의 무한한 덕성을 어떻게 믿고 쓰는가에 따라서 자신의 세계가 규정된다. 그러므로 우리는 미래의 평화와 자신의 참된 완성을 향해서 끊임없이 밝은 자성을 발휘해 참되고 지혜롭고 기쁨이 충만한 창조적인 자신을 이룩해야 한다. 창조는 순간순간 우리의 깨닫는 마음과 지혜에 의한 결단적 행동에 있다. 고귀한 가치와 덕성과 능력을 유감없이 발휘함으로써 진리를 완성하는 기쁨을 누려야 한다.

13. 인간에게는 원래로 제각기 성스러운 사명이 있다. 이 성스러운 사명을 자각했을 때 사람은 비로소 참으로 기뻐지고 만족한 생활에 들어갈 수 있다. 이 사명을 자각한다는 것은 새롭게 진실한 자기를 발견하는 것이며, 진리생명으로 태어나는 것이다.

14. 사람 몸은 참으로 귀한 것이다. 많은 축복을 받고 큰 희망을 약속받고 큰 성취의 가능성을 안고 크게 성장하기 위해 태어났다. 많은 일을 해 스스로 돕고 남도 도우며 세간에 이로움을 줄 능력을 품은 채 태어났다. 또 사람은 태어나면서 원래 신성하고 존엄한 가치를 스스로 가지고 태어났다. 모든 사람이 가진 권위 있는 존엄성은 어떤 경우에도 빼앗기거나 변질하지 않는 완전성을 지닌다. 이러한 고귀한 삶이 인생의 참모습이라는 것을 깨달아야 한다. 부처님의 진리를 깨달을 수 있다는 것은 사람이 지닌 가장 귀한 특권이다.

15. 사람은 태어나면서 원래로 신성하고 존엄한 가치를 스스로 지니고 태어났다. 이러한 고귀한 삶이 인생의 참모습이라는 것을

깨달아야 한다. 그리고 고귀한 가치와 덕성과 능력을 유감없이 발휘함으로써 기쁨과 보람을 누려야 한다. 사람이 사람 된 의의는 진리를 깨달아 보다 빛나게 성장함으로써 복된 인생과 향상된 국토사회를 이룩하는 데 있다.

16 . 인간은 무한한 지혜와 능력을 원래 갖춘 자이다. 이 사실을 긍정하고 존중하고 계발한다면 자원의 결핍과 불행은 문제가 안 된다. 끝없는 희망과 불굴의 용기로 덕성을 기르고 상황을 변혁하고 역경을 척결하여 전진하는 것이 인간의 본분이다. 어떤 상황 속에서도 좌절하지 않고, 긍정과 용기로 전진하여 무궁한 희망을 성취해 가는 것이 인간의 본래 모습이다.

17 . 인간은 원래 아름답고 착하고 행복하다. 불행과 고난과 죽음이 인생의 전부로 보일지 몰라도, 그것은 하늘을 가리는 구름이며 안개다. 또는 어두운 밤이다. 흘러가면 그 무엇으로도 푸른 하늘의 청정과 태양의 영원한 찬란을 빼앗을 수 없다. 못생긴 용모라도 숙명이 아니다. 마음먹기에 따라서 바뀌는 것이고 바꿀 수 있다. 항상 밝고 너그럽고 청정한 자비심을 잃지 않아야 한다. 밝은 마음의 미소를 잃지 않는 습관이 매일 나의 용모에 아름다움을 새겨간다는 사실을 명심하자.

18 . 인간의 근본은 청정하다는 것을 알아야 한다. 그것을 모르고 있을 때, 그 근본이 반야바라밀임을 모르고 있을 때, '내가 불자다' 라는 근본 생각을 잊어버리고 있을 때, 마음은 혼란해지고 천 가지

차별을 일으킨다.

19. 인간은 육체가 아니며, 물질에 좌우되는 존재가 아니다. 운명에 예속된 존재가 아니며, 어떤 절대자나 권능자에 의해 지배되고 조작되고 승복하여 사는 비소한 존재가 아니다. 부처님께서는 인간의 참 면목은 진리의 주체임을 가르쳐 주셨다.

20. 사람이 가진 마음의 성품, 마음의 진리는 물들지 않는다. 범부라서 때가 묻었고 성인이라서 맑은 것이 아니다. 또한 범부가 닦아서 맑아지는 것도 아니다. 마음은 본래 물들지 않는 청정한 것이고 완전하고 원만하게 이루어진 것이다. 그러므로 망령된 생각만 버리면 바로 부처가 된다. 우리는 물들지 않고 더럽지 않고 때 묻지 않은 그런 성품을 본래 가지고 있다. 이것을 그대로 활용하면 그것으로 여여불(如如佛)이니 다시 더 얻을 것이 없다.

21. 우리의 몸이 번뇌와 업보에 매인 숙명적 고통을 안고 있다고 보는 것은 바른 견해가 아니다. 지혜의 눈을 뜬 반야의 안목에서 보면 그러한 중생의 구속적 차별 현상은 꿈이요, 환이요, 실이 아니다. 오직 청정한 부처님의 무량공덕이 활발히 살아 움직이고 있는 것이 인간의 참모습이다. 견성하신 조사님들은 이 도리를 분명히 보시고 의심 없이 활발하게 수용했다. 이러한 진리의 참 공덕을 가로막고 있는 번뇌 망상도 실로는 있는 것이 아니어서 가히 제할 것도 없다.

22 . 평화롭고 따뜻하고 조화로운 마음, 아름답고 너그러운 마음을 지닌 사람일수록 덕스러운 사람이 된다. 이러한 사람은 타인과 대립하지 않는다. 항상 따뜻한 심정으로 살아간다. 마침내 나아가 천상 사람이 되고, 더 나아가면 천상에서도 보다 안정된 곳에서 태어난다.

23 . 자신의 무한성을 한정시키지 말아야 한다. 누에가 고치를 짓고 자기를 가두는 것처럼, 우리는 자신의 무한성을 한정해서 자기 세계를 만들고 자기 생각으로 직물을 짜서 옷을 만들고 집을 짓는다. 자신의 환경과 자신의 몸과 표정, 얼굴, 대인관계에 이르기까지 일체의 자기 주위를 둘러싼 누에고치 같은 그 천은 자기 마음으로 짠 것이다. 따라서 인상도 그때그때 자신의 마음이 만들어내어 지금에 이르렀음을 알아야 한다.

24 . 우리는 귀한 사람이다. 성불할 사람이다. 한량없는 공덕을 모두 가지고 있는 사람들이다. 아무리 악당이고 죄인이라 할지라도 그것은 미혹해서 잠시 잠꼬대한 것에 불과하다. 그 가슴속에는 진리의 광명과 진리의 위신력이 넘치는 진리의 공덕을 다 가지고 있는 사람들이다. 어느 누가 망해야 내가 잘되고, 어느 계층이 망해야 내가 잘되는 법은 없다. 서로 한 몸이다. 이것이 일계이다. 노사나 부처님이 항상 외우던 일계란 바로 진실한 생명의 진리로 살아가는 도리를 말한다. 일계만 안다면 다 안 것이다.

25 . 인간의 그 장엄하고 신성한 권위는 다른 무엇에도 비유할 수

없다. 양도할 수도, 제한할 수도, 은폐할 수도 없다. 인간은 그 절대적 권위로 자존하는 자이다. 규정당하는 자가 아닌 규정하는 자이다. 만유의 가치는 그로부터 비롯한다. 역사의 중심에서 역사와 사회를 움직이는 주체자이며 논리적 책임의 귀속자이다. 그는 우주의 중심이다. 그의 존재는 절대적이며 전일적이며 전성적이다. 그러므로 그는 존재가 아니다. 일체를 두루 채우며 일체를 초월한다. 그는 구원의 활자이다.

26. 인간은 기나긴 시간 위에 한 생애라는 무대를 설치해 연극을 벌이며 자기를 실현하고 연마해 가는 영원한 생명이다. 인간이 육체나 물질이나 정신의 속성이 아니라, 그에 앞선 불성의 주체자라는 것이 부처님의 가르침이며 불자의 믿음이다. 그것을 구김 없이 발휘하려고 자신을 연마하며 훈련하고 수행하는 것이 인생이라는 무대이다.

27. 누구나 다 지극히 청정하고 지극히 신성하고 지극히 존엄하고 절대적인 권능을 지닌 귀한 사람이다. 누구나 귀하고 위대한 능력이 있다. 사람 위에 사람 없음을 알아야 한다.

28. 우리의 본성이 지극히 완전하고 원만하고 권능적인 진리성이므로 인간 생활은 원래로 밝고 원만하고 자유로운 것이다. 행복과 평화, 환희가 인간 생활의 진실한 모습일 수밖에 없다. 솟아오르는 아침 해, 구름 한 점 없는 하늘을 생각하자. 온 천지가 찬란한 광명으로 충만하지 않은가.

29. 인간 성품의 참된 모습은 바로 상호 의존하여 존재하고, 상호 의존하여 생성하며, 그 근본 바탕은 동일성의 원리 위에 서 있다. 인간은 이처럼 서로 어울려 주고받으며 살아간다. 우리 모두 동일 법성의 진리로 사는 것이다. 서로 협동을 통해 인간은 번영하고 행복은 안정을 이룬다는 사실을 부처님께서는 보여주셨다.

30. 본래 이 생명, 이 마음은 부처님에게서 온 것이며 모두가 불성시현(佛性示現)이다. 그러니 어둠과 우울과 겁약이 있을 수 없다. 어둠은 밝음의 부재를 의미한다. 모름지기 항상 깨우쳐서 정견(正見)을 세워야 한다. 그러면 언제나 밝음이 가득할 것이다.

31. 우리가 지닌 개성을 완전하고 아름답게 표현한다는 것은 결코 남을 침범하거나 불편하게 하는 것이 아니다. 불편하게 하기는 커녕 도리어 그를 안심시키고 평화롭게 한다.

32. 세상에서 악인이라고 하는 사람은 꼭 죽어야 하는가. 가장 이성적인 집단인 국가가 악인이라고 하여 죽인다면 그것은 옳지 못하다. 형벌에 사형제도가 있다는 것은 국가가 어떤 사람에 대해 교정을 포기한 것을 의미한다. 근본적으로 인간 자신에 대해 바른 이해를 하지 못한 까닭이라 생각한다. 악인은 원래 없다. 악한 환경, 악한 조건에서 바른 판단을 하지 못하고 그릇된 행을 해서 자신도 사회도 국가도 함께 해를 주는 일을 한 것이다. 그에 대한 대가로 죽음을 안길 수는 없다. 사람은 천 번 다시 될 수 있다. 어쩌다 잘못되었을지라도 스스로는 수만 번 새사람이 될 수 있다. 원래 본성이

악이 아니기 때문이다.

33. 온 우주를 넘어선 우주 이전의 존재가 바로 나의 생명이고 나는 곧 온 우주 이전의 존재이니 여기에는 나도 우주도 하나이다. 형체 없고, 대립 없고, 막힘없이 오직 형상 없는 무한 청정이 끝없이 너울거린다. 우주는 오직 신령스러운 바라밀 광명뿐이다. 우주에 앞서 있고 우주에 가득하고 다시 영원하다.

34. 진리가 영원하고 원만하고 자재한 것처럼 우리는 진리로서 완성되고 성불함으로써 생멸과 변멸과 고뇌에서 벗어나 자유롭고 원만하고 자재한 존재가 될 수 있다.

35. 생명의 원래 모습에 도달하려면 두 가지 길이 있다. 하나는 참으로 번뇌 망상이 없는 본마음을 마음의 눈으로 지켜보는 것이다. 다른 하나는 부처님의 반야의 가르침을 믿어서 일체 번뇌, 일체 대립은 무(無)임을 알고 모든 관념을 다 내려놓는 것이다. 그러면 반야바라밀, 완전무결한 진리의 세계가 드러난다. 번뇌와 망상들이 사라지면 진리의 세계가 그대로 드러난다.

36. 세상 사람들이 나를 업신여기고 스스로도 자신이 남보다 못난 것같이 느껴지더라도 부처님의 눈으로 본 바는 지극히 귀한 존재이다. 우리는 모두가 지극히 영예로운 존재이다. 지극히 존귀하고 존엄하고 신성한 존재이며 권위 있는 존재인 사실을 각자가 가슴속 깊이 새겨야 한다.

37. 우리는 일찍이 구족한 완전한 지혜, 덕성, 자유의 권능을 스스로 가지고 있는 대진리의 주인인 것을 알아야 한다. 돌이켜볼 때 과연 우리는 대진리 주재자다운 마음 씀을 하고 있는가? 일체를 한 숨길 속에 안고 포근히 키우는 대진리의 사랑을 간직하였던가? 온 세계가 그대로 자기의 실현이라는 신념에 철저하고 참다운 자기의 위치를 파악하고 책임을 다했던가? 신성한 자기의 참모습, 존엄한 참 자기의 인격을 더럽힘이 없었던가? 생각해 볼 문제이다.

38. 생명의 뿌리는 육체가 아니다. 생명의 본모습은 부처님의 무한공덕세계라는 사실을 믿자. 끊임없이 부처님을 염(念)하고 끊임없이 부처님의 신력을 생각하고, 부처님의 광명을 생각하자. 그리고 그것이 바로 자기 자신이며, 자신에게 그 은혜가 있다는 것을 끊임없이 생각하자.

39. 아침 해가 수평선에 떠오르는 찰나처럼 만인의 생명의 지평선에 진리의 태양은 눈부시게 타오르고 있다. 억겁 전에 빛나고 있었고 오늘 빛나고 있고 영원히 빛날 것이다. 우리는 모두 진리의 주인공임을 마음속에 다져서 활기차고 밝고 넓은 희망을 펼쳐야 한다. 우리의 역사는 더욱 크게 밝아질 것으로 믿는다. 그것이 소망이다.

40. 우리는 지금 완전한 진리이고 지혜이고 덕성이고 행복인 것을 믿자. 이미 진리의 무한 공덕을 부처님에게서 완전하게 받았다. 이것을 깊이 긍정하고 자기 자신에 대하여 역설하고 행동해야 한다.

41 . 서로 대립하는 자는 없다. 서로 아끼고 진리를 밝히며 하나의 생명으로 사는 존재이다. 서로 도와줄 때는 상(相)을 갖지 않고, 대가를 받으려고 생각하지 않고, 어떤 경우라도 대립 관계가 아니라 항상 협동하며, 미움이나 원망이나 노여움 등의 감정이 나올 여지가 없는 본래 진리의 생명으로 살아야 한다.

42 . 내 생명에는 진리의 태양이 밤낮없이 눈부시게 빛나고 있다. 완전무결한 진리 공덕, 완전무결한 부처님의 지혜와 자비와 위신력, 넘치고 있는 반야바라밀 진리. 그것이 바로 내 생명의 진실이며 원래의 모습이다. 잘못이 있고 허물이 있고 부족함이 있고 고난이 있고 장애가 있는 것은 흘러가는 구름일 뿐 진짜가 아니다.

43 . 우리는 서로 남이 아니다. 제각기 다른 삶을 사는 것 같지만, 부처님과 더불어 마음의 근원인 진리생명으로 연결된 하나의 생명이다. 이 말은 함께 돕고 기뻐하고 힘을 합해서 일체를 성취하는 상호 동일자의 관계에 있다는 뜻이다. 이것이 반야바라밀의 가르침이다. 이 진리가 퍼질 때 세상에 평화가 온다.

44 . 중생들은 대립된 몸이 아닌 한 몸이요, 모두 뜨겁고 한없는 자비가 흐르는 지극한 성스러운 사람들이다. 모두 존엄한 인격을 갖추었고 존중받을 사람이다. 모든 사람은 진리를 행할 수 있는 창조적인 권능을 지닌 사람들이다.

6. 마하반야바라밀

6.1. 마하반야바라밀의 의미

1. 반야바라밀은 무엇인가? 각 개아가 가지고 있는 이질적인 개아를 무무(無無)하고 부정하는 것이다. 각각 대립하는 존재들을 부정하는 것이다. 대립의 존재를 부정할 때 완전히 통일을 이룰 하나라는 근원이 나타난다. 반야는 허망한 현상들을 부정하고 진실한 내면의 진리 공덕을 전면 드러나게 한다.

2. '반야바라밀', 이것은 영원한 생명을 우리 자신에게 향유시키는 무상의 진리이다. 반야바라밀은 우리에게 희망과 환희와 용기와 성장을 가져다주는 힘의 원천이다.

3. 마하반야바라밀, 반야바라밀의 법문만큼 참으로 귀하고 크고 수승한 것도 없다. 반야바라밀은 바로 부처님 세존이시다. 부처님이 아니고서는 더 큰 지혜도, 자비도, 위덕도, 평화의 은혜도 주실 분이 없다. 우리는 반야바라밀 생명인 까닭에 절대로 미움, 슬픔, 노여움, 다툼, 불행, 불안 등이 없다. 그 일체는 무(無)이다. 왜냐하면 대립자가 없기 때문이다. 내 생명 진리생명, 부처님 공덕생명, 이것밖에 다른 것은 없다. 나와 이웃, 모든 이가 그러하듯 온 우주 중생이 그렇듯 이 진리생명뿐이다.

4. 반야바라밀이 곧 세존이요, 세존이 곧 반야바라밀이다. 삼계에

서 해탈한 세계, 고뇌의 수레바퀴에서 해탈하는 법이다. 반야바라밀은 일체의 번뇌가 없어서 어둠이 없다. 일체의 두려운 것, 괴로운 것이 없어 편안한 것이다. 모든 지혜의 눈을 열게 한다. 반야바라밀은 나고 죽는 고뇌의 수레바퀴를 근원부터 끊어버린다.

5. 원래 반야는 제법(諸法)의 무(無)를 말한다. 세간의 대립 상황의 무, 세간의 마음과 고난과 장애의 무를 말하는 것이다. 반야 광명, 진리 광명에는 그런 것이 없다. 그러므로 반야의 믿음, 진리, 불법을 받아들이는 사람은 가슴속의 미움과 대립심, 원망하는 마음, 슬픔이 없어진다. 우리 생활을 둘러싸고 있는 고난이나 장애, 미움이나 원망이 보이거든 자신의 마음을 돌이켜보도록 한다. 내가 허물이 없다고 하더라도 반야바라밀을 일심으로 염(念)하여 내 마음을 맑고 밝게 만들어야 한다. 그러다 보면 내 허물이 무엇인지, 내 잘못이 무엇인지를 알게 되면서 자기 마음이 정화된다.

6. 부처님이 위없는 깨달음을 성취한 것은 마하반야바라밀을 깨쳤기 때문이다. 경에 이르기를 부처님이 전지자가 된 원인은 반야바라밀이라 했으며 일체 부처님은 반야바라밀의 소산이며 일체 부처님께서 공양하고자 하면 마땅히 반야바라밀에 공양해야 한다고 하셨다. 그래서 반야바라밀을 일체 제불이 나온 곳이라 하여 불모(佛母)라 한다.

7. 경에는 반야바라밀이 모든 부처님을 낳으시는 어머니라고 했다. 부처님의 어머니가 누구인가? 석가모니 부처님의 육신의 몸을

낳아 주신 어머니는 마야 부인이지만, 진리이신 부처님 그분의 어머니는 반야바라밀이다. 그러니까 모든 부처님이 항상 반야바라밀을 생각하는 것이다.

8. 부처님 법의 핵심은 반야바라밀이다. 삼세(三世)의 모든 부처님들도 이 반야바라밀다를 의지해서 성불하셨다. 모든 중생이 반야바라밀을 체득하면 성불하며, 일체 국토가 불국장엄을 성취하게 된다. 이 위없는 최상의 법문은 능히 국가를 진호하며, 세계평화를 이루게 한다.

9. 반야는 바로 진리 광명이고, 진리 광명에는 모든 악이 없고 어둠이 없으며 대립이 없다. 반야의 알맹이는 바라밀, 완전 성취상, 부처님의 진리생명이다. 이것은 내 생명의 본래 모습이요, 우리의 생명과 우리의 생활과 우리의 국토를 가꾸어 가는 데 가장 근본이 되는 법문이다.

10. 반야는 인간 개개인이 가지고 있는 무한 능력을 들여다보지만, 동시에 모든 사회의 화합을 가르쳐 준다. 화합이 없다면 사회적 마찰로 인해서 힘만 헛되이 소모하고 만다. 나라가 잘되려면 반야바라밀을 배워서 대립을 버리고 서로 존중하고 아끼고 찬탄해주는 화합을 이루어야 한다.

11. 마하반야바라밀은 또 다른 말로 무위(無爲)이다. 감히 없는 것이다. 반야는 지혜 현상이다. 현상을 현상이 아닌 것으로 보는 것이

다. 바라밀은 도무극(度無極)이다. 극이 없고, 끝이 없다. 무한 절대에 도달하는 것이다. 도피안(到彼岸)이다. 오온을 타파하면 진실상이 나타난다. 그 진실상이 바라밀이다. 바라밀만이 참으로 있는 것이다. 마음의 어둠을 몰아내고 내 속에 지혜 공덕이 가득한 한량없는 지혜 광명을 가져야 할 것이다.

12 . 반야는 일체 대립과 한계의 벽을 허문다. 밉고, 곱고, 높고, 낮고, 있고, 없고의 대립 상황을 극복한다. 마침내 삶과 죽음을 넘어선 문을 연다. 이것은 다른 데서 이루어지는 것이 아니다. 만인의 가슴에서 열리고 생명으로 체험하고 그것으로 살기에 따로 증명하거나 설명할 필요가 없다. 오히려 말하고 설명하는 데서 자칫하면 절대성과 주체성이 다칠 염려도 있다.

13 . '반야'란 영원한 지혜의 바다다. 이 지혜의 바다에 우리는 이르러야 하고, 그리고 그 물을 한껏 마셔야 한다.

14 . 이 몸은 겉으로는 분명히 있는 듯 보이지만, 실로 허수아비나 그림자와 같다. 그래서 몸과 마음은 모두가 환(幻)이며, 환은 때이다. 때는 때일 뿐이기에 벗겨 내면 본래의 몸이 드러나는 것처럼 환 역시 있는 것처럼 보이지만 없는 것이다. 때는 닦아내야 하지만, 환은 환인 줄 알면 곧바로 사라진다. 이렇게 아는 것이 바로 반야바라밀이다. 반야는 때를 벗기는 것이 아니라, 때가 없는 것을 아는 것이다. 그래서 반야는 중생을 있는 자리에서 즉시 성불시킨다. 예토(穢土), 즉 때 묻은 더러운 땅을 즉시 정토로 만들어 주는 것이 반야이다.

15. 반야바라밀은 깨달음의 지혜인 까닭에 지혜의 눈으로 보면 모든 사람은 반야바라밀의 지혜밖에 없다. 그래서 반야바라밀의 법문이 최상의 법문이다. 반야바라밀 법문을 떠나서는 부처님의 진리 세계를 알 수 없다.

16. '맑은 마음' 그것은 반야바라밀이다. 부처님의 진리, 부처님의 광명, 부처님의 막힘없는 위덕이 가득 차 있는 그 힘이 맑은 마음이요, 반야바라밀이다. 맑은 마음을 지켜라. 희망을 이루고자 할 때는 마땅히 정법을 배우고 항상 깨어있어야 한다.

17. '마하반야바라밀, 내 생명이 부처님 생명이다. 일체 부처님의 광명, 마하반야바라밀이다.' 불광법회에서는 이것을 배워 끊임없이 부처님의 광명과 위신력과 위덕이 넘치는 자기 자신을 생각한다. 무량광명으로 빛나는 나 자신은 끊임없이 변하기 때문에, 나의 몸과 환경, 그리고 내가 하는 일이 점점 밝아지는 것이다.

18. 반야바라밀은 참선을 통해서 밝혀진 세계이다. 참선을 통해서 밝혀진 궁극적인 진리의 세계, 원천적인 부처님의 세계, 그것이 반야바라밀이다.

19. 심동천차수업과보(心動千差受業果報), 마음이 천 가지로 갈라져 과보를 받는다는 의미이다. 온갖 생각을 일으키고 망념을 일으켜서 자기를 한정하는 것이다. 불자인 우리의 근본생명은 반야바라밀인데 그것을 잊어버리고 있을 때 여러 가지 생각을 일으켜 수

만 가지의 차별 있는 중생이 되고 만다.

20. 반야바라밀 법문은 세 가지로 나눌 수 있다.
첫째, 원망과 미움과 대립 등 일체 현상의 집착으로부터의 해방이다.
둘째, 진실한 인간을 제시한다. 거짓된 일체 현상을 벗어난 진실한 인간, 위없는 진리의 주체적 상황의 전개이다.
셋째, 동일법성의 제시이다. 인간과 인간을 둘러싼 일체는 대립이 아니며 원래 하나라는 사실의 해명이다. 반야바라밀은 일체 감각적 대립상을 초월해 완전한 진리 존재, 진리생명을 밝혀 준다.

21. 부처님은 진리의 몸, 즉 법신(法身)이시다. 이 부처님을 우리는 반야바라밀이라고도 한다. 진리 전체가 반야바라밀이다. 그렇기 때문에 부처님의 본체는 반야바라밀이다. 일체의 부처님은 반야바라밀에서 나왔고 그래서 반야바라밀은 모든 부처님의 어머니라고 하는 것이다.

22. 삼세제불(三世諸佛)은 마하반야바라밀이다. 절대성이 근원적인 진리로 나타나는 분들이 삼세의 제불이다. 과거의 모든 부처님은 이 마하반야바라밀이라고 하는 절대성이 부처님이라고 하는 상대적 화신으로 나타난 것이다. 일체 제불이 마하반야바라밀에서 나온다. 그래서 마하반야바라밀이 삼세 모든 부처님의 어머니라고 하는 것이다.

23. 우리 불법에서 밝히고 있는 것이 참으로 무엇이냐. 그것은 깨

달음의 성품과 각성이며 그 각성의 근원은 반야바라밀이다. 이것을 우리는 알고 믿고 행해서, 그 진실, 그 진리를 자기 것으로 삼고자 한다. 그것이 성불이라고 하는 궁극적 완성이다.

24. 일상일미(一相一味)는 이른바 해탈이다. 우리의 본성, 우리의 참 생명, 우리 생명의 뿌리는 모든 고난에서 해탈한 모습이고, 지옥 아귀 축생 천상까지도 매인 존재가 아니다. 우리는 거기서 벗어난 존재이다. 일체 번뇌에서 벗어난 모습이고, 일체 형체가 없는 적멸한 자리이다. 그러니까 부처님이 설법하고자 하는 것은 일상일미이고, 일체 번뇌에서 벗어나고 일체 부처님의 생멸에서 벗어난 이 자리가 반야바라밀이다.

25. 내 생명, 내 마음속 깊은 곳에 있는 진실한 언덕을 모르고 겉모습에만 매달리고 살아왔는데 겉모습은 끊임없이 변한다. 변해가는 것을 다 치우고 그 밑바닥에 도전했을 때 변함없는 진실한 땅이 드러난다. 그 밑바닥에 참으로 있는 땅, 이것이 불멸의 땅이다. 바로 반야바라밀이다. 제불을 태어나게 하고 부처님을 출생하게 한 근원이 되는 반야바라밀이 바로 그 땅이다. 그것을 열반, 법성, 진여, 불성이라고도 한다.

26. 본성이 불성이자 법성이다. 다른 것이 아니다. 그러므로 본성은 부처님이며 근원 진리이며 원만 성취의 완성자이며 마하반야바라밀이다. 우리는 그것의 주인이지만 범부는 참마음이 있는 것조차 모르고 있다. 이렇게 모르는 상태가 미혹이고 미혹이 바로 중생

의 시작이며 근원적 인간 상실이다.

27. 마하반야바라밀은 대립이 없다. 마하반야바라밀은 일체의 기도를 성취시킨다.

28. 마하반야바라밀은 대지혜의 완성이고, 진리의 완전무결한 무극(無極), 극이 없는 절대 진리의 완성, 완전한 진리의 주체적인 회복이다. '내 생명 부처님 생명'의 내 생명이야말로 진리 그 자체이다. 완전무결한 부처님의 진리는 따로 대상화되거나 논리적인 이론 가운데 있지 않다. 내 생명, 이것이 바로 부처님 생명이다. 마하반야바라밀 대진리! 이것이 바로 나의 생명이다. 마하반야바라밀이 지닌 완전무결한 진리를 내 생명에 항상 드러내고, 내 생각 위에 항상 넘치게 만들어서 완전무결한 진리의 실천자, 행동자, 역사 위에 그것을 드러내는 자가 되어야 한다.

29. 부처님의 법은 세계에 영원한 광명이며 모든 중생의 생명의 근원이다. 부처님 법은 능히 일체중생을 고뇌에서 벗어나게 하여 자유와 원만을 이루게 하고, 세계에 진리를 밑바탕으로 한 질서와 번영을 성취하게 한다. 그래서 부처님 법을 태양으로 비유하고, 감로묘약이라 말하는 것이다. 부처님 법의 핵심은 반야바라밀이다. 이 법문에서 삼세제불이 출현하시며, 일체중생이 성불하며, 일체국토가 불국 장엄을 성취하는 것이다. 이 최상의 법문이 능히 국가를 지키며, 세계평화를 이루게 한다.

30 . 현상계의 모든 모습이 있는 듯 보여도 실제로는 없다. 그래서 일체 대립이 없는 원만한 구족상, 형상을 초월한 완전상, 이것이 진리의 모습이다. 이렇게 아는 것이 반야바라밀다이다. 따라서 우리 한 사람 한 사람은 대립하는 존재가 아니다. 우리 가족 우리 이웃 모두가 진리의 생명으로서 하나로 이어진 사이이다. 서로가 따뜻하게 하나의 생명으로 사는 삶이고, 모두가 광명 세계 진리생명을 사는 사이이고, 모두가 불국토의 주체적인 주인공으로 있는 생명이다.

6.2. 진리로서의 반야바라밀

1 . 불교에서는 대립 감정, 탐심, 배타적 관념, 격한 감정을 버리고 무지와 감각적 욕망의 추구를 멀리하라 한다. 원래 진리는 나와 남이 대립하는 세계가 아니며, 모두 원래 하나의 진리생명이기 때문이다. 나의 생명만이 진리가 아니고 모든 사람이 같은 진리 가운데 있는 것이다. 마하반야바라밀 진리는 너와 내가 각각 있는 것이 아니라 모든 사람이 하나의 마하반야바라밀로 사는 것이다.

2 . '마하반야바라밀'을 염(念)하는 것이 바로 '반야'를 통해 진리의 광명을 보는 것이다. 우리가 마하반야바라밀을 관하고 염할 때 거기에는 허망한 것이 없고 오직 있는 것만 가득하게 된다. 밝은 태양처럼 자재 능력을 성취하게 된다. 생각하는 것이 믿는 것이고, 믿음에서 창조가 나오고 행동이 나온다. 간디의 '진리파지(眞理把持)'가

바로 그것이다. 진리는 곧 행동주의이다. 그러면 마하반야바라밀이란 무슨 뜻인가? 그것은 바로 참으로 있을 진리를 말한다. 다시 말해서 '마하'는 크다, '반야'는 지혜, '바라밀'은 성공을 뜻한다. 곧 완전 원만의 성취이다. 완전 원만의 진리가 바로 참으로 있는 진리이다.

3. 오직 바라밀에 의지하여 일체를 대하며, 일체를 보지 아니하고 바라밀을 직관하는 것, 이것이 부처님이 보리수 아래에서 마군을 항복 받은 도리이고 정각을 이룬 근원이다.

4. 인간은 본래부터 반야바라밀 진리 자체이다. 본성이 불성이요, 있는 것이 법성 진여일 뿐이다. 인간의 절대적인 권능과 존엄성은 본래부터 만인에게 갖추어진 인간 실상이지만 '자신이 불자, 바라밀 완성자'라는 자각 없이는 진리의 권능적인 힘은 나타나지 않는다. 무엇보다 인간은 반야비라밀이요, 불성자며 공덕 완성자라는 사실을 확실히 알아야 한다. 이 진리를 알고 확고하게 깨달았을 때 인간은 자기 한정, 자기 속박에서 벗어나 자기실현이 가능하다.

5. 반야바라밀의 인간, 반야바라밀의 세계, 반야바라밀의 질서는 전부 현상적인 것, 대립적인 것, 다 공(空)하고 없다는 반야의 지혜를 바탕으로 존재한다. 진리로서 하나의 생명을 이어가고 있다. 그럴 때 모두가 무한자이고, 신성한 자이고, 모두가 공덕을 갖추고 있는 자이고, 지혜가 있는 사람이고, 덕이 있는 사람이고, 아름다운 사람이고 행복하게 살 사람이고 불국토의 주인이다.

6. 바라밀은 제1의 법이다. 내가 바라밀이고 바라밀이 '나'이다. 진리가 바라밀이고 내가 진리이며 바라밀이다. 진리의 법인 바라밀은 부처님이, 혹은 어떤 특별한 사람만이 지닌 법이 아니다. 내가 바로 바라밀이고 제1의 법이다.

7. 제1법 바라밀은 인간의 참된 진리의 생명이다. 불멸의 근본 생명 마하반야바라밀은 자존 영원이요, 절대 청정무구요, 원만 구족이다. 제2·제3의 법은 공(空)이다. 불자는 우리가 육체로 살고 있을지언정 육체인 제3의 법은 공한 것이고, 제2의 법이 무수한 가치가 있다고 할지라도 그것 역시 공하다. 제1의 법 마하반야바라밀인 나의 생명이 바로 불생불멸, 불구부정, 부증불감한 제법이 공한 상이란 사실을 확실히 믿어야 한다. 이것이 진실한 불자이다.

8. 첫째가는 원(願)이요, 뭐든지 이루게 하는 근본 원은 반야바라밀이다. 반야바라밀은 바깥에서 가져오는 것이 아니라 본래의 진실이자 생명이므로 이 본래의 것을 염(念)한다. 이를 염할 때 무량공덕의 강물이 넘쳐 일체의 불행을 씻어낸다.

9. 반야바라밀은 진리생명의 확인이며 찬탄이다. 내 생명 부처님 생명, 어떠한 현상적 고통과 장애에도 불구하고, 이 생명은 부처님의 무량공덕 생명과 철두철미 시종일관 합일하고 있다는 놀라운 진리에 대한 대긍정과 감사, 바로 이것이 반야바라밀이다.

10. 바라밀의 제1속성은 불생불멸(不生不滅)이다. 천지가 생기기

이전부터 본래 자존하는 것이요, 천지가 망했다고 해서 없어지는 것이 아니다. 바라밀 진리의 제2속성은 불구부정(不垢不淨)이다. 이것은 청정 자체를 말한다. 우리의 본성은 영원 청정자이며, 이 이상 더 깨끗해질 수도 없으므로 '일체청정', '무량청정'이다. 진리의 제3속성은 부증불감(不增不減)이다. 더하지도 않고 줄지도 않는다는 말로, 원만 구족하다는 뜻이다. 자성이 원만 구족하여 무한 창조의 힘을 한량없이 갖고 있음을 말한다. 일체 창조의 권능이 인간 본 자성에 원만 구족한다는 의미이다.

11 . 마하반야바라밀을 바로 알자. 항상 마하반야바라밀을 염(念)하자. 그러면 일체 장애와 재앙이 즉시 소멸하며, 일체 불보살의 위신력을 얻을 수 있다. 일체 불보살과의 거리가 없어지기 때문이다. 마하반야바라밀을 생각하는 곳에 불보살의 위덕과 은혜가 넘쳐나고 일체 소망은 성취된다. 마하반야바라밀을 생각하며 나의 생명의 바라밀상을 관하자. 환희와 용기는 넘쳐나고 끝없는 조화와 창조는 힘 있게 펼쳐진다.

12 . 오온 법계는 진리며 은혜의 세계이다. 오온 법계가 진리이고 은혜의 세계임을 믿으면서 반야바라밀을 염(念)하고 항상 감사하는 사람은 미혹한 세계가 아닌 진리의 광명 세계에 있는 것이다.

13 . 반야바라밀, 무상·최고·최상의 진리가 자기 생명이고 자기 생명 존재의 진실인 까닭에 우리는 절대적인 권능이 있다.

14. 반야의 눈을 뜬 사람이면 처음부터 공(空)인 것을 바로 알 수 있다. 공한 것을 아는 것이 반야이다. 일체 대립이 없는 원만한 구족상, 형상을 초월한 완전상, 이것이 진리의 모습이다. 그리고 이렇게 아는 것이 우리의 '반야바라밀다'이다.

15. 반야바라밀은 근원적 진리이며 주체적 진리이다. 우주와 시간이 벌어지기 이전의 원모습이며, 시간과 역사가 벌어진 후에도 원래의 모습이며, 무궁한 시간과 공간과 존재와 발전의 근원적 모습이 반야바라밀이다. 이 땅의 평화와 번영을 생각하고 부처님과 거룩한 진리를 알려면 반야바라밀을 알아야 한다. 생명의 근원이 반야바라밀이고, 우리의 참모습이 반야바라밀이며, 일체 존재를 초월한 실존이 반야바라밀이다. 그러므로 우리가 참된 인간을 확립하고 진실한 자기를 회복한다는 것은 반야바라밀을 아는 것이다.

16. 반야바라밀을 염(念)하면서 기도할 때 부처님의 형상을 생각하지 않되 무엇보다 부처님이 환희와 성취와 자비의 근원임을 잊지 말아야 한다. 부처님의 참모습이 곧 반야바라밀이다. 기도할 때 이 진실한 마음을 두고 기도하고 발원해야 한다. 거짓된 모습은 안 된다. 『반야심경』에 '진실불허(眞實不虛)'라는 말씀처럼 거짓을 부정함으로써 무한한 진리가 나타날 수 있다.

17. 진리 염불인 반야바라밀을 읽거나 알게 되는 것은 참으로 큰 힘이 된다. 미혹의 세계에서 진리의 길을 열어 주는 염불과 법문 한 마디가 그렇게 중요하다. 진리 염불이라고 하는 것은 본래 거리가

없는 것이고, 대립과 장벽이 없는 것이라서 그 한마디만으로 모든 장애에서 벗어나 해탈의 지혜를 얻게 되는 것이다. 이에 일구 법문, 일구 염불이라도 이웃에게 전하고 자기 자신도 항상 염(念)하여 힘을 쌓아두어야 한다.

18. 일체에 평등하게 갖추어져 있고 부족함이 없는 완전무결한 진리, 이것이 반야바라밀이다. 그래서 '내가 누구냐? 육체가 아니다. 물질이 아니다. 감각이 아니다'라는 말을 하는 것이다. 그것을 넘어선 완전 구족한 진리, 그것이 바로 '나'이다.

19. 본성은 누구나가 진여다. 반야바라밀, 완전무결한 진리이다. 보지 못하고 육체가 나라고 아는 사람은 육체나 혹은 눈에 보이고. 손에 만져지고, 귀에 들리는 경계에 빠지고 변화에 걸려서 자기도 함께 넘어간다. 실로 진여라고 하는 우리의 본체는 진리 그대로 있는 원래 청정한 모습의 본성으로 변하지 않는다. 불법에 들어온 사람만이 우리의 자성이 바로 불성이며 법성이고 진여라는 사실을 처음 배우게 된다. 말씀을 따라서 그대로 실천하고 부처님의 경지에 도달하는 사람과 부처님의 말씀을 그대로 믿는 사람은 결국 진리의 세계에 가까이 갈 수 있다.

20. 미혹한 마음으로 본 현상에 연연해서 집착을 일으키고, 그 망령된 집착이 마음의 미혹을 더욱 가중하고, 반복 집착함으로써 새로운 경계를 만들어낸다. 그 경계에 다시 집착을 반복하면 미혹의 세계는 더욱 강해진다. 이렇게 현존한 세계가 변계소집성(遍計所執

性)이라는 것이다. 세계의 모든 것들이 참으로 있는 것이 아니고 미혹과 분별과 망집으로 인하여 만들어진 것으로 실제는 없고 공(空)이다. 이 공한 것을 아는 것이 반야이다.『반야심경』에서 '관세음보살이 반야바라밀다로 오온이 공한 것을 환히 비추어 보았기 때문에[照見五蘊皆空] 일체고액(一切苦厄)에서 다 벗어났다'고 하는 가르침이 바로 이 내용이다. 일체 대립이 없는 원만한 구족상, 형상을 초월한 완전상, 이것이 진리의 모습이다.

21. 중요한 것은 나의 진리생명이 반야바라밀 생명임을 확실히 아는 것이다. 이를 확실히 알고 열 가지를 행하면 십선(十善)이 되는 것이다. 자비를 행하고, 보시하며, 청정행을 하게 되면 그 사람은 몸으로 자신의 청정공덕을 드러내게 된다.

22. 원래 진리는 나와 남이 대립한 세계가 아니며, 모두는 원래 하나의 진리의 생명이다. 나의 생명만이 진리가 아니고 모든 사람이 같은 진리 가운데 있다. 바로 이것이 대전제가 된다. 나만이 마하반야바라밀 진리 가운데 있는 것이 아니라 모든 사람이 진리 가운데 있다. 마하반야바라밀 진리는 상대의 마하반야바라밀, 나의 마하반야바라밀로 각각 있는 것이 아니라 모든 사람이 하나의 마하반야바라밀로 살고 있다.

23. 진리는 모든 시공간 속에 충만하다. 마하반야바라밀, 부처님의 무량광명의 진리는 완전하고 부족한 것이 없다. 그래서 어느 시간 어느 곳 누구에게나 진리광명은 충만하다.

24 . 우리가 마하반야바라밀을 관(觀)하고 염(念)할 때 거기에는 허망한 것이 없다. 밝은 태양처럼 자재 능력을 성취하게 된다. 생각하는 것이 믿는 것이고, 믿음에서 창조가 나오고 행동이 나온다. 마하반야바라밀은 참된 진리이고, 완전 원만의 성취를 말한다. 완전 원만의 진리가 곧 참으로 있는 진리이다.

25 . 내 생명 속에서 진리의 태양이 오늘 하루 우리의 운명을 밝히기 위해 솟아올랐다. 이것을 잊어버리고 어두운 아침을 만들지 말아야 한다. 오늘 어려움이 예상되더라도 예상을 떨쳐버리고, 구름이 덮여오는 것이 보인다고 하더라도 구름을 떨치고 오늘은 오늘의 진리의 태양이 솟아오른다고 생각해야 한다. 아침에 눈 뜨면서부터 마하반야바라밀, 무한공덕생명 마하반야바라밀을 스스로 생각하고 입으로 외쳐야 한다.

26 . 오직 이 바라밀생명이라는 사실, 바라밀 태양이 빛나고 있다는 사실, 이것을 잊지 말아야 한다. 이것을 외면하고 다른 생각을 하고 다른 데로 좇아가기 때문에 불행과 어둠과 고난이 닥쳐오는 것이다. 이러한 불행들을 몰아내고 여기에서 벗어나고 싶으면 먼저 내 마음속에 진리의 태양이 빛나고 있다는 사실을 기억하고 이것을 회복해야 한다.

27 . 우리는 단순히 내 생각, 내 업대로 사는 존재가 아니다. 더 큰 사명을 지니고 있기 때문에 부처님께 중요한 존재이다. 우리가 참되고 밝고 행복하고 진리에 순응한다는 것은 나만 잘되기를 바라

는 것이 아니라 이 땅, 이 세계가 잘 되기를 바라는 것이다. 이 땅, 이 세계가 잘 되면 이 땅에 태어나는 사람들이 모두 잘 되는 것이다. 이 땅에 반야바라밀 진리가 뿌리내리면 앞으로 태어나는 사람들은 반야바라밀을 배우게 되고 행하게 되고 역사를 꾸미게 되므로 부처님께서 우리를 중요한 존재라고 보시는 것이다. 따라서 우리는 진리의 문을 열어서 값진 생활을 해야 할 뿐만 아니라 우리 시대와 역사가 요구하는 큰 사명을 갖고 부처님께서 원하시는 빛나는 존재로 바뀌어야 한다.

28. 나만이 마하반야바라밀 진리 가운데 있는 것이 아니라 모든 사람이 진리 가운데 있다. 마하반야바라밀 진리는 상대의 마하반야바라밀, 나의 마하반야바라밀로 각각 있는 것이 아니라 모든 사람이 하나의 마하반야바라밀로 살고 있다.

29. 반야의 눈으로 볼 때 우리는 고귀한 부처님의 공덕이 충만한 존재이다. 나라는 존재가 악하고 못난 것만 가지고 있는 것 같아도 내 생명에는 따뜻한 자비심이 깃들어 있다. 내 마음속에는 모두를 사랑하고 타인의 행복을 바라는 이타심이 있다. 그리고 모두의 건강을 바라고 평화를 추구한다. 내 생명은 내 마음과 내 몸에 건강과 조화를 요구한다.

30. 모든 사람은 참으로 청정한 사람이다. 귀한 사람이다. 복을 받는 사람이다. 지혜로운 사람이다. 행복한 사람이다. 이렇게 반야바라밀 지혜로 볼 수 있다. 모두가 부처님의 생명을 살고 있다는 믿음

은 반야바라밀에서 비로소 가능한 것이다. 모든 현상을 공(空)으로 보기 때문에 미움과 대립과 원망이 다 정화되고 깨끗이 맑아져서 진리 실상만이 나타난다.

31. '반야바라밀', 이것은 영원한 생명을 우리 자신에게 향유시키는 무상의 진리이다. 반야바라밀은 우리에게 희망과 환희와 용기와 성장을 가져다주는 힘의 원천이다.

6.3. 반야바라밀행자의 사명

1. "나는 불자다." 이 말은 부처님의 무량공덕을 갖추고 있고 그 외에 불행한 것, 어두운 것, 나쁜 것, 고통스러운 것은 없음을 의미한다. 부처님의 완전하심처럼 나 역시 완전하고, 부처님의 찬란하고 자비한 지혜를 모두 물려받은 불자라는 점을 마음으로 새겼으면 한다. 마하반야바라밀이 그것을 의미한다.

2. 마하반야바라밀의 지혜로 보니 오온이 없고, 육진이 없고, 육식이 없고, 십팔계가 없고, 십이처가 없고, 십이연기법이 없고, 사제법도 없고, 일체 법이 '무(無)'라는 가르침이 경에 계속 나온다. 그것은 반야바라밀에서 보니 그렇다는 것이다. 있는 것은 진실뿐이다. 이 진실뿐인 반야바라밀, 이것이 무상주(無上呪)이며 무등등주(無等等呪)라고 경에 나온다.

3. 수행을 통해 깨달음의 세계, 부처님의 세계를 믿고 미혹에서 벗어날 때, 그러한 깨달음의 경계가 우리 생활과 세계, 우리 국토 가운데에 나타난다. 이것이 반야바라밀 수행이다. 부처님의 광명, 부처님의 지혜, 부처님의 위신력, 부처님의 평화, 부처님의 무한공 덕을 믿고 생각하며 행하는 것이 최상의 수행이다. 이것이 반야바라밀 수행이고 순수불교 수행이다.

4. 불법은 말과 생각과 이론을 통해서 얻어지는 것이 아니다. 불법은 가르침의 체험과 자기 발견에서 찾을 수 있다. 마하반야바라밀의 가장 큰 특징은 마음속에서 자기 아닌 것을 소탕해 버리는 것이다. 나 아닌 것, 바라밀이 아닌 것을 소탕하는 것이다. 나의 생명답지 않은 것, 나의 본분답지 않은 것 모두를 털어버리는 것이 마하반야바라밀의 수행이다.

5. 바라밀행자의 수행과 과업을 생각할 때 법등수행(法燈修行)이 더욱 중요하다. 서로의 믿음을 키우고 효율적으로 이웃과 사회에 광명의 법을 전하기 위해서는 법등 모임, 법등수행이 꼭 필요하다. 함께 모여 배우고 서로 돕고 전법한다는 것은 법등수행을 극대화하는 길이다. 반야바라밀정진, 호법, 법등수행은 진리로 사는 길이다. 허망한 범부의 육체, 무상한 육체로 사는 것이 아니라, 불멸의 진리광명으로 사는 길이다. 반야바라밀 염송, 호법정진, 법등수행이 세 가지가 진실한 자기 생명으로 사는 길이요, 부처님 생명으로 사는 길이요, 영원불멸한 법성생명으로 사는 길이다.

6. 바라밀행자는 근본이 청정하다는 사실을 알아야 하는데 그것을 모를 때 '내가 불자다'라는 근본 생각을 잊어버리게 된다. 그러면 마음이 혼란해지고 천 가지 차별을 일어난다. 이러한 거친 생각이 많으면 하급 중생이 되고, 심하면 악도 중생까지도 된다. 평화롭고 따뜻하고 조화로운 마음을 가진 사람, 너그러운 마음이 많은 사람, 다투려 하지 않는 따뜻한 마음을 지닌 사람이 많을수록 세상은 청정해진다.

7. 반야바라밀 수행은 '부처님 공덕을 믿고 드러내자'라는 것이 핵심이다. 장차 어떤 공덕을 얻겠다는 수행 방법과 사뭇 다르다. 당장 믿음을 행해서 부처님 광명이 쏟아져 나오게 하는 것이다. 번뇌가 다하고 업보가 다한 다음에 공덕이 오는 것이 아니라 번뇌 속에 있고 매일 죄를 짓고 있다 하더라도 부처님 공덕과 진리가 지금 내 생명에 있는 것이 원래의 나라는 사실을 믿고 바라밀을 행하는 것이다. 이것이 최상의 수행 방법이자, 앞선 수행법이다.

8. 마음을 현상에서 돌려 반야바라밀에 뛰어들었을 때 거기에서 부처님의 지혜와 부처님의 자비, 부처님의 은덕을 보게 된다. 이것이 바라밀행자의 행복이다.

9. 탐·진·치 삼독은 중생의 생활을 더욱더 험악하게 하고 고통을 불러 미명에서 벗어나기 어렵게 한다. 그래서 부처님은 삼독을 끊으라고 말씀하셨다. 그것을 끊는 방법으로 계·정·혜 세 가지를 말씀하셨지만, 반야바라밀 수행이야말로 삼독을 뿌리째 없애 버리는

근본적인 핵심 대처법이다.

10. 오계의 근본은 천당에 가기 위한 준비 과정이 아니라, 바로 자기가 진리 태양임을 알아서 가지고 있는 공덕 그대로 살아가는 것이다. 진리 태양의 행동화, 그것이 바로 오계이다. 이렇게 근본 뿌리에 도달하는 법문을 배우는 것이 최상의 법문이고, 반야바라밀이 바로 그 법문이다. 우리가 항상 반야의 문구만 가지고 수행하는 이유가 여기에 있다.

11. 반야바라밀 수행을 할 때 끊임없이 반야바라밀을 믿고, 자성 광명을 믿고, 자성의 청정과 자성의 원만과 자성의 대지혜와 자성의 구족을 끊임없이 믿고 행해야 한다. 자성 공덕에 의심을 두지 아니하고 깊이 믿고 행동하며 바라밀행을 전개해야 한다.

12. 반야바라밀 수행에서 제일 중요한 것은 진실한 자기에 눈뜨는 것이다. 진실한 내가 무엇인가 하는 것에 눈떠야 한다. 우리는 무한공덕을 지닌 부처님과 함께한 법성공덕이고 불성이며, 부처님의 원만한 지혜 덕성이 내 생명과 함께하고 있음에 눈떠야 한다.

13. 반야바라밀은 제불 보살의 근원이며 일체중생의 본분이다. 청정·위덕·무애·위신력이 넘치는 절대 권능의 근원이다. 우리는 반야바라밀의 믿음을 다시 견고히 하고 모든 사람에게서 반야바라밀을 보고 반야바라밀을 존중하며 반야바라밀을 섬기는 인간 예경과 인간 존중을 철저히 수행하자.

14 . 대덕 스님이든 어린아이든 누구나 마하반야바라밀을 염(念)하라! 마하반야바라밀을 염하는 사람은 절대 신성, 절대 존엄하며, 절대 권능, 절대 행복을 성취한다. 그들을 찬탄하고 공경해야 한다. 그리고 가슴을 열고 불행을 소탕하며 나아가 나라와 사회를 밝힐 것을 생각하며 온 이웃에게 지성을 다해 인간 예경 반야바라밀 법문을 전하도록 한다.

15 . 일체 제불의 위신력, 제불의 서원, 제불의 자비, 내 생명과 함께하는 반야바라밀의 진리에서 첫째, 마음이 항상 밝혀져 있음을 알아야 한다. 둘째, 일심으로 염(念)하고 행하는 곳에 진리의 광명이 넘쳐나고 위신력이 넘쳐나서 장애가 소멸하고 평화가 이루어진다는 것을 알아야 한다. 이를 통해 불광 형제들의 갈 길이 밝아진다.

16 . 자신의 참모습은 육체가 아니며, 법성 진여 자체라는 사실을 깨닫는 것이 첫 번째요, 물질과 육체가 환경과 상황 속에 갇힌 '나'가 아니라 법성 진여 자체가 자신이라는 사실을 깨달아야 한다. 그리고 우리의 조국 강산은 청정 불심의 구체적 표현이며, 보살의 불국토를 이룩할 땅이며, 겨레는 원래가 한 몸으로 조국에 불국토를 실현할 원력으로 이 땅에 태어났다는 사실을 깨달아야 한다.

17 . 우리들의 본성이, 우리의 마음이 본래 청정하다는 것을 확신하자. 닦고 안 닦고 하기 이전에 본래부터 맑았다. 대자비와 대지혜가 본정(本淨) 가운데 구족함을 믿는 것이 시작이다. 이것이 반야바라밀 수행의 핵심이 된다.

18 . 바라밀행자는 친지나 벗들이 아프고 고난을 겪을 때 기도하고 돕는 것이 수행 요목의 하나이다. 그 사람을 방문하거나 모임에 초대하여 기도하고 돕는다. 이럴 때 우리의 마음 자세가 중요하다. 일심독경하고 반야바라밀을 염송하기에 앞서 부처님의 무애위신력이 그 사람을 감싸고 온 환경에 충만하다고 생각하고 관(觀)해야 한다. 그리고 즉석에서 부처님의 위신력으로 장애가 소멸한다고 생각하고 관해야 한다. 그런 후 일심으로 독경과 염송을 해야 한다.

19 . 반야바라밀을 수행하는 데 있어서 신변에 일어나는 일에 사로잡히면 안 된다. 현상에 일어난 불쾌한 일에 사로잡히지 말고 눈을 들어 현상 저 너머를 보아야 한다. 모든 사람의 본성의 완전을 보아야 한다.

20 . 바라밀행자의 필수적인 지혜행이 있다. 그것은 긍정의 신념에 따른 성취, 긍정의 언어이다. 반야바라밀의 무량공덕을 깊이 믿고 서원한 바가 원만 성취되고 있음을 생각과 말로 긍정하고 선언하는 것이다.

21 . 겉모습이 아닌 진리생명의 모습, 자기 회복된 자세, 참 자기의 발휘를 가리켜서 바라밀행이라고 한다. 끊임없이 반야바라밀을 염(念)하며 살고 공덕을 누려야 한다. 이것을 잘 실천하면 저절로 부처님 은혜를 알게 된다. 은혜로운 세상에 살고 있다는 겸허한 생각이 바로 바라밀행자의 기본 태도이다. 우리 불자들은 은혜를 보지 못하는 사람이 되지 말자. 끊임없이 감사할 줄 알 때 비로소 진리의

공덕이 피어나는 구체적인 바라밀행자가 되는 것이다.

22 . 우리의 생명이 반야바라밀 생명, 부처님 공덕생명임을 알아야 한다. 그 생명의 힘을 얻은 사람이라면 마음 가운데 불안, 공포가 깃들 여지가 없다. 불안과 공포를 제거해서 마음의 밝음과 기쁨을 채워야 그 사람은 밝아질 수 있다. 우리는 이렇게 한 사람 한 사람 모두를 반야바라밀 광명으로 채워서 밝은 역사, 밝은 시대를 만들면 불국토가 성취되고 성불하게 되는 것이다.

23 . 바라밀행자는 끊임없이 진리광명이 내 생명 가운데 있음을 알고 일체 원만의 현 상태를 굳게 믿고 다짐해야 한다. 이것은 선(禪)이자 직관, 희망이라고 할 수 있으나 현전이다. 생명의 현전, 현재에 있는 실지(實地)가 바로 그것이다. 바라밀행자는 인욕수행 덕목을 가진다. 인욕은 보시 다음으로 귀한 수행이다. 참기 어려운 것을 능히 참으며 자기를 반성하는 것이 인욕의 덕이다. 어려운 일을 당하더라도 마하반야바라밀을 염(念)하면 마음으로 능히 참아내고 평온해질 수 있다. 이 도리를 알아서 항상 뉘우치고 굳게 참으며 자비심으로 좋은 행동을 이어가 자비행을 끊임없이 반복해야 한다. 바라밀행자는 자성 본분이 청정 불성임을 믿고 최선을 다해 수행해야 한다.

24 . 반야바라밀 수행은 자기 본성을 알아서 본성의 광명에 눈뜨고, 본성을 염(念)해서 흔들리지 않는 자기 마음으로 만들고, 본성이 갖는 무한 능력을 믿고 꺼내 쓸 수 있게 한다. 참선과 반야바라

밀 수행법은 오온의 허망한 생각을 다 여의는 진실의 참된 정진수
행 방법이다.

25. 우리는 반야바라밀을 수행의 핵으로 삼는다. 반야바라밀에서
일체 제불이 나오고, 일체 제불이 반야바라밀을 수행해서 부처님
이 되었다. 이처럼 반야바라밀에는 일체 무량공덕, 청정공덕, 자재
공덕, 완성된 공덕밖에 없다. 우리가 반야바라밀을 끊임없이 염(念)
해서 반야바라밀의 순수성을 우리 자신의 마음 가운데 실현해 갈
때 반야마라밀의 완성된 공덕이 우리 자신에게 나타난다.

26. 반야바라밀은 법이자 진리이며, 일체 공덕의 원천으로서 삼
세제불의 참모습이고 우리가 성불하는 통로이다. 그래서 우리는
반야바라밀을 깨달아야 하며, 반야바라밀 공덕을 믿고 반야바라밀
에 친숙하도록 끊임없이 노력해야 한다. 이것이 가장 수승한 수행
이다. 반야바라밀을 염(念)함으로써 반야바라밀과 친근해질 때 일
체 제불과도 친근하게 된다. 반야바라밀을 성숙시켜 깨닫는 제불
의 공덕이 자신에게서 이루어진다. 반야경과 깊이 친근해져 바라
밀 공덕을 성취하기 바란다.

27. 부처를 믿는 사람이라면 스스로 다음 네 가지를 항상 마음에
지녀야 한다.
첫째, 청정심이다. 부처님의 높으신 가르침을 생각하고 항상 그 마
음의 청정을 지켜야 한다.
둘째, 자비심이다. 모두와 함께하는 마음을 가지는 것이다. 서로 짐

을 덜어 주고, 고통을 나누는 따뜻한 마음을 뜻한다.

셋째, 다행스럽고 경사스럽고 기쁜 마음이다. 우리는 진리의 주인 공으로 진리를 배우고 진리생명을 성장시키며 이웃과 나라를 밝게 하는 수행을 하고 있다.

넷째, 정진하는 마음이다. 항상 지혜와 용기로 끊임없이 정진해서 진리를 회복하며 역사와 국토의 창조를 실현해 나아가야 한다. 이 네 가지 마음을 간직하면 반야바라밀 공덕이 우리 것이 된다.

28. 우리 생활 가운데 부처님의 공덕 세계가 항상 피어나게 하기 위해서는 마음에 장애물이 있어서는 안 된다. 장애물은 바로 불신 이다. 불신을 제거하는 방법은 다음과 같다.

첫째, 반야바라밀인 우리의 진리생명의 구조를 이해하여 믿는다.

둘째, 일심으로 반야바라밀을 염(念)한다.

셋째, 보살도를 실천하고 행원을 실천한다.

29. 부처님의 공덕과 광명을 마음속에서 실현하자. 바라밀 수행 과 바라밀 기도법은 여기에서 나왔다. 끊임없이 마하반야바라밀을 염(念)하고, 끊임없이 석가모니불을 염하고 부처님의 법문을 염해 서 이 부처님의 법문, "무량공덕광명이 딴 곳에 있는 것이 아니라 바로 내 생명의 뿌리에 있다. 내가 눈으로 보고 귀로 듣지 못한다 해도 실제로 그것뿐이다"라는 가르침을 믿고 마음을 다듬어 갈 때 자기 마음도 바뀌고 환경도 바뀐다. 그러면 우리 사회와 역사가 진 리로 바뀌는 불국토를 이룩하게 된다.

30. 반야바라밀을 수행하는 사람은 부처님께서 주시는 수레에 올라탄 것과 같다. 부처님께서는 당신의 한량없는 보배가 많지만, 그 가운데서도 최상의 보배를 우리에게 주셨다. 그 보배는 바로 생사 해탈을 이루고 온 누리가 완전 구족을 이루고 일체중생을 완전 성불시키는 무상의 법보이다. 반야바라밀은 일체 제불을 만들어내는 근원적인 법문인 까닭에 믿고 행하고 수행하는 사람은 최상의 수레를 받은 것이다. 우리는 모두 부처님께 수레를 받았다. 누가 받은 사람이고 누가 못 받은 사람이냐고 물어본다면, 반야바라밀의 믿음이 있는 사람, 그 믿음으로 행하는 사람, 이 사람이 바로 흰 소가 끄는 수레를 받은 사람이라고 말할 수 있다.

31. 자존이라는 말이 있다. '스스로 존재한다'는 뜻이다. 누가 갖다줘서 존재하는 것이 아니고, 오래 닦았기 때문에 성불한 것이 아니다. 원래부터 있는 것에 대한 발견이다. 부처님의 마하반야바라밀 진리광명은 자존이다. 자존을 믿고 자존을 깨닫고 믿음의 행을 전개해 가는 것이 바로 우리 바라밀행자이다.

32. 반야바라밀 수행은 번뇌가 본래 없다고 보는 수행 방법이다. 일체의 번뇌가 본래 없고 일체 망상이 본래 없으며 일체 죄업이 본래 없다. 부처님의 세계는 부처님만 따로 가지는 세계가 아니라 우리 생명 모두가 본래부터 부처님 세계에 함께 있는 것이다. 바라밀 수행은 이를 알고 수행하는 방법이다. 반야바라밀이 가르치는 세계는 부처님의 진리 자체인 까닭에 누구나 반야바라밀 수행을 하면 부처님의 무한 공덕과 함께할 수 있다. 구름이 걷히면 밝은 햇빛

이 쏟아지는 것처럼 맑은 자성에 마음을 돌린 사람에게서는 부처님의 무한 공덕 세계가 나온다.

33. 반야바라밀이란 일체 불보살이 지닌 무한의 진리의 문을 여는 열쇠이다. 또한 완전한 나, 진실한 나로 돌아가는 길이자 나의법 생명, 진리생명을 여는 길이다. 법과 자기가 둘이 아닌 그런 경계의 의미를 반야바라밀 수행을 통해서 알게 하도록 한다. 반야바라밀을 일심으로 하여 밖으로 형상을 구하지 아니하면 자등명 법등명, 자귀의 법귀의, 자신을 등불이자 법으로 삼고 자기 법에 의지해 수행할 수 있다. 일심으로 반야바라밀을 염(念)하다 보면 내 생각과 세계가 함께 움직인다.

34. 부처님은 진리의 몸이시며, 법신이시다. 그리고 법신은 반야바라밀이다. 이 사실을 굳게 믿자. 부처님의 법신광명 반야바라밀광명이 우주이며, 모든 존재이며, 우리들의 진리생명인 것을 믿자. 반야바라밀은 영원한 시간 이전의 진실이고, 우리들의 생명 진실이고 일체 존재의 진실인 것을 믿자. 눈부시게 빛나는 태양 앞에 어둠이 사라지듯이 반야바라밀에는 일체의 괴로움도 없고, 두려움도 없고, 노쇠도 없고, 가난도 슬픔도 근심도 없다. 우주에 가득한 빛처럼 불멸의 진리생명이 우리에게 나타나고, 불멸의 위신력이 나의 생명에서 퍼져 나온다. 일체 성취, 무한 환희의 바라밀생명이다. 평화와 안녕이 영원히 물결치고 있다. 우리는 반야바라밀을 염(念)하면서 반야바라밀 생명을 확인해야 한다.

35. 마음의 때가 마하반야바라밀을 가린 것이 아니다. 때는 원래 없다. 반야바라밀 광명밖에 없다는 진실에 눈뜰 때 비로소 반야바라밀은 보인다. 따라서 끊임없이 '내가 청정광명 부처님의 무량공덕 생명이다'라는 믿음으로 자기의 진리생명에 눈뜨기 위해 노력해야 한다. 수행의 길은 이렇게 걷는 것이다.

36. "마하반야바라밀, 내 생명이 부처님 생명이다. 마하반야바라밀, 부처님의 광명이고 일체가 마하반야바라밀이다." 이렇게 말하고 행동하자. 이처럼 배워서 끊임없이 부처님의 광명과 위신력과 위덕이 넘치는 삶을 살자.

37. 반야는 있는 것을 없애는 것이 아니라, 본래 없는 것을 없는 것으로 보는 것뿐이다. 반야를 배우는 바라밀 식구들은 자기 본성의 가르침, 이 본성에 있는 본래의 원래 모습을 그대로 믿고 생각하고 행하는 것이다. 마하반야바라밀은 대지혜의 완성이고, 진리의 완전무결한 무극, 극이 없는 절대진리의 완성, 완전한 진리의 주체적인 회복이다.

38. 반야는 무(無)다, 공(空)이다라고 논쟁하는 것은 아무런 의미가 없다. 진리생명 그대로 살아가는 데 그 의의가 있다. 반야는 진리 그 자체를 긍정하고 전면에 드러내어서 큰 행동을 전개하도록 하는 것이다. 그래서 대반야행은 보현행을 뜻한다. 서로 존경하고, 찬탄하고, 감사하고, 기뻐하고, 공양하는 것이 바로 반야행이다.

6.4. 반야바라밀 염송

1. 반야바라밀에는 일체 무량공덕, 청정공덕, 자재공덕, 완성된 공덕만이 있다. 그러기 때문에 반야바라밀을 끊임없이 염(念)해야 한다. 반야바라밀의 순수성을 마음 가운데 실현해 갈 때 반야바라밀의 순수 청정 완성한 공덕이 자신에게 나타난다.

2. 반야바라밀 염송은 고요하고 맑고 깊은 마음속으로 들어가는 길이다. 또한 모든 사람을 존중하는 근본 자리에 이르게 하는 길이기도 하다. 종국적으로 도달한 생사가 없는 진리, 그 진리의 전개와 활용이 마하반야바라밀이다.

3. 육체가 '나'라는 생각에 매달리고 그런 경계에 빠지면 벗어나기 어렵다. 이럴 때 바라밀을 믿고 바라밀을 염송하면 참된 자기로 돌아가게 된다. 반야바라밀을 외운다는 것은 이미 있는 자기를 발견해서 이미 있는 빛을 내어 쓰는 것이다. 이렇게 우리가 무량광명으로 자신을 끊임없이 바꾸어 갈 때 세상은 밝아진다.

4. 우리가 반야바라밀을 염(念)한다는 의미는 미혹의 세계에서 흔들림 없는 진리의 세계를 확립하는 것이다. 내가 진리에 있고 진리의 신력으로 살 때, 부처님의 진리의 태양이 빛나고 이 힘이 내 생명 속에서 빛나는 것이다. 이것을 명심하고 끊임없이 내 마음을 가다듬는 것, 이것이 반야바라밀 염송이다. 반야바라밀을 염송하는 사람은 진리의 싹이고 진리의 힘이다.

5. 오늘 하루 일심으로 반야바라밀을 염(念)하자. 무량공덕을 거두는 날이다. 오늘 하루가 부처님의 공덕의 문을 여는 날이다.

6. 바라밀 염송을 하면 선정력이 생긴다. 불법을 믿는 사람들의 무기이자 도력의 기초가 바로 선정력이다. 흔들림 없는 깊은 마음이 선정력인데, 이를 얻는 제일 쉬운 방법이자 가장 확실한 방법이 바라밀관, 바라밀 염송이다. 참선한다고 그냥 멍하니 앉아 있어 보자. 자꾸 다른 생각이 피어나거나 '아무 생각도 안 난다'라는 생각까지 일어난다. 아무런 생각 없이 가만히 있어도 망상이 일어나기 때문에 가장 확실한 방법은 바라밀 염송을 하는 것이다. 바라밀 염송은 일체 번뇌 망상을 다 없애고, 깊은 선정에 들어가는 아주 중요한 방법이다.

7. 반야바라밀을 염(念)하고 반야바라밀의 마음을 열 때 진리의 전성적인 힘, 부처님의 위신력이 넘쳐난다는 것을 잊어서는 안 된다. 구름 걷힌 푸른 하늘에는 빛나는 햇살이 막힘없이 쏟아지는 것과 같다.

8. 정진은 힘들여서 해야 한다. 처음부터 화두를 가지고 참선해 보아도 성취하기 어렵지만, 바라밀 염송은 가장 안전하고 확실하며 누구나 쉽게 할 수 있는 방법이다.

9. 기도할 때 부처님의 무한공덕성이 내 생명 안에서 빛나고 있다는 사실을 관(觀)하고 그것을 알고 확실히 믿은 다음에 마하반야바

라밀을 일심으로 염송해야 한다. 무슨 기도를 하든지 부처님의 무한공덕이 자기 생명 가운데서 지금 빛나고 있다는 것을 마음의 눈으로 관해야 한다. 그래야 부처님과 우리 사이에 통로를 열 수 있다.

10 . 마하반야바라밀을 일심으로 염(念)하라. 마하반야바라밀이 무엇인지는 마하반야바라밀을 일심으로 염송하는 가운데서 각자가 해답을 얻게 된다. 마하반야바라밀을 일심으로 염송하는 이들은 어떠한 고난이 와도 그것을 고난으로 보지 않고 기쁨으로 대한다. 능히 자신 안에 있는 무한의 힘을 내어 쓰는 것이다.

11 . 우리가 평화와 번영과 성취를 바란다면, 마땅히 내 생명 속에 깃든 진리를 돌이켜보고 그 진리를 우리 마음과 우리 행동과 우리 생활에 담도록 노력해야 한다. 우선 생활 주변의 작은 일부터 시작해서 사회의 일, 나라의 일까지 넓혀간다. 가슴속에 원망과 미움과 대립을 가득 담고서는 이 세상에 평화가 오지 않는다. 내 마음이 평화롭고 행복하면, 세상도 평화롭고 행복이 넘치게 된다. 그렇게 되도록 노력하는 것이 믿음의 생활이고 바라밀 염송을 해서 얻어지는 성과이다.

12 . 망상이 일어나는 순간 바로 마하반야바라밀을 염송하라. 마하반야바라밀을 계속 염송하다 보면 마하반야바라밀만이 오롯이 남게 된다. 마하반야바라밀 이외에 다른 것이 없다는 것은 마하반야바라밀 일념이 되었다는 뜻이다.

13. 미움과 원망과 고난이 닥쳐오더라도 마음을 돌이켜서 그 현상에서 벗어나야 한다. 부처님의 광명과 진리의 세계로 마음을 돌이켜야 한다. 마음을 돌이키는 방법은 반야바라밀을 염(念)하는 것이다. 그렇게 할 때 저절로 마음이 바뀌고 뜻하는 바를 이루는 성공의 길이 열린다. 이것이 반야바라밀의 믿음과 생활의 중요한 요건이다.

14. 반야바라밀 염송을 통해 내 생명이 부처님의 광명을 바라보고 있을 때 저절로 얼굴이 밝아지고 기쁜 표정으로 바뀐다. 자신의 얼굴이 기쁨으로 넘치게 되고, 보는 사람들도 함께 기뻐하게 된다.

15. 오로지 일심으로 염송하라. 부처님도 생각하지 마라. 나의 원(願)이 성취된다고도 생각하지 마라. 염송할 때는 다른 생각을 일으키지 마라. 부처님의 광명과 자비와 형상과 위신력에 대해서도 생각을 일으키지 마라.

16. '내가 육체다. 내가 물질이다. 물질 환경의 조건적 생존자다'라는 생각을 모두 털어버리자. 나는 부처님의 지혜를 쓰는 사람이다. "마하반야바라밀! 부처님의 찬란한 광명이 내 생명에서 빛난다. 부처님의 무애위신력이 내 고동치는 심장에서 뛴다." 이렇게 부처님과 나는 둘이 아님을 믿고 일심으로 반야바라밀을 염(念)하며 순수하게 행을 열어갈 때 그 사람이야말로 자기 속박에서 벗어나 권능적인 부처님의 지혜를 쓰는 사람이 된다.

17. '나는 누구인가?' 또 '우리는 무엇인가?' 이러한 고민을 해봐

야지만 앞으로 나아갈 방향을 발견하고 자신이 지닌 역량이 무엇인지 알게 된다. 우리는 끊임없이 마하반야바라밀을 염(念)해서 내 생명에 부처님의 무량공덕과 무한의 지혜가 넘치는 불자임을 깨달아야 한다.

18. 모든 사람은 세간에 살면서 괴로움을 당한다. 운명에는 불행이 따를 때도 있지만, 반야바라밀 염송을 통해서 그런 생각을 몰아내야 한다.

19. 마하반야바라밀 염송하는 소리를 듣고 있을 때 마하반야바라밀 도리야말로 꿈도 없고 생각도 없을 때의 근원적인 실자(實者)이다. 말로 해서 허물이 될지도 모르겠지만, 말이 바로 꿈도 없고 생각도 없는 것이다. 반야바라밀 생각이 바로 꿈도 없고 생각도 없는 것이며 원래 일체 분별이 끊어진 도리이다.

20. 항상 반야바라밀을 염송하라. 입으로 부르는 것은 송(誦)이고, 생각으로 하는 것은 염(念)이다. 염하는 것을 보는 것이 관(觀)이다. 말해서 소리를 내면 바라밀송이 되고 거기에 염, 생각이 함께 있으면 염송이 되고, 염송하면서 염송을 하는 그 자리를 비춰 보면 그것이 바라밀관이 된다. 바라밀관을 할 때는 바라밀 생각을 일으킨 그 자리만 끊임없이 지켜보도록 한다. 자기 마음속에서 끊임없이 지켜보면서 소리를 내는 것도 아니고 입을 움직이는 것도 아니다. 염을 해서 염하는 것을 보기 때문에 염하는 것도 끊어진 그러한 상태가 되는 것이 반야바라밀관이다.

21 . 우리 모두 아침에 눈을 뜨면 "나는 불자다. 마하반야바라밀 무한공덕생명"을 외치자. 그래서 밝은 진리의 태양, 찬란한 부처님 은혜의 태양이 내 생명에서 솟아오른 것을 마음의 눈으로 지긋이, 그리고 뚜렷이 관(觀)하자.

22 . 우리 인간이 불자이며, 부처님의 무한공덕이 충만한 마하반야바라밀 생명이라는 사실의 자각이 높아질 때 우리에게 두려움은 사라진다. 일체 장애를 극복한다. 불가능은 없다. 상서로운 행복이 우리를 감싸고 우리의 앞길에 광명과 성취와 행복이 열린다.

23 . 우리는 부처님의 은덕으로 산다. 부처님의 큰 지혜와 큰 자비와 큰 위신력이 내 생명을 깨우치게 하시려고 지금 끊임없이 작용하고 계시다. 불자들은 모든 것이 부처님의 은덕이라고 생각해야 한다. 그리고 상대의 마하반야바라밀을 불러서 축하해 주자. 상대가 마하반야바라밀 가운데에 있으면 바로 우리는 모두 부처님의 광명임을 인정하고 찬탄하는 말이 된다. 말을 바꾸면 '부처님 공덕'이라는 말도 된다. '괴로울 때나 즐거울 때나 성공할 때나 실패할 때나 어느 때라도 잘 되어 가는 길이고 부처님의 공덕으로 지금 되어간다'라고 확신하자.

24 . 경계에 흔들리지 않고 안에서 일어나는 망념을 끊어버리는 방법은 바라밀 염송뿐이다. 일심으로 염송하여 힘을 기른 사람이면 누군가가 밖에서 나에게 좋지 않게 대하더라도 즉시 반응이 나오지 않는다. 바라밀을 염송하면 흔들리지 않는 부동심이 생기기

때문이다. 그러므로 급한 성질을 누그러지게 하고 다스리는 방법은 바라밀 염송밖에 없다.

25. 바라밀 염송을 하게 되면 좋지 않은 습관도 녹여 버린다. 안으로 마음이 맑아져서 악습관의 뿌리가 녹아 버린다. 악습관이 사라지면 마음이 밝아지고 기쁨이 가득하게 된다. 그리고 몸과 말과 뜻하는 바가 청정해진다.

26. 열심히 염송할 줄 아는 사람이라면 누가 가르쳐 줘서 알게 되는 것이 아니라 스스로 환히 보이고 환히 알게 된다. 부처님 법은 부처님께서 만든 것이 아니라고 항상 말씀하신다. 원래 있는 법을 부처님께서 진리의 눈을 뜨고 보시고 말씀하신 것뿐이다. 누구든지 진리의 눈을 뜨고 보면 부처님과 똑같은 말을 하게 된다.

27. 자기 본성의 평화를 잊어버리고 경계에 빠진 마음 또한 번뇌이다. 이러한 번뇌가 근본이 되어 삼독이 치성해진다. 삼독을 제어하기 위해서는 반야바라밀을 염(念)하면 된다.

28. 내 마음을 돌이켜서 나의 허물이 없더라도 반야바라밀을 일심으로 염(念)해서 내 마음을 맑고 밝게 하면 그 속에서 내 허물이 무엇이고 잘못이 무엇인지 알게 된다. 그러면 마음이 정화되고 자신의 삶이 그때부터 밝아지기 시작한다.

29. 우리는 끊임없이 부처님의 무한공덕세계 반야바라밀을 염

(念)해서, 반야바라밀의 무한 공덕이 우리 생활 가운데 항상 드러날 수 있도록 통로를 활짝 열어야 한다. 그렇게 함으로써 우리 생활 위에 우리가 바라는 평화와 번영과 안녕이 깃든다.

30. 반야바라밀을 일심으로 염(念)해서 깊은 자리에 이르게 되면 저절로 푸른 하늘 꼭대기에 가게 된다. 반야바라밀을 일심으로 염하면 구름 없는 푸른 하늘처럼 온갖 망상과 미움, 원망, 간탐심, 파괴심, 해태심 등의 일체 번뇌가 모두 사라진다.

31. 사마디(samādhi, 三昧)는 '부동한 깊은 곳에 머문다'는 의미로, 반야바라밀을 염(念)해서 정(定)을 강화한다는 뜻이다. '부처님의 진리 세계에 내가 머문다'라는 것은 진리 세계의 무한공덕을 그대로 자신 가운데에서 실현한다는 말이다. 그러므로 '부처님의 진리 속에 내가 머무는 진리와 더불어 하나이다. 하늘과 나 자신 가운데 진리를 구현한다'라는 바라밀 염송은 불가사의한 공덕을 가져온다.

32. 반야바라밀 염송을 통해서 내가 이 자리에 계속 머물러 있는 것은 황홀한 경계에 자기가 머물러 있는 것을 말한다, 그것은 부처님과 부처님의 법과 일체중생의 뿌리인 법성 진여가 함께하고 있다.

33. 마하반야바라밀을 염함으로써 거짓된 자기, 모든 어두운 그림자가 다 날아가 버리고 태양처럼 찬란하고 무량공덕이 충만한 부처님 생명이 내 생명에서 태양처럼 솟아오른다. 이것이 바로 '나'이다.

34. 우리가 염불하고 수행하는 것은 내 생명에 있는 완전한 부처님의 공덕이 움직여서 나에게 바라밀 염송을 실천하게 하고, 올바른 소망을 갖게 하는 것이다. 내가 잘되겠다든가, 기도 성취해야겠다는 착한 마음은 범부에게서 나오는 마음이 아니다. 부처님의 공덕 생명이 싹트는 것이며 부처님의 공덕에서 나오는 것이다. 그래서 그것을 키우면 부처님의 힘으로써 모두가 이루어지는 것이다. 우리는 수행할 때 내가 염불하고 내가 바라밀을 염송한다고 알고 있지만, 이것은 부처님이 하는 것이다. 부처님의 위신력이 하는 것임을 믿어야 한다.

35. 열심히 염송하면 외부 자극에 반응하는 일은 사라진다. 번뇌 망상에 끌려다니지 않는다. 그래서 만 가지 병을 고치는 약은 염송이 제일이라고 했다.

36. 반야바라밀 염송을 열심히 하다 보면 첫째, 망령된 생각들이 조복되고, 둘째, 오욕, 경계에 끌리는 잡념이 다 없어지고, 셋째, 망상이 없어진다. 항상 일심으로 염송한 사람은 대지 위에 뿌리박은 단단한 반석 같아서 바깥에서 자극이 오더라도 휘둘리지 않는다. 분노를 조절할 수 있고, 언행도 신중해진다. 그리고 넷째, 잠이 줄어든다.

37. 일심으로 바라밀 염송을 하면, 버리기 힘들었던 슬픔이나 분노가 사라진다. 그리고 잡념과 오욕 경계에 빠지지 않는다. 욕심이 지나치게 발동하더라도 아랫배에 힘을 모으고, 깊은 호흡을 하면

서 일심으로 염송하는 사람은 동요되지 않는다.

38. 반야바라밀을 염송할 때 호흡법이 중요하다. 조용히 입을 다물고 코로 숨을 들이마셔서 아랫배, 배꼽 밑 세 치에 멈췄다가 서서히 토해낸다. 들이마실 때는 약간 빠르게 해도 괜찮다. 내쉴 때는 조금 천천히 한다. 반야바라밀 염송을 염(念)으로 하고 호흡도 하면 호흡하는 곳에 반야바라밀 염송이 같이 따라간다. 반야바라밀과 호흡이 항상 함께 있어서 마음이 산란해지지 않는다. 호흡이 힘을 얻으면 흔들림 없는 깊은 마음, 즉 정력(定力)이 빨리 이루어진다.

39. 마하반야바라밀을 입으로만 외우지 말고 몸으로 외우는 대명주를 배우면 장애가 사라지고, 속박에서 벗어난 해탈심을 얻게 되며, 부족함이 없는 원만신이 되고, 성취하는 성취신이 된다.

40. 바라밀 염송을 열심히 해놓으면 경계에 동하지 않는다. 바람이 불어도 흔들리지 않는 바위처럼 부동심이 생긴다. 누가 와서 흔들어도 나는 흔들리지 않는다. 이 부동심이 생겼을 때 밖의 경계에 대해서 동하지 않는 그러한 자기가 형성된다. 분노와 같은 어리석은 마음에 대항하는 힘이 생긴다.

41. 구하는 것 없이 무조건 일심으로 마하반야바라밀을 염(念)하고, 특히 마음을 정하여 누군가의 행복을 기원하면 그 사람의 삶이 밝아진다. 우리가 부모님과 형제와 조상을 위해서 기도하는 이유도 그런 데 있다.

42. 마하반야바라밀을 염(念)하면 망상이 처음부터 없음을 알게 된다. 번뇌 망상이나 경계는 일체가 무(無)이다. 그래서 우리 형제들에게는 관세음보살이나 지장보살을 염하라고도 하지만, 가장 먼저 마하반야바라밀의 뜻을 알고 염하라고 가르치는 것이다. 마하반야바라밀의 뜻을 알고 나면 무슨 염불을 하든지 똑같다. 그렇지 않으면 형상과 빛깔에 매달리게 된다. 참선으로 말하면 활구(活句) 참선이 못 되고 죽은 구, 사구(死句) 참선이 되고 만다. 마하반야바라밀은 일체의 번뇌를 끊고, 깊은 선정 삼매에 들게 하는 중요한 법이다.

43. 부처님께서 대법륜을 굴리시어 중생을 교화하시는데, 이러한 부처님의 법문을 듣고자 하거든 마땅히 보리심을 발하라고 했다. 보리심을 발하려면 반야바라밀을 일심으로 염(念)해야 한다. 무엇을 알거나 얻으려고 염하지 말고, 어리석음을 떼어버리려고 염하지도 말고, 오직 일심으로 해야 한다. 기도 발원할 때는 기도 발원하고, 염할 때는 모든 생각을 다 놓아 버리고 반야바라밀만 염하는 것이 좋다. 이렇게 염할 때 지혜가 나고 한계를 가지고 있던 내가 한계에서 벗어나 보다 큰 자기로의 확대가 가능하다.

44. 반야바라밀을 염송하게 되면 세상 탓, 남 탓하는 생각이 바뀌게 된다. 모든 환경은 나로부터 시작되는 것이다. 반야바라밀을 끊임없이 염(念)하고 생활화하는 것이 바로 부처님의 진리를 자기의 눈으로 보고 자기의 몸으로 행하게 만들며 자기의 가정생활에 그 진리를 구현시키는 구체적인 방법이다.

45 .   항상 마하반야바라밀을 염(念)하자. 걸을 때나, 차를 탔을 때나, 자신의 진리생명이 반야바라밀임을 생각하고 부처님을 생각하자. 부처님의 원만한 공덕이 마음에 넘쳐남을 생각하고 감사하자. 이것이 끊임없는 기도다. 이렇게 할 때 진리 공덕의 무한성이 이 몸에 넘쳐나게 된다. 그래서 부처님 위신력의 가호를 받고 인도를 받으며 지혜를 얻고 용기와 자신을 얻어 내 마음 깊숙이 간직한 소망을 이루게 된다.

46 .   나쁜 현상이 나타나면 고통스럽다. 대책은 깨달음의 가르침을 마음속에서 확인하는 것이다. 악은 없는 것이고 진리 광명만이 충만하다는 것을 마음 깊이 염(念)해야 한다. 여기서 불행은 사라지고 두려움은 없어지며 원만 조화가 현상으로 나타난다. 깨달음의 가르침을 마음에 깊이 확인하는 방법은 바라밀을 염송해 마음을 돌이키는 것이다.

47 .   소망을 이루기 위해 진리의 무한성을 이용하는 방법은 반야바라밀을 염(念)하는 것이다. 반야바라밀을 염해서 내 생명이 무한의 진리 세계에 직결되어 있다는 것을 관(觀)하고 믿고 일심으로 염하고 자신의 소망하는 바를 행동으로 옮길 때, 믿음과 행이 일치하는 것이다. 비로소 우리는 구체적으로 창조자의 구실을 할 수 있다.

48 .   우리는 계를 가짐으로써 마음이 맑고 안정된 경계에 가며, 맑고 안정된 마음을 가지는 방법은 바라밀 염송을 열심히 하는 것이다. 하지만 바라밀 염송을 할 때는 다른 생각을 버리고 일심으로 바

라밀만 염송해야 한다. 오직 바라밀만 염송하다 보면 길이 나온다. 모두 이 길을 간다.

49. 될 수 있으면 남을 돕고 그 사람의 편이 되고, 남의 것을 취하지 말고, 될 수 있는 대로 주려고 애쓰는 것. 청정행을 하고, 진실한 말로써 용기를 북돋워 주고, 참 깨달음으로 인도해 주는 이런 것들은 전부 반야바라밀을 염(念)하는 데서부터 나온다. 반야바라밀을 염함으로써 오계뿐만 아니라 백계가 다 갖추어진다.

50. 번뇌 망상을 없애는 선정의 지팡이를 성취하려면 되도록 앉아서 바라밀 염송을 열심히 해야 한다. 아침저녁으로 집중적으로 염송하라. 바라밀 염송을 안 하고 멍하니 그냥 앉아 있는 정좌법(靜坐法)으로는 안 된다. 그것은 빈집과 같아 망상이 마구 모여들어 사람을 골치 아프게 만든다. 그러므로 반드시 바라밀 염송을 하고, 그 다음은 앉는 법을 바르게 해서 호흡을 제대로 한다. 공들이고 힘들여서 해야 한다. 부처님의 법은 깊은 선정에서부터 지혜가 나오는 것이다. 이 길에는 여러 가지 수행법이 있지만, 곧바로 일념으로 염(念)하며 자세를 단정히 하고 호흡을 해서 기초적인 수식관을 닦은 연후에야 가장 수승한 바라밀 염송 바라밀관을 할 수 있다.

51. 경전의 말씀을 알아들으려 해도 바라밀 염송을 해야 하고, 법문을 알아들어서 스스로 자기 말을 하려고 해도 바라밀 염송으로 힘을 얻어야 한다. 바라밀 염송에는 구하는 것이 없다. 얻는 것도 없다. 절대로 현상이나 보는 것, 듣는 것, 아는 것을 구하려고 바라

밀 염송을 해서는 안 된다. 오직 염송할 뿐이다.

52 . 반야바라밀을 염(念)할 때는 항상 호흡과 함께하는 것이 좋다. 호흡을 들이마시고 머물고 내뱉는 것이 마하반야바라밀과 하나가 되면 산란한 생각들이 사라지고, 안정력이 생긴다. 또한 졸음도 사라지고 몸이 사뭇 가벼워진다.

53 . 무슨 일을 하든 반야바라밀을 염(念)하여 부처님과 함께함을 생각한다. 이루어지는 모든 것은 부처님의 위신력 때문이다. 우리는 일체 어두운 마음을 버리고 햇빛 가득한 푸른 하늘처럼 자신에게 부처님의 위덕이 원만할 것을 관(觀)한다.

54 . 오늘 우리가 여기서 마하반야바라밀을 염송하고 정진하는 것은 우리 한 사람 한 사람의 마음의 평화, 나아가 세계평화를 가져오는 근본 운동이라는 점을 마음속에 새겨야 한다.

55 . 반야바라밀을 일심으로 염송하면 자기 생명 깊은 곳에 있는 진실한 자신이 반야바라밀을 원하게 된다. 새로운 것이 아니라 이미 있는 것을 발견하고, 이미 있는 빛을 내어 쓰는 것이다. 이렇게 해서 우리가 무량광명으로 끊임없이 바뀌어 갈 때 우리의 삶은 밝아진다.

제 2 장

보현행자의 서원과
보현행의 실천

1. 정법을 지키는 호법

1. 호법은 최상의 공덕이다. 부처님께서 영원한 진리의 몸을 성취한 것은 호법수행 덕분이다. 우리 한국 땅에 호법정신을 계승하고 발전시키는 호법법회가 있고, 이 호법에 동참하는 사람들이 있는한 한국불교는 빛나게 성장할 것을 확신한다. 호법정진을 끊임없이 전개하고 호법법문을 끊임없이 널리 보내어 이 땅에 감로법이 영원히 머물고 진리광명이 온 누리에 퍼지도록 하자.

2. 호법발원 하신 분들을 존중하고 받들어야 한다. 호법발원의 목표는 이 땅 위의 모든 사람이 불법 가운데 들고, 이 땅에 태어나면 바로 불자가 될 수 있는 궁극적인 불국토를 이루는 것이다.

3. 호법은 여래 장자의 가장 착실한 대표적인 행이다. 부처님의 법을 이어서 이 땅에 영원히 부처님의 법을 머물게 하여 앞으로 태

어나는 모든 중생에게 해탈 인연을 심어주기 때문에 최상의 수승행이라 할 수 있다.

4. 호법을 통해 많은 이들이 불교 교육을 받고, 많은 수행을 해야 하며, 포교당과 전법 도량을 많이 만들어야 하고, 전법사를 많이 양성해야 하며, 전법 시설과 운영에 필요한 자료들을 만들어야 한다. 그런 뒤 평화운동을 향해서 모든 일을 해 나가야 한다. 또한 우리는 진리 운동을 일으켜야 한다. 한 사람 한 사람이 완성되고 더불어 이 사회를 지킬 수 있는 진리의 운동이 일어나야 한다. 나는 우리의 호법이 이 일을 해낼 것으로 생각한다.

5. 부처님이 원하시는 바는 일체중생이 그 본성을 깨닫고 본연의 청정 불국토를 실현하는 것이다. 이 일은 호법으로 이룰 수 있다. 믿고 염불하는 것은 나 혼자 닦는 것이지만, 부처님의 법을 수호하고 그 법을 전하고 실현되도록 돕는 일은 국토에 불법 광명을 심는 일이다. 우리는 정말 큰 긍지를 갖고 이 호법불사에 동참하고 있다. 우리 형제들은 가는 곳마다 호법의 진실을 드러내야 할 것이다.

6. 과거의 성자들과 불보살들의 헌신적인 정진 노력이 없었다면 오늘날 우리 앞에 불법이 전해졌을까? 부처님의 가르침이 영원히 전해지길 바라는 호법발원이 있었기 때문에 지금까지 불법이 전해진 것이다. 부처님의 가르침을 나 혼자만의 깨달음, 나 혼자만의 행복, 나 하나만의 평안을 위해 담아두어서는 안 된다. 이 땅에 태어나는 중생들이 불법 인연을 만나서 마침내 생사 없는 열반의 저 언

덕에 이르게 될 때까지 우리는 법을 전해야 한다.

7. 호법은 부처님과 부처님 법을 수행하는 스님들을 받들고 보호하고 외부로부터의 박해나 핍박, 억압을 방어하고 제거해주는 의미가 있다. 또 하나는 불법이 영원하도록 그 가르침을 온 누리에 전하여 부처님 법이 실현되기를 추구하는 것이다.

8. 부처님은 항상 우리와 함께 계신다. 영원히 우리와 함께하신다. 신념을 가지고 하루하루 마음을 밝히고 행을 밝혀서 우리 집안과 우리 사회와 우리 국토와 세계를 밝히는 바라밀 불자가 되도록 노력해야 한다. 호법의 목적은 여기에 있다. 우리 형제들이 고요히 앉아 깊이 마음을 쉬고 생각할 때 안에서부터 솟구쳐 나오는 그 목소리, 진정한 생명의 염원은 호법 발원을 실현하려는 것이다.

9. 불법이 이 땅에 영원히 머물고, 이 세계에 영원히 꽃피어 온 중생과 온 국토가 부처님의 공덕으로 충만하고, 무량공덕이 넘쳐나는 것이 호법이다. 불법을 믿고 정진하는 모든 행이 불국 장엄이고 불토 장엄이다.

10. 호법의 첫째 의미는 교단의 자주와 안전과 자유로운 활동에 있다. 동시에 불법을 전하여 개인이 빛나고, 국토의 평화와 번영, 청정 실현에 있다.

11. 부처님의 은혜를 갚는 길은 호법이다. 호법은 보살도 가운데

최상이다. 성불의 인(因)이다. 착한 일, 덕스러운 일, 아름다운 일을 행한 것을 더욱더 인정하고 칭찬하는 것이 호법이다.

12. 불법은 나 밖에 따로 있는 것이 아니다. 호법 발원하는 사람들은 불법을 대상으로 삼지 않는다. 내가 있고 나 밖에 불법이 있어서 불법을 통해 무엇인가를 얻으려는 것이 아니다. 자신의 이해관계와 상관없이 상(相)이 없고 견고하며 순수하게 발심하는 자세를 지키는 것이야말로 호법하는 사람의 자세이다.

13. 부처님의 원을 실현하는 데는 호법발원이 최상이다. 왜냐하면 호법발원은 이 땅에 불법이 영원히 꽃피고, 일체중생이 안락하고, 온 중생이 진리의 광명 속에서 머무르기를 바라는 원(願)이기 때문이다.

14. 호법불자는 원(願)이 커야 하지만 행하는 바도 착실해야 한다. 호법불자는 고난을 이기고 불행을 넘어서 끊임없이 성장하는 사람이어야 하고, 꿋꿋하게 앞장서서 세상을 밝히는 등불 역할을 해야 한다. 따라서 호법불자는 기초적인 불교 생활에 대한 교양을 반복해서 공부해야 한다.

15. 세상 사람들은 대립 관계 속에서 살아가고 있으나 그 대립을 극복하여 '모두가 영원한 진리 속에서 하나를 이루고 평화와 번영을 이루겠다'라는 원(願)을 가지고 호법발원한 불자들은 위대하다. 부처의 가르침을 행하는 성숙한 사람이 되겠다는 목표를 가지고

부처님의 뜻을 이 땅 위에 실현하고 영원한 진리생명 가운데 일체 중생이 완성되기를 바란다. 호법발원의 목표는 모든 사람이 불법 가운데 들 수 있도록 하여 궁극적인 불국토를 이루는 것이다. 이를 위해서는 전법을 위한 교육, 포교당과 정진원의 설립, 경전 출판 등 다양한 일들이 함께 수반되어야 한다.

16. 부처님의 법문이 이 땅에 영원히 머물고 법성광명을 빛나게 하기 위해서는 호법수행을 하는 것이 제일 좋다. 보현행을 실천하는 행동적인 수행 중에서 가장 완벽하기 때문이다.

17. 부처님이 비춰 준 진리의 횃불은 지혜이며 힘이며 궁극적 능력이다. 그러므로 이 등불을 지키지 못할 때 인간에게는 암흑이 덮여 온다. 대립과 투쟁으로 끝없는 불행이 닥치고, 무지와 야망이 끝없는 빈곤과 병고를 몰아오며, 인간은 타락의 늪에서 방황하게 된다. 실로 부처님 법을 보호한다는 호법의 법문은 우리 모두의 지상 명제이다.

18. 호법은 부처님의 법문을 배워서 닦는 사람들의 마지막 수행이다. 다른 수행들은 자기완성과 자기 성장이 목표라는 생각이 깔려 있다. 하지만 호법은 불법이 곧 자기이고 자기가 곧 불법의 경지에 이르는 수행이다. 어떠한 차별도, 아상(我相)도 없다. 자기완성은 호법을 통해서 이루어야 한다. 다른 이의 허물을 말하기보다 착한 일, 덕스러운 일, 아름다운 일을 하는 것 역시 호법이다. 보살계의 10중대계(重大戒)와 48경계(輕戒)를 합친 58계 가운데에서도 호법이 핵심이며 중요한 위치에 있다.

19. 호법행자는 기본 마음 자세가 중요하다. 생각을 일으키기 전에 무엇이 나타나는 현상은 바로 내 마음을 어떻게 갖느냐에 따른다. 마음의 법칙에 따르는 것인데 내 마음이 그러하지 못하다면 우리 환경 역시 그러하지 못하다. 이를 위해 끊임없이 노력하고 정진하여 반야바라밀로 마음이 바뀌었을 때 따뜻한 세상이 오게 된다.

20. 호법발원은 성숙한 불자가 바라는 서원이다. 자기 한 몸과 자기 가족과 자기 이해관계만을 중시해서 부처님께 발원하는 경우가 흔하다. 그러면 자기 가족의 안녕과 평화만을 기원하는 불자라는 말을 면하기 어려울 것이다. 원(願)을 발하되 그 원을 정토에 실현하고자 발원하는 사람들이 성숙한 불자이다. 보현보살을 부처님의 장자라고 하는 것처럼 호법발원한 이들은 보현의 행을 함께한 이들이다. 보현행원을 배우고 호법발원을 함께해 동일자, 동일생명의 원리를 행동으로 옮겨야 한다.

21. 우리 호법형제들이 귀하다고 하는 이유는 근본 진리생명을 자기 생명으로 아는 사람들이고, 이 원(願)과 행을 함께하는 사람들이기 때문이다. 우리는 끊임없이 진리생명을 돌이켜 보고 광명을 마음에 항상 가득 채워 세상을 진리광명으로 바꾸는 위대한 행자가 되어야 한다.

22. 나 혼자만의 믿음과 혼자만의 염불은 그 시간과 그때의 환경을 잠깐 밝힌 것에 지나지 않는다. 불자는 서로 결속해서 믿음의 행으로 사회를 밝히는 존재이다. 혼자만의 믿음은 독 안에 켜놓은 등

불밖에 되지 않는다. 거기서 한 걸음 더 나아가 부처님의 은혜를 갚고 이 땅 위에 불법을 심겠다는 원(願)을 세운 호법발원 단계로 나아갈 때 불법이 세상을 밝히게 된다.

23. 정법호지 발원이야말로 참으로 성장한 신앙심이다. 기껏해야 내 몸의 안녕, 내 집안의 평화, 나를 위주로 기도했던 조그마한 신앙에서 벗어나 큰 불자로 성장한 것이다. 정법호지 발원이 크게 성장했다면 우리는 그것을 자랑스럽게 생각해야 한다.

24. 호법은 '부처님의 정법을 수호한다'라는 뜻으로 발심 가운데에서 최상의 발심이고, 수행에서도 마지막 단계이다. 사람들은 자신과 관계되는 이기적인 원(願)을 세워서 욕망을 채우려 한다. 하지만, '부처님의 정법이 영원하기를, 부처님의 진리광명이 온 누리에 넘쳐나기를, 일체중생이 부처님의 무한공덕 가운데에서 자재하기를' 발원하는 불자는 성인이라고 할 수 있다. 그러니 호법발원하는 분들은 성인들이다.

25. 불법 문중에 들어와서 부처님의 크신 원을 자기 원으로 이해하고 부처님이 하시고자 하는 그 일을 내가 하리라고 원을 세우는 사람이 있다. 진정 참된 불자요 성자이다. 불법의 큰 수레, 큰 제도를 갖추기 위해 부처님은 이 땅에 오셨다. 부처님의 원, 호법발원은 이 땅에 부처님의 광명이 영원함을 깨닫고 그 광명을 받아 어둠에서 영원히 벗어나는 데 있다.

26 . 호법은 부처님의 법문을 배워서 닦는 사람들의 마지막 수행이라고 말할 수 있다. 호법은 불법을 곧 자기, 자기를 곧 불법으로 여기는 수행이다. 분별심을 여의고 호법을 수행하는 것은 바로 자기완성으로 가는 지름길이다.

27 . 이 땅에 불법이 영원히 빛나서 일체중생이 대해탈의 기쁨을 누릴 수 있도록 기도하고 정진하고 전법하는 호법발원이야말로 최상의 발원이다.

28 . 부처님의 법이 이 땅의 사람들에게 전해져서 실현되도록 하는 모든 행위가 호법이다. 적극적인 호법의 방법은 스스로 법을 닦고, 행하는 것이다. 우리 불광은 정법 영원, 바라밀 국토 영원을 위해 호법을 발원했다.

29 . 우리가 원을 세워서 이렇게 기도하고, 호법발원을 해서 힘을 모으는 것은 정말 희유한 일이다. 부처님께서 찬탄하시고 흐뭇해하실 일이다.

30 . 호법을 닦으면 부처님의 허물어지지 않는 진리의 몸, 영원한 몸, 자재한 몸을 성취할 수 있다. 내가 주인이라는 입장에 서서 생각하고 원을 세우고 행하는 것이 호법이다. 적극적인 호법의 방법은 부처님의 법이 영원하도록 스스로 법을 닦고, 스스로 법을 행하며, 부처님의 법을 전하고, 부처님의 법이 모든 사람에게 전해져 이 땅에 불법이 실현되도록 하는 것이다.

31 . 재물의 상속자가 아닌 법의 상속자가 되어야 한다. 어떤 것이 법의 상속자인가?

첫째, 우리의 실존이 깨달음[覺]으로 산다.

둘째, 자신의 본분이 여래공덕이어서 지혜와 자비와 무한의 능력과 건강과 안녕이 원래로 지족함을 믿는다.

셋째, 자신이 일체중생과 더불어 한 몸임을 굳게 믿고, 뜨거운 자비로 봉사하고 헌신함에 게으름을 피우지 않는다.

넷째, 자신이 진실과 광명의 전달자임을 자각하고 이웃과 온 국토에 광명의 법을 전하는 책임을 다한다. 법의 상속자, 호법하는 자, 진리의 태양을 아는 자로서 온 이웃과 국토에 진리의 광명과 진리의 평화와 풍요를 가득 실현한다.

32 . 누가 부처님의 으뜸가는 제자인가? 나는 단연코 말하겠다. 호법발원한 사람들이다. 나 혼자만 부처님의 복을 받아 행복해지려는 것이 아니라, 나와 인류 모두가 하나라는 진리를 알아서 모든 사람을 다 깨닫게 하는 원을 행하는 사람이 부처님의 제자 가운데 으뜸가는 제자이다. 그것을 실현해 주는 것이 호법이다. 개인의 완성과 사회의 완성, 국가 완성, 세계 완성, 진리 완성, 개개인이 불행과 고난에 허덕이는 비소한 존재가 아니라 부처님과 함께 궁극적인 진리에 사는 진리의 주인공임을 깨닫게 해주는 일이 바로 호법이다.

33 . 수행에 있어 호법발원 형제들은 이것을 믿어야 한다.

첫째, 우리는 반야바라밀 생명이기에 절대로 미움, 슬픔, 불행, 불안 등이 없다. 대립자가 없기에 그 일체는 무(無)이며, 진리생명, 부처님의 공덕 생명만 존재한다.

둘째, 마음을 비워야 한다. 나의 참다운 존재는 반야바라밀의 완성, 무한공덕이다. 마음을 비우고 참회해서 그 마음을 밝혀야 한다. 이 것이 수행의 핵심이자 기도의 기본 요건이다. '내 마음에 있는 진리 가 이루어진다'라는 믿음을 가지고 감사할 때 진실한 기도가 되고 수행이 된다.

34. 반야바라밀행자는 누구나가 자주적인 절대 권능을 가지고 있 다. 그래서 마침내 성불하며 온 누리를 불국토로 장엄하는 호법의 궁극적인 목적을 달성할 수 있다.

35. 호법발원은 한국불교에 있어서 새로운 싹이고 새 운동이고 새 물줄기이다. 햇볕이 식물의 싹을 틔우는 것처럼, 호법운동이 성 장하고 전개됨으로써 불교의 싹이 자라나고 사회에 불법이 퍼져나 가게 된다.

36. 한국불교의 어려운 상황 속에서도 오늘날까지 호법발원을 하 신 불자들이 있어 준 덕분에 줄기차게 호법정진을 계속할 수 있었 다. 앞으로도 영원히 불법이 널리 전해져서 부처님의 국토가 실현 될 수 있음에 자랑스럽고 믿음직스럽게 생각한다. 또한 부처님께 다시 감사드리고 여러분께 감사드린다. 이와 같은 원(願)을 세운 사 람들이 불법을 지키고, 역사를 지키고, 일체중생을 지키고, 불국토 를 건설하는 불자들이다.

37. 이 땅에 감로법을 널리 펴서 대립과 파괴, 불행과 고난, 그리고 죽음이 없는 세상을 이룩하자. 부처님의 정법을 세워 이 땅에 영원히 그 진리가 머물며 겨레와 국토와 온 누리를 진리의 광명으로 가득 채우자.

2. 정법을 널리 펴는 전법

2.1. 전법의 의미

1. 전법으로 나서자! 몇 번을 생각해도 부처님 법을 전하는 일보다 더 큰 보람은 없다. 부처님께서 성도하시고 평생에 하신 일이 무엇이었던가. 입멸 시현의 순간까지 오직 법을 전하는 일뿐이었다. 부처님 가르침의 진리를 의심하지 않는 불자들이 해야 할 의무는 법을 전하는 일밖에 없다. 그 속에서 세상은 평화와 번영을 누리게 될 것이다. 개인이나 가정이 어려울 때 진정 고난에서 구원받는 방법은 불법뿐이다. 이 법을 전하지 않고서 어떻게 불자라고 할 수 있겠는가. 또한 불자가 여기 죽지 않고 살아 있다 하겠는가.

2. 전법은 최상의 공덕이다. 부처님 말씀을 전하는 것은 이 땅에 빛을 뿌리는 것이니 거기에는 어둠이 사라지고 부정이 소멸한다. 부처님 말씀을 전하는 일보다 나은 신성도 수행도 기도도 없다. 이보다 더 큰 호법 호국운동도 없다. 이 나라 이 겨레의 평화 번영의 기초

를 굳게 다지기 위해서 모두가 부처님 말씀을 전하는 자가 되자.

3. 참으로 법공양을 행하면 제불(諸佛)이 출생하신다. 무량무변 불가사의 대공덕의 문이 열리는 것이다. 그러므로 법공양을 행하지 않고, 법을 전하지 않으면 공덕의 문은 닫히게 된다. 그렇게 되면 어리석음과 고난과 핍박의 수레바퀴에서 벗어날 수 없다.

4. 법을 전하지 아니하고 공덕을 바라는 자는 문을 닫고 청풍을 청하는 자다. 불을 가리고 밝음을 구하는 자와 무엇이 다를까? 법을 전하는 것이 최상의 보시며 구극의 자비며 최고의 반야대행이며 무상의 전법륜이며 보불은이며 공덕을 당기는 일이다. 마음의 문을 닫고 복을 받을 수 없다. 전법하지 않고 공덕문은 완성될 수 없는 것이다.

5. 전법은 믿음과 일치한다. 바른 믿음에는 전법이 동시에 있다. 빛은 자신과 주변을 동시에 밝히고 구석의 어둠을 몰아낸다. 전법은 이러한 빛과 같다. 전법이 없는 믿음은 진실하지 않은 믿음이다.

6. 우리 생활이 모두 전법이 된다면 그것이야말로 최상의 공덕이다. 나라와 사회와 역사는 부처님의 법이라는 진리를 통해서만 바르게 될 수 있으며, 전법 없이는 이룰 수 없다.

7. 모든 경전에서 부처님은 "다른 이를 위해 설하라"고 누누이 부촉하셨다. 금강경에는 "법을 전하는 사람은 헤아릴 수 없고, 말할 수 없고, 생각할 수 없는 공덕을 성취한다"라는 가르침이 있다. 그

만큼 전법은 무엇보다 중요하다.

8. 부처님의 법을 전하는 것이 가장 올바른 신앙이며, 믿음이며, 전법이다. "전법으로 바른 믿음을 삼겠습니다. 전법으로 정정진을 삼겠습니다. 전법으로 무상공덕을 삼겠습니다. 전법으로 최상의 보은을 삼겠습니다. 전법으로 정토를 성취하겠습니다." 이것이 불광에서 법회 때마다 다짐하는 전법오서(傳法五誓)이다. 전법지상의 환경에서 성장한 사람들은 전법에 한계를 두지 않고 자신이 할 수 있는 일에 최선을 다한다.

9. 전법 없이 어떠한 믿음도 살아 있는 믿음이라 할 수 없다. 부처님의 가르침으로 마음의 등불을 밝힌 자가 어찌 그 마음이 어두울 수 있겠는가. 마음이 밝은 자가 어찌 시간과 처소에 따라 그 믿음이 달라질까. 등불은 집에서도 밝고 거리에서도 밝고 군중 속에서도 빛을 잃지 않는다. 믿음은 등불이다. 믿음은 모름지기 전법으로 그 밝음을 나타내야 한다. 따라서 믿음과 전법은 하나이다.

10. 전법은 불사(佛事)이다. 불사는 깨닫는 사업, 즉 각사업(覺事業)이다. 각사업은 모든 사람을 깨닫게 하여 세상을 진리로 충만하게 만들고, 가슴속에 진리가 용솟음치게 하는 일이다.

11. 수행을 마치고 깨달음을 얻은 후에 전법하겠다는 생각이 무엇보다 큰 문제다. 전법은 믿음과 함께 있어야 한다. 믿음으로 전법하고 수행해야 한다. 믿음과 수행과 전법은 동시에 있어야 한다. 전

법이 올바른 믿음이요, 전법이 최상의 수행이라는 인식을 가져야한다. 오늘날 왕성한 수행정진이 즉시 전법으로 이어진다면, 많은이들이 깨달음의 길에 들어설 것이다.

12. 삶의 진정한 가치는 우리가 항상 배우는 전법지상(傳法至上)에 두어야 한다. 부처님 법을 전하는 것을 최상의 믿음으로 삼고, 정진으로 삼고, 보은으로 삼음으로써 불국토를 이루게 하는 것이 불자들의 전법지상이다.

13. 전법은 믿음의 실천이다. 믿음은 수행이며 깨달음에 이르는 큰길이다. 우리는 수행을 통해 깨달음으로써 부처님의 말씀을 의심하지 않으며, 또한 부처님의 말씀을 깊이 믿음으로써 역시 부처님 진리를 의심하지 않는다. 수행은 부처님 말씀을 그대로 행하는것이다. 그것은 좌선일 때도 있고 보살도의 실천일 때도 있다.

14. 전법은 이론에 있지 않다. 따뜻한 마음씨와 밝은 표정과 친절한 말 한마디 속에 있는 것이다. 불자 한 사람은 한 개의 등불이다. 나와 자기 주변을 밝혀가야 한다. 이렇게 나의 집, 나의 고장, 나의 조국을 불법으로 가득 채워 법에 의한 질서를 이뤄야 할 것이다.

15. 가장 큰 효성은 부모님의 뜻하는 바를 행하고 부모님이 하지못한 뜻을 이루게 해 드리는 일이다. 불자가 부처님께 하는 효성도그래야 한다. 청정을 깨닫고 청정을 실천하며 모든 사람이 진리의 길을 가도록 전법하는 일이 부처님의 뜻을 이루게 해 드리는 일이다.

16 . 우리는 왜 사는가? 우리 삶의 가치는 무엇인가? 답은 간단하다. 우리가 사는 목표는 진리를 깨닫고 진리의 법을 이웃에 전하는데 있다. 깨닫는다는 것은 이 몸뚱이가 몸뚱이로서 끝나지 않고 영원한 생명을 이루는, 생사를 벗어나 불멸의 생명을 이루는 궁극적인 구원을 말한다. 이 구원의 길을 나 혼자만 알아서는 안 된다. 법을 전하여 많은 사람을 구원해야 한다. 이야말로 완성자의 덕을 몸소 행하는 것이다. 부처님의 법을 전하는 것은 최상의 공덕이다. 이를 행하기 위해서 모든 것을 바칠 마음의 준비를 해야 한다.

17 . 우리는 믿음 속에서 생활함으로써 한 사람 한 사람이 전법자가 되어야 한다. 조국의 번영도 통일도 세계의 평화도, 불자의 전법이 기초가 된다는 것을 잊어서는 안 된다.

18 . 전법은 견성한 사람이나 도통한 스님들이 하는 일일 뿐 우리는 할 수 없다는 생각은 잘못된 것이다. 바른 믿음은 법을 전하는 일 한 가지뿐이다.

19 . 우리 한 사람 한 사람이 불법을 배우고 깨달으면, 내 생명 가운데 진리의 태양이, 부처님의 은혜의 태양이 빛나고 있음을 알게 된다. 내 생명, 이것은 범부의 생명이 아니라 부처님의 생명, 큰 우주의 생명이다. 이것을 깨닫고 부처님의 공덕을 누리는 사람으로 바뀌면 바라는 바를 모두 성취할 수 있다. 또한 그 가르침이 이웃에게도 전해져서 그들이 부처님의 진리광명을 깨닫게 되기를 바라야 한다. 부처님의 위신력으로 세상이 밝아지기를 바라는 마음은 불

자라면 누구나 지녔을 것이다. 내가 밝아지고 온 누리 중생이 모두 밝아지면 전법은 완성된 것이다. 불자라면 누구보다도 전법이 완성되기를 바라야 한다. 희망의 끈을 놓지 말고 함께 정진하자.

20. 우리는 수행하여 깨달음으로써 부처님의 말씀을 의심하지 않고, 부처님의 말씀을 깊이 믿음으로써 부처님 진리를 의심하지 않는다. 부처님 법을 깨달은 연후에야 전법하겠다는 것은 믿음이 깨달음과 준한다는 것에 대한 이해가 부족한 것이다.

21. '나는 오늘 전법을 했는가', '나의 생활은 전법에 충실한가'라고 자신에게 물어보기 바란다. 전법은 최상의 공덕이고 최상의 보은이다. 내 마음, 내 국토, 이 세계를 불국토로 만드는 최상의 길이다. 내가 행하는 전법행이 조그마하고 사소해 보이더라도 무한 진리에 가까이 가는 큰 힘이 된다. 우리는 이렇게 믿고 전법에 혼신의 힘을 기울여야 한다.

22. 삶의 진정한 가치는 무엇일까? 우리가 항상 배우는 전법지상일 것이다. 부처님의 법을 전하는 것을 최상의 믿음으로 삼고, 정진으로 삼고, 보은으로 삼고, 마침내 전법해서 불국토에 이르는 것이 우리 불자들이 말하는 전법지상이다.

23. 전법은 믿음의 실천이며 믿음의 수행이며 깨달음에 이르는 길인 것을 알아야 한다. 만약 전법이 수행이 아니라고 한다면 그것은 부처님 말씀을 외면하고 불자의 본분을 망각한 망견이다.

2.2. 전법의 방법

1. 전법 하는 방법은 다음과 같다.

첫째, 그의 행복을 기원한다.

둘째, 보시와 애어(愛語), 이행(利行)과 동사(同事)로써 말 없는 수행을 한다.

셋째, 그의 편이 되어 괴로움을 없애 주고 어둠을 밝혀 주며 부처님 말씀을 알려준다.

2. 전법은 어떻게 전하는 것일까? 불법을 배우고 따르는 것은 생명을 참되게 관리하는 최상의 방법이다. 모든 생명을 가진 사람이라면 불법을 믿고 닦아 수행할 수 있다. 여기에 재가·출가의 차별이 있을 리 없다. 전법은 불자의 의무이다. 전법은 자비와 성실의 실천이고 생활 가운데 행하는 것이므로 전법의 방법에는 한계가 없다.

3. 불자는 자기 수행과 전법 중 무엇을 먼저 해야 할까? 부처님 법을 전하는 것도 수행이고 혼자 부지런히 진실한 행을 닦는 것도 법을 전하는 것이다. 그러므로 법을 전하는 사람은 염불 수행으로 전법을 삼기도 하고, 한결같이 이웃을 공경하고 찬탄함으로써 법을 전하기도 하고, '이것이 법이다'라고 법을 깨닫게 하기도 한다. 장소와 상대에 따라서 전법하는 것이 좋다.

4. 불자 한 사람은 한 개의 등불이다. 전법은 믿음과 함께 있어야 한다. 믿음과 수행과 전법은 동시에 진행되어야 한다.

5. 초세간적인 데에 머물러서는 안 된다. 적극적으로 불법을 전하고 보현행원을 실천해야 한다. 구도의 방법이 따로 있는 것이 아니다. 전법이 구도이다.

6. 전법은 불자의 의무이다. 전법은 자비와 성실의 실천이고 생활 가운데 행하는 것이므로 전법 방법에 한정이 없다. 전법은 상대방의 근기에 맞춰 깨달음의 길로 인도하는 것이 근본이다. 즉, 상대방의 편이 되어서 부처님의 가르침을 알게 하는 것이다.

7. 염불 일 구, 한 줄의 법이라도 정성을 다해 이웃에게 전하자. 그래서 나와 우리의 가정에 복을 가득 싣자. 나라와 사회에 밝음을 가득 채우자. 전법이 믿음의 실질인 것이다.

8. 전법은 불법을 깨달아 자신의 안목이 밝아지고 능력을 갖춘 연후에 하는 것이 좋을까? 그것이 부처님 법문이 열리기 전이라면 더욱 그렇다. 그러나 부처님 법문이 열리고 우리가 그 말씀에 따라 수행할 수 있는 지금은 치우친 견해가 된다. 부처님의 말씀은 부처님 특유의 법을 말씀하신 것이 아니라 경의 말씀 그대로 일체중생의 진면목을 밝히고 진여 실상을 말씀하신 것이다.

9. 진지한 태도로 임해야 한다. 부처님 가르침을 생명의 진실로 진지하게 받아들여야 한다. 이론으로 알아서 지식화하거나 관념적 이해로 만족한다면 참된 믿음을 이룰 수 없다. 부처님께 감사하고 가진 것을 흔연히 보시하며 수행에 시간과 노력을 아끼지 않고

어려움을 참아 견디면서 남을 이롭게 하는 전법보살행을 실천해야 한다. 여기에는 무엇보다도 진지한 태도가 선행되어야 한다.

10. 부처님 은혜에 보답하는 방법이 있다.

첫째, 부처님께 감사하고 일과 관계한 사람들에게 감사해야 한다. 둘째, 국가와 사회에 봉사해야 한다. 봉사를 통해 사회 활동에 적극적으로 참여하자. 봉사만큼 사회에 부처님의 법을 전하고 심는 데 좋은 행위는 없다. 감사하는 마음과 봉사하는 마음이 충만할 때 세상은 밝아지고 부처님 은혜에 보답하게 된다.

11. 전법은 사실 남을 도와주는 일이다. 무조건 남을 도와야 한다.

12. 전법은 무엇인가? 부처님의 진리 말씀을 전하는 것이다. 부처님의 진리를 많은 사람에게 알리는 것이다. 전법을 통해 많은 사람이 불법과 인연을 맺게 되면 참된 삶의 보람과 기쁨을 누리게 된다. 동시에 사회가 밝아지고 진리가 실현된 성스러운 역사를 이룩하게 된다. 전법은 또한 자신의 믿음과 깨달음을 숨김없이 드러내는 일이기도 하다. 부처님의 밝은 가르침이 자신의 생명 본분임을 믿고 그 믿음에 따라 진리의 생활, 지혜의 생활, 밝은 생활, 부지런한 생활, 용기 있는 생활을 한다. 이는 스스로가 마음의 등을 밝히는 것이 된다. 이 밝은 마음의 등을 가정이나 이웃이나 사회에 널리 비추어 이르는 곳마다 밝게 하는 것이 전법의 본질이다. 이렇게 함으로써 지혜는 더욱 밝아지고 믿음은 늘어나고 사회는 부처님의 공덕으로 가득 차게 된다.

13. 전법자의 기본자세는 일곱 가지가 있다.

첫째, 이 국토와 사람들이 진정 행복하기를 염원해야 한다.

둘째, 모든 사람이 착하고 지혜로운 사람이고 고마운 사람이라고 관(觀)해야 한다.

셋째, 견고한 인욕심(忍辱心)이 있어야 한다. 어떠한 실패와 고난이 닥치고, 박해를 당하더라도 물러서지 않는 인욕심이 있어야 한다.

넷째, 이 땅의 행복과 평화를 기원하고, 그 이외에는 따로 구하는 바가 없어야 한다.

다섯째, 모든 사람은 진리를 깨달을 사람이고 불국토를 이룩할 보살로서 이 땅에 태어났다. 그리고 나와 함께 생을 같이 하는 이들이라는 깊은 신뢰를 해야 한다.

여섯째, 방편의 시설이다. 일정한 격식에 얽매임이 없이 참으로 참되고 밝고 기쁘게 할 수 있는 방편을 끊임없이 계발해 새로운 방법을 강구해야 한다.

일곱째, 끊임없는 정진이다. 전법이 내 생명의 빛이며 그 산 표현임을 믿고 정진을 쉬지 않는다. 전법은 항상 하는 것이다. 전법은 말로만 하는 것이 아니라 일상생활 속의 마음가짐, 몸가짐, 말 하나하나에 담겨 있다.

2.3. 가족의 전법

1. 가족이 부처님을 믿지 않는다면 어떻게 전법하는 것이 좋을까?

가족에게 전법할 때는 결코 이론을 앞세워서는 안 된다. 불법을 믿는 불자인 만큼 그 행과 분위기가 달라져야 한다. 밝고 너그럽고 따뜻하며 성실해야 한다. 불교가 다른 종교보다 우월하다거나 안 믿는 사람을 얕잡아 보거나 새로운 교리를 알았다고 그것을 내세우거나 하는 것은 절대 금물이다. 불자는 밝고 따뜻하고 의젓하고 믿음직스러우며 항상 무엇인가를 주고자 하는 친절한 존재임을 명심하자.

2. 가족을 전법하기 위해서는 끊임없이 기도해야 한다. 집안 어른과 가족이 불보살님의 위신력을 받아 건강하고 행복하고 보람 있는 삶을 살도록 기도해야 한다. 불보살님의 자비로우신 위신력이 이미 채워져 있음을 믿고 끊임없이 감사해야 한다. 염불하고 기도하고 감사하고 독경하는 일은 소리 없이 집안을 부처님 광명으로 채우는 일이다. 이러한 기도는 반드시 일과를 지켜 끊임없이 해 나가길 바란다. 특별히 유념할 것은 가족들이 결코 불교를 반대하는 사람이 아니라는 점을 굳게 믿고 염불하는 것이 좋다.

3. 부모님이 다른 종교를 믿는 이들이 있다. 이럴 때 어떻게 불법을 전하는 것이 좋을까? 우선 불법을 믿으라고 권하기 이전에 깊이 효도해야 한다. 그리고 부처님께 기도하되 부모님이 행복하고 생전에 불법에 귀의해 마침내 극락왕생하게 되기를 기원하면 된다. 부모님이 언젠가는 반드시 불법에 돌아올 몸임을 깊이 믿고, 뜻에 거슬려 가며 너무 권하지는 말아야 한다.

4. 가족 중에 아픈 이가 있다면 어떻게 전법해야 할까? 오직 더욱 정성을 기울여 돌봐드리고 빨리 회복하도록 돕고 기도할 뿐이다.

친절과 정성을 기울여서 간호하는 것이 가장 우선하는 전법의 방법이고, 일심으로 독경하고 염불하며 건강 회복을 기도하는 것 역시 전법이다. 환자의 뜻에 거슬리면서까지 독경하고 염불하고 신앙을 말하는 것은 좋지 않다. 환자 편이 돼야 한다. 이것이 최고의 전법임을 잊지 말자.

5. 가정 전법과 사회의 전법은 무엇이 다를까? 가정 전법은 말 없는 것을 시작으로 한다. 부처님 가르침에 따라 수행하며 밝고 기쁘고 성실하고 부지런히 효와 우애를 더하며 맡은바 과업에 최선을 다하는 것이다. 이러한 무언의 전법 조건을 행하지 않으면 가정의 전법은 불가능하다.

2.4. 사회에서의 전법

1. 사회에서 전법하기 위해서는 평소 사회봉사를 꾸준히 해야 한다. 공익 활동이나 단체사업에 적극적인 참여가 필요하다. 남이 어려워하고 피하는 일도 솔선하여 나서야 한다. 어느 때나 주도적 역할을 다해야 한다. 그러나 공로는 반드시 대중과 이웃에게 돌리고 결코 복덕을 바라지 않는 겸허한 자세를 견지해야 한다.

2. 불자는 마땅히 법을 전하고 설해야 하며 법을 증명해야 한다. 직장과 사회 속에 높은 진리를 심으려 하기보다는 가까운 벗과 이웃에게 불법의 진실과 환희를 심는 것이 좋다.

3 . 전법은 사람뿐만 아니라 정치·경제·사회·문화 등 온갖 체제도 대상이 된다. 사회가 거칠고 어둡고 힘들 때 홀로 등불을 지키는 일은 정말 힘든 일이다. 그래서 더욱 이 세상을 부처님 가르침으로 채워야 한다.

4 . 이웃에 대한 전법은 어려움을 겪는 이웃이 도움을 청하지 않더라도 벗이 되어주는 것이다. 진정한 마음으로 위로하고 어려움을 나눈다. 성심을 다해 어려운 이웃을 도우면 전법은 저절로 이루어진다.

5 . 우리는 가족과 이웃, 형제자매에게 기회 있을 때마다 전법하려고 노력해야 한다. 내가 하는 말을 상대방이 받아들이든지, 안 받아들이든지 관계없이 내 정성껏 전법하자. 그렇게 함으로써 그 사람은 불법과 인연을 맺게 된다. 한 번 스치고 지나가는 그 인연이 언젠가는 반드시 성불의 열매를 맺게 한다.

6 . 진리의 법을 이웃에게 전하자. 깨달음은 생사를 벗어나 불멸의 생명을 이루는 궁극적인 구원이다. 영원한 생명을 이룬다. 그렇기 때문에 한 사람이라도 더 구원하기 위해서 이웃에게 법을 전해야 한다. 이것이 궁극적인 구원을 이룬 완성자의 덕을 몸소 행하는 것이다. 우리가 전법, 즉 부처님 법을 전하는 것을 최상의 공덕으로 삼고 모든 것을 바치는 이유가 여기에 있다.

7 . 세상에는 여러 종교가 있지만, 종교가 전쟁을 막거나 갈등을 해결하는 역할을 하지 못하고 있다. 오히려 차별과 증오를 부추길

때도 있다. 전쟁을 옹호하거나 물질적 야심을 얻는 데 종교를 이용하는 행태는 참으로 두려운 일이다. 불광 형제들은 확신해야 한다. 견탁을 없애고 올바른 사상을 심어서 전법을 행해야 한다. 내가 바르게 믿고 바르게 행하고 부처님 법을 전하고 한 사람이라도 부처님의 법에 가까이 오도록 힘써야 한다. 이것이 평화를 가져오고 우리 환경을 바르게 만드는 근본임을 믿어야 한다.

8. 불광법회는 많은 전법요원들을 양성하고, 한 사람 한 사람 나아가 모두 철저한 바라밀 전법자가 되어야 한다. 바라밀 정예 불자가 되어 스스로 타오르고 이웃을 밝혀 주는 힘 있는 불자로 성장해야 한다. 진정으로 생명을 키울 수 있는 기틀을 마련하고, 다양한 전법 방법을 연구할 수 있는 인재를 키워야 한다. 말하자면 '바라밀 연구소' '보현연구소'와 같은 전법연구소가 나와야 한다는 뜻이다.

9. 제2, 제3의 불광사가 생기고, 전법할 수 있는 많은 불자들과 법사들을 양성해야 한다. 그들의 활동을 뒷받침하는 데 필요한 모든 시설을 갖출 필요가 있다.

3. 보현행자의 실천윤리

1. 불광은 보현행원을 강조하고 반야행을 중요하게 생각한다. 반야행이 바로 보현행이다. 그래서 불광 불자는 보현이라는 이름을

많이 사용하고, 보현행을 중요하게 생각한다. 불광 불자는 보현행원을 혼자 있을 때도, 법등 활동을 할 때도, 집에 머무를 때도 어디서든 행하고 있다. 보현행원의 수행 요령은 첫째, 독경하고 염송하는 것이다. 둘째, 부처님의 한량없는 은혜와 위신력을 믿고 누군가를 미워하거나 대립하지 않는 것이다.

2. 보현행자는 항상 다른 사람을 공경하고 찬탄하고 받들어 섬긴다. 이것이 불광 수행의 골격이다.

3. 보현 십대삼매(十大三昧)의 뿌리는 청정 법신의 본체성에 있다. 이는 보현의 본체성이며, 여기에서 십대삼매가 나온다. 그러나 보현의 행이 없으면 보현의 의의가 없기에 결국 행으로 결론지어진다. 보현행이야말로 보현 경계의 전부이다.

4. 보현보살은 청정한 진리의 체성으로만 머물러 있지 않고 무한 대자비의 대위신력을 가진 분으로 걸림 없는 반야의 경계에서 이루어진다. 우리는 반야를 통해서 자신에게 있는 보현 십대심과 십대삼매를 아는 것이 중요하다.

5. 우리가 보현행을 행할 때 우리 하나하나가 비로자나불인 청정 법신을 구현하는 것과 마찬가지이다. 일체 장애를 극복해서 자재한 보현의 위신력이 나오는 것이다. 보현행을 통해서 보현 십대심이 나오는 것이며, 보현행에 따라 십대삼매의 힘도 나온다.

6. 보현행원을 실천하는 불자의 행은 아래와 같다.

첫째, 모든 부처님께 예경하고 일체중생을 존중한다.

둘째, 부처님의 한량없는 공덕을 찬탄하고 우리의 모든 이웃, 온 중생이 지닌 공덕을 찬탄한다.

셋째, 부처님과 모든 선지식, 그리고 모든 중생에게 아낌없이 베풀고 공양하는 동시에 부처님 가르침을 여실하게 닦는다.

넷째, 과거에 지은 모든 허물을 참회한다.

다섯째, 남이 지은 공덕을 함께 기뻐한다.

여섯째, 선지식에게 설법을 청한다.

일곱째, 부처님과 선지식에게 이 세상에 오래 계시기를 청한다.

여덟째, 항상 부처님을 따라 배운다.

아홉째, 항상 중생을 수순하고 받들어 섬긴다.

열째, 자기가 지은 모든 공덕을 일체중생과 보리도(菩提道)에 회향해 저들이 모두 안락하고 깨달음을 얻게 한다.

7. 보현행원은 우리 본래의 것을 말한다. 범부를 버리고 탈을 바꾸어 태어나 행원을 완성하는 것이 아니라 범부성중의 본성, 즉 여래인 범부성을 남김없이 개현하는 것이 그 기본 구조이다.

8. 자신에게 갖추어진 무한 공덕과 능력과 위신력을 어떻게 발휘할 것인가? 이를 위한 끊임없는 감사와 찬탄이 보현행원에 나와 있다. 진실행, 보시행, 친절행은 조금이라도 남을 도울 수 있는 일이 있다면 적극적으로 실천하는 행원이다. 또한 이런 것들이 바로 우리의 진실행을 드러내는 방법이다. 보현행원의 맨 처음은 모

든 부처에게 예경하라는 예경제불(禮敬諸佛)이다. 모두가 그대로 부처님이기에 만인에 대한 예경은 내 생명에 깃들어 있는 무한성을 여는 길이다. 보현행원을 적극적으로 실천하고 행동하는 가운데 내 진실성을 끊임없이 드러내 갈 때 진리의 광명은 현실로 드러난다.

9 . 진리를 모르고 욕망만을 추구하는 자세는 불법 수행의 기본자세에서 어긋난다. 그보다 먼저 보리심을 발하고 마하반야바라밀의 뜻을 깊이 이해하며 보현행원의 수행과 「관세음보살보문품」을 배워 일심으로 염불 수행하는 것을 권하고 싶다. 바른 신앙, 바른 믿음, 바른 수행을 통해서 우리의 기도가 성취됨을 알아야 한다.

10 . 도(道)를 행한다는 것은 대립 관계에서 벗어남을 말한다. 도라고 하는 것은 동일자의 원리, 너와 내가 더불어 하나의 진리이며, 공동 생명이라는 자각에 있다. 이 동일자의 자각과 동일자의 윤리가 바로 도행(道行)이다. 자비와 평등한 마음, 서로가 공동의 법칙으로 산다고 할 때 공심(空心)으로 사는 것, 너그러움과 베풂, 서로 도와주는 것, 이것들이 바로 진리를 우리 생활 속에서 열어가는 동일자 윤리의 구체적인 모습이다.

11 . 사람이 잘못을 저질렀어도 일시적인 겉 허물일 뿐이다. 잘못을 저지른 사람일지라도 그 내면에는 잘못을 초월한 고귀한 것이 있음을 알고, 서로 용서하고 존중하며 진실한 내면의 덕성을 인정해 주도록 노력해야 한다. 행원의 가르침, 수행의 줄기가 여기에 뿌

리를 두고 있다.

12. 주는 자만이 받을 수 있다. 마음을 활짝 열고 따뜻한 자애를 듬뿍 주며, 친절과 봉사로 모든 이를 존중할 때 자기 주위에 그런 환경을 불러들인다. 만약 누군가가 차별과 이기심으로 벽을 쌓고 무관심하게 지낸다면 황무지에 던져진 외로운 돌처럼 홀로 남을 것이 분명하다. 메마른 나뭇가지에서 꽃이 피지 않듯이 인간의 정도 자라기 어렵다.

13. 일심으로 염불하고 경전을 수지독송하고 절함으로써 업장을 소멸하고, 참선을 통해서 마음을 맑게 하는 방법이 있다. 또한 바라밀행을 함으로써 타인을 이해하고 도와줄 수 있으며, 이것이 바로 보현보살의 행을 실천하는 길이 된다. 이렇게 하면 불자로서 올곧게 수행한다고 할 수 있고, 나 자신은 물론 주변 사람들에게도 기쁨을 주며 행복을 느낄 수 있다.

14. 나를 무엇에서 찾을 것인가. 그것은 밖에서 오는 것이 아니다. 자극에서 일깨워지는 것이 아니다. 믿거나 닦아서 얻어지는 것이 아니다. 억세게 수련해서 더 빛나는 것도 아니다. 오직 슬기로운 행동 속에서 그의 면목은 튀어나온다.

15. 잘 산다는 것은 참 자기의 긍정과 그 능력과 덕성의 완전한 계발에 있다. 그것은 자신 속에서 불멸의 태양을 발견하는 일이며 태양처럼 크게 웃고 꿋꿋하고 활기차게 살아가는 것이리라. 이야

말로 정말 멋지게 잘 사는 삶이 아닐까!

16. 우리는 겉껍데기를 절대적인 것으로 알아서 그것이 바로 나 자신이라고 여기면서 살고 있다. 참으로 밑바닥에 있는 불성은 생각지 않고 겉껍데기에 매여 살고 있다. 우리는 칼과 같은 날카로운 지혜를 가지고 겉껍데기를 쳐 내어 알맹이를 찾아야 한다. 그렇지 않고는 해탈을 얻을 수 없다.

17. 인간은 기나긴 시간 동안 무수한 생을 받는다. 그리고 그 생애 속에서 많은 사건을 만들고 또한 만난다. 그런 사건들을 통해서 인간은 끊임없이 평화와 완전과 만족을 찾아 헤맨다. 평화와 완전과 만족은 무엇에서 얻어지는 것일까? 그것은 참된 자기를 보는 것이며, 참된 자아를 이루는 것이며, 참된 자아가 지닌 아름다움과 덕성과 기쁨을 마음껏 누리는 데서 얻어진다.

18. 인간으로 세상에 태어난 것은 모두 이유가 있다. 큰 은혜와 큰 인연의 결실로서 높은 사명을 지니고 온 것이다. 그러므로 우리는 이 사명을 다해야 한다. 그 길이 고통스럽더라도 부단히 자기 사명을 다하게 되면 우리는 삶의 보람을 느낀다.

19. 우리 불교는 모든 사람을 남으로 생각하지 않는다. 뿌리는 하나인데 겉만 보고 각각이라고 말한다. 뿌리는 한 몸이다. 이 뿌리가 한 몸임을 아는 사람은 불심을 가진 사람이다. 이것을 모르는 사람들은 서로를 각각이라고 생각해서 네가 이익을 얻으면 내가 손해

난다는 식으로 대립해서 다툰다. 우리는 철저하게 서로가 한 몸이라 생각하고 수행해야 한다.

20. 우리의 참모습은 무한가치를 지닌 불성이며 불심이며 진리이다. 그러므로 우리는 결코 거짓된 나로 살아서는 안 된다. '참된 자아'로 살아야 한다.

21. 참된 자아 형성은 인간이 스스로 서서 참된 주체적 세계를 전개하도록 한다. 원만자족, 조화된 질서를 이루는 근원이 된다. 자기 안에 있는 신, 자기 안에 있는 절대자, 자기로서의 무상진리를 드러내야 한다. 밖에 있는 신이나 절대자나 진리에 의존하여 울며 매달리는 태도로는 참된 진리의 인간 본성이 안정을 얻을 수 없다. 오히려 마음의 안녕을 얻기보다는 자기 생명의 공허를 의식할 수밖에 없다.

22. 인생은 만나고 서로 주고받으면서 각자의 마음 깊은 곳에 자기 형성을 축적한다. 그것이 좋은 것이든, 바람직하지 못한 것이든 간에 자기 심정 깊은 곳에 자기 형성을 계속한다. 이렇게 보면 우리를 둘러싼 모든 사람과 모든 여건과 사건들은 나를 키우고 성장시키고 단련시키는 조건이라는 것을 쉽게 알 수 있다.

23. 인간의 용모는 그 사람이 가진 생각을 나타내고 그의 깊은 마음 상태를 나타낸다. 우리는 생각을 바꾸고 마음을 바꾸고 믿음을 바꿈으로써 용모를 바꿀 수 있다. 용모는 고정된 것이 아니다. 형상

은 절대적일 수 없다. 관상이나 수상을 보고 그러한 형상적인 관찰에서 온 판단을 그대로 맹종하는 것은 미신이다. 형상을 움직이는 것은 마음이라는 사실을 깨달아야 한다. 스스로가 자기 용모의 주인이 되고 자기 운명의 주인이 되고 자기와 자기 환경을 스스로 만들어 가는 주인이 되어야 한다.

24. 사람의 일상적 생활이 반복되고 습관화되어 그것이 누적되면 하나의 성격으로 굳어지게 된다. 이 굳어진 습관이 인간 용모에 절대적 영향을 준다는 것을 생각한다면 우리 일상생활의 마음가짐은 단순한 미적 가치의 문제가 아니라 운명과 관계가 있는 것을 명심해야 할 것이다.

25. 부처님은 무아(無我)를 말씀하셨다. 나를 비우고 남을 섬길 때 참다운 자기가 태어나고 참 자기가 성장해간다. 무아의 가르침은 나의 주장 나의 집착을 비우게 하고 지혜를 얻게 하며, 작은 나로부터 해방된 진리의 나에 눈뜨게 한다. 그래서 참으로 거룩한 자기, 참으로 자비로운 자기, 참으로 지혜와 용기가 넘치는 자기, 육체와 물질에 매이지 않는 자유로운 자기를 알게 한다. 거기에서 지극히 따뜻하고 지극히 너그럽고 지극히 지혜로우며 지극히 복되고 굳세고 용기 있는 자기를 나타내게 된다. 그래서 참된 자기로 살게 되면 참된 가정, 참된 사회, 행복한 국토환경이 그 앞에 열린다.

4. 청정한 삶을 위한 계행

4.1. 계의 의미

1. 계(戒)는 만 가지 행 가운데 가장 앞장선다. 무슨 일을 하든지 맨 앞에서 끌고 가는 것이 계이다. 성불하기 위한 기본 수행 방법은 육바라밀이고, 육바라밀의 밑바탕이 바로 계이다. 아무리 육바라밀을 닦더라도 계가 없다면 기둥 없이 집을 짓는 것과 마찬가지이다. 바라밀이 될 수가 없다. 이 법은 마음과 생각과 논리 가운데 갇혀 있는 것이 아니라 참으로 진실한 자기 생명으로 자기를 가꿔 가도록 우리를 인도한다.

2. 계는 자기 본성인 불성의 완전한 실천인 까닭에 일체 부처님의 근본이기도 하다. 나아가 일체중생의 본성이 불성인 까닭에 일체 중생의 근원 뿌리도 계이다. 따라서 근본 본성인 깊은 마음, 청정한 마음을 행동으로 나타내면 부처님이 될 것이다. 중생들이 비록 미혹에 빠져 자기의 깊은 마음을 보지 못해서 거친 행동으로 살고 있을지언정 그 본원 뿌리는 불성이다.

3. 삼귀의(三歸依)를 단순히 불법승(佛法僧) 삼보(三寶)에 의지하겠다는 맹세의 뜻으로만 받아들여서는 안 된다. 삼귀의는 신앙의 핵이자 근본 뿌리임을 명심하고, 이것으로써 법을 이루고 이것으로써 계를 세워 완성함을 생각해야 한다. 부처님의 법을 머리로 이해하지 않고 행동으로 닦는 데 마음을 더 두어야 한다. 계행(戒行)은

바로 불행(佛行)을 닦는 것이다.

4. 부처님을 믿고, 부처님 가르침을 믿고, 부처님 법을 여실히 수행하는 스님들을 믿고 따라야 한다. 이것이 불법승 삼보를 믿는 것이다. 계를 받는다는 것은 부처님의 허물어지지 않는 계의 생명, 절대 때 묻지 않는 계의 생명, 허물어뜨리려 해도 허물어지지 않는 절대 견고한 금강 계체를 받는 것이다.

5. 생사윤회의 반복이라는 큰 고통에서 시작해 일상생활 속 자잘한 고통까지 생각해보면, 삶은 끝없는 고통의 바다라고 할 수 있다. 여기에서 벗어나는 길은 계뿐이다. 계는 고통의 바다를 건너는 배이다. 이런 점에서 계가 만행에 앞서 행해질 근본적인 가르침이라는 것을 배워야 한다.

6. 불법을 믿는 자는 부처님에 대한 믿음과 신자로서의 계율을 지킬 뿐만 아니라 다른 사람이 이 믿음과 계를 얻도록 힘써야 한다. 부처님 가르침을 함께 믿는 사람들을 넓혀가야 한다. 삼보에 대한 신앙이 믿음의 한 부분이라면, 계율을 지킨다는 것은 그 믿음의 줄기이다.

7. 계는 불자가 지켜야 할 생활 규범이다. 계는 불자가 반드시 지켜야 할 기초로서 계를 지키지 않으면 어떠한 공덕도 이룰 수 없다. 부처님의 계법은 잘못을 저질렀을 때 처벌하겠다는 의미가 아니다. 계는 강제성이 없다. 자발적인 노력으로 지키는 것이다. 계는 오계, 팔계, 십계, 구족계 등이 있으며 이 밖에 대승보살을 위한 보

살계가 있다. 모든 불자가 먼저 오계를 받고, 그다음에 수행 신분에 따라 그 밖의 계를 받는다. 보살계는 재가, 출가, 남녀를 차별하지 않고 모든 불자가 받는 계이다.

8. 계를 받으면 부처님 자리에 모두 들어가 그 지위가 부처님과 같아진다고 한다. 계를 받는 행위는 그저 겉치레 형식이 아니다. 계행은 깊은 생명 밑바닥의 근본 진리 그 자성이 행동으로 나타나는 과정이다.

9. 우리 마음속에 부처님의 계법을 간직하고 있다면, 부처님의 본성, 우리 마음의 본성, 생명의 본성이 지닌 덕목을 간직한 것과 같다. 우리 자신에게 그런 청정 본성이 있어서 그것이 나타나는 것이다. 계를 행하면 구체적 형태의 덕목이 그 본성대로 나타난다.

10. "불교 수행을 전혀 하지 않은 사람에게 바로 계를 주는 것은 좋지 않다. 일정한 수준의 교양을 거친 다음에 계를 받게 하는 것이 좋다." 이렇게 말하는 사람들이 있다. 계는 원래 이미 성숙된 자에게 주는 것이 아니라 지금부터 크게 피어날 사람에게 결정적인 보리의 인(因)을, 깨닫는 인을, 성불의 종자를, 부처님의 계체를 주는 것이다.

11. 계를 받을 때는 '나는 죄가 있고, 나는 허물이 있고, 나는 세상에 업이 걸려 있다'라는 생각을 다 버려야 한다. '태양처럼 빛나는 부처님의 은혜와 공덕이 내 생명 속에서 빛나고 있다. 부처님의 은혜가 내 생명에 지금 쏟아진다'라는 생각을 가져야 한다.

12 . 안으로 생각이 바르고, 밖으로 행이 바르면 그것이 계를 잘 실천하고 있다는 증거이다. 계에는 재가, 출가가 없다. 계를 받았다는 굳센 마음 기둥, 즉 신념을 가지는 것이 굉장히 중요하다. 항상 계를 받은 불자라는 신념이 있으면 기쁨이 넘치고 자랑스러운 삶을 살게 될 것이다.

13 . 종교를 믿고 계를 받으면 격식과 형식에 매이게 되는 것을 느끼는 경우가 있는데, 그렇지 않다. 가장 자유롭게 해탈의 문으로 뛰어가는 길이 계를 받는 것이다.

14 . 아직 수행하지 않았거나 불교에 대한 지식이 없더라도 '지금 바로 계를 받겠습니다. 진실한 생명, 참된 마음으로 살고자 합니다' 라는 마음을 세운 사람이면 부처님의 계체를 받을 수 있는 사람이다.

15 . "만행의 선봉이다." 이 말은 어떤 행을 하더라도 계가 앞선다는 뜻이다. 계가 앞서지 않은 행은 쭉정이밖에 안 된다. 육바라밀을 닦아서 불도를 이룬다는 성불의 길도 계가 터전이다. 계가 닦이지 않은 육바라밀행은 터전을 잃어버린 것과 같다.

16 . 지키기 어려운 계도 받아야 한다. 계를 지키지 못한다는 것은 계조차 아직 받지 않았다는 뜻이다. 계 받은 사람은 수계 공덕이 있어 성현들이 가호하시고 계 받은 위력으로 지킬 마음이 나기 때문에 지키게 된다.

17. 계를 받아 행하게 되면 나의 허물이 무엇인지 알게 된다. 그 사람은 결국 마음을 돌이켜 잘못을 범하지 않게 되며, 참회하고 분발하여 새롭게 되는 복원력을 지니게 된다.

18. 계는 부처님의 완전한 본래의 본성이자 우리 모두의 청정 본성의 구체적 행동 덕목이다. 청정 본성은 형상이 없지만, 계라는 행동을 통해서 구체성을 가진다. 아무리 청정하다 할지라도 계법에 의지한 청정 덕목과 규합하지 않는다면 그것은 관념적인 행에 불과하다. 계를 행하면 온갖 뜨거운 번뇌가 말끔히 씻겨 나가며, 두려운 현상을 다 없애는 술법과 같아 세상을 해롭게 하는 것들을 제거해준다.

19. 계법을 따른다는 것은 진리, 불성, 법성, 진여 등으로 불리는 진짜 나의 생명의 뿌리, 부처님과 더불어 진리생명 그대로 사는 삶을 말한다. 누구도 나를 얽어맬 수 없다. 내면에 있는 자신의 진실을 행하는 것이 바로 계법이다.

20. 계를 받는 것은 이생에서 하는 어떤 사업보다도 가장 큰 사업이다. 계는 수승한 것이다.

21. 계를 지키기 어렵다고 아예 계를 받지 않으려 한다면 마음 놓고 온갖 그릇된 일을 저지르겠다는 것과 같다. 계를 받으면 자기 몸에 계체가 형성되어 점점 잘못을 멀리하고 성인의 지위로 나아가게 된다. 처음부터 온전히 계를 지키지 못한다 해도 용기를 내어 계

를 받아야 한다. 때를 놓치지 말아야 한다.

22. 계를 행하는 것은 그 사회의 모든 삿된 독성을 제거하는 마술이기도 하고 무상의 반려가 되기도 한다. 계법은 인생행로를 올바르고 평화롭게 지나갈 수 있는 길을 가르쳐 준다. 계는 만인의 생활 원리이다. 오계를 일상생활에서 항상 지키도록 힘 쓰고, 진리의 횃불로 섬기도록 한다.

23. 계·정·혜 세 가지의 배움, 이것을 삼학(三學)이라고 한다. 삼학의 근본은 정견(正見), 곧 지혜의 바른 안목이다. 내 생명이 바로 진리의 태양이다. 자신이 부처님의 무한 공덕 무한 위신력을 지닌 자임을 확신한다. 이것이 근본 뿌리임을 믿고 행동하는 것이 계이다. 우리 생명의 근본 진리, 청정한 반야바라밀을 말하고 행동으로 나타낼 때 삼독은 제거된다. 불법을 배우는 사람들은 계·정·혜 세 가지를 갖춰야 하는데, 그 가운데서도 계의 그릇이 단단해야 한다.

24. "나는 부처님의 성품과 무량공덕과 덕성을 지닌 성불할 근본 힘을 모두 갖춘 사람이다." 이 생각을 잊지 않는다면 그 사람은 계를 행하는 사람이다.

25. "그대들은 마땅히 부처 될 사람, 나는 이미 부처 된 사람, 항상 이와 같은 믿음을 가지면 계가 구족하리라. 중생이 계를 받으면 곧 부처 지위에 드나니 그 지위가 대각과 같으니라." 부처님의 이 말씀을 마음속에 간직하고 우리 마음 가운데 있는 불심, 본심, 무한공

덕, 무한 위신력을 다 내어 써서 지혜롭고 바르고 행복하고 기쁜 사람이 되어야겠다. 그래서 나뿐만 아니라 이웃에게도 이 불가사의한 횟불을 전하는 불자가 되자.

26. 무슨 일을 행하든지 자기 자신을 잊지 말아야 한다. 범부라고 생각하지만 실제로는 부처님의 공덕을 갖춘 자임을 잊지 말아야 한다. 이러한 생각을 항상 간직한다면 그 사람은 계를 갖춘 사람이 된다.

4.2. 불자 오계

1. 오계의 첫 번째는 생명 존중이다. 우선 나의 생명을 존중해야 한다. 내 생명이 신성하고 존엄한 까닭에 마땅히 생각하는 것, 말하는 것, 행동하는 것이 신성 존엄해야 한다. 신성을 지닌 자신은 작고 외로운 존재가 아니다. 모든 사람과 함께 있는 자이다. 그래서 모든 생명을 존중해야 한다.

2. 오계의 두 번째는 아낌없이 베푸는 것이다. 우리는 누구든지 부처님의 공덕을 지니고 태어났다. 박복한 사람은 없다. 다만 '나는 가지지 못한 채 태어났다. 가난하다'라고 자기를 한정하고, '나는 범부이다. 죄가 있다. 나는 무능하다'라고 단정하면 자기 내부에 있는 무한의 복덕을 쓰지 못한다. 복덕이 있는 것을 믿고 그것을 내어 쓰는 것이 베푸는 것이다.

3 . 오계의 세 번째는 청정한 마음을 갖는 것이다. 부정한 마음을 제거하고 항상 깨끗하고 밝고 떳떳한 마음을 가지고 지내야 한다. 청정한 마음을 가장 어지럽히는 것은 성(性) 문란 행위이다. 부부 이외 사람과의 성행위는 청정한 마음을 혼탁하게 하는 행위이기 때문에 계체를 이룰 수 없게 한다.

4 . 오계의 네 번째는 진실을 말하는 것이다. 진실은 바로 내 마음속에 있고 부처님 공덕과 통해 있다. 그것을 그대로 말로 옮겨서 쓰면 말하는 대로 이루어진다. 진실한 말이란 내 생명의 공덕을 긍정하는 말이다. 내 생명이 부처님의 공덕을 가지고 태어났다는 사실을 믿고 긍정하는 말이다.

5 . 오계의 다섯 번째는 맑은 마음, 흔들리지 않는 바른 마음을 가지는 것이다. 바로 정념(正念)이다. 바른 마음, 맑은 마음, 흔들리지 않는 마음을 노력해서 지켜야 한다. 원래 자기에게는 맑은 마음, 밝은 마음, 움직이지 않는 마음이 있는데, 지키지 못하기 때문에 흔들리는 것이다. 흔들리면 지혜가 나지 않는다.

6 . 삼보를 믿는 불자들은 오계를 지켜야 한다. 계를 지킨다는 것은 우리의 행과 몸을 다스리라는 가르침이다. 즉 '내 몸과 행을 단속한다'는 뜻이다.

7 . 오계 가운데 제일 어려운 것은 입을 단속하는 것이다. 마음의 눈으로 밝게 보고, 신념이 담긴 말을 하고, 착한 점을 발견하고, 긍

정하는 말을 하고, 화합하는 말을 끊임없이 행하면, 우리 환경을 평화롭게 만들 수 있다.

8. 자비, 보시, 청정한 마음, 부드러운 말, 그리고 흔들리지 않는 마음, 정심(定心)의 다섯 가지가 오계의 기본 알맹이가 된다. 오계를 지킨다는 것은 올바른 자기 마음을 지키는 것이다. 자비한 마음을 베푸는 방법에는 말로, 지혜로, 힘으로, 물건으로 베푼다. 자비 보시가 행의 기초이다. 그래서 항상 청정한 마음을 지니고, 입으로 찬탄하고, 진리를 긍정하고, 마음을 흔들리지 않도록 노력해야 한다.

4.3. 대승 정신과 보살계

1. 보살계에서는 사부대중의 허물을 절대 말하지 말라고 한다. 모든 사람은 덕성을 지녔고, 아름다운 점, 훌륭한 점이 있는데 그것을 보고 칭찬하지는 못할지언정 타인의 단점을 드러내는 것은 좋지 않다. 그 사람의 마음이 거슬리지 않도록 자비심으로 말하되 그가 스스로 자기 행에 눈뜰 수 있도록 세심하게 방편을 써야 할 것이다.

2. 보살계 법문을 배워서 믿음을 발(發)하고 행을 열어 갈 때 모든 사람의 진실 면목이 열리고 이 땅에 진실 광명이 넘쳐난다. 오늘날의 혼란은 '내가 누구인지, 인간의 궁극적 실제가 무엇인지'를 모르는 데서 온다. 보살계를 받는다는 것은 나 혼자만 행복해지고 업장 소멸하고 성공하려고 하는 행동이 아니다. 나와 가정, 사회와 나라,

세계를 부처님 광명으로 밝히기 위함이다. 보살계는 일계(一戒)이다. 10중대계(重大戒)와 48경계(輕戒)가 벌어지지만, 모든 계는 일계로 귀결된다. 한 가지만 이해하면 그 밖의 모든 계를 통달하게 된다.

3. 계를 받으려는 것은 참으로 용기 있는 일이다. 지금 당장의 뜻만 가지고 되는 일이 아니다. 사생(四生) 동안의 깊은 원(願)과 널리 받은 공경이 쌓여서 받은 결과이다. 이러한 사람은 보살계를 받고 성불한다. 그리고 광명으로 이 천지를 장엄하는 일을 감당하는 것이다. 보살계는 쉽게 받을 수 있는 계가 아니다. 수많은 은혜로운 인연과 만났다는 사실을 먼저 알아야 한다.

4. 보살계와 같은 대승계의 뿌리는 심지(心地), 즉 마음 땅이다. 마음속 깊이 깃들어 있는 진실한 내 생명 그대로를 행동화한다. 그것의 구체적인 덕목이 계이다.

5. 우리는 보살이어야 한다. 크게 닦지 못한다 해도 두려워할 것 없다. 한순간의 발심이 귀하고 그 마음을 여의지 않는 것이 소중하다. 조급하게 서두르고 모나게 뛰어난 것이 보살은 아니다.

6. 정념을 닦는 것과 보살도를 닦는 것이 비슷해 보여도 하나는 성불하기 위해서 가는 과정이고, 또 하나는 이미 이루어진 자기의 내면세계를 드러내 쓰는 것, 자기 본성을 굴리는 것이다.

제3장
보시와 자비의 삶

1. 욕망을 덜고 공덕을 키우는 보시

1.1. 보시의 의미와 자세

1. 보시는 베푼다는 뜻이다. 재물을 베풀고 진리의 가르침을 베풀고 두려움을 덜어 주는 힘과 지혜를 베푸는 것이다. 그 가운데 부처님 가르침을 전하는 법시(法施)는 진리의 생명을 깨닫게 하고 북돋워 주며 그 공덕은 영원하다. 그래서 법시는 재물을 보시하는 것보다 더욱 소중하다.

2. 보시는 재물이나 깨달음, 혹은 도움을 베푸는 것을 뜻하지만, 베푼다는 행위는 마음의 문을 여는 행위이기도 하다. 마음의 문을 열어서 진리와 막힘 없는 상태가 되어 무언가를 베푸는 자는 큰 복을 얻게 된다. 그러므로 보시할 때는 아끼는 마음이 없어야 하고 바라는 바가 없어야 하며 조건이 없어야 한다. 그러면 진리의 문은 조

건 없이 활짝 열리고 한없는 공덕의 물결 또한 조건 없이 흘러든다.

3. 보시는 진리생명의 살아 있는 활동이다. 범부의 대립상을 극복하고 모두와 함께하는 대자비의 실현이다. 보시로 공덕을 쌓아 내세에 천상에서 태어나거나 현세의 소망을 이루려는 사람도 있겠지만, 보시는 무한에 뿌리를 둔 생명의 진리와 함께 영원한 것이 그 본체성이다. 진리의 생명이 영원하듯 끝이 없고 한없는 보시가 진정한 불자의 보시이다.

4. 베푼다는 것은 내 마음의 닫힌 문을 여는 것이다. 말하자면 복이 들어가는 문을 여는 것이다. 베풀지 않고는 복덕을 받지 못한다. 남한테 물건을 베풀고 돈을 베풀고 도움을 베풀고 지혜를 베풀고 좋은 말을 베푸는 마음이 내 좁은 마음의 문을 활짝 열어서 부처님의 큰 공덕 생명을 빛나게 한다.

5. 보시를 제일바라밀이라고 하는 이유는 무엇일까? 범부는 육체를 자신으로 삼고 온갖 것과 대립하고 자기를 고집한다. 보시는 이러한 자기 집착, 피아 대립을 무너뜨리는 좋은 방법이다. 보시를 통해 작은 자기가 본래의 자기로 다가가고, 조건 없는 보시는 자기 본성 그대로의 동작이 된다. 그래서 상(相) 없이 하는 무주상 보시는 최상의 공덕이 된다. 따라서 보시는 육바라밀의 첫 번째가 된다. 보살은 보시를 통해 보살도를 실천한다. 보시 없는 보살도는 공허하다. 그래서 보시를 제일바라밀이라 한다.

6 . 보시할 때와 한 후의 마음 자세가 있다.

첫째, 보시할 때는 기쁜 마음이어야 한다.

둘째, 주는 물건이나 주었다는 행위, 준 결과나 보시법에 대해서 집착이 없어야 한다.

셋째, 티 없는 자비심이어야 한다. 타인이 알아주기를 바라지 않는 공심의 표현이어야 한다.

넷째, 지혜로워야 한다.

7 . 이따금 우정이나 사랑을 물질로 표현할 때가 있다. 물질로 베푸는 것은 유한하고 받는 사람이 의존심을 내기 쉽다. 혹은 그 상대가 비루한 생각을 낼 염려도 있다. 기왕 베풀려거든 그 사람이 '나에게는 복이 있다. 부처님의 지혜와 은혜가 와 있다. 행복하게 될 길이 있다. 앞날에 희망이 있다. 행복한 자이다'라는 사실을 깨달을 수 있도록 법문을 일러주고 법보시를 하는 방법으로 도와주는 것이 좋다.

8 . 속박에서 벗어나 자유로운 자기실현의 길로 뛰어나오는 방법은 애착과 탐착을 놓는 데 있다. 아깝고 소중하게 여기던 것에서 벗어나야 한다. 이 애착과 탐착에서 벗어나는 길이 보시이다. 내가 가지고 있는 소중한 것, 값있는 것을 거룩한 도를 위해 기쁘게 놓아버릴 때 해방이 온다. 복덕의 문이 열리고 지혜의 빛이 드러나는 것이다. 그래서 보살이 닦는 여섯 가지 큰 덕 중에서 보시를 그 첫째로 하는 이유가 여기에 있다.

9. 세간을 장애 없이 살며 불멸의 길을 가르쳐 준다는 의미에서 법보시가 근본적인 보시이며 해탈의 길이다. 해탈의 길이라는 법보시는 현생뿐만 아니라 영원한 생을 이어가게 한다. 법보시를 통해서 깨달음을 얻으면 물질적인 것, 기능적인 것 등 온갖 것을 발휘할 수 있다. 그러므로 법보시가 가장 중요하다.

10. 보시에 있어 상(相)이란, 보시했다는 생각과 보시했다고 생각하는 보시자와 보시를 받은 자, 보시한 물건과 보시해서 이룩했다는 공덕심을 말한다. 보시하는 사람은 이 네 가지에 집착이 없는 무주상(無住相) 보시를 해야 한다. 오직 지혜와 자비의 표현인 자기 인격의 발로여야 하며 조건부 보시나 보상을 바라는 보시, 과보를 바라는 보시가 된다면 그것은 작은 보시가 되고 만다.

11. 어려운 사람들을 위해서 기금을 모아서 도와줄 때가 있다. 하지만 누가 도와주는지 모르게 도와주자. 말하자면 내가 이러한 일을 하고 있되, 이러한 일을 하고 있다는 상(相)을 자기 마음 가운데서도 짓지 않고, 했다고 하는 생각도 지니지 않고, 남에게도 자랑하지 않는 것을 삼륜청정법(三輪淸淨法)이라고 한다. 우리 모두 삼륜청정법을 행하자.

12. 이 세상에는 두려움이 정말 많다. 사람은 제각각의 공포와 불안을 안고 있다. 또한 무지로 인한 사회적 공포, 정치에서 오는 공포, 자연재해에서 오는 공포 등 말로 헤아릴 수 없다. 지금껏 열거한 이 모든 공포가 없더라도 그것을 능가하는 공포가 있다. 바로 죽

음이다. 죽음은 피할 수 없다. 이것을 무상살귀(無常殺鬼)라 한다. 이 때의 보시는 무외시(無畏施)이다. 두려움에서 건져주는 보시이다.

13. 자비와 보시는 어떤 관계가 있는 것인가? 자비는 우리 생명에 깊이 깃든 불심에서 나온다. 이 불심은 모든 사람과 내가 하나임을 느끼게 한다. 이 커다란 동체 의식은 불심 생명이 지닌 따뜻한 체온과도 같다. 이 자비심의 힘으로 중생들의 괴로움을 함께 나눌 수 있게 된다. 괴로움을 함께 나누게 되므로 저절로 사람들을 돕는 행이 나온다.

14. 자비심과 자비행과 보시는 하나로 이어진다. 누군가를 돕는 행위는 다양하다. 물건으로 돕고 힘으로도 돕고 지혜로도 돕는다. 어떠한 방식의 도움이든 자비롭고 따뜻한 마음을 주고받게 된다. 보시의 형태는 지혜일 때도 있고 힘일 때도 있고 진리의 가르침일 때도 있다.

1.2. 보시의 기쁨

1. 보시하는 자는 기쁜 마음이 따른다. 보시의 본질은 진리를 움직이는 행위이다. 우리는 보시를 통해 진리를 현실적으로 발현시킨다. 그러므로 보시 공덕을 닦으면 인격이 성장하고 큰 덕성과 깊은 환희가 자신의 것이 된다. 보시는 주는 것이지만 실제로는 진리의 몸으로 사는 방법이다.

2. 아낌없이 베푸는 보시의 마음을 지니면 탐욕을 없앨 수 있다.

3. 보시를 통해 탐욕을 없애고 모두와 함께하는 따뜻한 심정과 너그러운 마음을 키워간다면 그것은 진리에 가까운 마음 상태가 되었다는 의미이다. 따라서 그만큼 지혜롭고 자유로운 자기와 환경을 실현하게 된다.

4. 법보시가 좋은 이유는 여러 가지가 있다.
첫째, 바른 정신으로 이 세간에서 바르고 씩씩하게 살고 장애가 없이 살 수 있도록 힘을 준다.
둘째, 세간에서 살아가는 데 남을 돕는 삶을 사는 길을 가르친다.
셋째, 생사의 길을 넘어서서 깨달음의 길로 갈 수 있는 해탈의 길을 가르쳐 준다.

5. 상(相) 없이 행해야 한다. 보시 또한 상 없이 행한다. 상 없이 하는 보시는 그것이 아무리 적은 보시였다 할지라도 동서남북 상하 일체 허공보다도 더 크다. 범부는 어떤 형태로든지 마음에 상을 남긴다. 좋은 일 했다고 우쭐대는 생각이 있는가 하면, 나에게는 상이 없다고 하는 상을 가지기도 한다. 대자연이 상 없이 우리에게 모든 것을 내어주듯이 '무상(無相)', 즉 상이 없어야 한다.

2. 생명에 대한 자비심과 깨침을 향한 보리심

2.1. 자비

1 . 자비는 인간이 가진 본래 생명의 체온이다. 본래 생명은 육체에 갇힌 생명이 아니다. 자비심은 모든 사람의 마음속에 있다. 그래서 본 생명은 영원성이고 무한성이며 절대적인 존재이다. 자신이 가지는 본래생명의 체온은 버릴 수 없다. 조건이 있어서 주는 것이 아니다. 무한대로 주기만 하는 것이 불교의 자비이다.

2 . 자비를 행해서 성불하기를 바라거나 복되기를 바라는 것도 좋지만, 자비는 무한한 이타행이라는 사실도 잊어서는 안 된다. 자비의 본질은 본체생명, 진리생명이 지닌 따뜻한 체온 같은 것이다. 이 따뜻한 체온을 만인에게 나누어주자.

3 . 등불은 어둠을 밝힌다. 어두운 곳에는 등불이 있어야 한다. 부처님에게서 얻은 밝은 등불은 우리의 이웃, 온 겨레의 가슴을 밝혀야 한다. 우리나라 사회 구석구석에 법의 등불은 밝게 빛나야 한다. 무명(無明)이라는 어둠 속에서 헤매는 가난하고 외롭고 고달픈 형제들의 가슴에 부처님 자비의 등불을 켜야 한다.

4 . 번뇌가 다한 자리, 깊은 마음, 맑은 마음, 고요한 마음에 도달한 사람에게서는 자비심이 나온다. 다른 사람을 남이라고 보지 않고, 나와 다르다고 생각하지도 않는다. 항상 존중하고 아끼고 위하

고 섬기는 마음이 우러나온다. 대가나 인정을 바라지도 않는다. 마음속 깊은 곳에 도달하면 그렇게 되는 것이다. 이러한 사람은 생사에서 해탈한 사람이다. 부처님은 이처럼 정념수행과 보살도의 실천이 생사에서 벗어나는 길임을 가르쳐주고 계신다.

5. 사회에서 불우하고 부당한 처우를 받는 사람이 있다면 그를 돕고 그의 권익을 찾아주도록 힘쓰는 것은 방생의 뜻을 아는 행위이다. 그렇다고 빈민구제나 사회개혁 운동이 방생의 전부라고 아는 것은 지나치다. 방생은 자비의 종자를 심고 키우는 불사이다. 모든 생명의 신성을 존중하고 성취를 도모하는 것이 방생의 뜻이다.

2.2. 보리심

1. 온갖 불선법(不善法)을 없애고자 하거든 보리심(菩提心)을 발하라. 진리실상에 대한 밝은 지혜가 없는 마음 상태, 즉 무명(無明)이라는 근본적인 어리석음은 해탈을 막는 가장 큰 장애물이다. 무명과 애착심의 그물에서 벗어나 해탈의 도리를 얻고자 한다면 보리심을 발하라.

2. 발보리심은 반야바라밀인 본래의 자기로 복귀하는 것을 의미한다. 번뇌와 생사의 근원이 무명이라고 했는데 무명은 어떤 것 하나에 집착하는 것, 그리고 점찍은 한쪽으로만 마음이 기울어진 것을 의미한다. 우리의 청정한 마음에는 원래 이러한 번뇌가 없다. 무

엇에도 치우침 없는 무한 청정심이 본래의 자리인데 무명, 유한 한계의 조건에 사로잡혀 그것을 놓쳐버린다. 그럴 때 삼독심이 생겨서 중생 세계가 펼쳐지는 것이다. 이때 보리심을 발하여 절대자의 도리로 나아가 자신 가운데에서 부처님의 진리를 회복해야 한다. 진리를 나로 삼는 자기로 성장해 나아가는 것이 보리를 키우는 것, 본래의 참 자기로의 복귀이다.

3. '보리심을 발했다'는 것은 집착이 없고 걸림이 없는 본래의 무한자, 절대자의 도리로 나아가는 것이다. 그것은 반야바라밀에 드러난 원래의 진리, 완전무결한 부처님의 공덕세계, 부처님의 진리를 자신 가운데에서 회복한 것을 말한다.

4. 부처님의 법문을 이해하지 못하는 사람은 보리심을 발하는 것이 좋다. 보리심을 발하려면 반야바라밀을 일심으로 염(念)해야 한다. 무엇을 알거나 얻으려고 염하지 말고, 어리석음을 떼어버리려고 염하지도 말아야 한다. 분별심 없이 오직 일심으로 해야 한다.

5. "보리심을 발한 사람은 큰 이익을 얻는다!" 『발보리심경』의 핵심 가르침이다. 위없는 부처님의 진리를 깨닫고 마침내 무상공덕인 양족존을 이루는 것부터 시작해서 세간의 애착과 고통에서 벗어나는 일에 이르기까지, 나아가 일체 불선법, 나쁜 법을 멀리 여의게 하는 것도 보리심을 발해야만 할 수 있다.

6. 보리심은 깨달은 마음이고, 깨달은 마음은 넓고 크고 한이 없

는 절대적인 마음으로 어느 한쪽에 치우침 없는 완전무결한 원융한 마음이다. 그것은 마음과 육체가 따로 있는 것이 아니라 근원적인 실존이다. 바르고 원만하게 치우침 없이 진리 그대로 산다는 것은 진리의 무한공덕을 드러내는 방법이다. 보리심을 발하고 반야바라밀을 행하면 성취가 있고 행복이 있으므로 이 땅에 평화가 이루어지는 것이다.

7. 부처님 말씀에 의하면 '진실바라밀'이란 청정한 마음으로 부처님 법을 전하여 보리심을 발하게 하는 것을 말한다. 한 사람이 보리를 이룰 때 한량없는 중생이 법의 은혜를 입으며 삼보의 종자가 이어지는 것이니 이것이 참으로 부처님 은혜를 모두 갚게 되는 것임을 알 수 있다.

8. 항상 착하고 아름다운 생각을 마음에 품고 있으면 우리의 육체도 아름답고 건강할 것이다. 반면 항상 다른 사람을 해치는 생각을 품은 사람에게는 고통과 질병이 따를 것이다.

제4장
깨달음과 번뇌

1. 깨달음의 가르침

1 . 불교는 깨달음의 가르침이다. 깨달음이 무엇인지 알려주고, 깨닫는 수행법을 가르친다. 그리고 우리가 본래 깨달은 자임을 깨닫게 한다. 중생과 깨달은 자가 둘이 아님을 깨치는 것이다. 이래서 불교는 깨달은 이의 깨달은 말씀이 되는 것이다.

2 . 불교는 깨달음의 종교이다. 불교를 모르는 대부분 사람은 불행에서 벗어나 안락함만을 추구한다. 그러나 불자는 진리를 가까이 두면 저절로 복이 찾아오고, 복 가운데 최상의 복은 진리를 깨달아서 생사가 없는 도리에 이르는 것임을 안다. 생사가 없는 길까지 가서 진리의 주인공이 되는 것이다. 자기 스스로 부처님이 되는 것이다. 이것이 깨달음이다.

3 . 오직 부처님의 진리 세계, 오직 부처님의 깨달음만 있다. 오직

바라밀이 있을 뿐이다. 이것을 범부들은 모른다. 부처님을 믿고 따르고 배운다면서도 반야바라밀 법문을 배우지 않은 사람은 부처님의 깨달음을 모른다.

4. 부귀영화도 중요한 행복이요, 권세도 중요한 행복이다. 하지만 권세도 부귀영화도 오래가지 않는다. 무엇보다 육신이 영원하지 않다. 몸은 어차피 허물어지고, 허물어지는 몸 위에 훈장을 달고 권세를 갖고 돈을 쌓아놔도 소용이 없다. 최상의 행복은 불법을 만나서 수행이 더욱 깊어져 불멸의 진리에 가까워지는 것이다.

5. 부처님께서 세상에 몸을 나투신 이유는 중생들이 불지견을 얻고, 불지견을 열어서 청정한 마음을 얻게 하기 위해서라고 말씀하셨다. 불지견, 모든 사람이 가지고 있는 생명이 깃든 진리, 부처님께서 열어 보이시고 모든 범부 중생들이 그것을 깨달아서 그 깨달음으로 살게 하려고 오신 것이다.

6. 각(覺)은 깨달음이다. 인간은 본래 완성자라는 의미이다. 누구든지 완전무결한 진리성, 무한능력이 그대로 갖춰져 있는 완성자라는 것, 만인이 부처님이라는 것을 깨달으라는 의미이다. 깨닫는다는 것은 나 자신이 그렇다는 것을 승인하라는 의미이다. 그대는 못난 자가 아니고, 악한 자가 아니고, 불행한 자가 아니다. 그대는 행복하고, 지혜 있고, 용기 있고, 성공할 사람으로서 이미 결정되어 있다는 것을 깨달아라. 확신하라. 스스로 그대의 마음을 그렇게 가져라. 그렇게 깨달으면 자연스럽게 행동으로 이어진다.

7 . 깨달음은 성불이다. 본래는 모든 사람은 이미 성불이 되어 있고, 부처님으로 존경받아야 할 존재들이다. 남한테 존경받아야 할 뿐만 아니라 스스로도 긍지를 가져야 한다. 그렇게 믿고, 알고, 회향함으로써 완성의 길을 간다. 끊임없이 올바른 믿음과 회향을 통해서 실현해 가야 한다. 모두가 부처이다.

8 . 사람은 바른 진리와 지혜를 배워야 한다. 아무리 삶이 고통이라 하더라도 사람으로 태어난 것은 보람이 있다. 무엇보다 자기 자신을 바로 알아 참된 진실을 추구할 수 있기 때문이다. 그러기 위해서는 바른 지혜의 가르침을 따라 믿음을 세우고 행을 닦아야 한다.

9 . 반야를 통해 허망한 것에서 벗어나 내 생명 깊은 곳에 있는 진실한 광명 속에서 보니 그대로 온 세상은 깨달음의 광명뿐이다. 모든 사람이 귀한 사람이고 모든 사람이 아름다운 사람이고 온 천지가 진리 광명에 둘러싸여 있다.

10 . 일심의 법을 모르고 다른 묘법을 찾는 행위는 모두 꾀를 부리는 것이다. 일심은 내 마음속에서 찾는 것이며, 그곳이야말로 메아리 없는 골짜기이다. 어떤 상황에서도 열매를 맺기 위해서는 일심을 실천해야 한다.

11 . 우리가 사는 세계는 남이 만들어 준 것이 아니다. 미혹에 빠져 진리를 몰라보고 번뇌로 가득 찬 내 마음이 만들어낸 거짓 세계 속에서 사는 것이다. 이 세계는 내가 만든 환영이다. 조물주가 따로

있어서 나를 만들고 세계를 만들지 않는다. 이 세계에 조물주가 있다면 그것은 바로 미혹한 내 마음임을 자각해야 한다.

12. 지금 내 생명에 자리 잡고 있는 진리가 무엇인지 밝혀내고, 이 진리를 모든 생명 가운데서 살려내자. 이 땅을 그런 순수한 진리가 구현되는 곳으로 만들자. 순수한 진실과 생명이 깨끗이 피어나고, 그것으로 이룬 거룩한 역사를 만들자는 것이 부처님의 가르침이자 우리 불자들이 지향해야 할 길이다.

13. 부처님은 멀리 있지 않다. 부처님의 은혜로운 위신력이 내가 숨 쉬는 이곳에 있다. 이 목숨이 살아 있든 죽어 있든 관계없이 항상 가득 채워주고 감싸주신다. 아무리 내가 모질고 나쁜 짓을 했더라도 버리지 않고 은혜로써 나를 항상 지켜주신다.

14. 부처님을 비방하고, 진리는 없으며, 세상은 고통스러운 곳이라고 주장하는 사람들에게도 따뜻한 햇볕은 차별 없이 내리쬔다. 천지는 밝고 진리 공덕으로 충만한데, 그 사실을 모르고 다른 생각만 하고 있어서 느끼지 못하는 것뿐이다. 불보살님은 미혹한 사람을 연민으로 보신다. 모든 사람을 차별하지 않는다.

15. 부처님의 가르침을 깨달은 사람은 해탈한 사람이다. 이 세간에 머물러 있어도 이 세간 사람이 아니다. 깨달은 마음으로 깨달은 경계를 수용하고 있는 것이니 무지와 탐착에 가려진 범부의 눈으로는 깨달은 자의 경계를 짐작하지 못한다. 일체에 자재하고 큰 공

덕을 지닌 그는 진리의 등불이다.

16. 진리를 믿지 않는 사람은 자기 일만 생각해서 마음이 좁고 언제나 초조하고 불안하다. 그러나 부처님을 믿는 사람은 부처님의 크신 자비를 믿음으로써 마음이 크고 넓으며 초조해하지 않는다. 남의 이목에 신경 쓰지 않고 항상 자신의 마음과 행에 중심을 두고 스스로 돌이켜본다.

17. 진리의 법은 언어로 규정할 수 없다. 그런데 '이것이 법이다'라는 생각을 지닌다면 그것은 '가짜'이다. 머리는 본래 있는 것인데 내가 머리를 얻었다 하면 그 얻었다는 생각, 그것은 가짜 생각이다. 본래의 것에 눈떠야 한다. 부처님은 탐진치를 끊고 모든 상(相)을 여의어서 법에 대한 애착마저 마음에 두지 않게 되면 삿된 지견에 떨어지지 않는다고 가르치신다.

18. 진리는 공(空)이다. 있는 것도 아니고 없는 것도 아니다. 말할 수도 없다. 공을 좇으면 공을 등지게 된다. 본래 주어진 실상을 믿고 구체적으로 제시해야 한다. 불교는 공이나 허망을 맛보는 것이 아니라, 진리 그대로를 아는 것이다. 진리를 믿고 쓰면 흔들리는 생각이 없어진다. 있는 진리 그대로 살 때 마음 가운데 행복이 솟아난다. 진리는 믿고 행하는 것이다. 믿고 참뜻을 알고 그대로 행할 때, 마치 목마를 때 물을 마시는 것과 같이 올바르게 진리의 공덕을 쓸 수 있다.

19 . 진리는 멀리 있지 않다. 나의 입각처(立脚處)가 바로 진리의 현장이다. 중생은 진리가 나에게 있는데 그것을 모르고 다른 진리가 있다고 착각한다. 부처님께서는 우리 만인에게 무가보주(無價寶珠)를 채워주셨다. 우리는 그 사실을 모르기 때문에 아등바등 살고 있다. 나 자신이 진리의 현장에 있다는 사실을 모른다고 하더라도 그것을 믿고 행하면 공덕이 나온다.

20 . 법신을 보고자 한다면 형상에 얽매이면 안 된다. 법신이 무엇인지 규정하려 하지 마라. 법신도 하나의 상(相)이기 때문에 '이것이 법신이다'라는 집착을 버려야 한다. 법신에 집착하면 결코 법신을 보지 못한다. 법신에 대해 말하고 생각한다면 역시 그것은 법신이 아니라는 말에 지나지 않는다.

21 . 고정된 관념에 집착하기에 미혹의 세계가 생기고, 고난의 세계가 생기지만, 사실 이는 공(空)이자 자성무성(自性無性)이다. 집착을 다 놓아 버렸을 때 청정 법칙을 보게 된다.

22 . 부처님의 공덕을 내어 쓴다는 말은 내가 생명 뿌리 가운데 몰래 감춰 놓은 부처님의 공덕을, 부처님의 위신력을, 부처님의 청정성을, 부처님의 자비를 쓰는 것이다. 그러면 부처님의 공덕을 어떻게 내어 쓸 것인가. 진(眞)이라는 법신이 나의 본 생명으로, 그 법신은 생각을 끊음으로써 힘을 발휘한다.

23 . '부처님의 무한공덕의 통로를 열자.' 무한공덕, 그것은 원래

통로가 없다. 문이 없다. 원래 충만하다. 원래 넘쳐나 있다. 그러나 우리는 미혹한 마음과 분별심에 가로막혀 이러한 진실을 보지 못한다. 그래서 어떤 사람에게는 빛으로 보이지만, 어떤 사람에게는 어둠으로 보이는 것이다.

24 . 변하지 않는 것, 사라지지 않는 것, 그것은 부처님의 진리. 부처님의 공덕 세계뿐이다. 부처님의 공덕 세계, 그것은 분명히 있다. 아무리 칠흑같이 어두운 밤이라도 태양은 반드시 동천에서 솟아오르기 마련이다. 부처님의 공덕 세계는 완전하여 무한하다. 그래서 우리를 둘러싸고 있는 모든 환경이나 여건에서 확실하게 있는 것은 부처님의 공덕 세계, 무한 자비, 일체 성취의 공덕이 있을 뿐이다.

25 . 형상에 집착하지 말아야 한다. 지금 우리는 집착을 쉬면 욕진(欲塵)을 끊을 수 있다는 사실을 알아야 한다. 이는 참으로 중요한 일이다. 형상에 매달려 있는 마음들, 끝없이 나누고 쪼개어 보는 분별심, 그것이 가난한 마음이다. 무한의 문을 닫는 것이다.

26 . 형상 있는 모든 것은 허망하다. 형상에 매달리고 형상에 집착하는 한 부처님을 보지 못한다. 이러한 줄 알고 집착을 놓았을 때 바로 허망한 형상 그 자체가 사실인즉 제불(諸佛)임을 보게 되는 것이다.

27 . 육체에만 매달려 원인을 잘못 보고 옆 사람을 치고 앞사람을 들이받고 파벌을 일으켜서 끝 모를 분쟁을 벌이고 있다. 원인은 내

팽개친 채 미혹한 중생들이 움직이는 세계가 그렇다. 법신에 눈뜨지 못하고 형상에 집착하는 것은 맹인과 다름없다.

28. 부처님의 가르침을 믿는 사람은 모든 현상의 참된 모습, 본래 있는 그대로의 모습을 알고 있다. 즉 모든 현상과 존재의 특성은 공(空)한 것이라는 가르침을 알고 있다. 우리가 보는 현상, 눈으로 보고 손으로 만지고 귀로 듣는 일체 현상, 이 현상적인 것들은 모두 무(無)이다. 그러나 없음에도 있다고 생각하고 집착하는 이유 중 하나는 현상을 보는 미혹한 마음이 있기 때문이다. 그 망령된 집착이 마음의 미혹을 더욱 가중하고, 반복 집착함으로써 새로운 경계를 만들어낸다.

29. 현상은 마음을 떠나 독자적 존재성을 갖지 못한다. 그러므로 불행이 닥쳐왔을 때는 먼저 마음을 돌이켜야 한다. 그리고 마음을 밝고 바람직한 생각으로 깊이 다져야 한다.

30. 내가 괴롭고 어렵고 힘들더라도 부처님이 가르치신 자비는 어떻게든 실천하자고 다짐하자. 이 세상 그 누구라도 모두 존경받을 사람이니 참으로 존경하라고 부처님께서 가르친 것을 실천해야 한다.

31. 밝음을 행동하라. 밝게 살아라. 용기와 자비와 환희로써 살아라. 그리고 감사하는 마음으로 살아라. 근본 진리의 안정된 상태가 정(定)이고, 그 정에 입각해 나타나는 모든 생각들은 지혜의 빛이다.

32.   창문을 열어서 햇빛이 들어왔다면 창문을 열었기 때문에 햇빛이 생긴 게 아니라 원래부터 있었음을 알아야 한다. 우리는 물들지 아니한 자, 때 묻을 수 없는 자이다. 때 묻을 수 없는 자, 물들 수 없는 자는 누구인가? 바로 각자(覺者)이다.

33.   무엇이 무명(無明)인가? 진리의 태양은 찬란히 빛나고 있건만 무엇이 우리를 어둡게 만드는가? 그것은 바로 미혹의 구름이다. 미혹의 동굴에 들어가 있기 때문이다. 미혹의 동굴, 미혹의 구름이라고 하는 것은 육신을 자기 자신으로 삼고 생각을 자기 마음이라 여겨 육신과 생각이 자기라고 여기는 것이다. 우리는 이 몸을 가지고 살고, 이 세간 물질을 가지고 살고, 이 생각을 움직여서 살고 있으나 모두 뜬구름과 같은 것이다. 참으로 있는 것은 내 눈에 보이지 않더라도 의심할 수 없다. '이것'이 참으로 있는 것이다. 그렇게 바르게 알아 육체와 물질과 감각 경계에 매여 있는 것에서 벗어나야 한다.

34.   마하반야바라밀을 외우면 아뇩다라삼먁삼보리를 얻는 것이며, 아뇩다라삼먁삼보리는 무상정등정각(無上正等正覺), 즉 위 없는 바른 깨달음, 최상의 깨달음, 성불을 말한다.

35.   반야의 견해에서 보면 부처님의 진리, 부처님의 광명, 부처님의 위신력, 부처님의 완전성 외에 딴것은 없다. 번뇌, 악, 죄, 고난은 제각기 미혹 때문에 보일 뿐 실제로 없다. 미혹이라는 것은 착각을 의미한다. 잘못 보는 것이다. 금덩어리를 금으로 보지 못하고 돌

로 보는 것이다. 잘못 보았다고 해서 금덩어리가 돌은 아니다. 금은 여전히 금덩어리이다. 눈 밝은 사람은 금을 금으로 보고 쓸 것이고, 눈 밝지 못한 사람은 금을 돌로 알고 쓸 것이다.

36 . 자기중심적이고 탐착하여 있는 상태, 이것이 자기의 눈을 가리고 우주 허공과 같은 자기를 조그마한 범부로 만들어 버린다. 그래서 무수한 상대를 만들고, 대립상을 만들고, 대립상 가운데서 취하고 혹은 잃어버린다. 그리고 얻기 위해서 혹은 잃지 않기 위해서 다투고 전쟁을 일으키면서 무수한 불행이 반복된다.

37 . 부처님께서 우리에게 간곡하게 일러 주신 불지견은, "모든 사람이 진리의 중(衆)이다. 모든 사람이 불멸의 생명이다. 모든 사람이 무량의 공덕을 지니고 있다. 모든 국토 어느 구석이고 진리 광명 충만하지 않은 곳이 없다"라는 가르침이다.

38 . 우리의 괴로움이 소멸하고 고통에서 해방되며, 우리 한 사람 한 사람의 몸이 허물어지더라도 죽지 않는 생명이라는 불멸의 생명, 영원한 해방을 부처님이 열어 주신 것을 가슴속에 새겨야 한다.

39 . 굶주림은 밥 한 끼만으로 해결할 수 없다. 속박당한 사람을 잠시 풀어주는 것은 진정한 해방이 아니다. 한시적인 해결은 다시 똑같은 고통을 불러온다. 부처님의 해결책은 영원하다. 모든 고통을 소멸시키고 마침내 죽음도 넘어서서 영원한 생명 사실을 보여 주셨다. 부처님의 이 가르침이 영원불멸의 진실한 인간 해방의 가

르침이라는 것을 가슴에 새겨야 한다. 해방된 생명, 꺼지지 않는 태양 같은 진리의 생명, 이것이 나의 참 생명이다.

40. 법성 진리는 하나이다. 아미타불의 법성이 따로 있고, 석가모니불의 법성이 따로 있고, 약사여래불의 법성이 따로 있는 것이 아니다. 부처님의 법성 진리뿐만 아니라 우리 한 사람 한 사람의 생명에 깃들어 있는 참된 법성 진리도 하나이다.

41. 중생일신 동일법성(衆生一身 同一法性). 이것을 새겨서 우리 형제 모두가 한 몸인 것을 배워 서로 돕고 살아야 한다. 각각의 중생이 있고, 각각의 생활을 하고, 각각의 습관이 있는 것처럼 보이지만, 그 속은 하나의 생명이다. 한 중생이 병들면 온 중생이 같이 병든다. 온 중생이 하나의 진리로서 한 몸인 까닭에 중생일신이다. 그래서 내 몸을 건진다는 것은 바로 이웃을 건지는 일이고, 이웃을 건진다는 것은 바로 나를 건지는 일이다.

42. 나 혼자만 잘되면 행복해질 거라는 생각은 내 손가락 하나만 건강하면 내가 건강하다는 논리와 같은 것이다. 손가락이 건강하더라도 눈이 아프면 그 사람은 불행해진다. 아무리 사지가 튼튼하더라도 심장이 허약하면 그 사람은 죽는다.

43. 우리는 실패 앞에서 당혹할 때가 있다. 나의 작은 목적, 나의 이기적 욕구 충족을 위한 것이라면 두려워하고 곤혹에 빠질 수 있지만, 부처님의 뜻에 부응한 사업은 모두가 불사이니 거룩한 불력

으로 실현되는 것이다. 마땅히 부처님의 걸림 없는 위덕에 의하여 불신력으로 일은 이루어진다. 만약 우리가 힘이 모자란다고 두려운 생각을 한다면, 나의 목적으로 나의 힘을 행사하고자 하기 때문이다. 모든 힘은 부처님에게 속해 있고 진실한 일을 하는데 필요한 힘은 모두 부처님에게서 주어지는 것을 잊지 말자.

44. 내 마음속에 성스러운 진리를 키우려 하지 않고, 찾으려 하지도 않으면 어떠한 만족도 얻을 수 없다. 재물과 권세를 얻었다 한들 또 다른 번뇌를 초래할 뿐이다. 오직 진리만이 우리를 만족하게 한다. 따라서 우리는 내 생명 속에 있는 커다란 사명을 자각하고 사명의 실현을 위해서 끊임없이 진실수행을 해야 한다. 그래서 내 마음속에 지닌 큰 소망, 큰 원을 키워가도록 해야겠다.

45. 부처님은 우리가 찾지 않아도 우리를 기다리신다. 우리가 구하지 않아도 부처님은 주시려고 기다리고 계신다. 우리가 구하지 않아도 찾지 않아도, 이미 부처님은 진리로서 우리에게 무한과 완전과 그 모두를 주고 계신 것이다. 내가 눈을 꼭 감은 채 안 받고 외면하고 있을 따름이지, 부처님은 이미 주고 계신 것이다.

46. 원래의 깨달음이 그 자체[體]라면, 깨달음 그 자체의 움직임[用]은 '생각'이다. 생각에 따라 모두가 이루어지는 것이다.

47. 우리는 부처님의 무량공덕이 충만한 법성진실 그 자체이다. 존재하는 것은 법성진실 그것뿐이요, 그 외의 다른 것은 없다. 그러

므로 본래 밝고, 죄 없고, 덕스럽고, 행복한 것이 바로 인간의 조건들이다. 그런데 그렇게 느끼지 못하는 것은 그것들을 부정하기 때문이다. 즉 자기부정에서 자기 파괴를 가져오기 때문이다.

48. 사람을 가볍게 여기거나 업신여기는 짓은 부처님 가르침에 크게 어긋난다. 모든 사람은 부처님과 조금도 다름없으니 부처님으로 대해야 한다.

49. 인간, 인생의 바탕은 무엇이며, 어찌 대처하면 좋은가? 하는 이 근본적인 물음에 대해서 지혜의 칼로 파헤쳐라. 자기 자신을 향해서, 내면의 자기를 향해서 지혜를 비춰 보아라. 그렇게 해서 허무한 것들, 자기라고 의식하는 생각들, 무명의 어두운 생각들, 모든 소유물, 고귀한 가치가 있다고 생각하는 것들, 이것들은 모두 허무한 물거품에 불과하다. 가장 밑바닥에 있는 자신의 불성을 보아야 한다.

50. 우리가 최상의 그 무엇을 찾는다면 불성을 구해야 할 것이다. 최고의 것 최후의 것을 구한다고 해도 역시 불성을 찾는 일이 가장 먼저이다. 또 '무엇이 진실이며 참으로 있는 것은 무엇인가'를 찾더라도 결국엔 불성으로 귀결된다. 불성은 경에 적힌 것처럼 만인에게 평등한 것이고 만인의 진실한 면목이어서 누구든지 자기의 참된 모습, 진실한 자기를 만난다고 하면 그것이 바로 불성이다.

51. 부처님은 네가 바로 불성이며 너의 번뇌는 공(空)한 것이고

모든 것이 무(無)라고 가르쳐 주셨다. 이 가르침을 받아들여 수행으로 삼고 해결한 것이 반야바라밀의 불광이다. 불성이 우리의 본심이고 본성이고 본모습임을 알아야 한다.

52. 부처님의 가피력은 사회에서 통용되는 논리와 상식을 뛰어넘은 불가사의한 일들도 있다. 하지만 일반적으로 부처님의 가피력은 명훈가피(冥熏加被)이다. 범부들은 자기 힘으로 이루게 된 것 같지만 지혜로운 사람들은 '나 아닌 보이지 않는 손이 살펴주셨구나' 하는 것을 알게 된다.

53. 공(空)은 비었다는 뜻이다. 그야말로 텅 비어 아무것도 없는 것이다. 그러나 우리는 없다고 생각하지 않는다. 눈에 보이고 귀에 들리고 손으로 만져지는 모든 것들이 있다고 생각한다. 이렇게 있다고 생각하는 것은 집착과 분별이 반복되기 때문이다. 모든 것은 참으로 있는 것이 아니고 미혹과 분별과 망집으로 인하여 만들어진 것이다. 실제는 없고 공이다. 어떤 물건도 참으로 있는 듯 보이지만 인연 따라서 서로 모인 것일 뿐이다. 인연 따라 모여서 형상을 이루지만, 인연 따라 흩어지면 형상은 사라지고 만다. 모든 것들이 그렇다. 몇 가지가 합해져서 이루어지는 것이지, 그 자체로 존재하는 것이 아니다.

54. 상대를 도와줘도 도와줬다고 생각하지 말고, 대가를 받으려 하지 않아야 한다. 우리는 어떤 경우라도 대립 관계가 아닌, 항상 협동하고 미움, 원망, 노여움 같은 감정이 나올 여지가 없는 본래의

진리 생명을 함께 살고 있다. 현상적이고 대립적인 것이 공하고 없다는 반야의 지혜를 통해 볼 때, 있는 것은 진리뿐이다.

55. 한 거사가 찾아와 이렇게 질문했다. "한쪽에서는 '모든 것이 무상하다. 모든 것은 생멸하는 법이다'라고 하고, 다른 한쪽에서는 불생불멸이라고 합니다. 무엇이 맞는 말입니까?" 나는 이렇게 답했다. "옳다 그르다고 생각하는 것은 번뇌심이고 무상한 마음, 덧없고 변하는 마음입니다. 그것이 생멸하는 마음입니다. 그 마음을 넘어서 그 마음이 다한 뿌리, 그것이 생멸 없는 마음입니다. 그것을 적멸심이라고 합니다." 그 거사는 오랫동안 이것 때문에 헤맸는데 이제는 알겠다고 대답했다.

56. 깨달음은 미혹한 것을 없앤다는 뜻이다. 미혹을 없애면 진리 세계가 드러나고, 자기 자신이 진리로 이루어진 존재임을 알게 된다. 깨달음이란 자기 자신이 진리가 되고 신이 되는 것이다. 깨달음을 통해서 진리 자체로서의 자기를 회복시키는 것이다.

57. '밝다'라는 것은 부처님의 가르침을 자기 마음 가운데서 받아들여서 수행하고 있다는 것이다. '진지하다'라는 것은 부처님의 가르침이 진실하다는 그 믿음이 꽉 차 있어서 일과를 철저히 지키고 어려움이 있어도 믿음으로 극복해 나아가는 힘이 가득 차 있다는 의미이다.

58. 사람에 따라 상근기, 하근기의 구분이 원래 있는 것인가. 원

래 모든 사람에게는 반야 지혜가 갖추어져 있다. 거기에는 큰 지혜 있는 사람, 그렇지 않은 사람의 차별이 없다. 반야의 지혜는 누구에게나 크고 작은 것이 없으며, 다만 미혹한 정도가 같지 않은 것뿐이다. 하근기는 차별 없는 반야 지혜를 알지 못하고 삿된 소견에 물들어 경계를 집착하고 망념을 일으키게 되므로 반야 광명을 보지 못하는 것이다. 이러한 이치를 알고 번뇌를 쉬면 거기에 어찌 근기의 크고 작은 것이 있겠는가.

59 . 진실이란 무엇인가? 주체적 자기로 사는 것이다. 본성대로 사는 것이다. 본성인 자기가 사는 것이다. 이것은 자기가 무엇이고 본성이 무엇인가를 아는 데서 온다. 본성을 알려면 허망한 그림자를 좇는 생각을 놓아야 하며, 밖에서 무엇인가 얻고자 하는 마음에서 벗어나야 하며, 어떤 확정적인 것에 대한 집착에서 벗어나야 한다. 이러한 집착에서 벗어날 때 진실한 우리는 확립된다. 이 진실한 생명을 가리키고, 그 길을 가는 것이 불도(佛道)이다.

60 . 신앙의 힘을 굳게 하는 방법은 첫째, 진리는 부처님이며 참으로 있는 것은 진리와 선(善)뿐인 것을 확신해야 한다. 둘째, 현상적으로 고통과 장애가 있더라도 현상에 따르지 말고 마음의 눈을 돌려 법성진리를 보도록 해야 한다. 어두운 구름에 매이지 말고 항상 푸른 하늘, 밝은 태양을 보라는 말이다. 셋째, 마음에서 일체 두려운 생각과 근심 걱정을 몰아내야 한다. 넷째, 자신의 참모습은 불성이므로 결코 불행할 수 없는 자임을 확신해야 한다.

61 . 진리는 다른 데 있는 것이 아니고, 장차 성취할 것도 아니다. 진리는 이미 이루어져 있으며, 때 묻지도 않고 가려져 있지도 않다. 원래 완성된 것을 내가 보지 못할 뿐이다. 나만 바뀌면 세상이 바뀐다. 만인이 부처님이 되는 것이다.

62 . 믿음의 방해 요인으로는 세 가지가 있다.

첫째, '부처님은 열반에 드셨다. 2,500여 년 전의 부처님이다'라는 생각이다. 이것은 잘못된 생각이다. 우리 부처님은 법신(法身), 진리의 몸이다. 부처님은 법신이라는 믿음을 굳건히 해야 한다.

둘째, 중생인 이 몸은 죄가 쌓인 몸이고 업보가 뭉친 몸이고 숙명적 고난 속의 인생이라는 견해이다. 그러나 조금만 그 내면을 살펴보고 다시 반야의 가르침에 마음을 돌릴 때 육체이고 물질이고 정신이고 감정의 덩어리인 듯한 이 몸은 미혹의 눈에 드러난 형상일 뿐 그 본성은 법성(法性)이요, 진여요, 불성인 것을 알게 된다.

셋째, 진실하지 못한 점이다. 마음속에 허위와 감정과 대립과 불신 등을 품고 있으면서 참회할 줄 모르는 것이다. 일체 성취의 믿음을 이루자면 마음을 비워야 한다. 일체 허물을 참회해야 한다. 조건 없이 어두운 마음, 뭉쳐진 마음, 집착한 마음 모두를 털어놔야 한다. 그것들은 믿음을 뿌리내리지 못하게 방해하고 성장을 가로막으며, 병고와 불행을 부른다.

63 . 혹자는 진리를 얻고 불심을 나의 것으로 만든다고 할 때, "너무나도 어려운 그 일을 어떻게 이룰 것인가? 하늘의 별을 따라는 말과 마찬가지다"라고 말하기도 한다. 그러나 염려할 것은 없다. 이

미 완전하고 생생하게 있는 것이기 때문이다. 이를 이루기 위해서는 그림자이며 환인 현상을 넘어선 저 너머의 실자가 무엇인지 알아야 한다. 행복을 구하는 자는 이 실자를 잡아야 한다는 말이지 하늘의 별을 따라는 말이 아니다. 이미 현존하는 불성진리를 믿으라는 것이다.

64. 지혜에 비춘 인생은 몇 가지의 층을 이루고 있다. 비유이기는 하지만 우선 표면상 잡다한 복합을 이루고 있으며, 그것은 물거품으로 뒷받침되어 있다. 그 모두는 물거품과 같이 공허한 것이다. 인생에 있어 소중하게 여겨지는 모든 것은 허무 위에 떠 있는 포말에 불과하다.

65. 지혜의 눈은 모든 존재가 공(空)하다는 사실을 밝혀낸다. 지혜는 공허한 것에 집착하는 마음을 버리게 한다. 공허를 가치로 삼아 추구하는 삶에 행복은 있을 수 없다. 손에 넣은 듯한 행복도 잡는 순간 이미 공허한 것이 되며, 멸하는 모습을 지켜보게 된다.

66. 본성은 만든 것이 아니고 죄지어서 변질하는 것도 아니다. 때문거나 변하지 않는다. 다시 얻을 것도 없는 본성 그 자체로써 바로 법성이며 위없는 진리이다. 이 본래 밝은 자성의 빛을 지혜라고 한다. 방편은 미혹한 중생을 깨달음의 길로 이끌기 위해 베푸는 자비로운 지혜이다.

67. 오늘날 많은 사람이 다양한 종교를 믿지만, 그들이 찾는 것은

실로 희한하다. 자기 밖에 있는 신(神)에 의지하고, 밖에 있는 권능자에게 의타심을 내거나, 밖에 있는 절대자에게 눈물로 호소하고 울음으로써 기도하는 것을 기도 혹은 수행이라고 하고 있다. 이것은 마치 허수아비를 붙잡고 호소하는 것과 다르지 않다. 필경 자신을 망각하고 본분을 잊은 인간들이 방황하는 모습일 뿐이다.

68 . 깨달음은 적막한 것이 아니다. 가끔 조사들의 어록을 읽거나 경을 읽다 보면 깨달음의 장면이 나온다. 완전한 행복 인식, 완성의 기쁨을 몰랐던 사람들이 그것을 깨달았을 때 펄쩍펄쩍 뛰는 것은 이제까지 보지 못했던 세계를 일시에 봐 버렸기 때문이다. 이제까지 작고 옹졸한 줄 알았던 내가 온 우주를 가슴속에 품고 있는 존재였던 것이다. 무수한 우주를 창출할 수 있는 근원적인 자기의 발견은 놀랍기 그지없다. 그 통쾌한 해탈의 기쁨은 이루 말할 수 없다.

69 . 부처님의 가르침은 인간 해방의 진리다. 인간을 고난과 속박에서 해방하고 재난과 불행에서 해방하신다. 또한 유형·무형의 한정 상황에서 해방하신다. 인간과 사회에서 어둠을 몰아내고 불의를 소탕하며 허위와 허망을 몰아낸다. 그리고 진실과 지혜와 우정과 크나큰 덕성과 창조를 우리 앞에 열어 주신다.

70 . 진리는 영원하고 변함이 없다. 부처님은 자비하시고 자재하시며 또한 증감이 없다. 그러므로 진리이신 부처님으로서는 실로 추가로 제도할 중생이 없으며, 가히 끊어야 할 번뇌도 없으며, 가히 얻을 열반도 없는 것이다. 다만 범부들이 본래 없는 가운데서, 꿈을

꾸고 중생 세계를 환작하며 거기에 갇힌 듯이 느끼는 것이다. 진리에 변고가 있는 것이 아니므로, 부처님은 오직 깨닫기를 바랄 뿐이다. 깨닫는 것은 착각하는 눈을 바른 곳으로 돌리는 것이다.

71. 타인을 비판하고 모나게 충고하는 것은 더 좋은 세상을 만드는 데 전혀 도움이 되지 않는다. 남의 잘못을 보고 그가 바뀌기를 바라기에 앞서 자신의 마음 자세를 바꿔야 한다. 저들의 깊은 마음이 바로 불보살의 마음인 것을 직시하고 존경하고 받드는 자세가 되어야 하겠다. "중생이 없으면 어떤 보살도 성불하지 못한다"라는 경의 가르침을 깊이 생각해봐야 할 것이다.

72. 열반이란 결박에서 벗어난 해탈의 상태를 말한다. 치성하게 타오르는 번뇌의 불길을 다 태워 없애 청정한 깨달음의 지혜를 완성한 경계를 말한다. 열반은 미혹의 생사가 있는 세계를 초월한 깨달음의 경계이므로 불교 수행의 궁극적 목적은 열반을 이루는 데 있다.

73. 부처님의 가르침을 믿고 마음을 닦는 사람은 항상 부처님 가르침에 자신을 비춰 보고 잘못을 고쳐 바른길로 나아간다. 번뇌를 쉬고 지혜와 깨달음을 가꾸어 가는 삶을 살아가는 사람을 말한다.

74. "비워라." 이 법문은 근본적인 자기 광명과 집착으로 인해 속박받던 것을 놓고 비움으로써 본래의 진실한 광명을 누리라는 뜻이다.

75. 부처님은 이 세상에 나시어 깨달음의 가르침을 여시고 법을 설하신다. 여기서는 '깨달음의 가르침'이 중요하다. 깨달음은 미혹한 것을 없앤다는 뜻이다. 미혹을 없애면 어떻게 되는가? 자기 자신이 진리로 이루어진 존재라는 사실을 알게 된다.

76. 오온은 색, 수, 상, 행, 식이다. 정신적인 것, 물질적인 것, 육체적인 것, 감각적인 것, 그 모두가 오온이다. 그러니 겉모양에 집착하면 본성을 이해하지 못한다. 반야바라밀에 의지하는 사람은 오온이라는 겉모양에 집착하지 않는다. 반야바라밀의 본성을 알 때 비로소 부처님을 안다. 오온에 집착하지 말라는 것은 '오온개공', 즉 오온을 중심으로 하는 일체 장애에서 벗어나라는 뜻이다. 관세음보살의 위덕이 거기에서 나오는 것이며, 오온에 걸림이 없는 지혜를 쓰는 사람, 그 도리를 아는 사람들이 함께 부처님의 위덕을 쓸 수 있다.

77. 성불이란 자기 본성, 본 자성의 주체적인 자각을 말하는 것이다. 이를 깨닫기 위해서는 여러 가지 수행 방법이 있고 사람에 따라서 수행 방법이 다르다. 팔만사천의 세밀한 행을 닦으면서 성불의 길을 가는 데까지 수많은 차이가 있기 마련이다. 어떻게 성불하는가에 있어서, 요점은 원조청정각상(圓照淸淨覺相), 만인은 본래 깨달음 자체를 쓰고 사는 사람들인데 스스로 이를 자각하지 못할 따름이다. 자기가 청정각상인 것도 모른 채 무언가를 구하려고만 하기에 헤매게 되는 것이다. 청정각상, 청정한 깨달음의 모양새, 그것을 어떻게 비춰 볼 것인가에 있어 청정각이라는 것은 우리가 행을 하

는 가운데 청정행을 함으로써 이 도리가 수용하는 대로 받아서 쓰는 그러한 경지에 도달하는 것이 우리의 공부가 되는 것이다.

2. 번뇌를 없애는 지혜

1 . 무엇이 번뇌인가? 형상을 보고 대상을 보며 마음 가운데서 부질없이 생각을 일으키는 것이다. 그러면 어떻게 번뇌를 제거할 것인가? 번뇌가 없다는 사실을 아는 것이 제거하는 길이다.

2 . 번뇌는 매연이나 소음 같은 공해와 같다. 생명을 위협하는 독과 마찬가지인데, 불길처럼 일어나면 걷잡을 수 없고 사람의 정신을 피폐하게 만들어 파괴하고 만다. 번뇌는 중생의 심신을 고통으로 몰아넣고 어지럽히며 더럽히는 정신작용이다. 이로 인해 우리는 그릇된 마음이 생기고 그 과보로 불행, 고통, 죽음을 받게 된다. 이 번뇌가 있는 한 우리는 끊임없이 윤회한다. 따라서 우리는 번뇌를 끊어 열반에 이르는 것을 궁극적인 목표로 삼아야 한다.

3 . 우리 불자들은 번뇌를 끊고 열반에 이르는 것이 삶의 궁극적인 목표가 된다. 그런데 이 번뇌가 무엇인지 먼저 생각해볼 필요가 있다. 근본적으로는 자기가 지닌 본래의 마음, 정념(正念)을 잃어버렸을 때 생기는 마음의 혼란 상태가 번뇌이다. 번뇌를 끊어서 사라진 자리, 그것이 정념이다.

4. 우리는 번뇌 때문에 범부가 되었다고 한다. 그러나 사실은 번뇌란 없는 것이며 무력한 것이다. 그러므로 모두는 존중받을 자며 예경 받을 자며 대지혜와 대자비가 충만한 자다. 결코 때 묻은 자, 죄로 물든 자라고 생각해서는 안 된다. 물들 수 없는 청정자라는 믿음이 마음속 번뇌를 몰아내는 힘이 된다. 우리 모두 청정 진실의 행동자임을 잊지 말아야 한다.

5. 등불을 밝히면 어둠이 사라지듯이 내가 지닌 부처님 공덕을 믿고 그것을 행하면 번뇌 망상은 사라진다. 우리 불광의 불자들은 번뇌 망상을 하나하나 떼어내고 쓸어내고 닦아서 없애지 않는다. 내게 와 있는 밝은 광명 부처님의 공덕을 믿고 쓰고 행할 뿐이다. 밝은 등불을 들면 내가 밝아지고 우리 집안이 밝아지고 내가 가는 곳이 밝아지고 우리가 있는 세계가 밝아진다.

6. 중생은 대개 번뇌가 번뇌인 줄도 모르고 살아간다. 번뇌에서 벗어나는 길이 있는 것도 짐작하지 못한다. 그래서 이 본래 번뇌가 없는 청정한 그 자리를 찾아드는 것이 법을 깨쳤다고 하는 것이고, 해탈했다고 하는 것이다.

7. 청정심을 이루어 번뇌가 다하고, 고요한 마음을 유지하게 된다면 비로소 생사에서 벗어났다고 말할 수 있다. 부처님도 이렇게 성도하셨다. 번뇌가 다한 자리, 맑고 고요한 마음에 도달한 사람에게서는 자비심이 나온다. 다른 사람을 남이라고 보지 않고, 남으로 보더라도 나와 달리 보지 않고, 항상 존중하고 위하고 섬기는 마음이

우러난다. 대가나 인정을 바라서가 아니라 자연스럽게 우러난다. 이들을 가리켜 생사에서 벗어나 해탈한 사람들이라고 한다.

8 . 불안에 떠는 사람들의 불안을 해소해주고, 의지할 곳 없는 사람들에게 의지처를 제공해주는 사람이 되자. 타인을 두려움으로부터 보호하고, 고난의 속박에서 벗어나도록 도와주는 구원자가 되자. 나아가 모든 사람이 번뇌로 고통받을 때 이를 극복하고 열반에 이르게 하는 사람이 되자.

9 . 진리를 모르는 세간 범부들의 인생은 끊임없이 번뇌로 고통받는다. 번뇌로 고통과 불안이 끊이지 않고 매 순간이 두려움이다. 온갖 탐욕과 무지한 생을 사는 인간들에게 부처님께서는 인생은 고(苦)라고 갈파하시고 애착을 끊고 번뇌를 쉴 것을 가르치셨다.

10 . 번뇌가 일어나는 까닭은 인과를 모르기 때문이다. 번뇌가 생기는 가장 큰 원인은 지나친 과욕에 있다. 보고 듣는 모든 것에서 탐욕을 불러들인다. 절도를 지켜 욕심을 제어해야 한다.

11 . 오욕 중 하나는 눈으로 보는 것, 즉 보기 좋고 아름다운 것에만 집착하여 보려는 욕망이 있다. 그 밖에 귀로 듣는 것, 코로 냄새 맡는 것, 혀로 맛보는 것, 몸에 닿는 것 등도 자신이 좋아하는 것으로만 채우려는 욕망이 있다. 이러한 욕망에 과도하게 집착하면 괴로움에서 빠져나오기 어렵다.

12. 안이비설신(眼耳鼻舌身) 오감(五感)의 이 다섯 가지 문은 몸을 다스리고 보존하는 중요한 도구이지만, 그것을 잘못 다루면 재난을 가져오고 번뇌만 가득 찰 뿐이다. 오감을 통해서 일어나는 오욕은 마라(魔羅)가 쳐 놓은 덫이다. 사람들은 여기에 걸려서 번뇌를 일으키고 괴로움을 받는다. 그러므로 오욕의 재난을 보고 덫에 걸리지 않기 위해 항상 정진해야 한다.

13. 번뇌를 없애는 방법이 있다.
첫째, 인과를 잘 살핀다. 내가 지금 당하고 있는 일의 원인과 결과를 잘 살핀다. 내가 당한 처지를 두고 남 탓하는 생각을 버리고, 자기에게 일차적인 원인이 있음을 알아야 한다. 자기가 바뀔 때 환경도 바뀐다.
둘째, 자기를 잘 다스려 번뇌를 잠재운다. 바른 지혜로 안이비설신의(眼耳鼻舌身意)에서 일어나는 욕심을 제어한다.

14. 우리의 본성으로 돌아가기만 하면 번뇌에서 벗어날 수 있다. 청정한 본성에서 벗어났을 때 번뇌가 일고 불행을 받게 된다. 매사에 참고 견뎌라. 더위와 추위, 갈증과 배고픔 등 몸으로 괴로움을 느끼더라도 참아라. 또 꾸지람이나 욕된 말을 듣고 내 마음이 다치더라도 참아라. 인내함으로써 자기의 몸을 제대로 보존할 수 있다. 만약 참지 못하면 분노가 불길처럼 타올라 자기를 불사르게 된다.

15. 일심으로 반야바라밀을 염송하며 수행하면 번뇌가 사라진다. 반야바라밀을 행함으로써 불성을 열 수 있다. 하지만 망념이 들어

불성을 잊을 때가 있다. 그때를 대비하여 나의 본성이 더 빛나도록 반야바라밀을 염(念)해야 한다. 반야바라밀은 번뇌가 없는 완전한 진리 자체이기 때문에 진리의 공덕이 나타나는 것이다.

16. 번뇌가 많으면 자기 본성의 평화를 잊어버리고 경계에 빠진다. 자신이 원하는 바를 취하기 위해서 무슨 방법이든 동원하겠다는 것이 번뇌이다. 이런 번뇌가 근본이 되어서 탐진치 삼독이 치성한다. 삼독을 제거하기 위해서는 반야바라밀을 염(念)하면 된다. 자신과 세계의 모습을 바르게 보고 바르게 아는 것은 범부가 삼독에서 벗어나 진리 세계로 가는 중요한 지혜의 길목이다.

17. 탐심과 진심과 치심의 이 거칠고 남을 원망하고 미워하는 어리석은 생각들이 온갖 악업을 짓게 한다. 번뇌가 많아서 자기 본성의 평화를 잊어버리고 경계에 빠진다. 원하는 것을 취하기 위해서 무슨 방법이든 하겠다는 것은 모두 번뇌이다. 이런 번뇌를 제거하기 위해서 우리는 반야바라밀을 염(念)한다.

18. 번뇌의 독은 지혜의 약으로 치유할 수 있다. 모든 독을 해독하는 아가타(阿伽陀)약처럼 지혜는 일체 어둠과 번뇌를 소멸시키고 그 독성도 모두 제거한다. 반야바라밀행자는 이 지혜를 닦아야만 깨달음을 얻는 동시에 중생을 열반의 세계로 인도하는 교량이 될 수 있다.

19. 참지 못하면 제 몸을 불사르는 번뇌가 된다. 귀에 거슬리는 말

을 들어 참기가 어렵거든 입에서 말이 나오기 전에 우선 호흡하라. 숨을 들이마시고 아랫배에다 힘을 조금만 주면 감정을 제어할 수 있다. 분을 이기지 못할 만큼 화가 머리끝까지 나도 마음을 돌이킬 수 있다. 호흡을 가다듬고 열심히 염송하면 외부 자극에 흔들리지 않는다. 그래서 만 가지 마음의 병을 고치는 약은 염송이 최고다.

20 . 경문을 배운 적 없고, 법문을 들은 적 없어도 한 가지 일구 법문만 가지고서도 진리를 알 수 있다. 이를 위해 반야바라밀을 염송하면 번뇌가 멈춘다. 번뇌 망상이 자꾸 일어난다면 호흡을 잠깐 멈추고 자기 생각과 하나가 되도록 한다. 잡념이 사라지면 번뇌가 선정력에 의해 소멸하고 진리의 세계가 나타난다.

21 . 번뇌에서 벗어나면 해탈한 것이다. 번뇌가 없는 곳으로 들어가면 열반한 것이다. 중생은 번뇌 속에서 살지만, 그 번뇌에서 벗어나는 방법이 있다. 그 방법은 사물을 바르게 보아 원인과 결과를 잘 살피는 것이다. 괴로움의 뿌리는 마음에 바른 도리를 어겨서 생긴 번뇌에 있으므로 이 번뇌가 없으면 맑은 경계가 나타난다. 사물을 잘못 보아 인과를 무시하는 생각을 하면 번뇌가 일어나고 괴로움을 만난다. 그러므로 우리는 인과의 도리를 아는 것이 중요하다.

22 . 사람들에게 있는 미혹과 괴로움의 근원은 번뇌이기에 번뇌가 일어나지 않도록 끊어 없애야 한다. 번뇌를 없애기에 앞서 우리는 본래 번뇌가 없는 청정지가 그대로 있음을 알아야 한다.

23 . 모든 사람이 근본적으로 가지고 있는 청정본심은 인연 따라 일어나는 번뇌에 가려질 때가 있다. 하지만 이 번뇌는 어디까지나 객이지 주인이 아니다. 구름이 하늘의 달을 가려도 달이 사라진 것은 아니다. 그러므로 사람은 구름과 같은 객진 번뇌를 자기 본성으로 알아서는 안 된다.

24 . 번뇌란 중생이 미혹하여 보게 되는 마음의 파동이다. 번뇌는 중생의 몸과 마음을 번거롭고 괴롭고 어렵고 미혹하게 하고 또한 더럽힌다. 번뇌는 원래 미혹에서 난 것이며 미혹은 실체가 있는 것이 아니다. 번뇌는 착각에 불과하다. 번뇌는 끊는 것이 아니라 미혹을 돌려 깨달음에 도달함으로써 번뇌가 없는 것을 아는 것이다.

제5장
경계에서 벗어나려면

1. 일체 경계에 마음이 끌리지 않는 것이 중요하다. 보고 듣고 느끼는 가운데 이상한 것이 나타났다고 하여도 그것을 들으려 하고 의미를 찾으려 하면 안 된다. 참선하다가 마음이 맑아지고 경계가 고요해지면 그 가운데 자신이 알지 못했던 형상을 목격하게 된다. 이제까지 보지 못했던 경계이기 때문에 그것에 새로운 의미를 주려고 한다. 경계라고 하는 것은 자기의 본성을 잊어버리고 망(妄)에 빠지는 것이다. 이 망상을 잡기 위해선 더욱 깊이 정진하여 '일심본무상(一心本無相)', 마음은 본래 형상이 없음을 아는 경지에 이르러야 한다.

2. 우리의 생명 깊은 곳에는 진실한 생명이 있고, 부처님의 신력이 함께한다. 이것이 본연의 생명이며, 번뇌도 없고 죄도 없고, 완전 구족한 진리 공덕만이 꽉 차 있다. 이것이 근본 자리인데 이 근본 자리를 감싸고 있는 바깥에 경계가 있다. 바깥의 경계가 번뇌 경

계이다. 육근과 육진, 보고 듣고 느끼는 이 경계가 전부 번뇌와 얽혀 있는 것이다. 우리의 마음을 항상 청정 본성에 두고 있으면 번뇌에서 오는 재난이 없다. 또 청정공덕을 지닌 본성의 공덕을 누릴 수 있다. 하지만 그 본심에서 벗어나서 바깥으로 나가버리면 번뇌가 일고 마(魔)가 쳐 놓은 덫에 걸리게 되어 고통과 윤회를 거듭하게 된다.

3. 진실로 부처님이 깨달은 경계, 우리 생명의 참된 모습, 존재의 실상, 이것을 바르게 보고 믿고 행하는 데서부터 진리의 삶을 사는 사람이 된다. 이것을 우리 형제들은 마음에 꼭 새겨 두기 바란다. 그 외에 객진번뇌니, 때가 묻느니, 경계에 빠졌느니 따위의 말은 모두 허망한 것들이다. 실로 있는 것은 진여밖에 없다. 진여란 영원불변이며 진리의 본체상이다. 이렇게 알아야 한다. 또한 우리의 생명 깊은 곳에는 변치 않고 허물어지지 않는 금강석이 있다. 결코 때 묻을 수 없는 절대 청정을 지니고 있다.

4. 망념에 휘둘리지 않아야 한다. 온갖 망상들이 부글부글 끓어오를 때 그 망상을 좇으면 어두운 미로 속에서 헤매는 것처럼 빠져나오기 어렵다. 그 망상을 단단한 기둥에 묶어버리자. 그러면 결국 망상도 제풀에 지쳐 날뛰지 못할 것이다. 기둥이 무엇인지 우리 형제들은 잘 알 것이다. 열심히 바라밀을 염송하고 염불 수행에 힘쓸 때 정말 든든한 기둥 위에 자기를 확립할 수 있다.

5. 물질과 세계는 외부에 독립해 존재하는 대립적 존재가 아니고

우리 마음의 경계라는 점을 알아야 한다. 마음에 따라 경계가 나타나고, 세계를 이루며 마음이 바뀔 때 경계가 바뀌니 마음은 주인[主]이요, 경계는 종(從)이다. 경계를 탓하지 말고 마음을 살펴야 한다.

6. 불자가 의지하고 믿는 부처님 법은 이런 것이다. 맹수나 도적이나 기근이나 질병이나 그 밖에 고통스러운 온갖 것들도 실제로는 없다는 사실을 아는 것이다. 고통스러운 현상의 무(無)를 사무쳐 아는 것이다. 그뿐만 아니라 고통을 당할 자신도 없는 것을 깊이 믿는다. 어려운 일을 만날 적마다 법을 깨닫는다는 것은 이처럼 경계도 공(空)하고 경계를 받아 분별하는 자도 무임을 통달하는 것이다.

7. 경계란 자기의 본성을 잊어버리고 망(妄)에 빠지는 상태를 말한다. 이를 넘어서기 위해서는 염불이 가장 좋은 방법이다. 바라밀 염송을 하든 다른 염불을 하든 외골수처럼 하는 것이 가장 순수하게 잘하는 것이다.

8. 안정된 힘이 깨지면 그만큼 불행한 일을 당하게 된다. 불행을 만나고 악도에 떨어지는 것도 전부가 감각에 매달려서이다. 향락에 탐착하고 깊이 빠져들기 때문에 그만큼 자기 자성의 원만함을 잊어버려 불행한 경계를 만나게 된다. 경계에 빠지지 않고 안정된 본심대로 머무를 때 진정 안정된 자기의 생애가 열린다.

9. 진리의 세계에서는 진리와 세계가 둘이 아니며 마음과 경계가 하나이다. 마음이 비어 한 물건도 없으니 국토가 청정하고 걸림이

없으며, 마음이 어둡고 탁하면 그 경계와 국토가 거칠고 장애가 많게 된다. 진리가 본래 청정해 막힘이 없건만 미혹한 상태에 따라 세계의 차별이 생기게 된다.

10. 경계를 따라가는 것이 중생이다. 경계를 따라가기 때문에 좋다 나쁘다가 나오고, 많이 갖거나 버리고, 슬픔과 원망과 미움 등 온갖 갈등이 생긴다. 그래서 번뇌가 또 엉키고 덮여서 본래 자기 세계를 알지 못하고 휘둘린 생각에 빠져버리는 것이다. 이것이 전도몽상(顛倒夢想)이다. 휘둘려도 한 번 휘둘린 것이 아니라 몇천만 번을 휘둘려서 자기의 본래 밝은 성품을 잊어버리고 경계에 빠져서 살아가고 있다. 이러면 범부가 된다. 우리는 이 점을 주의해야 한다.

11. 경계가 좋고 나쁨에 붙잡혀서 그것을 몰아내고 다투려고 하기 시작하면 중생 세계, 범부 세계가 되고 만다. 어리석은 사람들은 눈에 보이고 나타난 경계를 붙잡고서 누가 옳은지 따지며 원인을 추궁한다. 하지만 시비를 가리려고 할수록 다툼과 괴로움은 끊임없이 반복될 뿐이다.

12. 객진번뇌(客塵煩惱)는 허망한 것이며 거짓이고 임시적이다. 결국 본래 있는 것은 청정한 진여의 변치 않는 완전공덕뿐인데, 눈에 보이고 손으로 만져지고 귀에 들리는 경계만을 좇는 탓에 자기의 본성을 잊어버리게 된다.

13. 경계란 끊임없이 변하는 것이며 공허한 것이다. 경계란 그림

자이며 허무하다. 경계에 부딪혀도 흔들림 없는 마음을 가지려면 무엇보다 마음의 수행이 필요하다.

14. 염불 수행할 때 일체 바깥 경계를 취하지 말아야 한다. 마음 경계에도 머무르지 말아야 한다. 부처님의 대자대비하시고 한량없는 공덕을 생각하고 크신 은덕에 감사하는 마음을 가져야 한다. 그렇게 일심으로 염불 수행하면 일체 경계에 동요되지 않는 부동심을 얻고 안온한 땅에 이르며 지혜와 기쁨을 얻게 된다.

15. 경계에 흔들리지 않고 안에서 일어나는 망념을 끊어버리는 방법은 바라밀 염송을 하는 것이다. 일심으로 염송하여 힘을 기른 사람은 외부의 나쁜 자극에도 즉시 반응하지 않는다. 스스로 동하지 않고, 흔들리지 않는 부동한 마음을 이루었기 때문에 잠시 생각할 여유를 갖게 된다.

16. 모든 사람은 청정심이 있다. 하지만 사실은 '모든 사람은 청정심이다'라고 해야 옳다. 청정심을 못 보니까 모호한 경계에서 구름 같은 것, 참이 아닌 것, 거짓을 잡고 있으니 따로 무엇이 있다고 말할 뿐이다. 그것이 본래 없는 가짜임을 알면 있는 것은 청정심뿐이다. 그러므로 모든 사람은 청정심이 있다가 아니라, 눈을 뜨고 보면 모든 사람은 청정본심인 것이다.

17. 내가 어느 산중 큰방에서 용맹정진할 때의 일이다. 법당이 동쪽을 향해 있어서 서쪽을 바라보고 앉아 있었는데, 나도 모르게 뒤

편 아랫길에서 올라오는 사람과 대화를 한 모양이었다. 나 혼자서 중얼거린 것이다. 마침 문밖에 계신 스님이 "무슨 삿된 소리를 하느냐?"고 호령하셨다. 그때는 잠을 자지 않고 졸음도 극복한 시기였으므로 잠꼬대가 아니라 아마도 혼혼(昏昏)한 경계에 빠졌던 것 같다. 그럴 때 그런 경계가 보이는 것이다.

18. 보고 듣는 것에 마음을 빼앗기지 말고 자기의 본심을 맑고 순수하게 만들어 대립하지 않고 진실한 마음으로 정진해야 한다. 경계를 보고 들은 것에 마음을 빼앗기면 공부는 실패하고 만다. 이 점은 참선뿐만 아니라 염불, 기도할 때도 마찬가지이다.

제6장
인과의 법칙

1. 순수불교에서 불자란 부처님의 완전한 지혜와 자비, 능력과 청정, 무량공덕을 성취하기 위해 노력하고, 부처님 법과 생명을 이어받은 자녀를 의미한다. 그래서 우리는 죄에 의해서 때 묻은 존재가 아니며, 악에 의해서 삐뚤어진 존재가 아니며, 불행한 일을 저질러서 고통을 받아야 하는 숙명적인 존재가 아니다. 원인은 결과를 낳고, 결과는 다시 원인을 낳는다. 그리고 그 원인과 결과는 우리 자신이 만드는 것이다. 원인은 숙명적으로 결과를 가져오는 것처럼 보여도 인과관계는 항상 새롭게 창조적으로 만들 수 있다. 끊임없이 자기와 자기 주변의 환경, 자신의 역사와 국토를 바꿀 수 있고 변혁시키는 힘을 우리 자신이 가지고 있다.

2. 불교의 인과론은 숙명적인 결과론이 아니다. 끊임없는 창조를 의미하고, 창조적인 권능이 우리 한 사람 한 사람에게 주어져서 더 나은 미래를 원만하게 만드는 권능이 있다는 가르침이다. 인과

는 '창조의 법칙'이다. 그리고 원인을 설정하는 근본적인 권능은 우리 한 사람 한 사람이 직접 보유하고 있는 것이기 때문에 자기가 그것을 어떻게 행사하느냐에 따라서 내가 아름답게 될 것이냐, 아니면 고통스럽게 될 것이냐 하는 것이 결정된다. 우리를 둘러싼 환경은 남이 준 것도 아니고 피할 수 없는 숙명적인 것도 아니다. 우리는 끊임없이 새로운 원인을 지음으로써 새로운 결과를 창출할 수 있다. 우리는 과거와 상관없이 오늘 얼마든지 새로워질 수 있다.

3. 깨달으려 하지 않고 방종하고 방탕하며, 착한 일도 하지 않고 공덕 쌓을 줄도 모르고 산다면 삶에서 좋은 결과를 얻을 수 없다. 자신이 지은 대로 돌려받게 될 뿐이다.

4. 행위가 자기를 둘러싼 환경을 결정하고, 행위가 자기에게 닥쳐올 일까지도 결정하고, 자기가 머물 세계, 즉 기세간(器世間)을 결정한다. 지금 이 세계에 어떻게 머물고, 자기 자신의 환경이 어떻게 되고, 자기 한 몸이 어떻게 되는지는 남의 책임이 아니다. 오직 자기 자신의 행위가 이것을 결정짓는다. 그 행위를 한 결과로 생기는 종자(種子)는 마음 깊은 곳에 머물러서 자기 심식(心識) 가운데 뿌리를 내려 그것이 인과를 만들어낸다. 몸과 말과 뜻 가운데서 나타내는 업이라는 행위는 우리 마음 밭 깊은 곳에 뿌려져서 과보를 받는다.

5. 인과라고 하는 것은 남이 만들어서 뒤집어씌운 것이 아니다. 우리 스스로가 주인공이다. 스스로 끊임없이 새로운 인연을 지으며 앞으로 나아간다. 과(果)는 연(緣)을 따라오는 것이다. 마치 그림

자와 같다. 본체가 움직이는 대로, 취하는 자세대로 그림자는 따라 간다. 그러므로 그림자를 생각하지 말고 자기의 바른 목표를 향해 지혜롭고 용기 있게 전진해야 한다. 이렇게 보면 인과는 속박의 법이 아니라 창조의 법이며, 해탈의 법이라 할 수 있다.

6. 어려움과 고난과 불행이 있을 때, 이것은 마음이 움직인 결과 이고 번뇌가 만들어낸 결과이다. 그러니까 번뇌가 일어난 것이 원인이고, 괴로움과 불행이라고 하는 것은 그 결과이다. 이렇게 원인과 결과가 분명히 있는데 이 원인과 결과를 잘 모르고 엉뚱한 곳에서 분풀이하고 원망한다. 그리고 이런 어리석은 일이 끊임없이 반복된다. 지금 내가 받는 어려움은 남이 준 것이 아니다. 자기가 지은 행위에 따라서 자기가 그 과보를 받는 것이다.

7. 미혹을 돌려 깨달음에 이르면 미혹의 결과인 온갖 고통도 사라진다. 악이 있다가 사라지는 게 아니라 원래 악은 없었다는 사실을 알게 된다. 악이 실체가 있다고 아는 것은 잘못이다. 범부가 마음이 미혹하여 악행을 저질렀을 때 당연히 그 업의 결과로 고통이라는 과보를 받게 된다.

8. 모든 사람은 겉모습과 상관없이 내면에 지극히 착하고, 지극히 위대한 덕성과 능력을 지니고 있다. 그것은 무엇으로도 비유할 데 없는 최상의 가치이고 진실이다. 만인의 생명에 깃들어 있는 영원히 저물지 않는 태양이다. 이 영원히 빛나는 광명의 주인인 인간에게는 늘 행복만이 가득하다. 이 광명을 눈감고 외면하거나 미혹에

빠지게 되면 인생은 어둠에 휩싸이게 된다. 만약 우리 인생에 어려운 문제가 닥쳤다면 눈길을 어두운 곳으로 돌린 결과임을 깨닫고 마음을 돌려 부처님의 자비 광명으로 향해야 한다.

9 . 인간세계에는 인과법칙이 있다. 원인을 지었으면 그에 따른 결과가 나타난다는 의미이다. 그러나 우리의 생활에 깊은 영향을 주는 것은 물질세계에 있는 물리적 인과관계보다도 마음에 있는 원인이 물질계나 현상계에서 결과로 나타나는 인과관계가 더 큰 영향을 준다.

10 . 인과는 우리가 평소에 무슨 생각을 하면서 시간을 보냈는가에 따라 결정된다. 인간의 운명은 우리가 항상 무엇을 더 많이 생각하고 있느냐에 따라 결정된다.

11 . 우리 한 사람 한 사람은 내면에 무한성을 가지고 있다. 이러한 절대성을 우리의 현실 속에서 전개해 나가는 과정은 원인을 만들어낸다. 그리고 그 원인에 따른 결과가 나온다. 원인과 결과의 작용은 부정하려야 부정할 수 없다. 인과관계는 물리 법칙과도 같다. 우리 일상생활에서도 한 치의 오차 없이 작동하고 있다. 예컨대 누군가가 어두운 마음을 일으키고 우울한 생각에 잠겨 있을 때 그의 표정도 따라서 어두워진다. 원인에 따른 결과가 표정에 드러난 것이다.

12 . 새로운 인이 과를 가져오고 과는 새로운 인이 된다. 그렇게 무수한 인과관계가 형성된다. 흔히 인과작용은 원인이 발생하면

숙명적인 결과가 따른다고 생각하기 쉽다. 그러나 사실 인은 그런 의미보다는 우리가 뜻하는 바를 만들어 가는 무수한 창조 의지의 설정이다. 창조 의지의 설정이라는 인이 끊임없이 새로운 과를 가져온다. 따라서 참된 진리의 인을 심으면 그 과실은 영원하다.

13. 나쁜 생각, 나쁜 짓을 저질러도 좋은 결과가 올 때가 있다고 생각하는 사람도 있다. 때로는 인과가 계속 반복되면 숙명이라고 생각하기도 한다. 하지만 인은 우리가 뜻하는 바를 만들어 가는 무수한 창조 의지의 설정이다. 인은 끊임없이 새로운 과를 가져온다. 참된 진리성의 인을 따르지 않고 순간적인 만족을 위해서 잘못된 행동을 했다면 좋지 않은 과보가 즉시 다가온다. '인은 무수한 창조적인 원인이다. 우리는 끊임없이 새로운 인을 지음으로써 새로운 세계를 만들 수 있다'라는 의미로 인과의 의미를 파악해야 한다.

14. 인간이라는 과보는 성장의 큰 토대가 되는 것이므로 쉽게 얻어진 것이 결코 아니다. 불보살님의 크신 가호와 조상님의 깊은 관심과 부모님과의 중한 인연과 자신이 기나긴 과거 동안에 선근 공덕을 지은 결과로 이 몸을 얻은 것이다.

15. 사람의 본성인 법성에는 가히 한 물건도 얻을 것이 없다. 지음[作]도 없고 함[爲]도 없다. 인과도 없고 선악도 없다. 그러니 운명이라는 타성이 있을 리 만무하다. 그러나 본성을 미혹하게 쓰고 있는 범부에게는 지음도 있고 인과도 있고 선악도 있다. 지은바 행위의 누적인 업도 있고 업의 과보인 업보도 있다. 하지만 인간 스스로

변화시키지 못할 숙명적인 힘은 본디 있을 수 없다. 인간 자신 밖에서 작용해 오는 위압적 힘이란 존재하지 않는다. 왜냐하면 모든 행위와 과보는 인간 자신이 지은 것이기 때문이다.

불광행자의
삶과 수행

(생활 편)

보현행원으로
보리 이루리!

제 1 장
새로 시작하는 이들에게

1. 새해를 시작하는 이들을 위한 말씀

1. 한 해를 보내고 새해를 맞이하면서 우리는 불법의 영광과 권위에 대해서 가슴 깊이 새기고 생각해본다. 인간과 존재의 궁극적 가치를 해명하고 설정해 주는 부처님 법, 이것은 우리가 영원히 목숨 바쳐 사랑하고, 모든 중생이 추구해야 할 생명의 길이다.

2. 새해가 시작됐다. 희망을 품고 미래로 전진할 때이다. 새해 벽두에 온몸으로 햇살을 받으며 부처님의 자비하고 크신 은덕, 지중하신 부촉을 가슴에 새기자. 우리 모두 적극 호법의 법문으로 전법 등불을 지켜나갈 것을 다짐하자.

3. 새해 아침에 빛나는 햇살처럼 거룩하신 부처님의 찬란한 은혜는 가득하다. 이 새 아침에 은혜로운 부처님께 감사하며 우리의 소망을 기도에 담자. 겨레가 안락하기를, 조국이 평화롭고 통일되기

를, 우리와 이웃과 형제들이 다 함께 아름다운 소망을 이루기를, 그리고 세계에 번영의 빛이 가득하기를 부처님께 기도하자. 그리하여 우리와 온 누리에 성스러운 성취가 넘쳐나도록 하자.

4. 새해를 맞이하며 새로 태어난 자신을 돌이켜보자. 새로운 내 얼굴을 확인하고 희망의 평원에 끝없는 용기로 창조를 심어가자. 새로운 희망의 빛이 내 표정을 통해 퍼져나가도록 하자. 그리고 이렇게 마음을 확인하자. '나는 항상 겸허하고 모두를 존중하며 예경하고 있는가. 다른 사람을 낮추어 보거나 단점을 말하고 있지는 않은가. 인생을 부정적으로 말하고 있지는 않은가. 스스로가 창조적 주체로서 언제나 왕성한 의욕을 불태우고 있는가. 이기적인 파벌을 앞세우고 이웃과 대립하려고 하지는 않는가. 세계와 시대를 악의적 비판의 눈으로 대하고 있지는 않은가.'

5. 현실에서 부딪히는 온갖 일들에 마음을 빼앗기지 말고 일심으로 마음의 근원을 추구하는 공부를 계속해야 한다. 어둠을 뚫고 아침 해가 솟아오르듯 우리 마음의 진리의 태양도 밝게 드러나는 것을 볼 수 있을 것이다.

6. 생명이 빛을 잃고 어둠 속에 갇히면 시들어버리고 만다. 생명은 빛을 만나 성장하고 빛을 향하여 끝없이 뻗어 나간다. 새해 아침 해는 우리의 생명에 끝없이 빛을 비춘다. 실로 생명의 염원이 고개를 드는 때이다.

7. 시간이 흘러 새해가 오고 이 몸은 늙고 세상이 바뀌어도 밝은 빛을 향한 염원은 해를 거듭할수록 더욱 새로워진다. 영원한 빛이 우리의 생명 속에 자리 잡는다. 한 해를 성내거나 머뭇대지 않고 밝게 웃으며 시작할 수 있도록 노력해야 한다.

8. 우리가 의식하든 의식하지 못하든 우리는 매일 자기 운명을 스스로 결정지어간다. 자기의 마음가짐, 신념, 말의 힘으로 쉴 새 없이 운명의 수레를 돌리고 있다. 그리고 마음에서 결정한 것은 몸의 형상으로 드러난다. 우리의 운명을 성공적으로 전환하기 위해 구체적 방법을 선택하고, 그중 정신적 자기 개혁과 행동 방식을 배워야 한다.

2. 새출발하는 이들에게

1. 지금 생각을 일으키고 있는 것들, 이미 지나간 것들을 다시 떠올려 괴로워하고 슬퍼하고 고통스러워할 필요가 없다. 과거는 이미 지나갔다. 지나가 버린 과거를 문제 삼지 말고 자기 마음을 자유스럽게 써서 새로운 희망을 구체화하는 창조자가 되어야 한다.

2. 인생의 굽은 길모퉁이를 지나면 과거의 기억은 잊히고 또 다른 인생이 시작된다. 어떤 사람은 빠른 걸음으로 길 한 모퉁이를 지나는 까닭에 뒤따르는 사람이 그 사람을 보지 못하지만, 앞사람이 사

라진 것이 아니고 우리가 볼 수 없는 세계로 들어가서 또 다른 인생을 사는 것이다.

2.1. 결혼

1 . 결혼의 신성함을 생각해야 한다. 높은 인격 형성과 인간 성숙을 이루고 보다 아름다운 이상을 이루기 위해 결혼이 있다고 생각해야 한다.

2 . 결혼은 뜨겁게 덤벼서는 안 된다. '이 사람만이 유일한 인연이다'라고 생각되더라도, 생각을 쉬며 냉정하게 판단해보아야 한다. 그리고 존경할 만한 어른과 상의할 필요가 있다. 전생의 인연까지 운운할 필요는 없다. 결혼 요건에 해당하는 부분과 그렇지 않은 부분을 혼동하는 것을 흔히 볼 수 있는데 이 점을 냉정히 살펴보아야 한다.

3 . 결혼 상대자를 선택하는 요소는 무엇일까? 세 가지를 들고 싶다. 첫째, 인생 목표와 이상이 같다. 결혼은 남녀가 결합하여 공동의 목표를 향해 서로가 향하는 인연인 만큼, 반드시 높은 인생의 목표와 이상에 대한 유대가 있어야 한다.
둘째, 육체적 조건이다. 건강해야 한다.
셋째, 서로에 대한 깊은 사랑과 신뢰감이다. 이것은 구체적으로 풀어 말하기 어렵지만, 영적인 사랑과 신뢰감 없는 결혼은 비참해질 수밖에 없다. 단순한 육체적 끌림이나 동정하는 마음으로 결혼은 이루어질 수 없다.

4. 결혼을 생각하는 사람이 있다면 다음과 같은 마음가짐이 필요하다. 가까운 장래에 행복한 인연이 하루하루 다가오고 있다고 믿는다. 행복한 인연에 감사하고 부처님께 감사하는 적극적인 태도를 갖는다.

5. 미래에 원만한 결혼을 이루기 위해서 따뜻한 인간관계를 형성할 필요가 있다. 이를 형성하는 요인은 상대에게 따뜻한 애정을 주는 것이다. 끊임없이 넘치는 친절과 성실하게 봉사하는 마음이 그 첫째다. 남의 사정에 무관심하고 자기의 이기적 행동을 추구하는 성격으로는 결코 좋은 인간관계를 맺을 수 없다. 이기적인 자기 추구를 극복하는 방법은 가슴을 열고 사람을 존중하며 모두에게 성실히 봉사하는 데 있다.

6. 인간의 근본 입장에서 결혼이란 무아와 헌신을 실천하는 수행의 계기이다. 따라서 결혼을 통해 두 사람은 함께 영적 향상을 성취할 수 있는 수행의 길을 가는 것이다. 사랑과 헌신이 천국의 윤리라면 사랑과 헌신을 실천하는 결혼과 가정은 천상의 행복을 지상에 실현하는 수행의 의미이다.

7. 사람은 결혼을 통해서 협동과 공존의 참 의미를 알게 된다. 자칫하면 이기적 생각으로 자기 혼자만의 안일과 욕망을 충족하기

쉬운 범부에게 있어 결혼은 그러한 이기적 관념을 녹여 버릴 기회를 준다. 그릇된 자기중심적 의식을 허물어 버리고 결혼생활을 통해 서로의 원만한 공존성을 확인하고 훈련하는 것은 결혼이 지닌 또 하나의 성스러운 의미이다. 결혼생활을 통해 배우는 무아(無我) 정신은 영적 향상을 도모하는 커다란 수행의 계기이다.

8. 결혼은 최상의 반려자를 찾는 행위이다. 이 엄숙하고 진실하며 고귀한 의미를 간과해서는 안 된다. 결혼해서 안정이 오고 새로운 창조가 오고 새로운 힘과 역사가 열려 간다. 결혼이라는 것은 새로운 자기 창조의 결단임을 알아야 한다.

9. 결혼은 사람의 마음에 안정을 심어준다. 희망찬 미래를 꿈꾸게 해주는 것은 말할 필요도 없다. 또한 서로의 거칠고 치우친 성격상의 결함이 결혼생활을 통해 서서히 수정되어 간다. 우리는 인간 내면을 움직이는 참된 자아와의 관계에 주목하여 결혼 가치를 논할 필요가 있다.

10. 비록 결혼이라는 형식을 취했다 하더라도 진실한 동일 생명이라는 일체감이 없다면, 그것은 참된 결혼이라고 할 수 없다. 마땅히 동일 생명으로서의 깊은 신뢰가 바탕이 된 성숙한 결혼이 이루어져야 한다.

11. 결혼한 이후로는 무엇보다도 가정의 행복을 생각해야 한다. 가정이 속박이나 근심거리라고 생각하는 것은 잘못된 것이다. 결

혼을 통해서 이룩한 하나의 생명이 바로 가정이다. 가정을 통해 수많은 행복이 꽃피며 사회와 나라를 빛낼 수 있는 큰 힘이 나온다.

12 . 친정이나 시댁 일이 잘 안 풀릴 때 잘못된 결혼 때문이라고 생각한다면 그건 어리석은 생각이다. 자기 운명은 전생에 자기가 지은 것이다. 우리의 삶은 노력으로 운명적인 어려움도 스스로 바꿀 수 있다. 부처님의 위신력을 믿으며 밝은 희망을 굳건히 마음에 새기고 염불하고 살아가는 것이 좋다.

13 . 결혼을 통해 이룬 가정은 신성하다. 결코 소홀히 할 수가 없다. 무아헌신의 사랑의 실천을 통해 당사자와 가족이 성장하고, 한 사회의 기초가 굳어지며, 역사의 건전한 번영이 유지된다. 만족스러운 가정을 이루려면 마음가짐이 중요하다.

2.2. 탄생

1 . 새로운 생명의 탄생은 축복이다. 하나의 놀라운 인연을 새롭게 맺은 것이다. 새로운 생명이 한 가족으로 들어왔다는 사실만으로도 놀라운 기적을 창조한 것과 마찬가지이다. 새로운 창조를 해낼 수 있는 인간이 한 명 더 늘었다는 의미에서 크나큰 축복이다.

2 . 인간은 무한한 잠재력과 가능성과 절대 자유를 스스로 지니고 이 땅에 태어났기 때문에 자신이 가진 잠재력을 충분히 발휘할 과

업 역시 지니고 있다. 이 세상에 왔다는 것은 그와 같은 가능성을 안고 그러할 기회를 부여받았기에 축복받은 것이다.

3 . 사람 몸은 참으로 귀한 것이다. 많은 축복과 큰 희망을 약속받고 큰 성취의 가능성을 안고 태어났다. 많은 일을 하고 스스로 돕고 남도 도우며 세간에 이로움을 줄 능력을 지니고 태어났다.

4 . 사람은 원래 신성하고 존엄한 가치를 스스로 가지고 태어난다. 모든 사람이 가진 권위 있는 존엄성은 어떤 경우에도 빼앗기거나 변질하지 않는 완전성을 지니고 있다. 이러한 고귀한 삶이 인생의 참모습이라는 것을 깨달아야 한다. 부처님의 진리를 깨달을 수 있다는 점은 사람이 지닌 가장 귀한 특권이다.

5 . 아기는 특별히 보호해 주어야 한다. 거친 말, 거친 환경, 거친 생활 조건 등은 아기에게 해롭다. 잠재의식만이 이루어진 상태로 현실을 한정하고 분별하는 작용이 없는 상태이다. 따라서 아기는 주어진 환경 조건을 그대로 받아들인다. 그러므로 아기를 낳은 집의 가족들은 항상 평화롭고 밝고 아름다운 정신환경을 꾸며줘야 한다. 슬픈 말을 하거나 감정이 격한 말을 하거나 거친 환경이 아기 주위에 있어서는 안 된다.

6 . 태교는 중요한 교육이다. 태아의 상태는 육체의 형성기이며 육체적으로나 정신적인 면에서 완전히 폐쇄되어 있어서 받아들이는 유일한 창구인 어머니의 마음 상태가 매우 중요하다.

7 . 출산은 은혜이며 자연스러운 생명 행위인 까닭에 원래는 고
통도 장애도 없다. 불안과 공포와 같은 일반 의식이 고통으로 작용
한다.

제 2 장
지혜롭고 행복한
모든 이들에게

1. 행복에 이르는 길

1.1. 행복의 법칙

1 . 우리는 본래부터 축복받은 사람들이다. 우리는 행복할 권리가 있을 뿐만 아니라 행복은 의무이다.

2 . 진실한 행복은 불멸의 생명을 키우는 진리에 가까워지는 것, 깨달음이 성장하는 것이다. 최상의 행복은 불법을 만나서 깨달음이 깊어지고 수행이 깊어지는 것이다. 이것은 불멸의 길, 영원의 길이며 완성의 길이기 때문에 그렇다.

3 . 우리가 행복하다는 것은 불심인 참마음을 그대로 쓴다는 뜻이다. 그리고 행복을 창조한다는 것은 모든 생활에서 불심의 원리를 바로 알고 쓴다는 것을 의미한다. 행복은 불심을 쓰는 데서 이루어

지는 것이므로 우리는 불심의 주인공이다. 행복도 번영도 평화도 안녕도 여기에서 온다.

4. 행복은 어떤 권능자가 주어서 얻어지는 과실이 아니다. 행복은 부처님께서 보이신 생명 진실을 믿고 생각하며, 몸으로 행하는 가운데서 우리의 생활에 구체적으로 나타나는 현실이다.

5. 건강과 부귀영화, 권세도 행복이다. 그렇지만 이것들은 오래 가지 못한다. 진실한 행복은 죽지 않는 생명, 불멸의 생명을 키우는 진리, 그 진리에 가까워지는 것이다.

6. 사람들은 불안과 고난에서 벗어나 행복해지기 위해 종교를 찾는다. 부처님의 진리는 우리에게 바로 행복을 보장한다. 기쁨을 가슴속에 가득히 채우는 행복의 원천을 주신다. 불법은 무한의 창조이다. 무한의 기쁨, 만능의 질서를 그대로 가진 것이 불법이다.

7. 마하반야바라밀을 통해 자기를 확립하고 법성신의 무량공덕을 펴나가야 한다. 이런 사람들이 많아진다면 모두가 행복해지고 이 세상이 밝아진다.

8. 무엇이 큰 사명인가? 그것은 우리 한 사람 한 사람이 행복해지는 것이다. 행복해진다는 것은 자기 자신이 성장하는 것이다. 자신이 굳세어지고 지혜로워지고 밝아지고 용기를 키우며 진리로서 더욱 성장하는 것이다.

9 . 물질과 형상이 있는 것, 감각적인 것을 목표로 삼으면 결코 행복해질 수 없다. 왜냐하면 그것들은 행복 요소의 겉치레요, 잔재이지 행복 그 자체가 아니기 때문이다. 그것들은 그림자일 뿐 실체가 아니기 때문에 허공을 잡으려는 것과 마찬가지이다.

10 . 나의 생명의 깊이에서 찬연히 넘쳐나는 부처님의 한없는 은혜를 우리는 마음껏 펼쳐내고 행복을 누리자. 모두의 행복, 성취, 평화를 염원하자. 어둠은 없다. 과거는 과거다. 우리에게는 행복만이 있을 뿐이다. 우리는 불자다. 행운은 우리 것이다.

11 . 행복은 몽환이 아니다. 체념이나 망각으로 얻어지는 것이 아니다. '니르바나'의 진실만큼, 부처님의 간절하신 설법만큼 진실하고 현실적이다. 그것은 우리 생명의 진실인 불성의 공덕을 긍정하고 신뢰하고, 동시에 현존하는 실재임을 믿고 생활해야 한다.

1.2. 행복해지는 방법

1 . 행복한 삶은 모든 사람이 원한다. 행복하지 않기에 허망함을 느낀다. 염불을 해도 허망하다는 생각에 빠져 있으면 행복하지 못하다. 행복을 위해서는 이 허망함을 물리치고 마음 가운데 종자를 올바르게 심어야 한다. 부처님은 이미 제도하여 무량공덕을 주셨다. 우리 속에는 보물이 있다고 말씀하신다. 믿음을 세울 때 허망 위에 세우지 말고 영원히 변치 않는 곳에 세워야 한다.

2 . 마음을 바꾸는 것이 행복을 이루는 방법이다. 우리 환경을 둘러싸고 있는 모든 것은 내 마음을 바꿈으로써 바꿀 수 있다. 좋은 환경도 그릇된 환경도 내가 만드는 것이다. 이것을 만드는 힘, 주체적이며 능동적이며 적극적이고 창조적인 인간의 가치를 무력하게 해석하면 안 된다.

3 . 우리의 일상생활에서 행복해지는 기본 요건 다섯 가지가 있다.
첫째, 매사에 감사하고 모든 사람에게 감사하고 모든 환경에 감사하는 것이다.
둘째, 일체 대립심을 없애고 모든 성현과 순수하게 화합하는 일이다.
셋째, 물건이나 힘이나 지혜나 법문을 널리 보시하는 것이다.
넷째, 항상 밝은 마음을 지니는 것이다.
다섯째, 항상 희망과 자신을 가지고 정진하는 것이다.

4 . 어떤 사람이 가장 행복할까? 자기 뜻대로 착하고 아름다운 일들을 이룰 수 있는 사람이다. 원래로 천지 만물은 어떤 권능자의 것이 아니라 마음이 만드는 것이고, 개인을 둘러싼 환경 여건도 그 사람의 마음가짐에서 이루어진다. 그렇다면 이 세상에서 가장 행복한 사람은 틀림없이 자기 마음속에서 항상 밝은 생각을 하는 사람일 것이다. 이런 사람이 행복한 사람이다. 왜냐하면 그러한 마음 자세로 행복한 목표를 하나하나 실현해 가기 때문이다.

5 . '좋은 일이 생기면 기뻐하자'라고 생각한다면 그것은 이미 늦었다. 먼저 마음에 있고 그다음 현실 위에 이루어지는 것이므로 이

루어진 다음에 생각한다는 것은 잘못이다. 먼저 성취를 생각하고 먼저 행복을 간직해야 한다.

6. 항상 명랑하고 유쾌하게 웃으며 살아야 한다. 어떠한 고난이 닥치더라도 곧 행운이 올 징조인 것으로 알고 기쁜 마음으로 이겨 나가야 한다.

7. 우리는 행복을 원한다. 마음의 평화와 사랑과 우애와 번영, 이 모든 것을 이루려고 한다. 목표를 잘못 보고 달리면 성공할 수 없고, 상황을 잘못 판단하면 소망을 세워도 공허한 것이 되어 나에게 만족을 가져다주지 못한다. 현상을 볼 때 허망한 것과 허망하지 않은 양면을 보아야 한다고 하신 부처님 말씀을 되새기자. 우리는 거 짓된 허망을 버리고 참된 진리의 모습을 바로 보아야 할 것이다. 그리고 이 진리에 따라 생각하고 행동하여 우리의 마음에 행복을 담아야 할 것이다.

8. 인생 문제를 해결하는 열쇠는 자신의 행복만 집착하는 마음에서 떠나 모두의 행복을 바라는 마음으로 돌리는 데 있다. 이기심을 버리고 이타심으로 향할 때 우리는 좁은 세계에서 넓은 세계로 향해 나아간다. 적어도 이익에만 집착했던 자기를 부끄럽게 생각하게 된다. 그래서 남을 위해 힘쓰면 조금씩 자기 자신이 밝아지는 것을 발견하게 된다.

1.3. 마음의 놀라운 힘

1. 생각의 힘과 마음의 위력을 바로 알아야 한다. 마음이야말로
창조의 동력이다. 마음에서 생각한 것은 반드시 현실화되어, 현실
로 나타나는 법이다. 모든 것은 마음뿐이기 때문이다.

2. 진실로 마음에 있는 것이 이루어진다. 강력한 상상력은 강력한
창조력이다. 행운이 온다고 확신한 사람에게는 마침내 행운이 찾
아온다.

3. 우리는 모두 뛰어난 상상력의 소유자이다. 마음껏 상상력을 구
사하여 행복한 설계도를 그리자. 그리고 마음속의 행복설계도를
끊임없이 실현해 나아가자. 행동으로 이어가자. 하루하루 행복의
설계도는 현실로 나타난다.

4. 행복한 생각을 계속 지니고 있다는 것은 지금 행복을 창조하는
과정이다. 반대로 자신이 불행하다는 생각을 계속 지니고 있다는
것은 불행한 생활을 불러들일 뿐이다.

5. 행복을 바라거든 불평 대신 감사한 마음을 가슴에 채워야 한
다. 다른 사람을 칭찬하고 그들의 장점을 발견하도록 노력하며 그
들의 행복을 축복하자.

6. 마음에 희망과 평화와 활기가 가득 차 있다고 하자. 그에게는

건강과 번영, 그리고 행복이 찾아온다. 마음이 우주의 중심이고 생각이 창조의 원형인 까닭에 생각하는 것은 나타나게 되어 있다. 사람의 깊은 마음은 부처님 마음과 통해 있기 때문에 무엇이든 이루는 힘을 가지고 있다. 신념이 담긴 생각, 이것이 실현하는 힘이다.

7. 행복과 불행은 우리 마음에 달려있다. 이것을 알게 되면 스스로가 행복의 창조자가 되고 불행을 행운으로 바꾸는 주체자가 된다. 또한 심술궂은 조물주나 운명의 신이 있다는 어리석은 생각에서 벗어나 스스로 창조자가 되고 운명을 호령하는 자가 된다.

8. 일체유심조. 무엇이든 마음이 만들어낸다는 말이다. 불행도 마음에 있는 불행한 생각이 구체화한 것이고, 행복도 진리에 상응한 행복한 생각이 가져다준 과실이다.

9. 자신의 생명에서 부처님의 광명과 위신력이 끊임없이 물줄기처럼 솟아난다고 생각하자. 부처님의 광명이 내 생명에 충만함을 아는 사람은 어둠을 몰아내고 불행을 이겨내고 성공의 언덕에 이르게 된다. 그야말로 일체에 걸림이 없는 무애의 자유인이 된다.

10. 마음을 바꾼다는 것, 정신의 상태를 바꾼다는 것, 바꿔 말하면 우리가 마음을 다스려서 마음을 바르게 쓰는 것은 작게는 나 한 사람의 행복, 크게는 사회와 나라와 세계평화까지도 연결된다.

11. 마음을 쓰고 감응하면 서로 교감하고 조화를 가져온다. 미움

을 주면 상대방도 미움으로 돌려주고, 화목한 마음으로 상대방의
행복을 기원하면 상대방도 나의 행복을 기원해 준다. 이것은 마음
을 이해하는 중요한 사고방식이다.

1.4. 불행의 원인과 극복

1 . 불행은 누군가가 가지고 오는 것이 아니다. 고난과 재난을 오
게 하는 원인은 우리 자신에게 있다. 자신 안에 있는 중생의 모습
때문이다. 따라서 그것을 발견해서 없애야 한다. 그것은 부처님을
전적으로 의존해야만 가능하다.

2 . 전일전성(全一全成), 온전하고 완전무결한 '하나'라는 의미이
다. 그곳에는 막힘이 없고 대립이 없어서 항상 평화와 안녕과 큰 활
동과 환희가 넘쳐난다. 이것이 바로 진리생명의 본래 모습이다. 이
것을 깨닫고 지키고 실천하는 것이 불자의 올바른 생활이다. 반대
로 대립하고 다투고 불화하고 어두운 마음을 지니면 진리를 등지
게 된다. 이렇게 될 때 불행이 찾아오게 된다.

3 . 마하반야바라밀을 모르는 사람이 그릇된 일과 타협하고 그것
에 물들어 끌려가면 개인도 불행해지지만, 사회도 불안해진다. 내
생명이 진리 태양인데 그것을 먹구름으로 가리고 우울하고 어두운
생각을 가지면 불행이 찾아온다.

4. 불행 속에서도 불행을 마음에 두지 않고 오히려 찬란한 광명인 부처님 공덕을 생각하며 '부처님 광명이 내 생명에 빛난다'라는 마음을 가질 때 그 사람에게는 무한한 성장이 있다.

5. 쉽게 포기하고 안 좋은 환경에 빠져들어 자신의 마음을 어둡게 만들면 자신 안에 새로운 고통의 씨앗이 생긴다. 그렇게 되면 불행은 끊임없이 이어진다. 인내심을 가지고 이겨 나가고 스스로 해낼 수 있다는 용기를 내야 한다. 겁약한 마음을 먹지 말고 끝까지 용맹정진의 자세로 가야 한다.

6. 불행이 닥쳤다고 해서 타인을 미워하고 원망하고 대립해서 싸우려 하지 말자. 자신이 반성할 부분이 있는지 생각해야 한다. 상대방은 나의 스승이고 새롭게 태어나게 하는 보살이라는 생각을 해야 한다. 어떠한 이유에서라도 미워하고 원망하고 대립하면 안 된다.

7. 불행에서 벗어나려면 마음을 바르게 해야 한다. 마음이 바르면 치우친 생각이 없어지고 항상 이치에 밝고 평등한 마음이 선다. 그래야 걸림 없이 자유로이 세상에 머물 수 있다.

8. 어떤 어려운 환경을 만나더라도 어려움을 받아들이지 않는 자유인이 되자. 불행 가운데서도 불행에 걸림이 없는 자유인이 되자. 자유를 성취할 수 있는 무한공덕을 자신의 생명 가운데에서 끊임없이 지켜보면서 앞날을 열어가야 한다.

9. 우리 생명은 원래 진리 태양으로서 밝은 것인데도 불구하고 그것을 모른다. 항상 자기 마음 가운데 과거의 실패, 과거의 불행, 과거의 고난, 죽음이라는 것이 언제 닥칠지 모른다는 생각이 마음 깊은 곳에 잠겨 있다. 깊은 기억 층 가운데는 과거 생에 살아오면서 겪었던 고난의 경험들이 축적되어 있다. 그래서 무의식적으로 비관적인 생각이 가득 찰 때가 있다. 그러나 이것은 옳지 않다. 진리를 보지 못하고 부처님의 가르침을 듣지 못했기 때문에 생기는 부작용일 뿐이다. 부처님의 가르침을 믿고 따르면 무의식에 쌓인 비관적인 생각도 바꿀 수 있다.

10. 우리는 어떤 역경이나 불행 속에서도 희망을 볼 수 있다. 어떤 의미에서 불행은 희망을 낳는다. 따라서 불행이 무조건 나쁘다고만 말할 수 없다. 희망을 통해 불행을 극복하기 위해서는 모든 일에 부드럽게 처신하며 대립심이나 저항심, 투쟁심을 버려야 한다. 대립심에서 대립하는 관계가 생기고 투쟁심에서 투쟁하는 관계가 찾아 든다. 언제나 조화로운 마음으로 모든 일을 대하자. 조화로운 마음에서 반드시 조화로운 환경이 나타난다. 그러기 위해서는 무엇보다 감사한 마음, 축복하는 마음이 있어야 한다. 아무리 나쁜 일을 대하더라도 그 안에 자신을 일깨울 요소가 있는 것을 발견하고 감사하자.

11. 현실에서 불행한 일을 만나면 거기에 매달려서 다투기에 급급하게 된다. 하지만 어두운 일을 만나거든 마음에 진리 광명을 비춰야 한다. 마음이 먼저 밝아져야 어두운 환경이 없어진다. 반야바라

밀을 염(念)해서 마음을 밝힐 때 내가 당한 어두운 일들도 소멸한다.

12. 불행한 생각에서 벗어나려면 마음을 바꿔야 한다. 마음을 바꾸는 것이 먼저이다. 환경은 마음을 따라온다. 마음이 주인이다. 이것을 이해하면 마음을 관리하는 것이 중요한 행복의 법칙임을 알게 될 것이다.

13. 우리의 마음이 우리의 환경을 만든다. 착하고 성실하고 진정 남을 존중하며 스스로 기쁘고 행복한 마음을 지니고 있을 때 그의 환경 역시 그렇게 된다. 불행한 환경 여건이 결코 자연적 운명이나 사회제도나 상대방 때문에 만들어진 것만은 아니다. 똑같은 사회 환경 속에서도 행복을 누리려는 사람과 불행의 골목만을 찾아다니는 사람으로 나뉘는 것은 그 원인이 그 사람의 마음가짐에 있기 때문이다.

14. 만약 우리 인생에서 어려운 문제가 일어났다면, 마음이 어두운 곳으로 향한 결과임을 깨닫고 마음을 돌려 부처님의 자비광명으로 다가가야 한다.

15. 괴로움과 불행에서 벗어나려면 마음이 올발라야 하고, 마음이 바르려면 치우친 생각을 하지 않고 항상 이치에 밝아야 한다. 그래야 걸림 없이 자유로이 세상에 머물 수 있다. 부처님은 이러한 궁극적인 깨달음의 가르침으로 중생들이 모든 의심과 악과 고통을 끊어버려서 지혜가 빛나고 완성된 인간이 되기를 기원하신다.

16 . 부정적이고 남을 미워하는 생각에서 벗어나야 한다. 그것은 곧 어둠이기 때문이다. 끊임없이 밝고 기쁘고 긍정적이며 찬탄할 일들을 생각할 때, 그 마음이 밝아지고 앞길이 밝아진다.

17 . 검은 구름을 뚫고 영원한 축복의 태양이 눈부시게 빛나고 있다. 장애나 불행은 없다. 비록 과거에 어떤 어려움이 있었거나 현재 우리를 괴롭히는 문제가 있더라도, 진리 세계에서는 본래 그런 것이 없다. 그러니 문제 될 것은 어디에도 없다.

2. 소망과 희망

2.1. 소망을 이루기 위한 마음가짐

1 . 부처님과 진리에 전적으로 의존하는 것이 믿음의 출발이지만 몇 가지 유의할 사항이 있다.
첫째, 베푸는 마음, 자비로운 마음, 따뜻한 마음을 가져야 한다.
둘째, 부처님을 믿고 부처님의 지혜를 염(念)할 열정이 있어야 한다.
셋째, 자기 소망을 확신해야 한다. 이는 내 힘으로 되는 것이 아니라 부처님의 자비 위신력으로 된다. 이러한 믿음을 가져야 소망이 이루어진다.

2 . 부처님의 가르침이 참된 진리, 참된 행복의 길을 제시하기 때

문에 우리는 소망하고 성장할 수 있다. 빛이 없는 어둠 속에서는 아무것도 할 수 없다. 하지만 해가 뜨고 밝은 햇살이 쏟아져 내려올 때 만사가 이루어진다. 빛은 깨달음이다. 깨달음 속에서 만사가 이루어진다.

3. 부처님의 진리 세계에서 심어진 우리의 소망과 기원은 반드시 이루어진다. 진리의 힘으로 이루어지기 때문에 발원하면 철저히 믿어야 한다. 부처님의 진리에 의해서, 부처님의 위신력에 의해서, 부처님의 대자대비에 의해서 나의 소망은 매일매일 이루어지고 있다.

4. 우리가 바른 믿음으로 마음의 문을 열 때 진리의 힘은 거침없이 흘러나온다. 우리는 이상을 실현하기 위해서 지혜를 끌어내야 한다. 소망이 이루어지지 않는다는 생각은 부질없다. 그런 생각을 버려야 한다.

5. 우리는 희망을 품고 태어났다. 희망은 막연하고 모호한 감정일지 몰라도 점차 구체적 목표로 성장해 간다. 그리고 그것을 실현하기 위해 앞으로 나아가는 용기가 있어야 한다. 결단을 내리는 용기는 행동을 촉발하고 우리의 소망, 타고난 희망을 실현해 준다.

6. 소망을 이루려면 어떠한 경우라도 이웃과 대립하지 말고, 미워하지 말아야 한다. 노여움이나 슬픔도 없어야 한다. 이러한 안 좋은 감정들은 노력을 헛되게 만드는 요인이 된다. 나를 둘러싸고 있는 요건들, 그것이 비록 거칠고 결코 용납될 수 없는 것이라 하더라도

대립하는 감정으로는 해결되지 않는다. 내 마음의 평화와 조화와 밝음과 기쁨이 넘쳐나면 소망은 이루어진다.

7 . 성공하는 사람은 자신의 희망을 가슴속에서 불태운다. 이미 이루어진 모습을 마음에 채운다. 일체 불안을 씻어버리고 믿음과 성공으로 소망을 가꾸어 가야 한다.

8 . 타인을 희생하지 않고 남에게 불행을 주지 않으면서 끊임없는 노력으로 자신을 성장시키면 소망은 이루어진다. 우리의 상황이 절망적이어도 지혜의 눈으로 보면 그렇지 않다. 이루어지기 어렵다는 의심이나 공포감은 버려야 한다.

9 . 우리는 항상 현재 의식 속에서 부단히 참된 꿈, 참된 생각, 아름다운 소망이라는 종자를 장만하고, 잠재의식이라는 밭에 깊이 뿌려야 한다. 소망을 이루게 하는 원동력은 잠재의식이라는 마음 밭을 얼마나 잘 갈았느냐에 달렸다. 그 밭에 튼튼한 씨앗을 뿌리면 좋은 열매를 맺는다. 생각은 씨앗이다. 굳게 생각하고 확신하고 행동하고 말하는 것은 반드시 실현된다. 이것이 마음의 창조 법칙이다.

10 . 우리의 희망이나 꿈은 참을 수 없을 만큼 절실해야 한다. 다행히 되면 좋고 안 되면 그만이라고 하는 생각은 무력하다. 싹트지 않는 종자와 같이 힘이 없다. 마음속에서부터 우러나는 절실한 소원이어야 실현이 빠르다.

11 . 꿈은 실현할 수 없는 공허한 것이 아니다. 반드시 이루어진다. 꿈은 희망을 현실화시키고 구현하는 힘이자 방법이다.

12 . 우리는 저마다 바라는 소망이 있다. 이 소망을 이룰 수 있는 여건은 우리 법성 생명 가운데 이미 갖춰져 있다. 내 생각 이전의 원천 생명, 그 생명 가운데 이미 이룰 수 있는 권능이 이미 갖춰져 있다. 자신 안에 그것이 무한성의 진리라고 생각할 때 원하는 소망은 이루어진다. 모든 것을 이룰 수 있는 지혜와 능력이 내 생명 가운데 이미 존재하기 때문에 보다 구체성을 가지고 마음에서 확정하면 소망은 이루어진다.

13 . 우리의 소망이 이루어지려면 마음이 평화롭고 곧아야 한다. 미움과 대립, 노여움과 다툼의 감정들을 깨끗이 비워버려야 소망이 이루어진다. 일심으로 염불해 부정적인 감정들을 녹여서 자신이 허망한 것에 사로잡혀 있었음을 스스로 깨달아야 한다. 나아가 감사의 마음이 가슴에 차 있을 때 소망이 이루어진다.

14 . 내 마음이 희망과 평화와 활기에 차 있다고 생각하자. 나에게는 건강과 번영과 행복이 찾아온다. 이 마음이 우주의 중심이고 생각이 창조의 원형인 까닭에 생각은 현실로 드러날 수 있다. 사람의 깊은 마음은 부처님 마음과 연결되어 있어서 무엇이든 이루어지는 힘이 있다. 신념이 담긴 생각, 이것이 실현력을 가지는 힘이다.

15 . 이미 지나간 일을 다시 생각하며 괴로워할 이유는 없다. 과거

는 이미 지나갔다. 과거를 다시 문제 삼지 말고, 자기 마음을 자유롭게 써서 새로운 희망을 구체화하는 창조자가 되어야 한다.

16. 잠에서 깨면 우리는 새롭게 태어난다. 과거는 이미 흘러가 버렸고, 이제 새로운 희망과 결의만이 나의 것이다. 마음에 희망과 기쁨의 미래가 가득 담겨 있다. "나는 불자이다. 부처님의 진리생명이다. 건강하고 행복하다. 오늘 하루 좋은 일이 찾아온다." 이렇게 매일 아침마다 열 번 이상 소리 내며 말한다.

17. 나의 성장과 성공은 자신에게서 나오는 것 같이 보여도 사실은 우리 생명의 뿌리라고 하는 진리가 나를 통해서 나타난 것이다. 나에게 깃든 소망은 진리가 나를 통해서 나타난 것이다.

2.2. 참된 소망

1. 타인과 세상에 이로운 소원일수록 실현되기 쉽다. 많은 사람을 돕고자 하는 마음은 성현의 마음과 통하는 것이다. 또한 부처님의 원력과도 통하므로 진리의 힘으로 그 소망이 빨리 실현된다. 나와 남이 함께 기뻐하고 많은 사람에게 이익을 줌으로써 내가 기뻐하는 그러한 소망이어야 한다.

2. 소망은 도덕적이어야 한다. 도덕 질서에 위배 되는 소망은 진리와 어긋나므로 실현될 수 없다.

3. 자기 생명 속에 빛나는 부처님의 위신력으로 나와 세상이 함께 밝아지기를 바라는 소망은 불자라면 누구나 지니고 있다. 나와 일체중생이 모두 밝아지면 전법은 완성된 것이다.

4. 우리가 기도로써 구할 것은 매개물이나 중간 방편이 아니라 높은 소망 그 자체이다. 그것이 진리의 싹이며 진리에 의해 뒷받침되는 참된 소망이다. 돈을 구하는 것은 참된 소망이 아니다. 매개물을 구하지 말고 참으로 필요한 것을 구해야 한다.

5. 우리의 마음속에 싹튼 참된 소망은 우리 생명 깊은 곳에 자리잡은 대진리에서 나온 것이다. 흔들리고 어두운 마음속에 비친 한 줄기 빛이다. 이 빛은 진리에서 온 것이므로 반드시 실현된다.

6. 사람의 마음이 지닌 창조의 힘을 우리는 충분히 알아야 한다. 우리가 성취하고자 하는 소망은 밖에서 오는 것이 아닌 마음속 창조적 힘에서 시작한다. 이것을 모르는 사람은 성취의 원리를 몰라서 자신에게 있는 창조의 힘을 쓰지 못한다. 이 원리를 알아서 마음에 있는 창조력을 활용하면 자기 운명의 창조와 이상 실현을 현실화할 수 있다.

7. 올바른 소망을 세우면 진리의 힘으로 이루어진다. 왜냐하면 존재하는 것은 진리의 힘밖에 없기 때문이다. 삶의 존재, 살아 있다고 하는 것이 따로 있는 것 같아도 사실은 진리 가운데 있다. 부처님의 진리 안에서 사는 생명인 까닭에 부처님의 진리에 상응하는 소망

들은 반드시 이루어진다.

8. 진리를 바탕으로 하는 참된 소망이어야만 그 소망을 이룰 수 있다. 베푸는 마음, 자비로운 마음, 따뜻한 마음, 평화로운 마음을 가지고 있을 때 우리의 믿음이 바르게 성장하고 소망이 이루어진다. 부처님을 믿고 지혜를 염(念)할 때는 열정과 열성이 있어야 한다. 또한 소망이 실현된다고 확신해야 한다.

9. 소망은 나의 것이로되 실재는 나의 것이 아니다. 진리 세계에 있는 것이 우리 앞에 나타나 움튼 것이다. 그것은 진리의 믿음에 의하여 성장하여 현실의 형태를 갖추어 성취되는 것이다. 이것이 소망의 본질이다. 진리에 뒷받침되고 있는 나의 소망에 대하여 자신을 갖자. 내가 마음을 열고 흔들림 없이 소망을 싹틔워 갈 때 진리의 힘으로 반드시 이루어진다는 확신을 갖자.

10. 어린이들에게 지극히 고귀하고 지극히 높은 덕성과 아름다운 능력이 무진장으로 간직되어 있다는 긍지를 심어주어야 한다. 가난하고 어려운 환경에 태어난 아이들에게도 끝없는 희망과 용기를 차별 없이 심어주어야 한다.

11. 우리는 생각을 밝고 긍정적이고 희망적인 방향으로 향하게 해야 한다. 우리의 마음을 밝고 싱싱한 생명감과 충족감으로 가득 채워야 한다.

3. 공덕을 쌓는 수행

3.1. 원만공덕

1. 다른 사람의 선행을 함께 기뻐하고 칭찬하자. 왜냐하면 함께 기뻐하는 그 마음에서 이루어지는 공덕은 한량없기 때문이다.

2. 다른 사람이 짓는 공덕을 기뻐할 줄 모르고 대립하려고만 하는 사람은 아무리 기도를 해도 소용이 없다. 기도는 큰 진리생명의 표현이며 발현인데, 대립하는 마음으로 어찌 그 진리 광명을 자신의 것으로 할 수 있겠는가. 기뻐하고 일체중생 천지만물과 한 몸임을 실현해야 그 모든 공덕이 자신의 공덕으로 성장한다.

3. 모두가 부처님의 생명으로 살고 있다는 믿음은 반야바라밀에 의해 비로소 가능하다. 모두 공(空)으로 보기 때문에 미움과 대립과 원망은 정화되어 깨끗한 진리 실상만이 나타난다. 그래서 우리 모두를 공덕이 갖추어진 원만하고 귀한 사람이라고 하는 것이다.

4. 불자는 남이 지은 착한 공덕을 함께 기뻐한다. 부처님이 닦으신 수많은 공덕 하나하나를 기뻐하고, 일체중생이 닦은 공덕도 함께 기뻐한다. 설사 악인일지라도 오늘 한 가지 공덕을 지었다면, 그것을 진심으로 기뻐한다. 원래 일체중생은 한 몸과 마찬가지이다. 대립하는 감정이 있어서는 결코 다른 사람의 착한 공덕을 기뻐해 줄 수 없다. 기뻐하고 서로가 하나라는 진리를 긍정하며 존중해야 한다.

5 . 부처님의 가르침을 배우기 전에는 범부였고, 상대를 남으로 보고 대립적인 존재로 봐왔다. 서로 뜻이 맞으면 협동하고, 안 맞으면 다투며 대립했다. 그러나 반야바라밀 법문을 배우고 난 다음부터 우리는 한 몸이다. 서로를 위해주고 서로가 부처님의 무한공덕을 지닌 사람이다. 서로 받들고 섬겨서 서로의 능력을 발휘해 사회에 이바지하자. 부처님 법을 배운 이상 우리는 범부가 아니다.

6 . 사람은 참으로 귀하다. 스스로 돕고 남도 도우며 세간에 이로움을 준 선근 공덕으로 이 몸을 얻은 것이다. 우리는 큰 희망을 약속받고 큰 서원의 가능성을 안고 태어났다. 부처님의 진리를 깨달을 수 있다는 것은 인간이 가진 가장 강한 특권이다.

3.2. 공덕을 밝히는 수행

1 . 자신 안에 있는 진리의 무한성을 발현해 원만한 공덕을 성취하고자 한다면, 오랫동안 물든 범부의 마음을 비워야 한다. 온갖 의심과 공포, 원망하는 마음을 말끔히 버려야 한다. 그리고 한결같은 진리의 목소리인 부처님 가르침을 따르기 위해 마음을 맑게 해야 한다.

2 . 누구든지 부처님 말씀대로 수행하면 제각기 공덕을 얻는다. 그런데 어떤 공덕을 얻는지는 모른다. 부처님의 가르침을 들어서 근기대로 닦아갈 때 무상보리 일체종지에 이르는 공덕을 얻을 수 있다. 스스로가 공덕을 얼마나 쌓았는지 모르더라도 부처님은 알고 계신다.

3 . 감사와 예배는 성불하는 길이며 무한공덕을 성취하는 길이다. 따라서 이를 실천하고 수행할 때 기적적인 공덕이 나타난다. 가족이 화합하고 건강하며 사업이 순탄한 것은 가장 처음 받게 되는 공덕이다. 행복은 가정에서부터 이루어진다.

4 . 항상 부처님과 부처님 공덕을 생각하자. 우리 마음에 부처님은 상주하신다. 우리의 생각이 부처님을 염(念)하면 현재 마음에 부처님의 광명이 비친다. 부처님 광명이 비추는 곳에 어둠은 사라지고 불행도 사라진다.

5 . 우리는 부처님의 대자대비하신 원력을 이어받은 불자이다. 불자는 부처님의 무한한 위덕과 공덕을 완전히 가지고 있다. 하지만 부처님 공덕과 연결될 수 있는 마음 상태가 준비되지 않으면 아무리 불자라 할지라도 그 공덕을 누리지 못한다. 공덕을 누리고자 한다면 그만한 마음 상태를 가지는 것이 중요하다.

6 . 불안 같은 것은 없다. 오직 부처님의 무량공덕뿐이다. 우리 생명에는 부처님의 진리 공덕만이 찬란하게 빛난다. 이것을 믿고 내가 먼저 바뀌어야만 사회와 역사가 바뀐다. 세상을 이롭게 하는 큰 사명의 길로 나아갈 수 있다.

7 . 욕심을 움켜쥐던 손을 놓았을 때, 그릇된 생각을 버리고 부처님을 향했을 때, 어둡고 나쁜 생각을 다 비워버렸을 때, 어두운 그림자를 제거해 버렸을 때, 비로소 부처님의 공덕이 넘치고 부처님

의 햇살이 비쳐온다.

8 . 부처님의 공덕 세계가 나의 생활 속에 항상 피어나게 하려면 우선 부처님의 공덕과 나의 현실 생활, 그 마음 사이에 장애물을 설치하지 말아야 한다. 장애물은 바로 불신이다. 불신을 제거하는 방법은 첫째, 진리생명의 반야바라밀 구조를 이해하고 믿는다. 둘째 일심으로 반야바라밀을 염(念)한다. 셋째, 보살도를 실천하고 행원을 실천한다.

9 . 불공(佛供)은 탐심을 버리고 마음을 닦아 복덕의 문을 여는 행위이다. 부처님의 자비하신 복덕의 물줄기가 막힘없이 흐르도록 막힌 것을 털어버리는 행위가 불공이다. 불공으로 없어지는 것은 탐착심이고, 얻는 것은 복덕이다. 그러니 복덕은 구하지 않아도 오는 것이다. 참된 소망은 부처님의 원력으로 이룰 수 있음을 믿고 감사하자. 만약 복을 바라되 그것이 참된 소망이 아니라면 이루어지지 않는다.

10 . 보살은 일체 공덕을 끊임없이 쌓는다. 부처님께서 목숨을 버려 수행하신 것을 배우며, 일체 처소에 몸을 나투어 법을 설하심을 배우며, 일체중생이 좋아하는 것을 따라서 성숙하는 법을 배운다. 보살은 병자에게는 의원이 되고, 길 잃은 자에게는 길을 알려주고, 어두운 밤에는 광명이 되고, 가난한 이에게는 보배를 얻게 해준다.

11 . 공양은 복덕의 문을 여는 지혜행이다. 복덕의 강물을 가로막는 장애물을 거두는 용기 있는 행이다. 불공(佛供)은 물건이나 음악

으로 공양할 수도 있지만, 법공양도 있다. 부처님의 말씀을 따르고 중생을 이롭게 하며, 이웃을 도와 이 세상에 불법이 오래가도록 많은 수행을 하는 것이 법공양이다. 부처님께서는 법공양의 공덕이 한량없다고 말씀하셨다. 불공은 귀의, 예경, 찬탄, 참회, 염불, 발원 등의 수행이 따른다. 우리는 불공을 올려 복을 닦고 법공양을 행하며 지혜를 닦아 성불 공덕을 이룩해야 한다.

3.3. 위신력과 공덕

1. 부처님은 우리가 찾지 않아도 우리를 기다리신다. 우리가 구하지 않아도 주시려고 기다리고 계신다. 내가 눈감고 손을 오그린 채 안 받고 외면하고 있을 뿐이지 부처님은 처음부터 주고 계셨다.

2. 왜 자비를 행하면 우리의 내부 생명인 불성에서 온갖 공덕이 현실 위에 나타나는 것일까. 그 이유는 간단하다. 불성의 기본 체성(體性)이 자비인 까닭이다. 경에도 분명히 "모든 부처님은 대자비로 체를 삼으신다"라는 가르침이 있다. 그러므로 자비를 행하면 우리의 내부 생명인 부처님의 대자비 위신력이 현실과 연결되어 나타나는 것이다.

3. 부처님의 위신력은 조건이 없고 사람을 분별하지 않는다. 현존하고 영원하다. 말 그대로 대자대비하시다. 무애자재 만덕구족하다. 기도의 공덕력 역시 부처님의 위신력이다.

4 . 부처님의 진리 광명이란 어떤 것일까? 그것은 크기가 얼마만 하다고 규정할 수 없는 무진장의 위덕이다. 자비와 지혜와 창조의 위신력이 무한정으로 넘쳐나고 있다. 이것을 부처님 공덕이라고도 한다. 이 공덕은 누구에게나 어느 곳에서나 항상 무진장인 채로 우리의 생명을 뒷받침하고 있다.

5 . 부처님은 이 세간에 나투셔서 수많은 중생의 근기에 맞추어 법을 설하셨고, 중생이 마침내 착한 공덕을 얻게 만드셨다.

6 . 내가 염불해서 내 힘으로 공덕을 얻는다고 생각하지만 실은 그렇지 않다. 제도를 받는다는 것은 내 힘도 아니고 남의 힘도 아니다. 이는 부처님의 위신력과 불력(佛力)에 의한 것이다. 우리가 부처님의 가르침을 행하면 내 힘이 아니라 바로 부처님의 대비 원력에 의해 실현된다.

4. 운명을 극복하는 법

4.1. 변화를 위한 마음 자세

1 . '우리는 부처님의 은혜와 진리, 부처님의 신력과 함께 있다. 나는 건강하고, 매사가 하루하루 잘 되어간다.' 이렇게 생각하고 신념에 담긴 말을 한다는 것은 자기의 운명을 바꿀 수 있다. 일체유심

조. 근본은 마음이고, 마음이 온 우주와 온 생명과 이 몸과 우리의 환경을 만드는 것이다.

2. 우리는 누구나 평화와 행복을 원한다. 싸움보다는 화목을 원한다. 그런데 진정 우리의 생각, 우리의 마음을 평화롭고 생동적이며 사랑과 행복으로 채워왔던가? 밝은 희망보다도 우울한 어둠과 같은 불안, 절망 등을 생각하지는 않았던가? 어두운 생각은 어둠만을 부를 뿐이다. 이런 마음이라면 우리 앞에 밝음과 행복이 열릴 수 없다. 성취의 원리, 생각의 위력, '일체유심조'의 가르침, 그리고 능히 환경을 변혁하는 주체적 권능의 소재를 알아야 한다.

3. 우리는 괴로움이 생기면 그 원인을 따지면서 '남의 잘못'이라고 생각할 때가 있다. 일이 잘 풀리면 다 자기가 잘해서 그렇게 된 것이고, 어려움이 닥치면 남의 잘못으로 원인을 돌려 탓하곤 한다. 그렇지만 내 앞에 나타나는 일들은 전부 내 마음이 지은 것이다. 사람들의 환경은 그 사람의 마음 상태에 따라 결정된다.

4. 우리가 좋지 않은 환경을 만났을 때 불평만하면 마음이 어두워진다. 어두운 마음은 어두운 결과, 즉 실패만이 있을 뿐이다. 어두운 환경이 닥쳐오더라도 어둠을 마음으로 받아들이지 않고, 근심 걱정이 오더라도 근심 걱정을 마음에 받아들이지 않아야 한다. 어둠이 오면 불을 밝히듯 믿음의 빛으로 '나는 불자다. 내 생명은 부처님의 한량없는 충만한 공덕이다'라고 확신해야 한다.

5 . 구름이 걷히면 밝은 햇살이 내리쬐듯 마음의 어둠을 거두고 일체 걸림을 제거하면 원래 내 생명인 진리가 모습을 드러낸다. 그릇된 생각과 나쁜 습관을 버리면 진리의 빛이 나온다.

6 . 불신을 믿음으로 바꾸고 믿음 속에서 부처님의 완전한 공덕이 나에게 현존하고 있음을 깨닫는다. 이 믿음이 흔들리지 않고 유지되도록 하는 것이 기도이다. 마음이 먼저 이루어질 때 운명이 바뀐다.

7 . 인간은 화합하고 존경하며, 서로 돕고 기뻐하는 데서 평화와 창조가 있다. 주변 사람들과 화합하기 어려운 사람은 다음과 같은 방법을 꼭 실행해보길 권한다. 진정한 마음으로 진실을 다하여 일심으로 상대를 대하라. 그러면 어느덧 자기가 바뀌고 상대방이 바뀌고 환경이 바뀌는 것을 알게 될 것이다. 자기 마음을 존경과 감사와 평화와 환희로 채울 때 은혜가 가득한 환경은 비로소 펼쳐진다.

8 . 불행한 사람일수록 더욱 밝은 마음을 내어야 한다. 밝게 웃고 즐겁게 이야기하는 습관을 들여야 한다. 운명을 바꾸기 위해서 우울감을 몰아낼 결심을 하고 하나하나 실천해야 한다. 하루에 몇 번씩 웃어야 한다. 기쁜 표정을 하고 미소를 가득 담는 습관을 만드는 것은 어두운 환경에서 벗어나고 밝은 운명을 맞이하는 기술이다. 이렇게 할 때 성격이 바뀌고 건강해지며 운명이 바뀐다.

9 . 내 마음이 바뀌면 나쁜 환경은 반드시 사라진다. 그러므로 안 좋은 일이 닥치더라도 원망하지 말고 마음 닦는 수행의 길이라고

생각해야 한다. 좋지 않은 일이 나타났을 때 자기 마음을 구체적으로 반성하고 마음을 바꾸는 솔직한 태도가 좋다. 우리는 이러한 수행자가 되어야 한다. 솔직한 태도로 진심으로 감사해야 한다. 그것을 확신하고 염(念)할 때 우리의 마음은 부처님의 지혜 위덕의 통로가 된다.

10. 우리에게 주어진 환경이 어떤 내력을 가진 것이든 그 일차적 원인은 자기의 마음 씀씀이와 행동에 있다. 그래서 자기 마음과 행동을 고쳐야만 환경도 바꿀 수 있다. 결코 자신에게 책임이 없어 보이는 운명적인 일일지라도, 그 역시 원인의 설정자는 자기임을 지혜의 눈으로 읽어내야 한다.

11. 내가 잘못 보고 잘못 알고 있는 것일 뿐 나만 바뀌면 세상은 원래 허물이 없다. 삼조(三祖) 스님의 『신심명(信心銘)』에 '만법무구(萬法無垢)'라는 구절이 있다. '만 가지 법에 원래 허물이 없다'는 뜻이다. 일체가 본래 청정이다. 부정하게 보이고, 나쁘게 보이고, 거칠게 보이고, 대립하게 보이고, 밉게 보이고, 무능하게 보이는 그 모두는 내가 안경을 쓰고 보는 것이다. 내 안경을 벗어버리고 내 마음을 비워내면 청정이 나타난다.

12. 마음을 큰 대지처럼 넓게 써라. 무엇이든 담을 수 있는 무한의 허공처럼 마음을 써라. 맑고, 집착 없는 그러한 마음을 써라. 혹독한 가뭄에도 마르지 않는 깊은 강물처럼 마음도 깊게 가져라. 거친 가죽을 다듬어 부드러운 옷을 만들듯이 마음도 부드럽게 다듬

어야 한다. 굳건하고 흔들리지 않는 수미산 같은 마음을 세워라. 내 마음을 넓고 맑고 깊고 부드럽게 닦으라는 것이 경의 중요한 가르침이다.

4.2. 주체적 자각

1. 우리 안에는 현재의 자신보다 더욱 완전하고 원만하게 발전시킬 능력이 있다. 이 능력을 믿고 노력하여 계발해야 한다. 이 능력은 내어 쓰면 쓸수록 새로운 힘이 나는 샘물과도 같다. 능력은 계발할수록 더욱 성장하고, 자비로운 덕성은 닦을수록 더욱 힘을 드러낸다.

2. 인간에게 절망은 없다. 인간은 어떠한 상황도 넘어설 위대한 지혜와 힘을 가지고 있다. 이것을 모르고 좌절한다면 무지와 두려움에 패배한 것이다. 우리는 창대한 허공과 같고 태양과 같다. 절망은 구름 같이 허망한 것이다. 절망에 굴해서는 안 된다. 일심 염불하여 대성취를 이룰 자신을 믿으며 새로운 꿈, 새로운 용기, 새로운 행으로 성공을 이루어야 한다.

3. 경에는 마음이 일체를 만든다고 했다. 실로 마음은 심묘한 자석이다. 건강도 부도 끌어당기고, 성공도 평화도 끌어당긴다. 이래서 자각하는 마음이 운명을 결정하는 것이다.

4. 인간은 진리의 주인공이다. 소망을 이룰 수 있다. 그런데 어찌하여 행복과 성장을 바라면서도 밝고 창조적인 권능을 포기하고 어둡고 불행한 인생을 자초하는가.

5. 불자는 결코 주어진 현재 상태에 자기 마음을 속박해서는 안 된다. 자기의 무한 가능성을 스스로 속박해서는 안 된다. 우리의 운명을 속박하는 것은 현재의 환경이 아니라 자기 마음인 것을 명심하자. 환경에 속박되어 꼼짝할 수 없다는 열등감에서 벗어나야 한다. 거듭 돌이켜보아 자신에게 깃든 무한 가능성을 확신하자. 우리는 불자이다. 참된 자유인이다. 현재 상태에 휘둘리고 불평 불만하거나 저주하지 말자. 우리에게 주어진 현재 상황이 어떠하든 앞으로 나아갈 수 있는 디딤돌인 것을 기억하자.

6. 운명을 개척하는 주체적 권능을 가진 사람이 자신임을 안다면 모든 사람 역시 새로운 운명을 만들어 갈 자들임을 알 수 있다. 운명은 우리가 만드는 것이다. 어려움이 닥치더라도 결코 체념하거나 당황하지 않는다. 원래 갖추어진 불성의 창조적 위력과 권능을 사용하여 주어진 운명적 여건을 새로운 창조, 정진의 발판으로 삼아야 한다.

7. 본성을 미혹하게 쓰고 있는 범부는 인과 속에서 헤매며 잘못된 삶을 살아간다. 바꿀 수 없는 숙명 같은 것은 원래부터 없다. 외부의 위협도 있을 수 없다. 왜냐하면 인간의 행위나 인과나 선악은 인간 자신이 지은 것이기 때문이다.

8 . 우리의 환경과 운명을 결정짓는 것은 외부조건에서 오는 것이 아니라, 생각을 어떻게 쓰느냐에 달려있다. 불행이 있는 것도 불행을 지탱하는 생각이 뒷받침해서 있는 것이며, 스스로 소망하는 바를 이루는 것 또한 자기 생각이 가져온 결과이다. 결국 생각이 모든 것을 만든다.

9 . 사람은 운명을 개척할 수 있는 자유로운 창조적 권능을 가졌다. 진리를 실천할 힘이 없는 사람은 주어진 환경, 주어진 여건, 그리고 사회에 종속적으로 끌려갈 것이다.

10 . 자기 운명이라고 하는 결정적인 힘이 작용하더라도 운명을 바꿀 수 있는 길은 자기 마음을 바꾸는 데 있다.

11 . 사람의 용모는 과거와 현재의 행동과 생각이 만든다. 용모에는 그 사람이 걸어온 삶이 새겨져 있다. 얼굴이 그 사람의 생각과 깊은 마음 상태를 나타내는 것을 알면, 생각과 마음을 바꿈으로써 용모를 바꿀 수 있다는 말이 된다. 용모는 고정된 것이 아니다. 형상은 절대적일 수 없다. 그러한 형상을 움직이는 것은 마음이라는 사실을 알아야 한다. 스스로가 자기 용모의 주인이 되고, 자기 운명의 주인이 되어야 할 것이다.

12 . 운명은 있으나 운명이 우리를 어찌하지 못하며, 방향을 제시해 새로운 운명을 개척해 가는 것은 인간 자신이다. 이를 알면 불운이 닥치더라도 결코 체념하거나 당황하지 않을 것이다. 원래 갖추

어진 불성의 창조적 위력과 권능을 돌이켜, 주어진 운명적 여건을 새로운 창조, 정진의 발판으로 삼아야 한다.

13. 과거에 지은 업의 결과가 나타나더라도 그것을 받는 자세에 따라 얼마든지 바꿀 수 있다. 밝고 창조적인 새로운 행을 지음으로써 새 환경을 만들어 낼 수 있다. 주체적이고 창조적인 권능은 누구에게든 주어져 있고 결코 빼앗길 수 없다. 인연은 새로운 창조의 형식이라는 것을 알아서 적극적으로 자신의 세계를 개혁할 거룩한 뜻을 펼쳐나가야 한다.

14. 어려움이 닥쳐도 극복하는 방법은 자신이 부처님의 무한공덕 안에 있는 자이며, 참 생명은 무한공덕 자체라는 사실을 확실히 믿는 것이다. 그리고 그러한 큰 진리를 바탕으로 자신의 꿈을 크게 그려야 한다. 운명은 타인이 지어 준 것이 아니라 자기 스스로가 과거에 지은 것이다. 이번 생에 진리의 힘을 전개함으로써 새로운 운명이 열리는 것이다. 이것은 스스로 진리의 주인공으로서 창조행을 전개하는 것이다.

15. 불자는 누구나 자주적인 절대 권능을 지니고 있다. 그렇기에 마음을 스스로 어떻게 내느냐에 따라서 자기의 운명이 결정된다. 자기의 운명은 남이 만들어 주는 것이 아니라 바로 자신의 손안에 들어있다고 하는 이유가 여기에 있다. 불자라면 누구든지 염불과 수행, 독경하는 가운데서 자유롭게 쓰는 독자적인 권능을 키워야 한다.

16 . 대개 사람들은 자기 마음속에 '성공' 또는 '실패'를 가지고 있다. 성공은 밖에서 오는 것으로 생각하고 바깥 조건에 의존하는 한 그에게서 성공은 멀어진다. 세계가 독자적인 듯이 보여도 실은 우리 마음의 반영이라는 사실을 잊지 말아야 한다. 그것을 깨달았을 때 인간은 위대한 자신을 회복하고 만사의 주인공이 된다. 자기 내부에서 무한한 진리를 보고 부처님을 발견하고 그 힘으로 나아가는 자에게 실패란 있을 리 없다.

4.3. 운명을 바꾸는 방법

1 . 주어진 오늘에 감사하고, 자기에 감사하고, 이웃에 감사하고, 부모님과 주위 환경에 감사해야 창조의 근원적 힘이 자신에게서 넘쳐난다. 그리하면 뜻을 이루고 환경을 바꾸고 운명을 바꾸는 결과를 가져온다.

2 . 마음이 밝아지면 운명이 밝아진다. 아무리 원만하더라도 마음이 어두운 사람에게는 그 앞에 어두운 것이 찾아오지만, 자기 마음을 밝히면 그 사람이 가는 곳마다 밝아진다. 운명을 바꾼다고 하는 것은 이렇게 시작된다. 자기 마음에 불멸의 태양, 불멸의 등불을 밝혔을 때 운명은 그때부터 서서히 바뀌어 간다.

3 . 사람에게 운명이 있을까? 사람의 본성인 법성에서는 얻을 것이 없다. 지음[作]도 없고 함[爲]도 없다. 인과도 없고 선악도 없다.

그러니 운명도 숙명도 있을 리 없다.

4. 사람들은 겉모습을 꾸민다. 하지만 겉모습보다 중요한 것이 있다. 바로 우리의 내면이다. 몸과 말과 뜻으로 나타내는 것이야말로 진정한 몸단장이다. 마음을 아름답게 꾸미면 반드시 겉으로 드러나기 마련이다. 내 생명의 진실과 거룩함과 원만함을 몸과 말과 마음으로 끊임없이 나타내는 것이야말로 진정 아름다운 단장이며 최상의 단장이다. 이는 자신의 운명을 바꾸고 다른 사람의 운명을 바꾸고 세상의 운명을 바꾸는 큰 위력을 갖추는 것이다.

5. 과거에 지었던 나쁜 업은 없애고 새롭게 선한 업을 키워야 한다. 지혜와 믿음에 따른 생활을 착실하게 닦아서 하루하루 밝은 깨달음이 드러나면, 삶은 희망과 용기가 넘쳐나게 된다. 이런 인생은 비록 범부라 할지라도 즐거움과 보람이 있다.

6. 육체의 소멸은 있지만, 생명 자체는 영원하다. 누적된 행위와 생각의 집적에 따라 계속 새로운 생을 받는다. 그러므로 우리의 마음이 용모에 끊임없는 변화를 주고 있음을 알아야 한다. 오늘 아름다운 용모의 원인이 되는 행을 닦아갈 때, 오늘 나의 용모가 바뀌게 된다. 이 몸이 끝나고 새로운 몸을 받더라도, 역시 아름다운 마음이 미모의 종자가 되어 다음 생에 아름다운 용모를 갖고 태어나는 것이다.

7. 사람의 성장과 깨달음이라고 하는 도리를 알아가는 과정에는 여러 가지 환경이 작용한다. 환경이 나빠서 좌절하는 사람이 있고,

환경이 좋아서 크게 성취한 사람도 있다. 그러나 우리 불자에게는 모든 환경과 여건은 걸리는 바 없는 성장의 소재이다. 어떤 경우에도 흔들림 없이 불자라고 하는 긍지를 가지고 그 확신으로 살아갈 때 환경에 동요 없이 성장 일로의 길을 가게 된다.

8. 이웃을 미워하지 않으려면 내 마음속 대립을 먼저 무너뜨리고, 그 자리에 사랑과 너그러움을 채워야 한다. 그것이 진리의 길이다. 대개 마음에 무엇을 갖고 있는가에 따라서 보는 것도 상이하다. 자비한 마음, 사랑스러운 마음, 좋은 마음을 갖게 되면 그 사람이 좋게 보인다. 또한 그 사람이 하는 것, 그 사람이 가지고 있는 물건까지도 다 좋게 보인다.

9. 우리에게 주어진 현재의 환경이 비록 험악하더라도 비관하지 말자. 오히려 지금 현 상황에 감사하자. 우리는 그곳에서 새로운 곳으로 도약할 수 있다. 현재 환경에 굴복하지 말자. 끊임없이 염불하며 자신에게 깃든 무한능력, 성공의 약속을 마음 깊이 새기도록 노력하자.

10. 우리는 어둠이 오면 불을 밝힌다. 어둡다고 어둠을 탓하고만 있으면 어둠에서 벗어날 수 없다. 어두울수록 불을 밝혀야 한다. 불행과 고난이 닥치더라도 내 생명은 충만한 부처님 공덕이고 부처님 광명이며 부처님의 은혜로운 자재신력임을 알고 이것을 마음에 가득 담자. 현실에 감사하고 끊임없이 염송해 나가야 어떤 고난과 역경도 딛고 뛰어넘어서 성장하는 사람이 된다.

5. 고난과 불안을 다스리는 지혜

5.1. 고통의 원인

1. 우리가 공포, 두려움, 불안을 느끼는 이유는 다음과 같다. 첫째, 우리 마음의 진실한 모습이 무엇인지 모르기 때문이다. 둘째, 어두운 생각이 쌓였기 때문이다. 어렸을 때부터 쌓인 불안 공포의식이 자신의 내면에서 끊임없이 흔들리고 항상 불안하게 만든다. 불법에 발을 내디뎠다면 우리는 두려움을 이겨내고 마음속에 있는 태양과 같은 광명으로 자기 자신을 가득 채워야 한다. 이것이야말로 불법을 배우는 지혜이고 불교를 믿는 사람의 큰 특권이다.

2. 고통스럽다는 것은 그때그때 흘러가는 구름과 같다. 죄악은 모두가 자신의 능력을 그릇되게 사용했기 때문에 일어난다. 게을러서 스스로 갖추어진 고귀하고 신성한 능력을 썩혀 버리거나 사회 속에서 보살로서 마땅히 해야 할 일을 하지 않는 행위들도 죄가 됨을 알아야 한다.

3. 고통이 생기면 '내게 무슨 잘못이 있나'라며 눈에 보이고 손으로 만질 수 있는 것만 생각한다. 흡사 학문적으로 연구하고 과학적인 방법으로 탐사하는 것 같다. 하지만 그것은 지각과 현상의 세계이다. 우리는 지각과 현상 너머의 세계는 전혀 생각하지 않는다. 우리는 눈으로 보고 귀에 들리는 오관의 세계밖에 보지 못한다. 현상세계에는 분명히 불행과 고난이 있고 잘못을 범하지 말아야 하지

만, 잘못이 있으면 깨끗이 뉘우치고 참회하고 비워야 한다.

4. 우리는 현상 세계에서 살지만, 현상의 고난에서 탈출하려면 마음을 먼저 비워야 한다. 현상 세계의 고난과 어려움, 미움, 애착을 마음속에 가득 담아두면 우리의 환경에서 조화와 평화, 관용과 같은 성과는 오지 않는다. "마음을 바꿔라. 마음에 있는 것이 이루어진다"라는 말을 항상 하는 이유가 바로 여기에 있다.

5. 우리 주변에 벌어지는 모든 현상은 자신에게서 비롯된 마음의 그림자이다. 주위 환경을 좋게 하려면 먼저 자기 마음을 바로 하는 길밖에 없다. 마음에 성내고 교만한 마음이 있을 때, 자신을 거스르고 마음을 괴롭게 하는 사태가 나타난다. 내 마음에 평탄과 자비가 차 있을 때 그런 경계는 나타나지 않는다. 그러므로 주변을 좋게 하려면 먼저 내 마음을 고쳐야 한다.

6. 사람으로 태어나 고통스러운 일을 당한다는 것은 과거에 지은 고(苦)의 원인이 해소되는 과정이다. 괴로운 삶을 살아가면서도 괴로움을 회피하려거나 즐거움에 집착하려 하지 않고 자성을 닦아 밝은 성품을 드러내어 참 지혜를 알게 된다면 부처님의 법성을 실현하고 자기 생명을 밝은 빛으로 생장시키는 계기가 될 것이다. 또한 고를 겪는 자만이 그 고를 즐거움으로 바꿔 가면서 새로운 경험과 고에서 해탈하는 기쁨을 누릴 수 있다. 이는 부처님의 자비와 지혜를 실현해 가는 과정이기도 하다.

7. 생활에 조금 어려움이 있다고 하여 그것이 나쁜 것이고, 고통이 적다고 하여 그것이 꼭 좋은 것이라고는 말할 수 없다. 평화로운 일상과 뜻대로 일이 잘 풀리는 삶을 보내고 있다면 과거에 지은 좋은 업이 나타나는 것이다. 그러므로 괴로움이 닥쳤다는 것은 과거에 지은 나쁜 업이 결과로 나타나고 있으므로 그 업이 소멸되는 과정임을 알아야 한다.

8. 마음속이 비정상적인 상태를 유지하면 불행이 겉으로 드러난다. 즉, 현상으로 나타난다. 현상으로 나타나는 이유는 바로 자신의 마음 때문이다. 이를 벗어나기 위해서는 염불 기도가 필요하다.

9. 느끼고 사는 세상에는 온갖 괴로움이 갖가지 행태로 나타난다. 생고(生苦), 노고(老苦), 병고(病苦) 등 팔고(八苦)가 가득한 세계가 현상 세계이다. 하지만 반야바라밀 법문을 행하는 사람이라면 여기서 벗어날 지혜가 생겨난다. 괴로움, 한계, 장애를 만나거든 즉시 생각을 돌려 부처님을 생각해야 한다. 이렇게 할 때 마음의 반야바라밀 부처님의 완전무결한 행복의 원천이 내 마음에 흘러넘치며, 일체 죄업이 소멸한다.

10. 사람에게 두려운 일이 생긴다는 것은 모두가 어리석음에서 오는 것이다. 고난도 어리석음에서 온다. 이 어리석음을 퇴치하는 최상의 방법도 반야바라밀, 대지혜의 완성이라고 말하는 법문이다.

11. 부처님의 일체 성취의 진리 '마하반야바라밀'이 우리 생명을

뒷받침하고 있건만, 우리에게 불안과 고난이 있는 이유는 아직 미혹하기 때문이다. 우리 자신이 부처님의 공덕을 믿지 않고 망념을 일으켜, 부처님의 광명이 자신에게 나타나는 것을 가로막기 때문이다.

12. 우리는 생명에 깃든 지혜와 능력을 발휘할 수 있다면 어떤 역경도 이겨낸다는 진리를 알고 있다. 자신에게 갖추어진 위대한 능력을 잊고 그저 물질적 환경의 종속자라고 생각하는 데서 고난과 좌절이 생겨난다. 그래서 우리에게는 게으름이 첫째 죄악이고, 무지와 어리석음이 죄이고, 겁약과 부정과 소극과 낙착(樂着)이 죄이며, 그것이 실패와 불행의 길잡이임을 알고 이를 경계해야 한다.

5.2. 고통을 극복하는 자세

1. 몸에 병이 나거나 마음에 상처를 입어서 괴로움에 시달리는 경우가 있다. 또는 진리에 무지하고 미혹한 마음에 휘둘려서 생기는 괴로움도 있다. 수많은 고통을 지닌 중생들을 고통 없는 진리 청정 안락 평등의 땅으로 이르게 하려고 부처님이 오신 것이다.

2. 불행하고 고통스럽고 뜻대로 되지 않는 일이 벌어졌다면 그 원인을 밖으로 돌리지 말고 자기 자신부터 살펴봐야 한다. 가정의 불화나 자녀들의 반항, 자기 일신이나 가족의 병고들은 그 원인이 자신의 마음 씀씀이에 따른 결과이다. 따라서 불행한 일이 일어났다는 것은 내가 마음을 정상적인 진리 상태로 쓰지 않았다는 사실을

보여 주는 경종이다.

3 . 육체의 병, 가정의 갈등과 불안, 사업상 곤란 등은 마음 바탕을 바르게 다스리지 않기 때문에 일어난다. 고난을 이겨내기 위해서는 마음을 진리대로 정상적으로 관리해야 한다. 우리가 가지고 있는 본성 진리를 믿고 마땅히 있어야 할 원상을 긍정하고, 있어서는 안 될 것을 부정해야 한다.

4 . 아픈 사람, 장애를 만난 사람이 스스로가 어둠을 짓고 어두운 마음을 버리지 못한다면 경계는 사라지지 않는다. 본인이 마음을 돌이켜 불행이 생겼든 병고가 생겼든 거기에 마음을 두지 않고 바로 마음을 돌이켜야 한다. 불행과 장애를 불러들이는 마음을 비우고 털어버려야 한다.

5 . 장애를 만났을 때 그것을 넘어서려면 보다 큰 노력이 필요하고 그 노력을 통하여 우리의 정신은 연마되고 계획은 실현되어 간다. 고난이나 장애 속에는 우리의 희망을 성취하고 정신을 연마하고 진보시킬 힘이 있다. 결코 장애를 두려워할 필요가 없으며 극복하지 못할 고난은 없다.

6 . 우리가 희망을 실현해 갈 때 크든 작든 장애를 만난다. 이럴 때 장애를 극복하기 어렵다고 생각해서는 안 된다. 불성 공덕이 원만한 바라밀행자에게 있어 극복하기 어려운 장애란 존재하지 않는다. 반야바라밀 원만공덕 일체 성취를 가로막는 요소는 없기 때문이다.

7 . 마땅히 들어야 할 내용을 안 들으려고 할 때, 안 듣겠다고 하는 마음의 상태가 장애 요인을 만들어낸다. 마음을 돌이키고 뉘우쳐 항상 진실한 말을 받들어 섬기겠다는 자세로 바꾸는 것이 좋다. 진실한 태도는 독경하고 염불, 참회, 발원하는 것이다.

5.3. 고난을 대하는 마음가짐

1 . 마음속에 간직하고 붙들고 있다고 해서 어려움은 사라지지 않는다. 어려움과 고난을 만나면 힘써 마음에서 어려움을 떨쳐버리고 바라밀을 염(念)하고 부처님을 염해서 부처님의 공덕, 바라밀의 공덕이 자신에게 끊임없이 넘치도록 노력하는 것이 중요하다.

2 . 믿고, 생각하고, 행하는 대로 나아가라. 축복받은 우리 인생이여, 우리는 부처님의 완전한 자기실현이다. 우리는 무한의 지혜와 자비와 능력을 갖추고 있다. 조금 뜻대로 되지 않는다고 해서 주저앉지 말자. 우리의 운명이 땅속에 묻혀 있는 듯 보이더라도 사실은 뿌리를 내리며 크게 성장할 준비를 하고 있다. 우리가 믿고 생각하며 행하는 대로 인생은 이루어진다.

3 . 우리의 생활 주변이나 인생살이는 그것이 괴로운 것이든 즐거운 것이든 모두 우리의 생명 이후의 일이다. 나의 생명이 중심이 되어 어떻게 바른 자기를 열어가고 지혜와 복덕의 문을 열어 가느냐에 따라서 인생의 환경과 역사는 벌어지기 마련이다. 원인은 밖에

있는 것이 아니라 자신에게 있다. 따라서 새로운 가치를 추구하고 새로운 보람을 성취하는 것도 자기 자신에게 달려있다.

4. 어려움을 당할수록 우리 자신의 마음 자세와 생활 주변을 깊이 살펴봐야 한다. 들뜬 헛된 생각에 놀아나고 있지는 않았던가. 수많은 사람의 노력과 정성, 협동으로 이루어진 것을 경시하거나 낭비하지 않았던가. 비록 작은 물건 하나에도 무엇으로도 바꿀 수 없는 고귀한 생명 공덕이 깃들어 있는 것을 외면하지는 않았는가.

5. 우리가 사는 환경과 조건들, 육체적인 조건은 마음으로 짜 만들어낸 직물과 같다. 마음이 평화롭고 아름답고 조화로울 때, 마음으로 짠 모시나 베가 곱게 생겨나듯이, 우리에게 평화가 오고 번영이 오고 이웃이 다정해지는 환경이 나타나는 것이다. 하지만 거친 실로 짜서 거칠어지면 결국 마음이 어지러운 것과 마찬가지로 장애나 고난, 대립, 투쟁, 파괴 같은 불행들이 나타난다. 이 모두가 근본은 그렇지 않지만 낮은 차원에서 우리가 경계에 매달려 마음을 일으키고 생각을 일으키고 행을 일으키기 때문이다.

6. 고난을 겪는 이는 자기 마음속을 자세히 살펴볼 필요가 있다. 마음 한구석 어딘가에 '나는 이젠 틀렸다'라는 한정의 생각이 붙어 있거나 자기 부정적 요인이 있을 수 있다. 이것이 자신에게 소극화를 가져오고, 열등감이나 좌절감에서 헤어날 수 없게 한다. 이런 어두운 그림자를 소탕해야 한다.

7 . 사람들은 어려움을 당했을 때 주저앉기가 쉬운데 두 가지 점에서 그럴 필요가 없다.

첫째, 우리 자신이 반야바라밀행자, 부처님의 위대한 신력을 완전히 갖추고 있으므로 우리의 신력을 가로막을 자가 없기 때문이다.

둘째, 어떠한 장애든지 그것은 반드시 소멸하고, 소멸함으로써 새로운 전진을 하게 된다는 점이다.

8 . 역경 속에서 성공의 기회를 찾고, 고난 속에서 성장하고 발전할 지혜와 힘을 찾아내야 한다. 일을 당하여 회피하느냐, 맞붙어 해결해 나가느냐, 이것은 우리가 생각하기 나름이다. 우리가 대하는 정신 자세에 따라 일의 국면이 달라진다. 역경 앞에서 오히려 용기를 내는 자, 이 사람이야말로 역사를 만드는 사람이고 성공한 사람이다.

9 . 상황이 어렵다면 무엇보다 온갖 생각을 버리고 마음을 바꾸어 부처님에게로 향하자. 완전한 지혜 무한한 자비인 부처님에게로 마음이 향해야 한다. 자신이 무(無)가 되도록 열심히 염불하여 부처님의 지혜 속으로 뛰어들자. 거기에는 악도 불행도 없다. 반드시 자신을 둘러싼 사건들을 해결할 길이 열릴 것이다.

10 . 절대로 미워하지 마라. 절대로 원망하지 마라. 절대로 부러워하지 마라. 그것은 내 가슴에 불길이 되고 내 가슴에 찬바람을 가져오게 된다. 불행이 내 가슴에 먼저 온다.

11 . 고통스러운 환경에 처했다면 언젠가 고통은 사라진다는 마음을 갖고 대하는 지혜로운 태도가 필요하다. 어려운 일을 만나면 누구나 마음이 어두워지고 불평불만이 생긴다. 어려움은 내 마음속 어두운 마음에 숨어있다가 나도 모르는 사이에 나타난다. 그러나 이 어려움과 어두운 마음은 반드시 소멸한다는 사실을 깨달아야 한다.

12 . 재난을 당하더라도 부처님의 크신 지혜와 자비의 은덕을 생각하고 감사함을 잊지 않을 때 불행은 급속히 자취를 감춘다. 이러한 사실을 알면 억울한 고난을 마주해도 "감사하다"라는 말을 할 수 있다. 이것은 진실한 말이며 지혜의 말이며 위선이 아니다.

13 . 세상에는 여러 가지 불행과 고통이 많다. 부처님께서는 고통을 없애는 법을 중생에게 주시고자 한다. 고통을 없애기 위해서는 궁극적으로 진리를 깨달아야 한다. 생명은 부처님 무량공덕 생명인 까닭에 진리의 완전성, 진리가 가지는 무한공덕성이 바로 자신에게 갖추어져 있음을 알아야 한다. 우리는 겉모습만으로는 무능, 무력, 불행한 존재처럼 보이지만 커다란 지혜와 위력을 가지고 있다. 우리가 가지고 있는 진리의 힘은 몸을 회복시킬 뿐만 아니라 우리를 둘러싸고 있는 고난도 소멸시키는 힘이 있다. 우리는 그릇된 생각을 버리고, 진리가 완전히 우리를 회복시켜준다는 것을 믿어야 한다.

14 . 우리는 어려움을 당하면 불평하고 원망하고 비관하는 마음을 갖는다. 불행을 만났을 때 마음속에 간직하고 붙들어놓으면 불행은 사라지지 않는다. 그럴 때일수록 오히려 밝고 기쁜 마음을 갖도록

노력해야 한다. 이것이 불가능하다면 열심히 염불, 염송해 부처님의 공덕을 끊임없이 마음에 간직하고 어두운 생각을 몰아내야 한다.

15. 불행을 만났을 때 바라밀 공덕이 나에게 존재한다는 것을 깊이 믿고 감사하는 자세가 중요하다. 고난에 빠졌을 때만 부처님께 매달려 호소한다면 마음에서 불행이 떠나지 않고 일심으로 염불해도 개선되기 어렵다. 따라서 어려움을 개선하기 위해서는 우선 우리 자신이 부처님의 무한공덕과 대자재 위신력 가운데 있음을 확신한다. 그리고 어려움을 마음에 받아들이는 것이 아닌 어려움이 없는 부처님의 공덕을 자신의 마음에 가득 채워야 한다. 밝은 마음에는 밝은 일이 모여들고, 어두운 마음에는 어두운 일이 모여드는 법이다.

16. 인생에서 고난을 만났을 때일수록 믿음을 통해 극복해야 한다. 항상 밝게 빛나는 태양을 마음속에 간직해야 한다. 어두운 상황을 당했을 때 어둠에 매몰되고, 불행과 고난의 일을 당했을 때 불행과 고난에 매몰되어 눈물만 지어서는 결코 일어서지 못한다. 자신의 생명에 깃든 무한진리를 확신하고, 밝은 마음이 운명을 바꾸고 환경을 바꾼다는 것을 명심해야 한다.

17. 인간은 절대의 지혜와 권능을 스스로 가지고 있어서 절대의 위력이 이미 이루어진 상태이다. 어떠한 환경도 그를 억압할 수 없다. 절망에 빠뜨릴 수도 없다. 고난을 이겨내고 전진할 수 있는 용기가 모든 사람에게 본래 구족되어 있다. 절대적 용기, 좌절하지 않

는 무한의 용기, 이것이 인간에게 본래 갖추어져 있음을 부처님은 이미 보여 주셨다.

18. 일시적인 불안은 두려워할 필요가 없다. 불안한 현상이 나타나더라도 그것은 새로운 성취를 향한 진행 과정임을 우리는 알고 있다. 불안과 공포는 극복할 수 있다. 우리 생명 깊이 넘쳐나는 무한의 신력이 거침없이 도도히 흘러나와 우리가 바뀌고 환경이 바뀌어 밝은 소망을 이루어간다.

19. 자신을 둘러싼 환경이 좋으면 순경(順境), 거칠고 맞지 않으면 역경(逆境)이라 한다. 그러나 부처님의 법에서는 환경 조건의 근원을 밝히고 근원을 찾아서 환경을 조정해 간다. 우리를 둘러싼 환경, 즉 육체부터 가정이나 사회, 시대, 환경 등의 모두가 우리의 깊은 마음의 표현이다. 마음은 근본이 되어 일체 자신과 자기의 환경, 시대까지도 영향을 준다. 이를 일체유심소작(一切唯心所作), '일체는 오직 마음이 지은 것'이라고 한다. 자기 자신의 마음에 있는 것이 나타나 환경이 된 것이므로 환경이 거슬린다고 환경과 싸우고 다투기에 앞서서 자기 스스로 마음을 바꿔야 한다. 평화를 바란다면 마음에 평화를, 환경의 조화로움을 바라면 부드러운 마음을 갖도록 노력해야 한다.

20. '내가 어떻게 될까?'라는 생각이 자신을 불안으로 몰아넣는다. 오직 불법 앞에 순수하게 능률적으로 불법에 헌신하는 삶을 살면서 반성하는 생활을 하는 것이 중요하다.

21 . 지금 당하고 있는 일이 비록 나쁜 일이라 해도 좌절할 필요는 없다. 나쁜 일 속에는 소중한 교훈과 향상의 길잡이가 숨겨져 있음을 알아야 한다. 나쁜 일을 당했다고 불평불만을 해도 마음은 나아지지 않는다. 불평불만이 결코 환경을 개선하지 못하기 때문이다. 기도만이 나쁜 환경을 바꾸어 준다.

22 . 고난이 있더라도 우리의 앞길을 가로막을 수 없다. 우리 마음 속에서 무한의 지혜와 용기가 원래부터 존재하고 있기 때문이다. 이 지혜의 눈으로 볼 때 우리의 앞길을 가로막을 수 있는 모든 장벽은 허망한 환영일 뿐이다.

23 . 부처님은 진리의 깨달음을 여시고 법을 설하며 중생들의 의망(疑網)과 애욕의 뿌리를 뽑으셨다. 애욕은 생각을 치우치게 만든다. 괴로움과 불행을 벗어나기 위해서는 바른 마음을 가져야 한다. 바른 마음을 갖기 위해선 치우친 생각 없이 항상 밝고 평정한 마음이 있어야 한다.

24 . 진리의 힘은 몸을 회복시킬 뿐만 아니라 그 밖의 모든 일에도 좋은 영향을 준다. 우리가 실패를 경험했더라도 진리의 힘을 제대로 이해하고 받아들였다면 실패를 극복할 수 있다.

25 . 부처님의 가르침을 믿고 닦아가는 사람은 부처님의 가르침으로 자신을 돌이켜보고 잘못을 고친다. 바른 것을 더욱 키워가며 번뇌를 쉬고, 지혜와 깨달음을 가꾸어 가는 삶을 지낸다. 이런 사람은

일상생활에 어려움이 있더라도 하루하루를 희망적이고 성장의 시간으로 보낸다. 자신을 둘러싼 환경이 나쁘거나 고난이 닥쳤어도 자기 마음을 돌이켜보아 그 원인이 자신에게 있는 것을 깨달아 마음과 행을 고쳐야 한다.

26. 경제가 어려워져서 재정이 악화하고 위축되어 사업이 힘들어질 수 있다. 하지만 그것은 항구적, 절대적인 것이 아니므로 희망과 용기를 가지고 꾸준히 노력해야 한다. 대개 경제는 유동적이고, 사태는 끊임없이 바뀌어 가는 법이다. 불보살님의 지혜의 눈으로 보면 활로가 얼마든지 있다. 그러니 끊임없이 기도하며 희망을 일으키고 노력해 나아가면 부처님의 자비하신 손이 활로로 인도해 주실 것이다.

27. 어떤 일을 성공시키는 근본 요소는 돈이나 운이 아니라, 그에 앞서 움직이고 끌고 가는 마음과 생각이 이를 결정한다. 모든 일은 마음이 의욕하고 연구하고 설계하고 추진한다. 고난이 닥치면 이를 극복하고 앞으로 밀고 나가야 한다. 생각이 불건전하거나 신념이 부족하면 당연히 결과도 좋지 않다.

28. 우리의 환경 여건이 불행해져도 결코 비관할 필요가 없다. 우리의 생각을 밝고 희망적이며 성취의 감정으로 채우면, 성공의 파도가 밀려온다.

29. 불안한 생각을 버리고 낙관적인 생각으로 바꿔야 한다. 물론

이것은 쉬운 일이 아니다. 그러나 이것이 운명적 환경을 변혁할 길이라는 것을 알 때, 우리는 이를 행해야 한다. 행해 보면 실로 묘미가 있다. 불안에 결박된 자기의 해탈을 맛보게 된다. 생각하면 생각한 대로 된다는 마음의 법칙을 우리는 알아야 한다.

30 . 어려움을 당해서 원망하고 어두운 마음이 된다면 그 마음이 뿌리가 되어서 새로운 괴로움이 생긴다. 어려움을 당해도 오히려 어려움에 걸리지 않고 감사하는 지혜를 얻은 사람은 마음이 밝아지고, 밝은 미래가 펼쳐지게 된다.

31 . 고난이 거칠고 어두운 마음을 만들거나 불행의 씨를 만드는 것이 아니다. 오히려 고난으로 인해 우리는 더 성장할 기회를 얻을 수 있다. 환부를 도려내듯이 마음속 어두운 생각을 소멸시킬 수 있고, 밝은 희망으로 새롭게 자기 자신을 다듬어 가는 지혜가 생기게 된다. 형상으로 나타났다는 것은 내 마음에 숨어있던 것이 나타난 것이다. 나타나면 없앨 수 있다. 우리의 성장을 위한 절호의 기회가 아닐 수 없다.

5.4. 고난 극복의 지혜

1 . 어려운 일이 닥쳐도 두려워하지 말자. 두려워하고 불안해하면 어둠의 구름은 떠나지 않는다. 어둠 속에서 불을 밝히듯 고난과 불행이 다가왔다면 부처님의 무애 대자비를 생각하고 반야바라밀을

염(念)하자.

2. 재난과 고난이 닥쳐오더라도 반야바라밀을 끊임없이 염(念)하면 결국 재난과 고난은 사라진다. 불행과 장애와 병고가 있더라도 반야바라밀을 끊임없이 염하자. 나를 둘러싼 일체 불행과 고난, 장애, 병고를 마음에서 다 지워버리면 부처님의 무량공덕, 청정공덕이 넘치고 그런 장애들은 모두 소멸한다.

3. 어떤 경우에도 끊임없이 중심을 지켜야 하는데, 이 중심이란 밝은 마음이다. 어두운 마음에서 비롯된 고생에 오히려 감사하고 거스르지 않으면 고생은 소멸한다는 마음을 갖는 것이 지혜이다. 어렵고 불행한 슬픔이나 고난이 밀려올수록 바라밀을 염(念)해 그 마음속에 바라밀의 태양이 항상 빛나게 해야 환경이 밝아진다.

4. 어려움이 닥쳤을 때 반야바라밀 부처님의 공덕생명이라는 진리생명을 더욱 확신하고, 일심으로 염송하고 부처님의 무량공덕이 내 생명에 넘치고 있음을 끊임없이 관(觀)해야 한다. 이것이 어려움을 극복하는 기술이다.

5. 나는 부처님의 자비하신 인도를 받아서 어떠한 문제도 해결해 나갈 지혜와 힘과 용기를 갖추고 있다고 굳게 믿고서 오직 일심으로 염불하는 것이 좋다. 일심으로 염불하면 지혜의 길이 열린다.

6. 내 주변에 사고가 자주 일어나고 불안할 때 하는 특별한 기도

가 있을까? 자신을 둘러싼 환경은 남이 만들어 준 것이 아니라 자기 자신의 깊은 마음의 반영임을 깨닫는 것이 기도하는 사람의 지혜이다. 대립과 갈등과 불안한 환경은 그 원인이 자신의 마음 깊이 존재하는 어두운 감정이라는 사실을 알아야 한다. 그럴 때는 무엇보다 기도하는 사람의 마음이 맑아야 한다. 평화, 자비, 조화, 희망, 그리고 감사의 마음으로 바꾸고 일심으로 염불해야 한다.

7. 어떠한 고난에도 스스로 한계를 짓지 말고 우리 자신 속에 깃든 무한의 힘을 끌어내는 수행을 끊임없이 해야 한다. 고난을 극복하고 우리 생활에 진리의 공덕이 넘쳐나도록 노력해야 한다.

8. 어려운 일을 당하면 우리의 마음은 어둡고 불평스러운 생각들로 가득 차기 쉽다. 반야바라밀을 배우는 불자는 어려울수록 반야바라밀을 염(念)하고 밝은 마음, 부처님 공덕심을 불러일으켜야 한다. 우리의 생명 밑바닥 진실한 존재는 부처님의 광명이요, 은혜요, 일체와 조화하는 자비와 환희뿐이다. 우리 주변에 불행한 사태가 나타난 것은 모두 우리가 지은 과거행의 표출이며 생각과 감정의 나타남일 뿐이다.

9. 어려움을 만났을 때는 과거에 지은 어두운 업이 나타나서 그 값을 치른 후 사라지는 중이라고 생각하자. 오히려 기뻐하고 감사해야 할 일이다. 과거에 지은 악업이 소멸했다고 믿고 밝은 마음이 되어야 한다. 우리는 언제나 반야바라밀을 염(念)하여 부처님의 은혜로운 공덕을 생각하고 어떤 일을 당하든 밝은 마음, 감사한 생각

으로 대한다면 과거의 어두운 고난은 사라진다. 그 대신 밝고 적극적인 믿음의 생각이 구체적 형상으로 나타나 기쁨과 축복받은 세계가 이루어진다.

10. 불행한 일이 닥쳤다면 즉시 마음을 돌려 반야바라밀의 밝음으로 채우자. 그리고 일심으로 염송하고 현재의 고난은 반드시 사라지며 밝은 공덕이 나타난다고 생각하자. 항상 이렇게 기도하며 당한 일에 전력을 기울인다면 우리의 밝은 염원은 마침내 이루어진다. 어떠한 고난 속에서라도 반야바라밀의 무량공덕 세계가 빛나고 있는 것을 굳게 믿고 흔들리지 말자. 나는 할 수 없다는 열등감과 허약한 마음이 우리를 실패로 몰고 가는 것을 깨닫자. 바라밀을 염(念)하고 또 염하며 참고 노력하여 반드시 성취자가 되자.

11. 불행과 고난이 밀려올수록 바라밀을 염(念)해서 그 마음속에 바라밀의 태양이 항상 빛나게 해야 한다. 바라밀의 태양이 빛나게 될 때 환경은 밝아진다. 어려움에 쉽게 굴복해버리면 새로운 고통의 씨가 형성되기 때문에 불행은 또다시 생겨난다.

12. 항상 감사하고 밝은 마음으로 꿋꿋하게 살아가며 밝은 생활을 하자. 그러기 위해서는 바라밀 염송에 힘쓰고, 스스로 법의 힘을 갖추어 놓아야 한다. 그렇게 갖추어 놓으면 어떤 고난이 와도 이 고난은 반드시 사라지고 없어진다는 마음이 생긴다. 마음속에서 바라밀의 태양, 부처님의 광명이 항상 넘치고 있는 것을 마음의 눈으로 끊임없이 지켜보자. 흔들림 없이 지켜보자.

13 . 거칠고 어려운 일을 당할수록 더욱 반야바라밀을 염(念)해서 깊은 믿음과 지혜를 끌어내야 한다. 그러면 '어둠과 불행이 사라져서 다행이고, 앞으로도 더욱 다행스러운 일이 생길 것이다'라는 지혜가 마음속에 자리 잡을 것이다.

14 . 고난이 닥쳐도 실의와 원망과 공포심을 버리고 자신감과 희망을 안고 늠름히 대처하자. 고난을 준 사람에게조차 감사하는 마음을 갖자. 우리의 마음은 깨달음을 향해 성숙하고 있다. 새로운 운명의 문이 열리고 있다.

15 . 발전하고 성장하는 사람은 하루하루가 보람차다. 그리고 자신이 겪는 모든 일을 자신을 계발하는 기회로 삼는다. 일을 처리할 때 선입견이나 상식적 견해에 빠지지 않고 항상 새로운 관점에서 보며 일의 밝은 면, 긍정적인 면을 본다.

5.5. 고난과 불안이 주는 의미

1 . 고난이 결코 무의미한 것은 아니다. 모든 고난은 감사하는 마음으로 사라지게 할 수 있다. 어둠은 사라지고 밝은 빛, 맑은 힘이 솟아난다. 어떠한 명분이나 이유로든 고난 앞에서 불평불만만 늘어놓고, 타인을 비난하며 마음속에 분노와 슬픔을 담아둔다면 그것은 새로운 불행의 씨앗이 된다.

2 . 고난을 겪을 때도 감사하라는 말을 듣고 왜 그래야 하는지 이유를 묻는 사람들이 있다. 모든 일에 감사하는 것은 찬양하라는 뜻이 결코 아니다. 고난을 찬양함은 옳게 수행하는 것이 아니다. 다만 처한 어려움을 적으로 생각하지 말라는 것이다. 우리에게 나타난 어려움은 이수(履修)를 요구하는 하나의 과제이다. 인간이 향상하기 위해서는 더 높은 과제를 해결해 나아가야 한다. 거기에 향상과 발전이 있다. 만약 주어진 과제가 고통스럽다고 회피하면 향상할 수 없고 언젠가는 그 과제를 다시 이수해야 한다.

3 . 우리가 당하는 고난은 적이 아니라 나의 힘을 향상시키는 기회라는 사실을 알아야 한다. 고난을 겪어도 늠름한 자세로 대하며, "좋다. 이 과제를 이수하리라. 행운의 문이 가까이 왔구나"라고 되새기며 진실하게 과업을 대한다면 어려움은 악이 아니라 참으로 감사할 자기 향상의 길이 된다. 웃음으로 고난에 맞서고 고난으로써 향상하는 것이 인간 수업의 길이다.

4 . 인(因)이 사라지면 결과가 없어진다. 바꾸어 말하면 고통이 나타나면 원인이 사라지는 것이다. 즉, 오늘날의 불행한 일들은 과거에 지은 인이 사라지는 과정이며, 새로운 생명의 성장을 뜻하는 것이다. 고난을 겪어도 굴하지 않고 밝고 참되고 진실한 노력을 계속하고, 마음이 흔들리지 않는다면 고난이 도리어 사람을 키워준다.

5 . 우리 주변에 어려운 일이 생겼을 때 그것은 진리를 외면해서 일어나는 일임을 알아야 한다. 고난은 마음속에 가득 차 있는 미혹

된 생각이 겉으로 표출되어 나타난 환경이다. 이를 깨달으면 고난은 바로 나를 깨우쳐 주는 계기가 될 수 있다. 나에게 뜻하지 않은 힘든 일이 생겼다는 것은 내게 허물이 있고 어느 부분이 지금 잘못되고 있다는 신호이다. 감사하게 받아들여 마음을 밝고 맑은 본래의 자성으로 돌이키고 정진해 나갈 때 어두운 현상은 소멸한다.

6. 어떠한 고난을 받더라도 그 고난을 받는 사람의 마음이 성숙해 있다면 고통은 즐거움으로 바뀐다. 고난을 극복하는 동안 어려움이 따르겠지만 마음이 성숙해가는 과정이라고 생각하자. 어렵던 일도 익숙해지면 쉬워지는 법이다. 부처님의 가르침이 우리를 올바른 길로 인도할 것이다.

7. 우리의 인생행로가 반드시 평탄하지는 않지만, 그 길을 걸어감으로써 우리는 건강하게 단련될 수 있다. 어려움은 우리 자신에게 깃든 무한의 힘을 구체적 형태로 끌어내는 중요한 계기이다.

8. 설령 백만 년 동안 계속된 어둠이라도 불을 밝히는 순간 그 어둠은 사라진다. 어둠은 그저 빛이 없는 상태일 뿐이다. 빛의 무(無)인 것이다. 그러므로 어떠한 고난에서도 우리는 결코 절망하거나 좌절할 필요가 없다. 고난은 지혜와 용기가 튀어나오는 조건이며 상황일 뿐이다.

9. 어떠한 것도 무의미한 것은 없다. 우리의 정신적 성장에 도움을 주지 않는 것은 없다. 안일이나 쾌락만을 추구한다면 힘든 일은

도움이 못 된다. 하지만 정신적 향상을 생각한다면 어떤 고난도 대하기에 따라서 우리의 향상에 도움을 준다. 고난 가운데 지혜의 양약이 숨겨져 있다는 사실을 알자.

10. 사람의 능력은 쓰면 쓸수록 더욱 나아진다. 끊임없는 자기 계발을 통해 실력을 높이고 그것을 기회 삼아 성장하는 것이다. 곤란한 일이더라도 그것을 통해 나의 가능성을 계발해 주는 기회가 된다. 고난은 바로 나에게 새로운 능력을 열어 주고 새로운 힘을 보태 주는 중요한 계기이다.

11. 우리의 정신력이 새로워져야 새로운 능력이 개발되는 것이다. 장애는 두려워할 필요 없다. 장애를 만나면 오히려 성장한다. 우리가 소망을 실현하고자 할 때 크고 작은 장애를 만나기도 한다. 이럴 때 장애를 극복하기 어렵다고 생각하면 안 된다. 불성 공덕이 원만한 바라밀행자에게 있어 극복하기 어려운 장애란 실로 존재하지 않는다. 장애를 만났을 때 그것을 넘어서려면 한 층 더 노력이 필요하고, 그 노력을 통하여 우리의 정신은 연마되고 계획은 실현되어 간다. 즉 고난이나 장애 속에는 우리의 희망을 성취하고 정신을 연마하고 진보시킬 힘이 있음을 알아야 한다.

12. 어제 어떤 분을 만났다. 그분은 사업 관계뿐만 아니라 거사님과의 불화 때문에 상담하려고 왔다. 그래서 내가 "부처님께 절할 때 거사님이 부처님 옆에 있다고 생각하고 부처님과 거사님께 함께 절을 하라"고 하였다. 사실은 그 거사님뿐만 아니라 모든 사람이 완

전한 부처님 속에 함께 있다. 이것이 진실이다. 우리는 부처님과 똑같은 무량공덕, 무한 위신력을 지니고 있어서 우리가 주고 있는 것도 진실이다. 자신에게는 부처님의 진리 공덕, 무한 위신력은 하나도 없고 불행과 고난만이 있다고 말할 수도 있지만, 그것은 그 사람만의 생각일 뿐이다.

13. 아무리 짙은 어둠의 밤이더라도 언제가는 태양이 떠오르듯이 나의 발원이 성취되지 않은 것 같아도 이미 그 발원의 싹은 움트기 시작했다. 조금씩 조금씩 여물어가고 있음을 잘 알고 인내하는 마음을 키워야 한다.

14. 때가 되면 아침 해가 눈부시게 떠올라 일체 어둠을 모두 몰아내는 것처럼, 진리에 심어진 우리의 소망도 그와 같이 이루어진다. 흔들리고 불안해하지 말고 철저하게 부처님을 믿기 바란다. 진리가 반드시 나의 문제를 해결해 준다고 확고하게 믿어야 한다. 흔들리고 불안해하고 빨리 성취되지 않는다고 포기하면 안 된다. 어리석은 생각을 일으키는 것은 땅에 씨를 뿌려놓고 싹트기 전에 그것을 파 엎어버리는 것과 같다.

15. 어떤 일이 나에게 거슬리거나 맞지 않아 고통스러워도 그것은 자신에게 교훈을 준다. 자기를 반성하는 기회가 되고 자기 향상의 계기가 된다. 어떤 거친 환경을 당해도 그 가운데 내가 깨닫고 향상하고 지혜로워질 소재가 있음을 알자. 나쁜 감정을 마음속에 담고 괴로워할 필요가 없다. 오히려 이 모두는 본래 없는 것으로 여

기고 그 마음을 고쳐 환경에서 배우는 교훈의 의미를 다시 생각해야 할 것이다.

6. 미움과 어둠에서 벗어나는 길

6.1. 미움과 원망

1. 부처님은 증애(憎愛)에서 벗어날 것을 제일 강조하셨다. 미워하는 것, 원망하는 것, 노여움을 버리라 하셨다. 이유가 있든 없든 버리라고 하셨다. 그러한 감정은 생사를 가져오고 금생과 내생에 불행과 고통을 가져온다.

2. 우리는 미움도 슬픔도 노여움도 다툼도 불행도 불안도 없음을 믿어야 한다. 있는 것은 오직 부처님의 무량공덕뿐이고 구름 걷힌 하늘에는 햇살이 찬란히 빛날 뿐이다.

3. 내 마음 가운데 미워하고 원망하고 대립하는 사람이 있으면 부처님과 벽을 쌓는다. 부처님 앞에서 염불을 열심히 하더라도 미워하는 누군가는 빼놓고 기도하거나 마음속의 대립하는 감정을 가지는 한 부처님과 대립하는 것이다. 이 점을 깊이 되새겨서 기도하는 자세뿐 아니라 불자의 기본자세를 잘 갖추어야 하겠다.

4. 누군가를 미워하고 원망하면 그 사람의 기도는 성취되기 어렵다. 아무리 기도를 해도 안 된다. 안 되는 이유는 부처님과 나 사이에 문이 닫혔기 때문이다.

5. 우리 시대의 모든 사람은 우리와 대립한 자가 아니다. 저들을 미워할 사람으로 생각하면 잘못이다. 모든 사람은 우리 모두에게 봉사하고 있다. 우리 모두를 위해 무거운 짐을 나눠서 지고 나아가고 있다. 따라서 존중하고 감사해야 한다.

6. 우리를 둘러싼 환경이 마음에 들지 않아 반발하고 미워하고 성내는 것은 흔히 있는 일이다. 하지만 성냄은 아무리 높이 쌓은 공덕도 한순간에 무너뜨릴 수 있다. 인욕하고 참마음을 지켜야 한다.

7. "내가 이렇게 염불하면서도 지금은 살아 계시지도 않은 시어머니를 왜 미워하고 있는가. 시댁 식구들 뒷바라지까지 했는데 왜 미워하고 있는가." 어느 보살님이 토로한 심정이었다. 미움과 노여움은 이유가 있든 없든 자기 자신에게 손해를 가져온다. 쌓이고 쌓이면 고치기 어려운 병까지 들게 한다.

8. 근본을 바르게 보지 못하는 것은 모두가 하나인 진리 세계라는 사실을 등지고 대립적 관계에 서 있기 때문이다. 대립적 관계란 육체로 말하면 '내 몸뿐이고 나 하나뿐이다'라는 이기적인 생각을 말한다. 타인과 대립하며 자신의 이익만을 취하려 하는 것을 말한다.

9 . 부처님한테 절할 때 마음의 감정, 마음의 파동, 마음의 거친 것을 확 쏟아 버리고, 이유를 막론하고 미움과 원망과 대립 감정을 버려야 한다.

10 . 가까운 분이 원인도 모르고 치료하기도 어려운 병이 생겼다고 찾아온 적이 있다. 그분의 이야기를 가만히 듣고 보니 그분 자신에게 무엇인가 원인이 있다는 것을 알 수 있었다. 그분 마음 가운데에 격한 대립, 특히 친척 간에 대립이 있는 것 같았다. "마음속 대립, 친척 간에 대립은 없었습니까? 돌이켜보십시오. 그것을 참회하고 비우십시오"라고 했더니 "사실 있습니다"라고 답했다.

11 . 만약 미운 사람이 있다면 원망하지 말고, 그 사람이 미워진 이유를 돌이켜봐서 내 마음을 맑게 만들어야 한다. 내 마음에 구름이 끼었기 때문에 내 앞에 어두운 그림자가 나타나는 것이다. 그림자를 대상으로 물러가라고 소리치며 몽둥이를 휘두르고 싸워봐야 아무것도 해결되지 않는다.

12 . 눈을 감고 내 마음 가운데 어두운 그림자가 있는 것을 살펴서 미운 감정, 어리석은 감정, 분노, 미혹한 생각들을 몰아내야 한다. 남을 원망하지 않고 대립하지 않고 싸우지 않고 내 마음을 돌이켜서 맑게 하는 것이 지혜이다.

6.2. 부정의 극복

1. 미움과 원망은 내 가슴에 남아 있는 응어리이다. 이 응어리를 가지고 있으면 누가 불행해질 것인가. 바로 자신이다. 내 가슴의 등불을 꺼버리면, 누구의 앞길이 어두워지겠는가. 남의 말에 휘둘리지 말고 내가 행복하고, 기뻐지고 싶거든 내 마음을 따뜻하게 해야 한다. 내 마음을 평화롭고 기쁘게 해야 한다.

2. 악한 것이 보이고, 미운 것이 보이고, 원망스러운 것이 보이고, 거친 것이 보이거든 그 보는 사람의 마음을 정화해야 한다. 미운 사람을 밉다고 원망하지 말고, 밉게 보게 된 자기를 돌이켜서 자신의 마음을 맑게 해야 한다.

3. 미워하는 사람이 있으면 미워하는 마음이 들게 되고 마음은 어둡고 괴로워진다. 심하면 병이 생기고 생활환경에 불행이 찾아든다. 어두운 마음에서 어두운 결과가 찾아오는 것이다. 그러므로 모두에게 자비를 베풀고 사랑하고 감사해야 한다. 미워하는 사람일수록 감사해야 한다. 그럴 때 마음이 밝아지고 행복해진다.

4. 대립할 자 없고, 미워할 자 없다. 한 몸처럼 아끼고 사랑하고 함께 기뻐하는 것이 원래의 도리이다. 나는 마음이 넓지만, 미운 짓하는 상대방은 어리석은 존재이니 불쌍해서 용서한다는 생각은 큰 착각이다. 미움의 감정을 품은 사람이 잘못이다. 망령된 소견으로 대립하고 배척한 것이다. 그러므로 진리의 길을 닦아 행복해지고

싶다면 그 마음을 청정히 해야 한다. 미혹을 버리고 때를 닦아 내야 한다. 너그러운 마음이 되어야 한다. 따뜻한 자비의 마음이 되어야 한다. 모두와 함께한 순수한 생명 감정이 되어야 한다.

5. 미운 사람을 용서하라는 말은 이해하지만, 미운 사람을 사랑하고 존중하라는 뜻은 잘 모르는 경우가 많다. 이는 미우니까 사랑하라는 말이다. 밉게 보이는 것은 그것이 자기를 떠나서 자기 마음 밖에 따로 있는 것이 아니다. 있다고 하는 것은 마음에 있는 것이요, 밉다고 하는 것도 마음에 있는 것이다. 마음의 주인은 자기 자신이다. 마음은 본래 하나이다.

6. 마음속에 미움이나 분노가 생겼다면 그것은 우리 마음의 보물을 훔쳐갈 도적이 들어온 것과 마찬가지이다. 슬픈 생각, 불행했던 과거의 생각, 실패의 기억 등 이런 것들은 모두가 나의 행복을 갉아먹는 생쥐이며 도적임을 알아야 한다. 이 도적을 하루빨리 몰아내야 한다. 마음에 깃든 모든 슬픔을 털어버리자. 미운 생각을 다 놓아 버리자.

7. 바라밀행자라면 화해가 중요하다. 절대로 아무하고도 대립 감정을 두지 않고, 원망과 미움을 두지 않고, 어두운 관계를 만들지 않는 절대의 화해가 바라밀행자의 기본적인 자세이다.

8. 우리가 멀리할 것은 열등감이다. 자기가 가치가 없다든가 적성이 아니라든가 능력이 없다든가 하는 열등의식을 모두 버려야 한

다. 그런 생각들은 내가 불자라는 자각이 있기 전에 있던 미혹의 산물이다. 그런 것은 모두 버려야 한다. 우리가 불성이며, 일체를 존재시키는 근원이다. 우리는 새로운 창조를 끝없이 펼칠 힘을 지니고 있다. 만약 이것을 부정하고 무시하고 외면한다면 자신을 부정하고 어두운 길로 후퇴시키는 결과밖에 오지 않는다.

9. 부정하게 보이고, 나쁘게 보이고, 밉게 보이는 모든 것은 내가 안경을 쓰고 보는 것이다. 안경을 벗고 마음을 비우면 청정함이 나타난다.

10. 어떤 이유라도 분노를 가슴에 두지 말자. 내 생명에 깃든 부처님의 진리, 부처님의 태양을 꼭 생각하자. 내 가족 한 사람 한 사람에게 깃든 부처님의 무량공덕 생명을 꼭 지켜보고 내 마음에서 부정적인 생각을 제거하자.

11. 마음에 깃든 모든 슬픔을 털어버리자. 미운 생각을 다 놓아 버리자. 불안한 생각을 다 털어버리자. 우울한 과거를 잊어버리자. 그리고 오직 태양보다 밝은 찬란한 내 생명의 환희만을 생각하자.

6.3. 어둠의 부재

1. 악은 모두에게 해로운 것이다. 지혜가 부족해 해로운 것인지도 모르고 자기를 해치는 일을 감행한다. 자기가 무엇인가? 모두가 함

께한 자기이다. 서로 대립하고 따로따로 흩어져서 너는 너, 나는 나의 존재가 아니라 모두가 함께한 자기이다.

2. 악은 모든 사람의 이익과 안락과 기쁨과 밝은 마음을 파괴하는 것이다.

3. 누군가를 향해서 '악한 사람이다'라고 규정하는 생각을 버리자. 부처님 진리에서 악인은 본래 없다. 모두가 부처님 성품이 충만한 불자이다. 그러므로 진실로 악인은 있을 수 없고 원래로 선인만이 있게 마련이다. 우리가 부처님을 믿고 그 진리를 믿는다면 이 땅에 진리와 선(善)만이 있다는 것 역시 깊이 믿어야 한다.

4. 어둠의 존재는 독자성이 없다. 그것은 생명의 빛이 부재한다는 의미이다. 생명이 빛을 발할 때 '어둠'은 설 곳이 없다.

5. 악을 행하는 사람은 악행으로 괴롭고 후세에는 악한 과보를 받아 더욱 괴롭다. 착한 행을 하는 사람은 선행으로 즐거워하고 후세에는 좋은 과보를 받아 더욱 즐겁다.

6. 불행은 평등한 마음 상태를 잃어버리고 자기를 상실했을 때 찾아온다. 악도에 빠진다고 하는 것은 전부 그런 것이다. 분한 생각이 있거나 안정된 마음을 잃어버리거나 탐착심에 빠져 자기 본성의 안정을 잃어버렸기 때문에 악도에 빠진다.

7. 악은 원래 없다. 우리를 둘러싸고 있는 고난 때문에 미움과 원망이 생겼거든 내 마음을 돌이켜봐야 한다. 내 마음을 맑고 밝게 하다 보면 그 속에서 허물이 드러난다. 내 허물과 잘못을 알아차리고 자기 마음을 정화한다. 마음이 정화되면 그때부터 자기 앞도 밝아진다. 이는 우리가 수행을 통해 알 수 있고 성취한 사람들의 기록을 봐도 그렇다.

8. 우리 한 사람 한 사람 모두가 공덕을 갖춘 사람, 원만한 사람, 귀한 사람이다. 그렇기 때문에 우리가 꼭 알아 둘 것은 반야의 눈으로 볼 때는 악한 것도 없고, 미운 것도 없고, 원망스러운 것도 없다는 것이다. 만약 악한 것이 보이고, 미운 것이 보이고, 원망하는 것이 보이고, 거친 것이 보이거든 그 보는 사람의 마음을 정화해야 한다.

7. 탐욕과 집착으로부터의 해방

7.1. 삼독심

1. 삼독(三毒)은 사람의 착한 마음을 해치는 세 가지 번뇌로 욕심과 성냄과 어리석음을 독에 비유하여 이르는 말이다. 삼독은 생명의 공덕을 좀먹는 요소이자 우리를 병들게 하는 근원이다. 이 삼독은 세간을 태우는 불이다. 욕심의 불은 욕심에 빠진 사람을 태우고, 성냄의 불은 성내어 사물을 파괴하는 사람을 태우며, 어리석음의

불은 마음이 미혹하여 부처님의 법을 모르는 사람을 태운다.

2. 삼독 중 탐심(貪心)은 현재의 자신, 또는 자기가 믿고 있는 가치에 대한 집착에서 시작한다. 자기중심적 집착은 작은 일로부터 시작해 이웃에게 점점 확대되어 간다. 진심(瞋心)은 성내는 것을 말한다. 자기가 탐착하고 있는 상태를 유지하고자 하는데 저항을 만나면 나오는 반발이 성냄이다. 변화에 대한 반발, 자기가 가지고 있는 가치관이 침범당했을 때 오는 반발 등은 모두 성냄이라는 상태로 나타난다. 치심(癡心)은 어리석음이다. 지혜가 덮인 혼탁한 마음 상태에서 일어나는 것들이 치심이다. 탐심과 성냄과 어리석음의 뿌리를 돌이켜보면, 근본은 자기 자신으로부터 비롯한다.

3. 삼독은 진리의 성품을 가리는 구름이 되어서 우리의 생활을 어둡고 고통스럽게 만든다. 삼독이 생기는 근본은 바르게 보지 못하는 데서 온다. 그런데 왜 바르게 보지 못하는 것일까? 그것은 자신이 진리 세계를 등지고 대립적 관계에 서 있기 때문이다. 진리 세계를 등지고 인식의 차원이 낮은 들뜬 생각을 바탕으로 하면 대립 세계가 더욱 커진다. 대립 가운데에서 자신만을 생각하면 탐심이 강해지고 어리석음도 커진다.

4. 삼독은 청정 자성을 더럽히고 해친다. 원만한 공덕을 훼손하는 큰 도적이기도 하다. 청정한 마음, 평화롭고 자비한 마음, 지혜롭고 밝은 마음이 우리 본래의 마음임을 알아서 삼독심을 멀리해야 한다.

5. 우리는 일상생활에서 아(我)에 대한 강한 집착을 없애기 쉽지 않다. 그래서 자기 뜻에 맞으면 기뻐하고 자기 뜻에 어긋나면 싫어하고 미워하며 원망한다. 부처님께서 경에 이르기를 "먼저 탐진치를 버려라"라고 하신 것처럼 힘써 삼독심을 버려야 한다. 분노를 참으라는 게 아니라 분노를 없애야 한다.

6. 삼독을 없애는 근본적인 방법은 염불하고 선정을 닦아 자기의 마음이 깊고 안정된 곳에 이르게 하여 진리의 눈을 뜨는 것이다. 진리에 눈뜰 때 대립하지 않고 서로가 소중한 생명임을 깨달아 남을 배척하지 않게 된다.

7. 불교에서는 철저하게 대립과 탐심을 버리라고 한다. 대립 감정을 일으키거나 감각적인 욕망을 추구하는 것은 우리가 하나의 진리의 몸임을 몰라서 하는 행위이다.

8. 법문을 듣는 데 최대의 장애는 탐욕, 탐착, 삼독과 사견이다. 부처님의 정법을 받아들이지 않는 소견들을 사견이라 하는데, 밖으로 무엇인가 보이려는 소견들은 모두 사견이다. 또 한 가지는 교만이다. 교만이 꽉 차 있으면 법문이 들어오지 않는다. 교만한 자는 조금만 거슬려도 반발하고, 조금만 비위를 맞춰주면 좋아한다. 교만을 비워야 하고, 사견을 버려야 하며, 삼독을 비워야 법문이 들어간다.

7.2. 애착과 탐욕

1 . 욕심을 끊는다는 것은 경계를 여의라는 근본 가르침이다. 바깥으로 휘둘리는 마음이 없으면 맑은 마음만 갖게 된다.

2 . 탐심이 일어나고, 성을 내는 것은 생각이 바르지 않기 때문이다. 어리석으면 해야 할 일과 하면 안 되는 일을 구분할 줄 모른다. 사견이 강하면 옳지 못한 생각을 하게 된다.

3 . 애욕과 욕심은 참으로 버리기 어렵다. 욕심이 뿌리이다. 욕심 가운데서도 이성에 대한 탐착심은 애욕이 그 뿌리이다. 이것에서부터 해방되고 해탈된 사람은 아주 많이 정화된 사람이다.

4 . 애욕을 참고 욕심을 누르기 위해서는 반야바라밀 수행을 열심히 해야 한다. 또는 염불을 열심히 하면 그 마음이 맑아지고 마음이 깊어지면서 저절로 담백해진다. 반야바라밀을 열심히 염송해서 흔들림 없는 깊은 마음에 도달할 때, 욕망이나 충동적인 욕구는 모두 사라진다.

5 . 내가 이 몸을 갖게 된 데에는 부모와의 연이 있었기 때문이다. 그런데 부모와의 연을 선택한 것은 자신의 미혹된 애착이다. 애착을 움직이는 힘이 바로 탐이다. 잘된 몸이든 잘못된 몸이든 그 모두는 자기 자신의 탐이 드러난 것이다. 그래서 제각기 개성을 지닌 인간이 된 것이다.

6. 손을 편만큼 새로운 것을 잡을 수 있다. 주먹을 꼭 쥐고는 무엇도 잡을 수 없다. 마음을 비우고 희망을 키워야 한다. 마음을 비운다는 것은 탐착하고 애착하는 마음을 버리는 것이다. 마음을 비워 탐착심, 애착심, 자기중심의 생각을 끊어야 한다. 부처님과 하나가 되고 은덕이 흘러 들어오게 되면 우리의 소망 하나하나가 꽃을 피우게 된다.

7.3. 집착

1. 우리가 눈으로 보고 생각으로 잡을 수 있는 모든 것은 진리의 참모습이 아니라 현상이다. 이 현상은 영원할 수 없다. 완전할 수 없다. 아름다울 수 없다. 우리의 마음에 행복을 채울 수 없다. 이러한 육체와 물질현상을 진리의 모습으로 보아서는 안 된다. 우리의 마음은 물질을 초월하고 허공을 초월하고 우주를 초월한다. 우주와 시간과 공간이 벌어지기 이전의 마음인 까닭에 이러한 현상에 집착해서 생각을 일으켜서는 안 된다. 집착하면 본말이 전도된 미망중생이 된다.

2. 『원각경』에서는 부처님의 가르침을 통해서 유전문(流轉門)에서 벗어나 정말 참된 자기 불멸의 생명으로 가야 한다고 했다. 진리 전체가 자기인데도 어느 부분을 붙잡고 이것이 나[我]라는 생각을 가짐으로써 유전(流轉)하게 된다. 유전의 원인이 그렇다는 것을 알아서 나에 대한 집착을 끊어야 한다.

3. 어떤 물건도 참으로 있는 듯 보이지만 인연 따라서 서로 모인 것일 뿐이다. 인연 따라 모여서 형상을 이루지만 인연 따라 흩어지면 형상은 사라진다. 집도 그렇고 기계도 그렇고, 모든 것이 그렇다. 몇 가지가 모여서 이루어진 것이지, 그 자체로 존재하는 것이 아니다.

4. 욕심은 자기가 믿고 있는 가치에 대한 집착에서 시작한다. 자기중심의 집착, 독자적인 것으로 만들려는 집착이 작은 일부터 시작해 이웃에게 점점 확대되어 간다. 자기와 남 사이에 담이 쌓이고 자기와 진리 사이에 담이 쌓여서 자기 자신을 더욱더 왜소한 존재로 몰아간다.

5. '이래야 한다'라는 내 고집에 집착한다면 그것은 누에가 고치를 만들어 스스로 가두는 것처럼 자기를 결박시키는 것이다. 자기를 결박시키는 자기주장과 고집을 비워버릴 때 비로소 집착에서 해방된다.

6. 불법을 배우면 인간의 바탕이 무엇인가를 돌이켜보게 되고, 자신 역시 몇 가지 요소의 화합물임을 알게 된다. 다시 말해서 우리는 여러 요소가 일시적으로 모여서 이루어졌을 뿐, 그것은 잠시의 모습이지 영원하지 않다는 사실을 알게 된다. 그것에 애착하고 매달려 봐야 자기 것이 될 수 없다. 불교는 이처럼 인연의 결합이 허망하다는 사실을 가르쳐주어서 애착과 집착의 대상이 없음을 보여준다.

7. 나에 대한 집착을 통해서 생기는 네 가지 상(我相, 人相, 衆生相, 壽者相)을 다 부숴 버려야 한다. 이 네 가지 상을 없애지 못하면 깨닫지 못한다. 그러면 나에 대한 집착이 강해지고 자기중심적이 된다. 이 사상(四相)에 갇힌 사람은 자기에게 맞으면 기뻐하고, 거슬리면 미워하고 대립하고 투쟁하면서 애착과 미움을 겹겹이 쌓는다.

8. 사념처(四念處)는 『열반경』에서 말씀하신 내용이다. 중생들에게 네 가지 견해를 깨뜨리기 위해서 하신 말씀이다. 첫째는 몸[身]에 대한 집착이다. 둘째는 감각[受]에 대한 집착, 셋째는 마음[心]에 대한 집착, 넷째는 사물 현상[法]에 대한 집착이다. 집착을 끊고 나면 알맹이가 나온다. 겉껍데기에 집착하면 이렇게 부정하고, 끊임없이 변하고, 고통스럽지만 그런 집착을 끊고 보면 그 알맹이는 반대이다. 알맹이는 부정이 아니라 청정이고, 고통이 아니라 즐거움이고, 항상 변하는 것이 아닌 영원한 것이고, 무아가 아니라 실다운 자기가 있는 것이다.

9. 불자로서 반야를 배웠다면서도 자녀들 문제로 남편과 대립하여 괴롭다는 이야기를 종종 듣는다. 이것은 모두 아집 때문이다. 나를 비우고 집착을 놓아 버렸을 때 고치에 갇혀있던 번데기가 나비가 되어 날아가는 것처럼 비로소 자유로울 수 있다. 자기 아집을 버릴 때 다른 사람들과 일체가 된다. 내 고집을 피우면 자기가 고독해지고, 집착을 놓아 버리면 모든 사람과 화목하게 되어 사람들과 하나가 될 수 있다.

10 . 세상 사람들은 눈에 보이는 것, 만져지는 것, 현상적인 것, 물질적인 것, 감각적인 것으로 파악하고 생각한다. 그래서 부처님은 너희들이 보고 있는 것들은 덧없이 변하여 실로 있는 것이 아니므로 공한 것이니 '집착을 떼어라', '애착을 떼어라'라고 가르치신다. 애착을 끊고 집착을 끊었을 때의 나의 참모습이 『반야심경』에서 말하는 모든 법이 공한 상(相), 참실상의 도리, 진리의 원모습 도리, 만법과 짝하지 않는 법이다.

7.4. 욕망의 바른 사용

1 . 물질과 관능에 치닫는 생활에 빠지면 인간의 내면은 황폐해진다. 사회가 발달할수록 인간의 소외 현상은 심각해진다. 채워지지 않는 공허와 소외감, 조직 속에 갇힌 인간의 고독함에서 탈출하는 정신의 자유 무애를 선(禪)은 가르친다.

2 . 불교에서 가르치는 가장 먼저 버려야 할 것은 나와 남을 따로 보는 대립 감정, 욕심을 부리는 탐심, 감각적인 향락의 추구이다. 이것들을 버려야 하는 이유는 원래 진리는 나와 남이 대립한 세계가 아닌 하나의 진리의 생명이기 때문이다.

3 . 우리의 욕망은 첫째, 자기 생명의 안정과 성숙의 욕망이다. 둘째, 이웃과 함께하는 자기 확장, 자기 동일화의 욕망이다. 셋째, 향상하고 발전해 진리를 얻고자 하는 욕망이다. 참된 욕망은 클수록

개인과 사회에 이익을 준다. 욕망이나 사랑은 나쁜 것이 아니다. 욕망의 대상을 작은 것으로 설정하고 그것에 탐착할수록 저질의 사랑이 된다. 욕망의 대상을 사회나 국가, 공익 등 넓게 구하면 사랑이 확충될수록 가치 있고 성스러운 사랑으로 빛난다. 사랑이나 욕망이 죄가 아니라 협소하고 한쪽으로 치우친 욕망을 쓰기 때문에 문제이다. 우리는 밝은 눈, 평등한 지혜로 큰 사랑을 펼쳐갈 것을 배우자.

4. 타인에게 해를 끼칠 것을 알면서도 욕심을 부리면 나와 남이 함께 손해를 본다. 남을 해롭게 하지 않고 내가 잘된다는 것은 실제로는 남을 돕는 일이다. 올바른 욕심을 크게 일으켜 성공하는 것이 바람직하다.

5. 이 몸을 가지게 한 동력이 바로 탐(貪)이라는 힘이다. 탐이 스스로 바른 질서 위에 있을 때는 일체를 성취하는 힘이 된다. 하지만 바른 질서에 있지 못할 때는 그것이 무명이 되어 그릇되게 발동된다. 이것이 중생의 근본이 되어 착각한 정도에 따라 차별이 벌어진다. 탐은 마음이 천 가지로 변하므로 중생 또한 천 가지 과보를 받아 차별이 생긴다.

8. 참회의 공덕

8.1. 참회의 목적

1. 참회는 근본적으로 아(我)에 대한 집착을 버리고, 마음을 말끔히 비우는 것이다. 아에 대한 집착 때문에 대립하고 미워하고 원망하고 노여워한다. 참회해서 그 마음을 말끔히 비울 때 거짓된 아에 대한 집착이 사라진다.

2. 잘못을 솔직히 인정하고 뉘우치며 부처님께 절할 때 비로소 자기 마음을 비울 수 있다. 마음을 비우는 깊은 참회를 통해서 청정해지고, 마음이 청정해질 때 허물로 인한 고통과 불행이 사라진다.

3. 허물이 마음을 덮어서 어둡고 고통스러운 환경을 만들게도 하고, 태양 같은 부처님의 은혜를 등지게도 한다. 그러므로 기도뿐만이 아니라 어떤 수행에서든 참회를 통해 마음을 비우는 것이 좋다.

4. 어두운 마음에서 어둠이 오고 대립하는 감정에서 대립적인 사태가 벌어진다. 이를 위해 마음을 돌이키고 참회하여 비워버려야 한다. 괴로운 생각, 대립하는 생각들을 비워내어 뉘우치고 감사해야 한다.

5. 일심으로 염송하다 보면 저절로 마음이 비워진다. 아무리 염송하고 기도해도 일이 잘 안 풀리는 것은 마음 한구석에 미움과 원망,

슬픔, 불안 등을 품고 있기 때문이다. 일심으로 염송하다 보면 저절로 비우게 되지만, 처음부터 참회하는 마음을 가지고 일체를 비워야 한다.

6. 미움, 원망, 슬픔, 괴로움, 실패했다는 생각, 불안한 생각을 다 버리고 마음을 일으켜 참회해야 한다.

7. 포살은 참회를 포함한다. 불광은 오계를 핵심으로 하고, 그 밖에도 수행에 근본이 되는 '포살요목'을 만들었다. 포살은 우리의 마음을 맑고 깨끗하게 하고 새로운 용기를 준다. 또한 우리가 새로운 꽃을 피울 수 있게 하는 힘을 간직하게 만든다. 포살은 주로 뉘우치는 참회이다.

8. 포살은 청정에 머문다는 정주의 뜻이 있다. 몸에 먼지가 묻듯이 마음속에도 때가 묻어 마음을 흐리게 만든다. 우리는 포살을 통해서 어둠을 제거하고 밝음, 청정함, 선에 머물러야 한다.

9. 염불할수록 마음에 있는 잘못된 생각이 녹아버려서 넓은 마음이 되고, 넓은 마음이 될수록 과거의 허물이 나타나서 참회가 된다. 열심히 염불하다 보면 그 마음이 밝아지고 맑아지고 개운해진다. 그러면 나를 다치게 하고 손해나게 할 자가 없게 된다. 자기 고집을 비웠을 때 그렇게 되는 것이다.

10. 참회해서 청정한 본심대로 살려고 노력해야 한다. 본성이란

절대로 때 묻거나 더럽혀지지 않는다는 사실을 알아야 한다. 중생이 기나긴 시간 동안 매우 나쁜 죄를 지었더라도 사람의 마음은 푸른 하늘과 같아서 절대로 본성, 본심은 때 묻거나 더럽혀지지 않는다.

11. 우리는 이제까지 지은 모든 죄를 참회하고 다시는 짓지 않기를 맹세해야 한다. 죄는 어둠이며 참회는 밝음이다. 우리는 참회함으로써 항상 밝고 청정한 마음을 간직할 수 있다.

12. 원래 죄인은 없다. 누구든지 죄 없는 청정한 사람이고, 누구든지 때 묻을 수 없는 청정한 본래 생명을 간직하고 있다. 그래서 잘못된 허물이 있으면 반야바라밀을 염(念)한다. 반야바라밀을 염하면 잘못한 것이 밖으로 다 드러난다. 마음이 맑아지므로 맑지 않은 상태에서 했던 잘못은 다 드러난다. 이때 변명하지 말고 잘못을 솔직히 인정하고 참회해야 한다.

8.2. 진정한 참회

1. 결백한 생각, 곧은 마음을 가지고 있는 사람이 고통을 겪는 경우가 많이 있다. 그것은 그 사람 마음 가운데 '나는 잘못이 있다'라는 것에 집착하기 때문이다. 잘못되었거든 참회하고 비워내면 그만이다. 잘못된 것을 돌이켜 계속해서 생각하고 '내 잘못이다'라고 죄에 귀의하는 것은 불행으로 내모는 행위이다. 이러한 사람은 자기 본성인 반야바라밀, 죄 없고 때 묻을 수 없는 본래 청정임을 모

르는 것이다.

2. 참회할 때는 일심 염불하는 것이 좋다. 우리의 깊은 마음속에 앙금처럼 가라앉은 지나간 일들에 대한 감정, 특히 분노, 원망, 증오는 일심으로 염불하고 참회해야 소멸한다. 한마음으로 염불해서 맑은 마음이 되고, 깊은 마음에 이르러야 잊고 있었던 지난날의 허물들이 드러난다. 참으로 깊은 마음에 이르렀을 때 허물의 자성이 없다는 사실을 알게 된다. 이것을 진참회라고 한다.

3. 부처님은 무한의 자비이시다. 일체 조건 없이, 이유 없이 우리를 감싸고 돕고 키우신다. 이처럼 부처님의 끝없는 자비를 생각하자. 그리고 허물이 있거든 허물을 진심으로 뉘우치고 참회하자.

4. 죄를 지었다는 것은 자신의 잘못이다. 잘못했음을 알고 뉘우쳐서 잘못된 생각을 고치고 그 마음을 쏟아버려 마음을 맑게 하면 그것으로 참회가 된다. 허물인지 알면 허물을 돌이켜 일심 참회하고, 참회하면 비워진다. 비워진 마음은 단 한 개의 물건도 없는 밝은 마음이 된다. 밝은 마음이 될 때 부처님 공덕이 가득 넘쳐 오는 것이다.

5. 우리 본성은 참으로 부처님의 성품과 다름없는 청정성을 지니고 있다. 허물이 있다 하더라도 실은 없는 것이고, 참회하면 맑아지고 허물이 없어지는 것임을 알자. 항상 참회하고 본래의 밝고 청정함을 깊이 믿어야겠다. 모든 사람이 본래 밝고 신성하다는 것을 알고 누구를 대하더라도 존중하고 섬기고 받들어야 한다.

6. 참회했다면 다시 그것을 생각하지 않아야 한다. 밝음 앞에 어둠은 사라지는데 사라진 것을 다시 돌이켜서 마음에 흘러가게 하지 말아야 한다. 참되게 참회했다면 두 번 다시 어두운 생각을 마음에 담아둘 필요는 없다.

7. 과거의 무량한 죄와 허물을 참회해야 한다. 본인의 죄뿐만이 아니라 일체중생이 지은 모든 죄업을 참회해야 한다. 부처님이 거룩하고 밝고 끝없는 공덕을 나에게 지금 주시기에 과거의 모든 허물을 참회해야 한다.

8. 모든 허물을 지성으로 참회해야 한다. 알고도 범하고, 모르고도 범하는 모든 잘못과 허물을 솔직하게 인정하고 부처님 앞에 깊이 참회하며 염불 독경과 선행을 닦아야 한다. 진심으로 참회하면 죄업은 소멸한다. 이것을 믿고 무거운 죄의식이나 자기 처벌의식에서 벗어나 밝은 마음으로 선한 공덕을 닦는 일이 중요하다.

9. 자신이 범한 죄에 대해 지나친 양심의 가책과 과한 자기비판을 하는 것은 옳지 않다. 자신을 증오하고 고생해도 싸다고 하며 저주하는 것은 옳지 않다. 빛이 어둠을 몰아내듯이 부처님 앞에 진정으로 참회할 때 죄는 소멸한다. 나의 참회의 힘으로 소멸하는 것이 아니라 대자대비 부처님의 진리 광명의 힘으로 소멸한다. 잘못을 어두운 구석에 덮어두지 말고 빛을 받게 하는 것밖에 없다. 참회했다면 다시는 죄를 생각하지 말고 감사와 희망으로 그 가슴을 채워야 한다.

10 . 잘못을 저지르고 악한 짓을 저지른 것은 무지의 탓이며, 어둠을 헤매는 증상이다. 어둠은 밝은 빛 앞에서 소멸하듯이 대자대비 부처님 앞에 나의 가슴을 열고 허물 된 사실을 드러내어 참회할 때 소멸한다. 다시 죄를 범하지 않을 때 그 마음은 본래대로 깨끗하게 된다.

11 . 마음을 낮추는 것이 좋다. 마음을 비우고 겸허한 마음으로 모든 사람, 모든 일을 대하는 것은 바람직한 미덕이다. 그러나 마음속에 '내가 죄인이다'라는 생각을 가지면 불교에서는 옳다고 보지 않는다. 허물이 있으면 참회하고 참회하면 맑아진다.

12 . 죄는 본래 자성의 밝음을 가린 것이며, 미혹에서 오는 것이며, 집착에서 오는 것으로써 그 성격은 어둠이라 하겠다. 그렇지만 죄를 범하였더라도 깊이 참회하고 마음과 행을 돌이켜 밝은 자성으로 돌아와 적극적으로 선법(善法)을 행한다면 죄업은 소멸한다. 어둠에서 불을 밝히면 어둠이 없어지는 것과 같다.

9. 병고를 극복하는 믿음

9.1. 병의 원인과 치유

1 . 몸에 나타나는 온갖 병에는 몇 가지 원인이 있다. 깊은 마음속

에 자리 잡은 미혹된 인연, 증오와 공포, 걱정 등과 같은 어두운 감정 등 여러 가지 원인이 엉켜서 나타난다. 그러한 마음 상태가 잠재의식에 깔려 자율적 생명 조절 기능을 억압함으로써 몸에 병이 나게 된다. 이럴 때는 염불 독경하며 일심으로 기도해야 한다. 기도를 통해 마음의 평화와 안정을 회복하면 병이 낫게 된다. 생명 깊은 곳에 있는 건강하고 원만한 진리성을 억압하고 있던 장애 요인이 제거되므로 자연히 생명 본래의 건강이 회복되는 것이다.

2. 병자는 불멸의 생명, 건강한 신체, 그리고 지혜와 자비를 항상 말해야 한다. 슬픔을 말하고 병세를 말하고 고난을 말해서 얻을 것은 없다. 그것은 생명의 진리에 어긋나며 진리생명을 낭비할 뿐이다. 건강과 행복과 성공과 환희와 감사를 말해야 한다.

3. 병은 한 집안이나 가족이 서로 대립하고 미워하고 노여워할 때 그 마음 상태가 근간이 되어 증세가 나타날 수도 있다. 이런 경우에 상대의 행복과 건강을 진심으로 바라고 지극정성으로 기도해야 한다. 상대방과의 서먹한 관계를 깨끗이 비우고 순수한 마음으로 상대편이 되어 일심으로 염불한다면 상대방이 설사 기도 사실을 모르더라도 병이 나을 수 있다.

4. 대립하는 감정을 버려야 한다. 백 가지 불행과 병의 원인은 거기에 있다. 그러한 대립 감정은 친척과 가족, 가까운 사이일수록 자그마한 일도 크게 작용해서 마음의 병을 불러일으킨다. 그런데 어느 한쪽에서 마음을 풀면 상대방도 저절로 풀리고, 어느 한쪽에서

마음을 깨끗이 비워서 상대방을 위해 따뜻한 마음을 흘려보내면 상대방이 가지고 있던 마음의 병도 슬그머니 나아버린다. 왜냐하면 부조화의 원인이었던 대립의 감정이 사라지면서 그것을 근거로 했던 병의 원인이 없어졌기 때문이다. 이것이 정신감응이다.

5. 대개 병의 원인은 현상적으로 나타나는 원인 이외에도 세 가지의 원인을 들 수 있다.
첫째, 마음속의 어둠이나 갈등의 축적이 원인이다.
둘째, 조상이나 그 밖의 영가의 부조화가 원인이다.
셋째, 전생부터의 악업으로 인한 어두운 인연이 원인이다.
이 모두는 마음이 지은 것이다. 이 마음을 돌이켜 깊이 뉘우치고, 밝음을 향해 자신의 진실을 돌이킨다면 원인이 소멸되고 결과적으로 병이 나을 수 있다.

6. 병이 나서 기도할 때도 병이 있다고 생각하지 말고, '내 생명은 진리 태양의 생명이며 부처님의 무량공덕 생명이 충만하다'라고 생각해야 한다. '내가 병이 있다. 의사가 이렇게 진단을 내렸다'라는 생각들은 버려야 한다.

7. 염불 독경하고 기도 수행하여 마음의 평화, 마음의 활성, 마음의 안정과 건강을 회복했을 때 병이 낫게 된다. 생명 깊은 곳에 있는 건강하고 원만한 진리성을 억압하던 장애 요인이 제거되므로 자연히 생명 본래의 건강 질서가 회복되는 것이다.

8 . 우리 진리생명은 오온도 마음도 미혹도 아니고 불멸의 진여이며 바라밀 실상이 있을 뿐이다. 거기에는 원래 육체도 없고 병도 없다. 고통도 없고 해탈할 것도 없다. 밝고 맑고 왕성하게, 그리고 조화롭게 생명을 창조하는 힘만이 충만하다. 이 점을 환자에게 알려주는 것이 좋다. 병은 없고 불멸의 생명만이 있는 이것이 진실이다.

9 . 마음에서 어두운 생각, 소극적 생각을 몰아내야 한다. 근심, 걱정, 공포, 증오, 슬픔, 초조 등 이런 생각을 깨끗이 쓸어버려야 한다. 또한 자신이 부처님 공덕이 충만한 불자라는 사실을 관(觀)해야 한다. 관한다는 것은 마음의 눈으로 보는 것이다. 불성의 주인공인 불자에게는 병이 없고 불행이 없음을 확신해야 한다. 자신이 그렇게 안다거나 염불한 결과로 그런 것이 아니고 원래 불멸의 건강이 인간이라는 사실을 믿어야 한다.

10 . 내 마음이 평화로울 때 내 몸이 평화롭고, 내 감정이 거칠 때 나의 심장이 거칠어지고 내 몸에 병이 난다. 우리의 환경과 사회적 조건들은 내 마음을 비춰주는 거울이요, 보이지 않는 내 마음을 구체적 형태로 보여 주는 나의 생활환경이다.

11 . 몸은 마음의 얼굴이고 표정이다. 마음이 안정을 얻지 못했는데 자기를 둘러싼 환경 조건에서 안정을 찾으려는 자세가 우리를 허약하게 만든다. 자기 마음에 차지 않으므로 불평불만이 생기고 정신적 불안은 깊어만 간다. 성격도 점차 신경질적으로 변해간다. 마음이 안정되고 화평해질 때 비로소 건강이 온다.

12. 병은 고난받는 과정이 아니라 어둠을 정화하는 과정이다. 다시 말해서 병은 업보 중생이 고난을 받는 과정이 아니라 불행이 사라져가면서 새로운 밝음이 나타나는 과정이다. 즉 해가 솟아나는 것이다. 이 사실을 알게 되면 모든 의기소침한 사람에게 가서 용기를 내라는 말과 함께 지혜로운 도움을 줄 수 있다.

9.2. 건강과 기도

1. 몸과 마음이 괴롭다면 그 원인을 타인이 아닌 자신의 잘못에서 찾아 참회해야 한다. 자기 마음속 깊은 곳에 앙금처럼 가라앉은 병의 뿌리도 일심으로 염불하고 참회하면 소멸한다. 잠재의식 깊은 곳에 앙금처럼 가라앉은 나쁜 때를 벗겨 내는 방법은 일심으로 염불하고 진정으로 뉘우치는 것이다.

2. 병이 낫기를 바라면 기도할 때도 병이 있다고 생각하지 말아라. 내 생명은 진리 태양 생명이며 부처님의 무량공덕 생명이 충만하다고 생각하고 '내가 병에 걸렸다'라는 생각을 떨쳐 버려야 한다. 그렇게 해서 마음에서 병을 버리고, 어둠을 버리고, 불행을 버려야 한다.

3. 병이 낫기 위한 기도를 하기에 앞서 우리는 어떤 마음가짐을 가져야 할까?
첫째, 지성으로 부처님을 믿고 부처님 공덕으로 살아 있는 몸에는 원래 병이 없다고 믿어야 한다.

둘째, 온갖 근심·걱정·불안·공포를 버려야 한다.

셋째, 모든 사람과 대립이 없어야 한다.

넷째, 자기와 함께 있는 사람 또는 모든 이웃에게 감사하고, 그분의 행복을 빌어야 한다.

다섯째, 인간은 본래 불성이므로 죄가 없다는 것을 믿어야 한다.

여섯째, '자기는 죄인이다. 또는 업보 중생이다'라는 생각을 버리고 불자의 영광과 환희를 생각해야 한다.

4 . 기도해서 병이 나았다는 이야기를 많이 듣는다. 기도하여 마음이 평화롭고 감정이 순화되고 나아가 기쁘고 활발한 상태가 되면 심신 기능이 안정되어 병적 요인이 제거되는 것은 당연하다. 일반적으로 기도는 부처님의 대자비 위신력을 믿고, 원망이나 슬픔, 미움 등의 감정을 버리고 일심으로 염불하는 것이 기본이다. 병고, 재난, 불행 등 어두운 생각들을 버리고 밝은 희망으로 부처님을 생각하고 염(念)해야 한다.

5 . 다른 사람을 위해 기도한 공덕으로 본인의 병이 호전되기도 한다. 우리가 어떤 사람을 생각하고 염불하면 우리의 염불은 그 사람의 마음이 되어 염불하는 것이 된다. 우리의 일심 정성이 그 사람과 둘이 아닌 하나로 작용한다. 순수한 자비심으로 남을 위해 기도하는 데는 불가사의한 힘이 함께한다.

6 . 마음을 비우고 부처님의 무한공덕을 일심으로 염불하면 자기 마음과 생활이 바뀌고 그에 따라 건강과 조화로운 심신 환경이 이

루어진다. 심신의 온갖 장애나 물리적 충격에서 온 병 역시 기도를 하면 급격히 호전될 수 있다. 원망과 적대 감정, 불안과 공포를 버리고 진리의 원만성을 감사하며 염불하는 사람은 빠른 회복을 할 수 있다.

7. 조상님께 감사하고 모든 과거의 허물을 뉘우치고 일심으로 염불 독경하며 감사와 밝은 마음으로 살아간다면 하루하루 나아질 수 있다. 사람의 몸은 육체이지만, 밝은 눈으로 보면 육체가 아니라 병이 없는 신령한 성품이다. 병이 없는 것을 확신하고 나의 본 몸이 영원한 생명, 영원한 건강, 만족스러운 힘임을 믿고 기쁘고 희망차게 마음을 갖는다면 병을 고칠 수 있다. 기적이라고 하지만 생명의 진리에서 보면 당연한 이치이다.

8. 수술할 비용이 없어서 방치하고 있던 병이 반야바라밀을 염(念)하다가 하루아침에 나았다는 기적 같은 이야기도 있다. 오로지 있는 것은 진리뿐이라서 그렇다. 있는 것은 부처님의 진리, 부처님의 광명, 부처님의 무애위신력, 이것뿐이다. 육체가 있고 물질이 있고 병고가 있고 재난이 있고 불행이 따로 있다는 생각이 멸했을 때, 바로 반야바라밀 광명이 충만해진다.

9. 어떤 사람은 건강해지기 위해 '건강해야지. 건강하다고 생각해야지'할지 모른다. 그러나 본래 병들 수 없는 것이 우리 생명이다. 말을 하고 생각을 하고 믿고 행동할 때 건강은 나타난다. 누가 안부를 물으며 "건강하세요?" 할 때 "네 감사합니다. 건강합니다"라고

명쾌하게 대답하자. 그럴 때 생명은 조절되고 활기는 넘쳐나고 충실한 건강이 전면에 나타난다. 말이 건강을 불러내는 길잡이가 되는 것이다.

9.3. 고독

1. 고독은 마음이 제자리를 잃은 상태이다. 그래서 허전하고 불안하고 적막한 감정이 엄습해 오곤 한다. 고독을 달래느라고 불건전한 오락과 악의 유혹에 빠져들거나 방황하는 영혼은 순간적인 자기 도피일 뿐이다. 고독의 치료는 일단 가정의 안정이 중요하고 더 근본적인 안정은 불보살과 함께 있는 커다란 자기 참 생명을 만나는 것이다.

2. 결혼 적령기에 들어섰지만 적당한 상대자가 없거나, 결혼했지만 고독감을 느끼며 홀로 서 있는 원인은 무엇일까? 따뜻한 애정과 희망이 담긴 환경을 어디에서 찾을 것인가? 인생에서 고독과 적막을 가져오는 일차적 요인은 애정 담긴 가정과의 분리에 있다. 미혼자는 결혼을 통해서 고독을 해결하는 것도 한 방법이고, 기혼자는 왜 가정의 화목이 깨졌는지 돌아보고 깊이 참회하자.

3. 고독은 인간적 교류를 저버리거나 가족애의 가치를 무시할 때 찾아든다. 이기적인 생활을 하거나 가족에 대한 책임감이 없을 만큼의 애정 결함이 그 중대한 원인이다. 따뜻하고 남을 존중하며 밝

고 발랄한 일상생활이 고독의 뿌리를 소탕하고 행운을 부르는 묘약임을 알아야 한다.

4. 고독한 환경은 가족의 애정을 무시하거나 이기적 욕망만을 추구하는 행위의 결과이다. 가족을 소중히 하고 이웃에게 애정을 항상 줄 수 있는 따뜻한 마음은 우리에게 안정감을 제공해주는 근본이다. 이기심을 버리고 따뜻한 마음으로 타인을 사랑하자. 따뜻한 마음은 고독과 적막을 몰아내고 행운과 평화를 불러오는 근원이다.

5. 염불의 길을 가면 갈수록 길은 넓어지고 마음은 안정되며 확신이 확대된다. 기쁨과 밝은 평화가 비쳐온다. 온 세계와 이웃은 물론 모든 자녀까지 거룩한 광명 가운데 함께 있음을 알게 된다. 거기에는 외로움이란 없다. 슬픔이란 없다. 평화와 기쁨, 안정감이 함께할 것이다. 일심으로 염불하기를 권한다.

6. 부처님을 믿고 일심 염불해야 죽음에 이르는 병을 고칠 수 있다. 설사 큰 진리를 깨닫지 못하더라도 일심으로 염불하는 생활을 지속하면 외로움의 물결이 밀려오지 못한다. 염불의 힘이 성장할수록 점점 안정과 기쁨이 용솟음치고 가슴에서 밝은 태양이 빛나는 따뜻한 언덕을 발견하게 된다. 자비심을 행하고 베풀고 돕는 행을 닦아가면 기쁨이 솟아오고 생활 속에서 부처님을 만나게 된다. 거기에는 외로움의 그림자가 찾아 들지 못한다. 항상 기쁨과 편안함이 함께한다.

10. 임종과 영가의 천도

10.1. 생명의 가치

1 . 우리의 생명은 부처님 진리에서 온 생명이다. 나를 고집하고 상(相)에 집착해 진리를 등져서 고난과 죽음이 따르게 된 것이다. 모든 생각을 쉬고 부처님의 무한 생명, 절대 자비에 맡기는 것이 좋다. 원래 우리의 생명이 부처님 진리에 이어졌고 진리에는 병고나 생사가 없다. 무한공덕을 갖춘 채 영원하고 원만한 위신력이 있을 뿐이다. 우리는 염불하고 독경하며 부처님을 생각해야 한다. 원래 죽음을 초월한 것이 우리의 생명이고 부처님의 진리 공덕이 넘치고 있는 것이 생명이다. 이 생명 본래의 모습을 믿고 긍정하고 뜨겁게 감사하는 마음으로 바뀔 때 새로운 기쁨을 만나게 될 것이다.

2 . 인간이 세상을 살아가는 의의는 인간의 생존 자체를 소중히 하는 데서 시작한다. 인간의 생존을 무엇보다 소중히 여기고 그 발전과 보람을 돕는 것은 사회적 모든 시설의 존재 이유가 될 것이다. 이러한 생명을 어느 때부터 생명으로 대우하고 인간으로 존중하느냐가 문제인데, 불교의 입장에서는 수태와 동시에 보호받을 생명이라고 생각한다.

3 . 모두가 한 생명이고 동일생명이고 함께 지내는 관계이다. 우리 가족만 한 생명으로 같이 사는 것이 아니라 이웃하고도 한 생명이고 한 나라, 겨레들도 한 생명이고 온 우주의 중생들이 한 생명이

다. 이 한 생명이 서로 돕고 기뻐해 주고 격려해 주고 어려움을 나누는 것이 본래의 자세이다. 이것이 본래 생명, 큰 생명, 진리생명을 사는 방법이다.

4. 나는 생명이다. 나의 몸을 만든 생명이고, 부모와 형제와 조상을 묶은 생명이고, 이웃과 겨레를 하나로 묶은 생명이고, 조국의 역사와 전통을 이어받은 생명이다. 나의 생명은 개체로 존재하면서 기실 무한한 과거를 이어 오늘을 창조하며 영원으로 내닫는 주체이다. 긴 시간 동안 나의 선조가 대를 이어가며 추구해 온 영광의 전통을 그 속에 간직하고 무한한 미래에 전해 줄 중심자이다. 동시에 조국과 겨레를 하나로 묶어 세계평화와 인류의 번영을 추구할 책임이 있는 자이다. 이렇게 볼 때 나의 생명은 나의 생명이지만 부모님과 조상님이 주신 생명이고 조국 강산이 키워 준 역사와 전통의 중심 생명이다. 이런 까닭에 나의 생명은 기실 부모님의 생명이며 조국의 생명이다.

5. 공연히 인간으로 세상에 태어난 것이 아니다. 큰 은혜와 큰 인연의 결실로서 큰 성현의 각오에서 높은 사명을 가지고 온 것이기 때문에 이 사명을 다할 때 인생은 보람도 있고 기쁨도 있다. 간혹 고통스러운 일이 있다 하더라도 자기 향상을 가져오고 참으로 이러한 자기 사명을 다할 수 있는 일을 하게 되면 우리는 삶의 보람을 느낀다.

6. 태어난 모든 사람의 몸은 참으로 귀하다. 축복 속에서 희망과

성취의 가능성을 가지고 크게 성장하기 위해 태어났다. 많은 일을 하고 스스로 돕고 남을 도우며 세간에 이로움을 줄 능력을 지니고 태어났다. 인간은 무한한 잠재력과 가능성과 절대 자유를 스스로 지니고 이 땅에 태어났기 때문에 자신이 가진 잠재력을 충분히 발휘해야 할 과업이 있다. 이 세상에 왔다는 것은 그와 같은 가능성을 안고 그러할 기회를 부여받았기에 축복받는 것이다.

7. 한 사람 한 사람은 지극히 고귀한 사람들이다. 모든 사람은 절대적이며 궁극적인 가치를 가지고 있다. 이것을 지키기 위해 스스로 깨달아야 하고, 모든 체제와 사회제도가 이 생명의 가치를 참으로 발휘할 수 있도록 바뀌어야 한다.

8. 원래 우리 인간은 죄의 소생도 아니요, 업보의 씨앗도 아니요, 고통받을 숙명을 안고 태어난 죄악적 피조물도 아니다. 비록 겉모양은 아무리 비천하게 보여도 실로 그 깊은 생명에는 무한의 지혜와 능력이 풍성히 갖추어져 있다. 우리는 이러한 인간 생명의 현실적 진실을 믿어야 한다. 눈에 보이는 객관적 자원은 비록 유한일지 몰라도 유한에서 무한을 창조해 내는 문수의 지혜는 우리 인간 가슴속에 무진장 갖추어져 있다.

9. 우리들의 깊은 마음속에는 불멸의 진리 법성을 그대로 지니고 있다. 이것은 만인이 똑같다. 그 진리는 따로 있는 것이 아니라 바로 부처님도 함께 가지고 있으며 모든 사람이 하나의 진리를 갖고 바로 쓰고 있다. 이래서 인간은 고귀하고 무한능력을 지니고 있어

서 이것을 알고 쓰는 것이 인간의 보람이고 역사의 발전이고 사회가 나아가야 할 참된 기초이다.

10 . 우리가 참된 사명을 자각하여 그 완수를 위해 정성을 바칠 때 우리는 삶의 보람을 느낀다. 스스로의 목적을 향해서 한 걸음 앞서갈 때 설사 몸에 괴로움이 있다고 해도 도리어 기쁨을 느끼는 것이다. 생명이 지닌 거룩한 사명을 실현하고자 하지 않고 게으름에 빠지거나 그릇된 길로 나아가면 인생은 삶의 보람을 잃는다. 자기 존재가 무가치한 것으로 느껴지고 마침내는 공허한 인생과 맞닥뜨린다.

11 . 우리가 진리인 성인을 모시고 진리인 생명으로 사는 것은 어제오늘의 일이 아니다. 원래 우리의 생명이 그런 것이다. 부처님은 우리의 생명이 진리이므로 영원히 우리를 키우고 진리로의 완전 성숙을 돕고 계신다. 우리가 진리를 외면하고 아무리 어긋난 길로 달려가도 부처님은 끝없이 너그러우시고 자비로우신 위력으로 우리를 지켜주신다.

12 . 신생은 육체에서 이루어지지는 않는다. 육체는 한 번 세상에 나면 늙고 또는 어떤 사연을 붙여 죽는 것으로 되어 있다. 그 육체에 신생이란 없는 것이다. 그러면 어떻게 해서 신생이 이루어지는 것일까? 깨달음이다. 믿음이다. 부처님의 지혜의 눈으로 비춘 나의 참모습, 나의 참 생명을 믿고 보는 것이다. 우리에게 신생은 이렇게 해서 오는 것이다.

10.2. 죽음과 윤회

1. 육체와 물질과 감각과 상대가 있는 일체 세간 그 모든 어떠한 이름으로, 혹은 어떠한 이론이나 사상으로 무장했다 하더라도 실로는 무(無), 없는 것이다. 허망한 것이다. 허망한 그림자를 보고 공통적인 인식 아래에서 이름 붙이고 개념화시켜 임의적인 내용을 더해서 존재라고 말하지만 실제로는 허무, 없는 것이다.

2. 생사번뇌에서 벗어나는 근본은 바로 자신이 지닌 본성을 깨닫고 본성을 지키고 본성에 상응하는 생활을 하는 것이다. 본성이 지니는 무한의 지혜, 무한의 덕상, 무한의 능력, 무한의 존경스러운 존재, 권위 있는 존재를 다시 확인하는 것이다.

3. 주변에 임종이 임박한 사람이 있다면 애착과 집착, 육체와 세간사에 대해, '부처님 나라에서 태어난다. 부처님의 공덕과 한량없는 은혜가 이미 주어져 있다'라고 그분을 안심시켜야 한다. '참으로 내가 이를 곳, 부처님 나라!'라고 부처님을 생각하도록 아미타불을 불러줘야 한다. 혹은 마하반야바라밀이나 다른 부처님의 명호를 불러야 한다. 부처님 나라에 간다는 확신을 다시 일으켜 주고 기쁨과 감사한 마음을 가져야 한다.

4. 살아 있는 육체가 전부라고 생각하기 쉽지만, 육체는 하나의 의상이다. 인간의 옷을 입고 인간계에서 태어났기 때문에 인간이라고 한다. 그 옷이 바뀌면 다른 존재가 된다.

5. 꽃이 져도 나무는 죽지 않는 것처럼 사람도 몸이 죽는다고 죽는 게 아니다. 꽃이 지는 것은 계절이 바뀌었거나 꽃이 부실해서 진다. 사람도 과거에 지은 인과 현재 짓고 있는 업의 결과로 떠나간다. 꽃은 져도 새봄에 다시 피는 것처럼 사람이 죽더라도 죽지 않는 생명이 있다는 것을 믿어야 한다. 그 생명은 죽지 않고 끝없이 꽃을 피울 수 있는 큰 힘을 간직하고 있다는 것을 알아야 한다. 왜냐하면 부처님 말씀처럼 모든 생명은 원래 법성 진리생명이기 때문이다.

6. 우리는 이 몸뚱이가 전부인 줄 안다. 그런데 이 몸뚱이는 몽환이요, 꿈이며, 흘러가는 구름처럼 변할 뿐이다. 인간이 태어나서 성장하고 늙어가는 것에 집착할 필요가 없다. 변하는 것 뒤에는 변치 않는 진리생명이 있다. 불심이 자기 자신이고 자신에게는 변치 않는 부처님의 진리생명이 깃들어 있다는 것을 항상 명심해야 한다.

7. '자아의 본체'가 자기를 표현하는 데는 몇 가지 형식이 있다. 그 중 하나가 육체이다. 자아의 본체가 육체를 벗고 다른 형태를 가지려고 하면 그 사람은 죽음을 맞이한다. 하지만 죽음은 종말이 아니라 오히려 새로운 출발이다. 인간의 죽음은 육체를 가지고 표현할 과업을 마쳤을 때 소용없게 된 육체를 벗어버리는 것을 의미한다.

8. 중생이 사는 세계는 각각 독립해서 겹겹이 존재하는 것이 아니다. 각자의 마음의 미오(迷悟)에 따라서 벌어지는 경계이다. 각자의 상(相)에서는 있는 것처럼 보이지만 진리 본연의 눈에는 없으므로 없다고 하는 것이다. 천상은 먼 곳에 있지 않고 지옥도 먼 곳에 있

지 않다. 바로 현실 이곳, 우리의 한 생각 벌어짐에 따라서 천상도 지옥도 나타난다.

9. 부처님 법문은 죽지 않는 빛과 죽음이 없는 생명의 물줄기가 자신에게 깃들어 있는 것을 발견하게 해주었다. 부처님의 가르침 그 모두가 불사의 영물이며, 불사의 영역이다. 이는 죽음이 없는 길을 가르쳐 주는 것이다.

10. 우리는 옷을 벗는다. 계절이 지나서, 혹은 헤져서 벗을 것이다. 옷을 바꿨다고 내가 죽는 것은 아니다. 내 육체, 생각, 의식도 옷이다. 이 육체, 즉 이 옷을 벗었다고 해서 내가 죽는 것은 아니다.

11. 육체라고 하는 것에는 반드시 죽음이 온다는 것을 알아서 죽음에서 벗어나는 해탈법, 죽음이 없는 법인 감로법을 닦아야 한다. 그리고 스스로 깨달아서 죽음이 없는 생명의 원리에 따라서 착한 공덕을 지어야 한다.

12. 흔히 현실 세계에서 죽음을 거쳐 이르는 곳을 저승, 또는 유계라 한다. 저승으로 간다고 한다. 본래 진리에서 보면 우리가 보고 인식하는 시간도 공간도 모두 없다. 있는 듯이 보이지만 그것은 사람이 마음에 그렸던 일종의 인식 형식으로 한낱 인간 생명이 스스로 자기 마음에서 표현한 것에 불과하다. 공간이라는 것도 실로 존재하지 않고, 그 안에 개체의 존재가 있는 것도 아니다. 그래서 우리는 흔히 죽으면 이 현실 세계에서 다른 세계로 간다고 생각하지

만, 실은 가는 것이 아니다. 설사 유계라 하는 또 다른 세계에 가더라도 그것은 한낱 인식의 형식상 표현일 뿐이요, 우리가 알고 있는 것과 같은 이 공간에서 저 공간으로 이동하는 것을 의미하지는 않는다. 이곳이라고 하는 곳은 시간도 공간도 넘어선 영원하고 절대적인 일점이다. 이 안에서 온다고도 하고 간다고도 하는 인식형으로 우리 자신이 의식하는 것이다.

13. 우리는 살아가는 동안 내부에 자기를 형성한다. 마치 땅속에서 자라는 감자를 캐내어 그 감자의 눈을 도려서 심으면 새롭게 감자가 번식하는 것처럼, 살아 있는 가운데 형성됐던 자아의식이 금생이라는 감자가 시들어 갈 때 다음 생으로 넘어가는 준비를 하는 것이다. 그것을 선인선과(善因善果) 또는 악인악과(惡因惡果)라고 한다.

14. '내생이 있다. 육체의 죽음이 다가 아니다. 내생은 현생의 연장이다'라고 할 때 우리는 인생을 사는 태도가 달라질 수밖에 없다. 우선 육체는 죽더라도 자신은 '죽지 않는 인간'임을 알게 된다. 인간은 물질의 연속인 육체가 아니고 영적 존재라는 것을 알게 되는 것이다. 오늘의 삶은 더욱 높은 삶을 위해 준비하는 시기이다. 우리의 삶은 그러한 영적 가치와 관련한 생활을 추구해야 한다.

15. 생명 문제는 죽음과 연결된다. 불교에서는 주어진 인연을 끊고, 자살하는 행위를 용납하지 않는다. 고난을 통해 자기 영성을 닦아야 하며 그 생을 성실히 다해야 한다.

16 . 하늘에 태양이 없다고 부정하며 눈을 감더라도 태양이 사라지는 것은 아니다. 태양은 우리가 어떻게 생각하든 상관없이 여전히 빛난다. 이런 점에서 부처님께서는 우리가 살아가고 있는 현상 세계의 근원이 번뇌임을 아시고, 번뇌의 뿌리가 무명임을 아시고, 무명을 끊음으로써 열반을 얻어 죽음을 극복하셨다.

17 . 인간의 생명은 원래 기쁘고 밝은 것이다. 그래서 우리는 밝고 기쁘게 살아가야 한다. 우리의 삶은 언제나 안정되고 평화롭기를 원한다. 충격적인 소멸을 원치 않고 극단적인 죽음은 정말 싫어한다. 따라서 죽음 역시 더 높은 삶으로 향하는 것의 일부임을 받아들여야 한다.

18 . 사람에게 전생이나 내생이 있을까? 인간의 본성은 법성이므로 죽거나 멸하는 몸이 아니며 오고 가는 몸이 아니다. 따라서 미혹하여 설사 범부가 되어 생사의 모습을 보이더라도 실제로는 멸하지 않고 그 생이 계속된다. 다만 현생 표준으로 보면 생과 사가 있지만 생과 사의 주체인 본성 생명에서 보면 죽지 않은 것이고, 태어나고 죽는 동작을 하며 새로운 생을 벌이는 것이다. 비록 몸의 형태를 바꾸기는 하나 그 생명은 계속된다는 의미이다.

19 . 부처님께서는 끊임없이 윤회하고 있음을 가르치신다. 유전이라는 것은 생사며, 끝없는 죽음을 깔고 있는 고통이며, 아무리 순간 순간 즐거운 일이 있다 하더라도 마침내는 죽음에 이르는, 말하자면 죽음의 바다 위에 둥둥 떠다니는 물거품과 마찬가지이다. 그래

서 부처님은 윤회의 극복을 가르치신다.

20. 윤회란 미혹에서 있는 말이며, 미혹이란 없는 것을 있는 것으로 잘못 아는 것이다. 그러므로 깨달음의 입장에서 보면 윤회는 찾아볼 수 없다. 그러나 미혹에서 벗어나지 못하면 윤회에서 벗어나지 못한다. 미혹과 함께 끝이 없다.

21. 복잡한 이론보다 현재 고뇌에서 벗어나고, 죽음에서 벗어나고, 윤회를 끊는 실질적인 것이 중요하다. 불교는 철저히 실지에 있는 것으로 부처님은 철저하게 그 실지를 숭상하셨다. 그래서 부처님의 법문은 하나하나가 우리의 고(苦)를 없애고, 생사를 해결하고, 윤회를 끊는 실질적인 가르침이다. 이론이 아니면 납득하지 못하고 한 걸음도 따라가지 못하는 습성을 지닌 범부는 부처님의 말씀을 믿고 행동하기 위해서 큰 지혜와 용기를 갖추어야 한다.

22. 불도를 닦아서 생사를 벗어나는 방법이 있다. 범부들은 대개 미혹한 세계에서 살고 있어 업을 짓고 그 결과 미혹한 세계를 출입한다. 이것이 생사이고 윤회이다. 미혹 상태가 개선되거나 해결되지 않으면 업은 쉴 날이 없고, 생사도 끝없이 반복하게 되며, 고뇌의 세계가 끝없이 이어진다. 이를 알아서 미혹을 돌리고 깨달음을 향해 닦아감으로써 생사가 없는 열반 경지에 이르게 되니 이것이 해탈이다.

23. 중생의 심신을 고통으로 몰아넣고 어지럽히며 더럽히는 정

신작용, 이것을 우리는 번뇌라고 한다. 번뇌로 인하여 우리는 그릇된 생각을 일으키고, 그릇된 마음을 갖고, 그릇된 행을 하고, 그래서 그릇된 과보를 받는다. 혹(惑)·업(業)·고(苦)의 삼도라고 부르지만, 미혹과 미혹된 행위와 그 결과로 받는 과보는 그 중심점에 번뇌가 있다. 윤회의 근본 바탕에는 이 번뇌가 흐르고 있다.

24. 인간 삶의 뿌리가 법성 생명임을 안다면 금생의 죽음으로 생이 그칠 수는 없다. 비록 미혹한 상태는 여전하더라도 업의 결과는 계속 받게 되므로 새로운 생은 계속된다.

25. 범부들은 미혹한 상태에 집착한다. 미혹한 중생은 미혹한 상태인 사후 영혼이 분명히 있다. 그래서 미혹한 정도와 내용에 따라서 새로운 미혹 세계를 받고 미혹된 몸을 받는다. 이것이 윤회이다.

26. 본심인 내면의 마음은 다른 것이 아니다. 근본 핵심은 깨달음의 마음이다. 집착한 마음은 미혹을 감싸고 있고, 자기로 삼고 있어서 집착한 마음 정도에 따라서 세상이 바뀌는 것이다. 본성은 윤회가 없지만 미혹한 세계에는 윤회가 있다.

10.3. 영가를 위한 염불과 독경

1. 영혼을 청해 독경하고 염불하여 공덕을 닦아 주고 법문을 일러 주어 미혹한 마음을 열어 주며, 부처님의 위신력을 청해 무한의 은

혜를 주고, 정성 들인 음식을 준비해 시식의 공덕을 베푼다. 의심하지 말고 부모님이나 조상님에게 법다운 공양을 올려야 한다.

2. 망자를 극락으로 인도하는 데는 두 길이 있다. 하나는 법문을 일러주어 깨닫게 하고 불보살님께 기원하는 일이다. 또 하나는 영가를 위해 염불하고 독경하는 일이다.

3. 일심으로 염(念)할 때는 지옥에 가 있어도 통하고, 천상에 태어나도 인간으로 태어나도 그 사람에게 복이 간다. '온 우주의 실존인 즉 일념이다. 일념즉하에 만유와 함께 통한다'라는 생각으로 의심하지 말고 공경과 천도를 올려야 한다.

4. 조상을 위해서 독경하는 것은 독경 공덕을 조상에게 정성스럽게 회향하는 의미도 있지만, 다른 하나는 조상이 함께 임해서 염불 독경하는 의미도 있다. 설령 조상이 불법을 모르고 자기만 불법을 안다고 하더라도 겸허한 마음으로 조상에 대한 감사와 공경과 크신 은혜를 생각하면서 넓은 마음으로 독경하고 염불해 그 공덕이 조상에게 돌아갈 수 있도록 축원해야 한다.

5. 우리 조상은 우리와 떨어진 먼 과거가 아닌 나와 나의 후손에 이르기까지 계속해서 이어진 생명의 줄기이다. 조상께 공양을 올리고 천도하는 방법은 무엇인가? 우리가 일반적으로 할 수 있는 것은 독경이다. 조상을 위해서 독경하고 우란분재 같은 때에 헌공하고 축원하여 올리거나 제삿날에 잊지 않고 염불 독경해 드리고 공

양을 올리는 것이다.

6. 반려동물이 죽으면 염불하는 것이 좋을까? 모든 생명은 원래 하나의 진리의 표현이다. 그리고 우리는 그러한 진리를 능동적으로 쓰는 권리를 지니고 있다. 반려동물에게 해탈 인연을 맺어주는 것은 허망한 일이 아니다. 살아서도 "발보리심하라." 또는 "염불하라, 마하반야바라밀, 관세음보살"이라고 말해도 말귀를 못 알아듣는 미물로 보이지만, 그의 심정 깊은 곳에서 받는다. 죽어갈 때 염불하는 것은 허망하지 않다. 그러한 불심을 가진 주인과 만난 반려동물은 앞으로 행복한 인연이 열릴 것이며 귀하고도 기쁜 인연이 꽃피고 여물어 갈 것이다.

10.4. 임종과 천도

1. 열반에 들어 이 몸이 사라지면 죽어 없어져서 고통의 바다에 헤매거나 아무것도 없다는 따위의 생각은 미망한 중생들의 이야기에 불과하다. 번뇌가 다한 진실한 생명 땅에는 불멸의 여래 광명이 충만하다. 영원하고 참되고, 참된 즐거움이 충만하고 청정이 넘쳐난다. 이것이 진리이고 생명이며, 부처님이다. 만인의 생명이다.

2. 번뇌가 끊어진 상태가 번뇌 없는 진실의 땅이다. 생사 고뇌와 불행 모두가 다 사라진 땅이다. 완전한 진리의 평화와 완전과 기쁨만이 가득한 그 땅이 열반의 세계이다.

3. 부처님의 생애 가운데서 열반상을 보이신 것은 부처님의 육체가 죽음에 이르렀기 때문이다. 부처님께서는 중생이 깨닫고 미혹을 깨우치고 항상 끊임없이 정진할 수 있는 계기를 만들어 주기 위해서 열반을 보이신 것이다.

4. 육체의 죽음은 종말이 아니다. 또한 행위에 앞서는 것이 생각이며 마음이다. 그러므로 육체가 죽었더라도 그의 의식과 영(靈)은 여전히 살아 있다. 영가 천도는 이러한 사후의 영을 인도하고 깨닫게 하고 마음을 밝게 해 생전의 업에 새로운 변화를 주는 것이다.

5. 천도는 미혹한 생명 의식이 그릇된 소견과 집착을 버리고 공덕을 닦아주어 밝은 법성 본분을 깨닫게 하는 것을 말한다. 그렇게 함으로써 미혹한 상태로 죽어간 넋들이 미혹을 버리고 밝은 깨달음으로 돌아서 불멸의 생명을 누리게 된다. 대자유, 대해탈의 위덕을 누린다.

6. 가족이나 친척의 영혼이 천도 받지 못해 고통 속에서 방황하고 있다면, 그리고 그로 인해 내가 고통받고 있다고 생각된다면 어떻게 해야 할까? 이러한 생각은 우리의 영적인 무의식 심층부에 나쁜 영향을 주고, 그것으로 인해 건강을 해칠 수 있다. 고혼이나 악령이 작용했다는 설을 한낱 미신으로 돌리는 것은 잘못이다. 이에 대한 대책으로는 두 가지가 있다. 하나는 그 영혼을 천도해 안정을 얻게 하는 것이다. 다른 하나는 우리의 영적 수준을 높여 그러한 악령이 접근할 환경을 만들지 않는 것이다.

11. 경제활동의 의의

11.1. 부의 가치

1 . 불자가 부자가 되는 것은 좋은 일이다. 하지만 모은 재산을 쓸 때 유의해야 한다. 자기가 가진 재산은 공공성을 가지고 있다는 점을 깨달아 함부로 낭비해서는 안 된다. 경제 질서에 따라 건전하게 관리해야 하고 국가와 사회에 이바지해야 한다. 중생을 위하여 재산을 소유하고, 중생을 위하여 재산을 사용한다는 말은 이 뜻이다.

2 . 부는 돈이나 재산만이 아니라 원만한 덕성, 탁월한 아이디어 등 정신적 능력이 핵심이 된다. 그렇다면 부를 구하고자 하는 사람은 돈이나 재산 등 외형을 구하지 말고 정신에 담긴 훌륭한 능력과 덕성의 실현을 구하는 것이 순서일 것이다.

3 . 부는 쌓아두는 데 가치가 있는 것이 아니다. 부는 자기의 능력과 지혜를 키우고 지식을 발휘하고 자비를 실천하기 위해 유용하게 써야 한다. 자신에게 쌓인 부는 모든 이웃과 함께 진리의 질서를 누리고 진리의 영광을 구현할 때 참된 의의를 발휘한다.

4 . 대외적인 여건이 악화해 경제적 어려움이 왔거나, 혹은 그로 인해 신체적 고난이나 가정의 파국이 오더라도 절대로 실망하지 말자. 그것은 항구적이지도 절대적이지도 않다. 경제는 유동적이고 사태는 끊임없이 바뀐다. 어떻게 손을 써야 할지 사방이 막혔다고

생각하지만, 실은 그것은 자신의 눈이 그렇게 보이는 것뿐이다. 불보살님의 지혜의 눈으로 보면 활로가 얼마든지 있다. 우리는 막혔어도 불보살님은 막히지 않았다. 끊임없이 기도하고 희망을 일으키고 노력하면 부처님의 자비하신 손이 활로로 인도해 주실 것이다.

5. 사람은 풍족한 우정과 사랑, 풍족한 건강과 생활환경, 풍족한 신체와 정신적 능력 발달, 이런 것을 통해서 행복을 느낀다. 그러므로 부를 이루고자 하는 사람은 모름지기 많은 사람이 원하는 바를 충족시켜 주면 된다. 또한 스스로 사람들에게 도움이 되는 일을 착수해 인내와 성실로써 지켜가야 한다.

6. 끊임없이 연구하고, 끊임없이 대중에게 봉사할 생각을 해야 한다. 끊임없이 사회의 발전과 편의를 생각해야 한다. 많이 봉사할수록 많은 소득으로 돌아올 것이다. 나의 삶은 나 혼자의 힘으로만 이룰 수 없다. 끊임없이 남에게 무엇인가를 줌으로써 내가 얻어지므로 더 많이 봉사할 생각을 가져야 한다. 그러면 더욱 많은 소득과 이윤을 올릴 수 있다.

11.2. 직업과 사회참여

1. 사람은 직업을 통해서 사회에 참여하고, 또 그것을 통해서 자기 창조를 표현하고 동시에 사회에 봉사한다. 이럴 때 직업은 자기의 개성과 자기의 능력을 표현하고, 연마하고, 내부의 지혜를 닦아

내고, 덕성을 발휘하게 한다. 그것으로 사회에 봉사하는 결과를 가져오고 자신에게도 이익이 되어 돌아온다.

2. 직업이라는 일 자체는 그대로 세상을 위한 것이다. 직업이나 사업을 통해서 만들어진 것은 원래 세상을 위한 일이고 사람에게 도움을 주는 일이다. 단순히 먹고살기 위해서, 회사의 영위만을 위해서 일한다는 생각은 비뚤어진 견해이다. 어떤 생산이든 어떤 직업이든, 직업의 본질은 사회에 기여하고 봉사하는 것이다.

3. 직장이나 직업은 돈벌이하는 곳이지만, 봉사하고 자기 능력을 발휘하는 장소이기도 하다. 그러므로 기도할 때는 다음과 같이 축원하는 것이 좋다.
"대자대비 부처님, 제가 능력을 발휘해 이웃과 사회에 도움을 줄 수 있는 일을 발견하게 해주옵소서. 제가 나라와 겨레에 봉사할 기회를 주옵소서. 저에게 이웃과 사회에 이바지할 수 있는 능력을 주시고 길을 열어 주셔서 감사합니다."

4. 일할 때 가장 중요한 것은 아마 보수 문제일 것이다. 일하는 데 있어서 보수를 먼저 생각하지 말고 봉사를 먼저 생각하라. 돈을 버는 것은 봉사했기 때문에 들어오는 것이다. 먼저 봉사에 힘쓰면 돈은 모여든다. 일심으로 기도하고 꾸준히 노력하면 자기 생명을 키울 길이 열린다. 직업을 구하는 기도는 반드시 이루어진다.

5. 우리가 세간에서 일을 열심히 하고 무아(無我)의 본분을 다하면,

내가 성장하고 이웃들이 성장하고 사회가 성장한다. 자신의 재능을 사랑하고 무아의 봉사를 할 때 저절로 자기 활로가 열린다는 사실을 알고 자신감을 가졌으면 좋겠다. 직업을 통해 사회에 봉사하고, 열심히 일할수록 사업이 번창하면서 저절로 이윤이 따라온다. 불법의 무한 능력을 나의 생명과 연결하면 내 운명이 밝아지고 내 능력이 향상된다. 직업에 종사한다는 것은 아주 훌륭한 불사(佛事)이다.

6. 복잡한 생활환경 속에서 흔들림 없는 판단과 강한 정신, 집중력으로 사물의 핵심을 파악하는 것은 중요한 덕성이다. 믿음을 가지고 좌선을 계속하면 만성적인 심신 장애가 회복되고 건강을 회복한 예가 많다. 깨닫지 못하더라도 좌선에 힘쓴 것만으로 얻어지는 효용이다. 이런 효용들이 사업 활동과 일상생활에 도움이 된다는 것은 지당하다.

7. 선법이란 세간의 일체 직업, 일체 사업을 가리키는 말이다. 세간의 일체 직업, 일체 사업은 이렇게 훌륭하다. 다만 집착하고 타산해서 시시비비를 따지려는 관념을 붙이기 때문에 그럴 뿐, 일체법이 다 아뇩다라삼먁삼보리를 얻는 것이다. 세간의 일체 선법을 닦는 것이 바로 아뇩다라삼먁삼보리, 무상정각을 성취하는 길이다.

11.3. 기업의 윤리

1. 기업이 국가와 사회에 봉사하지 않고 이익에만 열을 올린다면,

그 기업은 언젠가는 존립의 발판을 잃고 만다. 기업이 반윤리적 경영을 통해 이득을 추구한다면 그것은 결코 오래가지 못한다.

2. 어떠한 불황이라 하더라도 대중에게 봉사하는 기업은 그만큼 많은 소비를 가져오게 하고, 생산품에 대해 자신을 가지고 발전할 수 있다. 이것이 기업이 성장하는 원리이다.

3. 불교에는 네 가지 은혜가 있는데 그중 중생의 은혜가 있다. 자기가 경제적으로 성공했다 하더라도 그것은 많은 사람의 은혜로 인해서 이루어졌음을 알아야 한다. 그러므로 기업인은 그 은혜를 갚는다는 생각으로 사업에 임하는 자세가 꼭 필요하다.

4. 불교에서 가르치는 중생의 은혜의 맥락에서 기업은 그 경제적 성공 가운데 인간적 유대와 얽힌 노동의 인연들을 귀히 여겨야 하고, 기업과 경제 현실의 문제에도 개입해 발언해야 한다. 인간이 가지고 있는 기능을 충분히 발휘하고 타고난 재능을 연마해서 자기의 창조적인 능력을 가꾸도록 모든 사회적 여건을 만들기 위해 노력해야 한다. 이런 점에서 종교는 사회, 경제 문제에 적극적으로 개입을 하되 그 선을 그어서 실질적으로 인간의 성숙과 사회의 조화 있는 발전을 추구해 가야 한다.

5. 근로자들을 노동 시장에서 돈을 주고 사는 노동 상품과 같이 취급해서는 안 된다. 사회 안에서 기업은 인간적인 유대를 통해서 이루어진다. 그것을 잊어버리고 돈을 주고 샀다는 물질적인 눈으

로만 보면 안 된다. 원래 인력이나 기능의 제공은 업주와 노무 계약 관계에 있지만, 인간 자체는 노무 계약 이외의 것이다. 그러한 기업은 성장할 수도 없고 용인될 수도 없다. 종교는 마땅히 그러한 문제에 대해서도 깊이 개입해서 발언해야 한다.

6 . 상업이 봉사 정신보다도 이윤 추구가 최상이라고 말한다면 상업은 필요악이 될 것이다. 봉사 정신이 없는 이윤 추구를 위한 행위는 사회에서 용납되지 않는다. 어떤 사회든 봉사와 기여가 더 많은 신용과 신뢰를 얻으며 그렇지 않으면 배척받는다. 상업이 신용과 봉사와 합리를 최상으로 삼는 이유가 여기 있다. 상업이 지닌 윤리성과 공익성을 생각해야 한다.

7 . 경제 활동에서 이윤 추구를 배제하기보다 이익과 공익성을 함께 보장하는 것이 순리이다. 돈 잘 벌어서 가치 있게 사용하는 것이 좋다.

8 . 부의 정체는 무엇일까? 단순한 물질의 무더기가 아니라 실제는 다른 사람을 이롭게 하는 생각의 집적이다. 많은 사람에게 편리와 행복을 주고자 하는 생각이 밖으로 나타난 것이다. 상인은 생산자와 소비자 사이에서 편의를 제공하고, 생산자는 값싼 생산비로 많은 사람에게 유용한 물건을 공급한다. 생산한 제품이 편리하게 이용되기를 염원하고 봉사하면 그만큼의 수익도 늘고 부는 축적된다. 그러므로 부자가 되려면 다른 사람을 이롭게 하고, 더 많은 행복을 주고자 노력해야 한다. 그러면 행복으로 연결되고 부는 따라오기 마련이다.

9. 동양 문화에서는 자연과의 조화에 집중했다는 점에서 서양의 자연관과 차이가 있다. 자연은 자기의 근거를 스스로 가지고 있기에 동양 사람들은 도덕률을 세울 때 자연을 먼저 관찰하였고 삶의 문제와 강하게 연관시켰다. 동시에 자연의 한계를 의식하면서 주체인 자연으로 돌아가야 한다고 보는 성향과 자연 역시 유한하므로 더 많은 수확을 올릴 수 있음을 인정하는 성향이 있었다. 이것이 하나의 경제 윤리가 된 것이다. 이는 정덕과 이용, 후생의 문제와 연결되는데 유가에서는 자연 범위 내에서 옳고 정당하게 수확하기를 강조하였다.

10. 부처님은 기술과 생산이 생활과 사회 향상에 이바지하는 바를 긍정하셨다. 따라서 종교는 부단히 사회와 인간, 집단의 문제에 관심을 가지고 그 조화와 가치를 보장하기 위해 힘써야 한다. 불교의 선을 통해 물질문명을 부정하기보다는 중화시켜 인간의 방황과 소외 현상을 극복하는 방향으로 이끌어야 한다. 이윤 창출을 목표로 하는 기업 역시 정상적인 방식의 경쟁과 국가의 번영을 위한 봉사를 병행하는 '기업 윤리'를 실천해야 한다.

11. 사업자는 다음과 같은 진리 본연법을 알아두어야 한다.
첫째, 사람의 마음은 누구나 깊은 층에서는 우주 보편적인 대지혜와 통해 있다. 사람의 진면목은 바로 대지혜의 직접 표현이다.
둘째, 자기 마음의 참다운 빛을 가리고 있는 망념을 버리고 청정한 마음으로 참마음을 드러내면, 거기에는 풍부한 지혜의 빛이 드러나서 인류 향상에 도움이 되는 아이디어가 솟아오른다.

셋째, 그 방법은 기도다. 먼저 발원한 후 일심으로 염불하고, 염불로 드러난 청정한 마음을 밝게 지켜야 한다. 이 청정한 마음에서 아이디어가 나온다. 발원을 통한 소원은 사리사욕이나 다른 사람을 손해 보게 하거나 발전을 저해하는 그런 소망이 아니라 널리 인류에 이바지하는 큰 소원을 말한다.

12. 화목한 가정생활

12.1. 가정의 화목

1 . 우리는 가족부터 전법해야 한다. 말로 하는 것이 아니다. 따뜻하고 헌신적으로 봉사해 행복한 가정을 꾸려 가야 한다. 말로 설명하고 따져서 되는 일이 아니다. 실천을 통해 집안의 관세음보살이 되어야 한다. 관세음보살이 되어서 부처님께 효순하고 가족에게 효순하면서 집안을 꾸려야 한다.

2 . 불법을 믿는 사람의 가정은 완전무결하고 순수하고 순일하고 투명해야 한다. 거기에는 어떠한 대립도 미움도 원망도 없고, 항상 따뜻함과 공존성만이 존재한다. 이렇게 가정을 만드는 것이 반야를 배우고 불법을 믿는 불자들의 자세이다.

3 . 행복은 가정에서부터 시작된다. 가정에 행복을 정착시키지 못

했다면 불자의 가정이라고 할 수 없다. 가정이 행복할 때 그 가정이 속한 사회와 직장이 잘되고 그 나라가 잘되는 것이다. 행복한 가정에서 생활하는 구성원이 활기차게 활동하고 큰 힘을 발휘하기 때문이다. 집안을 전법해서 집안을 행복하게 하는 것은 나와 내 집안을 위하고 나라를 위하는 일이다.

4. 우리는 집안이 평화롭고, 사업이 잘되기 바라며, 아이들이 탈 없이 크기를 소망한다. 그러다가 뜻대로 되지 않으면 허망해하기도 한다. 이렇게 불교를 믿는 사람이 있다면 좀 더 성장해야 한다. 불법을 믿는다는 것은 무상대도를 보는 것이다. 생사가 없는 것을 보는 것이고, 대지혜·대원만·대위덕·대자재를 보는 것이다. 그것은 진리로서 막연한 관념적인 것이 아니라 내 인격 가운데서 완성한다.

5. 가장이 가족을 위해 일하고 희생한다면 그 가장은 집안과 가족, 그리고 사회를 위한 보살이다. 진리의 은혜를 집안과 가족에게 전해주는 거룩한 보살이다. 보살은 그와 같이함으로써 스스로 빛나고 가정과 사회가 빛난다.

6. 여성은 여러 능력이 있는데 근본적인 특징은 바라밀 생명의 직접 표현이다. 유순함, 밝음, 부드러움, 너그러움, 자비로움, 따뜻함은 어머니에게서 발견하는 모성애이다. 이것이 모성이 갖는 장점이고 특징이며 바라밀행이다. 가정에서 아무리 나이가 적고 젊다고 하더라도 여성이 갖는 장점 때문에 가정의 중심이 되고 태양이 된다. 이 능력으로 집안 식구들을 감싸고 치유하고 새로운 희망과

용기를 갖고 성장하게 만든다.

7. 반야를 배우고 부처님 법을 배우는 사람들은 반야를 통해서 마음을 다스리고 가정을 다스려야 한다. 불법은 진리이기 때문에 이를 믿고 행하는 사람은 자신과 그의 가정, 그리고 사회에 밝음과 기쁨과 생산을 준다. 나와 가정을 관리하는 높은 지혜가 내 생명 바닥에서부터 부처님 신력으로 나오기 때문이다. 그 힘은 원래부터 내 생명 안에 있다.

8. 가정을 이루고 살아갈 때 성격이 맞지 않아 서로 부딪힐 때도 있다. 그럴 때일수록 집안 어른과 가족들을 부처님같이 생각하고 그분들이 참으로 나를 키워주시고 나를 빛내 주시고 나를 행복하게 해주시는 훌륭하고 은혜로운 분이라는 생각을 가지는 것이 좋다.

9. 우리 한 사람 한 사람이 밝을 때 서로가 좋다. 한 집안의 가족들이 얼마만큼 기쁘게 웃고 밝은 표정을 짓느냐에 따라 행복이 결정된다. 특히 주부가 얼마만큼 밝게 웃고 있느냐에 따라서 그 집안의 분위기를 알 수 있다. 집안 분위기는 주부의 웃음 횟수에 달려있다. 주부가 항상 밝은 얼굴을 하면 그 집안은 그만큼 밝고, 어두운 얼굴을 하면 집안 사정은 복잡하다. 말하자면 주부가 그 집안의 등불이다.

10. 가정의 화목은 가족 모두가 절대 가치이고 귀한 존재라는 것을 인정하고, 부처님의 은혜로 맺어진 인연임을 인정하는 것에서부터 시작한다. 절대 가치는 반야바라밀이 아니면 되지 않는다. 사

람마다 절대 가치를 인정하고 스스로가 귀하고 성공한 사람이라고 생각하고, 다른 사람들을 인정하고 수행함으로써 가정의 화목을 이루어가야 한다. 바라밀을 염송하고 수행한다면 가정에 평화와 행복은 깃든다.

11 . 우리는 보고 듣고 느끼는 데에만 매달려서 마음이 거칠어지고 미워하고 원망하고 화내기 쉽다. 미워하고 원망하고 화를 내면 자기 마음만 그런 것이 아니라 가족들도 불행해지고, 이 불행은 사회 전체로 퍼지게 된다. 내 마음은 나 혼자만의 것으로 끝나는 게 아니라 집안도 따라오고 우리 이웃도, 우리 사회도 모두 따라온다. 개인의 마음이 밝아지는 것은 그 시대와 역사를 밝게 만드는 기초가 된다.

12 . 가정불화의 원인은 밖에 있지 않다. 당장 사람을 미워하는 마음을 모두 버려야 한다. 미워하는 그 사람도 행복하게 살 사람이다. 행복하게 살 사람들이 지금 당신 앞에 나타나서 행복의 길을 찾는 것이다. 오히려 그 사람을 위해서 기도해 주어야 한다. 건강과 성공과 행복을 기원하고, 일심으로 상대방을 위해 축원하자.

12.2. 부부 일심동체

1 . 부부는 동일생명체다. 동일생명에서 서로 다른 부분을 조건 없이 주고받는다. 부부는 서로에게 모든 신뢰와 모든 사랑과 모든 영광을 돌린다. 조건도 이유도 없고 알아주길 바라거나 대가를 생각

하지도 않는다. 이처럼 부부는 서로에게 모든 것을 주고 거기에서 행복을 얻는다. 즉, 새로운 행복을 창조해 가는 것이다.

2. 대개 가정의 불행은 대립에서 온다. 옳고 그른 것은 이후의 일이며 이해득실도 큰 문제가 못 된다. 하찮은 문제로 자신의 주장을 고집하고 양보할 줄 모르면 무수한 대립이 발생한다. 가정을 파탄으로 끌고 가는 원흉은 바로 대립이고 고집이다. 자신의 주장을 굽히고 자기 마음을 비워 보살심을 행할 때 온 집안은 하나가 된다. 이것이 원래 가정의 모습이요, 생명을 같이 하는 부부의 마음이다.

3. 인생의 참된 향상을 도모할 때 수많은 스승과 은인이 있지만, 그중에서도 부부는 가장 중요한 관계이다. 부부는 각자의 성격과 영성에 깊은 영향을 주기 때문이다. 이 점만 보아도 부부는 누구보다 중요하고 서로 존중하고 감사해야 할 관계임을 알 수 있다.

4. 부부는 결혼을 통해서 서로의 영혼을 나눌 만큼 깊은 공동성에 도달한다. 서로가 성실하게 노력함으로써 서로의 영성이 향상되고 밝고 맑은 참 자기를 자각하는 커다란 힘이 될 수 있다.

5. 서로 부부로 만났다는 사실은 참으로 큰 인연이다. 이 인연을 외면하지 말고 진실하게 받아들여 성실하게 노력해야 한다. 부부의 인연은 다음과 같은 의미가 있다.
첫째, 부부는 이미 주어진 인연이다. 그것을 긍정하고 서로를 위해 노력하라는 의미이다.

둘째, 결혼이라는 만남의 의미를 원만하게 이루기 위해 부처님께 기도해야 한다. 만남의 진실한 의미를 발견하고 원만한 결심을 얻기 위해서이다. 그 이후에 부처님이 맺어준 인연이라는 믿음에서 항상 대화하고 서로를 아껴주어야 한다. 이것은 끊임없는 믿음과 노력이 필요하다.

6. 부부에게 두 가지를 권하고 싶다.
첫째, 서로를 관세음보살로 알고 존경한다. 상대의 못난 점을 찾으려고 했던 것을 반성하고 참회한다. 관세음보살로 생각하지 않고 헌신적 사랑과 존경을 바치지 못했던 점을 깊이 뉘우쳐야 한다.
둘째, 일과를 지키고 기도하는 일이다. 집에서 기도해도 좋고 사정이 허락되면 절에 가서 기도해도 좋다. 참회하고 존경하고 기도하는 데서 부부일신의 큰 진리가 나타나고 집안이 행복해진다. 사랑과 무아 봉사가 부부일신의 결혼 원리이다.

7. 한 가정에서 의견 대립과 충돌이 심하면 가족 구성원이 모두 괴롭다. 남편은 아내를, 아내는 남편을 부처님의 공덕을 지닌 사람으로서 깊이 신뢰해야 한다. 서로가 관세음보살이라 생각하고 존중하고 받드는 자세를 가져야 한다. 일률적인 평등이나 도리를 내세우는 것은 옳지 못하다. 진심으로 부처님께 예경하고 염불하고 독경해야 한다. 이렇게 기도 수행하면 감사의 마음이 솟아나고 서로 의지하는 깊은 존중과 신뢰를 발견하게 될 것이다.

8. 부부는 서로 다른 두 몸이고, 서로 다른 환경에서 커왔지만, 결

혼을 통해서 가장 가까운 동일생명이 되었다. 부부 사이에 마음이 서로 어긋나고, 대립하면 나쁜 영향이 제일 먼저 자신들에게 온다. 따라서 남편이나 아내가 모나게 행동하더라도 진정으로 신뢰하고 찬탄하고 감사하고 잘되도록 축원해야 한다.

9. 부부가 서로 대립하는 한 소망은 이루어지지 않는다. 밝은 하늘에 빛나는 햇볕, 넓고 포근한 대지의 너그러움, 그 사이에서 만물은 성장하고 번식하는 것처럼 부부의 마음이 화합하고 원만할 때 가족은 건강하고 자녀들은 건전하게 성장한다.

12.3. 부모의 은혜와 효행

1. 재가불자들은 항상 부모를 섬기고 가족과 자신을 섬기며 부처님을 섬기는 마음이어야 한다. 타인에게 보시할 때는 마음을 비우고 탐심을 없앨 것을 생각하고, 모임에 있을 때는 부처님 모임에 들 것을 생각하고, 어려움을 만났을 때는 무엇에도 동요하지 않는 마음을 얻고자 해야 한다.

2. 부모님을 부처님처럼 모셔야 한다. 집안의 모든 일이 부처님의 은혜 속에 이루어지고 있다는 사실을 믿고, 부처님의 크신 은혜는 모두 부모님을 통해 흘러나옴을 믿는다.

3. 형제와 이웃은 부처님께서 나를 감싸고 돕기 위해 보내 주신 보

살로 생각하자. 그래서 존경하고 받들며 정성을 다해 이바지하자.

4. 부모님은 나의 생명의 연원이며, 나의 생명은 부모님 생명 속에 있다. 여읠 수 없고 끊을 수 없는 부모님의 깊으신 자애는 우리 생명 저 밑바닥에서 항상 우리를 키운다. 부모님에게 효성하는 것이 부처님께 효성하는 것이며, 자성에 효성하는 것이며, 여래공덕장의 문을 여는 것이다.

5. 부모님은 하늘처럼 조건 없이 나의 생명 이전에 계시고, 땅처럼 내 생명이 다한 뒤에도 나와 함께 있다. 햇살처럼 나의 성장과 생활, 모든 것을 마음으로 감싸고 비추신다. 부모님은 정녕 나 이전의 나의 생명이고 나 이후의 나의 생명이며 영원한 나의 빛이다.

6. 이 세상 사람은 누구나 부모를 의지해서 태어난다. 부모가 없으면 나도 없다. 부모가 우리에게 베푼 끝없는 은덕의 바다는 얼마나 큰지, 자식을 위해 흘린 눈물과 고통은 얼마나 되는지 가늠할 수 있겠는가? 사람은 덧없이 세상에 태어난 것 같지만 실은 과거 여러 겁 동안의 인연이 엉켜 부모의 몸을 빌려 금생에 태어난 것이다.

7. 부모의 사랑과 보살핌은 한결같다. 단것은 자식에게 주고 쓴것만을 삼켜도 밝은 얼굴을 잃지 않는다. 자식에 대한 깊은 애정은 한이 없다. 부모는 굶는 한이 있어도 아이는 배불리 먹이려 한다. 아이를 위해서라면 굶주림도 마다하지 않는 게 부모의 인지상정이다. 당신 몸은 젖은 자리, 아이 몸은 마른자리, 젖으로 먹여 주고 소

매로 가려 주며 잠시라도 아이에게서 멀어진 적이 없으니 은혜로운 그 마음이 언제 편히 쉴 때가 있겠는가.

8. 부모의 은덕을 아는 것을 효라고 하지만, 부모를 받드는 효심에는 결코 효자 한 사람의 힘만 있는 것이 아니다. 지극한 효심에는 하늘이 돕고 땅이 그의 편이 되어 모든 성중이 돕는다.

9. 효자란 부모의 뜻을 거스르지 않고 부모를 편안하고 기쁘게 해 드리는 사람일 것이다. 참된 불자로서 부처님 뜻에 따라 정진하고 힘써 닦아가는 것이 불자의 도리이고 효이다. 부처님의 법문이 이 땅에 빛나도록 땅에 심고 펴나가는 것이 더없이 불자의 길이자 부처님에 대한 효이다. 어떤 불자보다도 호법발원한 불자가 부처님의 참 불자로서 효성을 다한 성숙한 불자이다.

10. 충성은 나라를 위해 정성을 바치는 것이요, 효도는 부모와 조상을 위해 지성을 바치는 것이다. 부모로부터 이 몸이 태어나고 성장했으며, 나라의 토대와 그 하늘 아래에서 생존과 번영이 영위되는 것이니, 나라에 충성하고 부모에게 효를 다하는 것은 너무나 당연하다. 이 몸에 흐르는 정신적 전통이 조사에 의하여 형성되고 부모에 의하여 계승되었다. 나라에 충성하고 부모에게 지극한 정성을 바치는 것은 단순히 도리를 넘어 자연스러운 생명의 흐름이다.

11. 부모와 조상은 나의 육체 생명의 뿌리이다. 그 뿌리가 비록 눈에는 보이지 않지만, 생명의 근원을 형성하고 만족한 생명 활동을

할 수 있게 해주는 중요한 근거가 된다. 그렇기 때문에 부모를 항상 생각하고 받드는 것은 자기 생명의 중요한 부분을 윤택하게 하는 것과 같다. 그래서 효는 육체 생명 근원에 귀의하는 순수 감정이라고 말한다.

12. 부모의 은혜를 갚는 데는 세속적인 방법이 있다. 살아생전 부모의 마음을 편안하게 하고, 가업을 흥하게 만들고, 가문을 성하게 하는 것이다. 이것은 육체적으로 생활했던 일들을 잘 보존하고 발전시키는 방법이다.

13. 부모를 잘 모시기 위해 금생과 내생, 그 길의 소취를 위해서 보탬이 되는 것이 효이다. 부모님께 정법 인연을 심어드리고 계를 받게 하면 좋다. 기쁜 마음으로 보시를 행해서 덕을 키워드리는 것도 큰 효행이다.

14. 불교에서는 부처님을 살아계실 때의 육체적인 존재로만 생각하지 않고, 돌아가신 후에도 멸하지 않은 부모님이 계신다고 생각해서 사후에도 공양을 올린다. 사후에 공양을 올려서 천도해 드리거나 바라밀행을 해서 부모님께 회향하는 것이다.

15. 효야말로 큰 공덕의 문이다. 이렇게 생각한다면 우리 각자가 효도를 잘하고 그 자손들도 효도를 배우게 하는 것이 중요하다. 그 자손이 큰 공덕을 입어서 성불의 길로 들어설 것이다. 효를 배우는 장소는 가정이다.

16 . 우리 부모에게 정성을 다하는 것처럼 다른 사람의 부모에게도 똑같이 정성을 다하자. 노인공경 또한 효성의 연장이라는 것을 알아야 한다. 노인들은 우리 모두의 부모이며 이 사회를 건설한 분들이다. 수많은 지혜와 경험을 간직하고 있다. 이 땅의 자손과 이나라, 이 사회에 발전과 번영을 지원해 준 어른들이다. 이 점을 마음속 깊이 새겨 어른들을 공경해야 한다.

17 . 부모를 존경심을 가지고 섬겨야 한다. 집안의 중심을 받들어 섬기지 않고 부모님을 공경하지 않는다면 그 영향이 자신의 환경과 몸에 나타난다. 그 태도를 고치고 절대 존경심을 갖고 부모를 모셔야 한다.

18 . 사회에서 아버지가 무능하게 평가받고 남들이 보기에 초라한 일을 하더라도 나의 아버지이고, 우리는 그분의 자식이다. 정성을 바쳐 효도해야 한다. 아버지라서 마지못해 섬긴다는 태도는 안 된다. 아버지는 훌륭한 분이라고 깊이 믿고 효도해야 한다. 세상 사람이 뭐라 하더라도 아버지에 대한 존경과 신뢰가 흔들려서는 안 된다. 그렇게 섬기고 기도하면 틀림없이 효도의 참 기쁨을 누리게 될 것이다.

19 . 효에 대해 새로운 관점에서 살펴볼 것이 있다. 그것은 효가 조상의 은덕에 대한 보답이거나 자손의 도리임을 넘어서 자신을 부모와 조상과 먼 미래의 후손까지 하나로 이은 정신적 가족 공동체 의식의 발로라는 사실이다.

20 . 우리는 부처님의 가르침을 받아서 살아계신 부모님, 돌아가신 조상님들을 모실 뿐만 아니라 이웃의 부모님, 겨레의 부모님, 나이 많은 어른들을 정말 잘 섬겨서 우리 땅 가득 효의 정신, 노인을 존경하는 정신이 넘쳐서 부처님이 이루신 공덕이 이 땅 위에 꽃피도록 노력해야 한다.

12.4. 불자의 가정교육

1 . 만약 자식이 잘못을 저질렀다면, 옳고 그름을 그 자리에서 딱 갈라서 호되게 질책하는 것보다 스스로 깨닫게 하여 부끄러움을 알게 하는 것이 더 큰 효과가 있다.

2 . 가정은 최상의 교육장이다. 아이는 교육 시설을 통해 지식과 기능을 배운다. 그러나 인간의 깊은 지혜, 능력, 자질, 품격 등은 학교 교육보다 유아기의 가정교육에서 이루어진다. 진리의 가르침에 기초한 훌륭한 가정에서 재능과 인격의 원만한 성장을 기대할 수 있다.

3 . 자녀들에게 스스로가 귀한 사람이라는 의식을 심어주는 것은 매우 중요하다. 나쁜 짓을 하지 말라고 여러 말 하는 것보다 부처님 공덕을 타고난 귀하고 신성한 생명임을, 많은 지혜와 아름다운 덕성과 능력을 겸비한 훌륭한 인격체임을, 미래에 크고 훌륭하게 될 사람이라는 사실을 알게 하는 것이 중요하다.

4. 인간 계발, 인재 양성은 학교나 사회보다는 가정이 우선이다. 가정에서 귀한 인재가 나오는 법이다. 우리는 가정에서부터 서로를 찬탄하고 신뢰해 풍요의 터전을 잡아가야 한다.

5. 자식이 부모 뜻과 다르게 나쁜 행동을 계속한다면 어떤 기도가 좋을까? 자식이 지극히 착하고 효성스럽다고 믿으며 기도해야 한다. 자식이 저지르는 잘못은 부모의 잘못이라 생각하고 일심 염불로 참회한다. 자식의 잘못을 비판하고 추궁하는 것보다 진실하고 효성스러운 자식이라고 믿고 그 자식을 위해 기도하는 게 좋다.

6. 고등학생 자녀가 학교를 휴학해 고민이 많은 신자가 나를 찾아왔을 때의 일이다. 그 신자는 선근이 있지만, 부처님의 가르침에 대한 확고한 믿음이 부족했다. 아들의 성적이 계속 떨어지다 보니 주변 사람들의 말에 쉽게 휘둘렸다. 그래서 이렇게 조언했다.
"환경은 마음의 그림자입니다. 일시적 동요나 환경의 변화가 있을 수 있으나 근심하고 두려워할 필요는 없습니다. 아들을 믿고 좋은 결과가 나온다는 믿음으로 정진해야 합니다."

7. 청소년기의 자녀가 자주 반항한다면 어떻게 해야 할까? 자녀가 반항하는 행위만을 두고 비판하거나 야단치는 것은 좋지 않다. 자녀가 착한 아이라는 사실을 신뢰하고 인정해 주는 것이 좋다. 불효하더라도 그 행위에 사로잡히지 말고 원래 유순하다는 점을 인정하고 신뢰해야 한다. 자녀를 선의로 대하고 신뢰하고 염불하며 기도해야 한다. 자녀를 착한 아이로 믿어 줄 때 자녀의 태도는 바뀔

것이다. 잘못을 비판하고 추궁해서는 안 된다. 좋지 않다는 생각으로 염불하고 기도하는 것도 옳지 않다. 원래 나쁜 아이, 불효한 자녀는 없다.

8. 불자의 가정교육은 매사에 부처님의 크신 자비를 생각한다. 어느 때나 감사를 잊지 않는다. 그리고 조상의 은덕이 크다는 것을 항상 생각한다. 존경과 공경을 조상께 바치도록 모든 생활에서 익혀 나간다. 조상을 위해 독경, 염불하며 제사 공양을 잊지 않고 일상생활에서 조상의 은덕을 생각한다.

9. 어린 자녀들은 부처님께서 주신 크신 은덕이다. 한없는 복덕과 지혜와 희망과 영광이 아기와 함께 태어난다. 그러므로 자녀들이 지극히 높은 덕성과 아름답고 밝은 지혜와 큰 복을 가지고 태어난 것을 믿으며 사랑하고 존중하며 키워야 한다.

10. 불자의 집에서는 유아 교육을 중요하게 생각한다. 갓난아기에게 부처님의 명호를 들려주고 자주 염불 소리를 들려주는 것이 좋다. 이것은 아기의 마음속에 진리와 평화와 소망과 지혜를 심어주고 그 밖의 거친 언행이 침범하지 않도록 보호하는 것이다.

11. 부모는 자녀를 어떻게 가르치고 대해야 할까. 자녀들을 바로 키우는 핵심은 높은 긍지를 갖게 하는 것이다. 사람은 원래 훌륭한 본성을 지니고 태어났다. 본성이란 부처님 성품이다. 지혜롭고 덕스럽고 용감하고 굳세며 참된 진리의 존재이다. 따라서 부처님 가

르침을 믿는 사람은 자녀에게 부처님의 가르침을 항상 일러주고 믿게 해야 한다. 아무리 잘못하고 어려운 환경에 처하더라도 이에 집착하지 않게 해야 한다. 잘못할 수도 잘할 수도 있다. 하지만 인간은 원래 모두 잘할 수 있는 자질을 가지고 태어났으므로 잠시 잘못이 보이더라도 그것은 훌륭하게 성장하는 과정임을 알게 해야 한다.

12. 부모는 자식에게 칭찬을 아끼지 말아야 한다. 단점보다는 장점을 찾고 아낌없이 칭찬해 주어야 한다. 아이를 키울 때 칭찬에 인색해서는 안 된다. 어린이들은 희망과 칭찬을 먹고 자란다. 인정받고 칭찬받은 것만큼 성장한다. 능력이 있고 착하고 지혜롭다는 칭찬으로 뒷받침해 주어야 한다.

13. 부모는 자식을 신뢰해야 한다. 착하고 지혜로운 아이라고 깊이 믿어 주어야 한다. 부모의 신뢰가 어린이의 성품을 바르게 키워 준다. 마지막으로 부모는 아이의 완전함, 부처님의 자비하신 광명으로 훌륭하게 성장하는 모습을 마음의 눈으로 지켜보고 염불하며 기도해야 한다. 이처럼 부모의 지혜로운 보살핌으로 자라는 어린이는 어떤 어려움에도 꺾이지 않으며, 나쁜 일에 휩쓸리거나 물들지 않고 바르게 성장할 수 있다.

14. 부모는 자녀의 성공과 행복을 기원하고 무한한 사랑을 주어야 하지만, 자식을 속박하거나 집착해서는 안 된다. 천리만리 떨어져 있어도 함께 있는 심정으로 자녀의 안전과 행복을 기원해야 한다.

15. 자식이 무언가를 잘못하면 항상 잘못한 것만 지적한다. "아이의 잘못을 고쳐주세요"라고 기도하는 것보다, "부처님! 저의 자식을 부처님께 모두 맡깁니다. 부처님께서 거두어 주십시오"라고 부처님의 법문 가운데서 바르게 성장할 수 있도록 기도하는 것이 좋다.

16. 자녀들은 부모라는 천지(天地) 사이에 심어진 식물이다. 하늘은 어둡고 땅은 굳었다면 어떻게 묘목이 성장하겠는가. 부모가 불화할 때 아이들은 병이 난다. 부모가 서로 화합하고 일심이 되어 기도할 때 그 집안은 더욱 밝고 훈기가 더하여 부처님의 태양 같은 자비 광명을 가득히 받아들이게 된다.

17. 빈틈없는 가정의 화목과 부모의 조화는 중요하다. 털끝만큼이라도 부모나 가족 사이의 불화와 반목으로 틈이 생기면 이것은 바로 아이들의 생명 바탕에 금을 내는 것이다.

18. 진리의 가르침에 기초한 훌륭한 가정에서 아이는 재능과 인격의 원만한 성장을 기대할 수 있다. 유아기의 가정환경이 어둡고 불안하면 인간은 회복할 수 없는 중대한 손실을 보게 된다. 자식의 교육에 있어 다음을 기억하면 좋다.
첫째, 인간은 지극히 거룩한 가치와 덕성을 지닌 고귀한 진리 주체임을 자각하게 하는 일이다. 자신의 신성에 대한 자각과 긍지를 갖는 것이 중요하다.
둘째, 크나큰 지혜와 능력과 아름다운 덕성이 갖추어져 있는 것을 확신하게 하는 일이다. 그래서 어떤 경우라도 밝고 희망차며 좌절을 모르는 용기 있는 자아를 가꾸어 가게 한다.

셋째, 끊임없는 노력으로 자신에게 깃든 아름다운 덕성과 뛰어난 가치와 창조적인 힘을 발휘하게 한다. 끊임없이 활기찬 행동으로 자신이 타고난 큰 역량을 발휘하도록 하게 한다.

넷째, 자신은 모두와 함께하는 크고 넓은 인격인 것을 깨닫게 하고 협동과 책임 의식을 일깨워준다.

19. 아이를 키우는 데 가장 큰 핵심은 끝까지 스스로 일어서게 만드는 것이다. 부모의 말에 기대거나 형제의 보호에 의존하거나 남이 잘해 주면 자기도 잘 될 수 있다거나 하는 의존성, 의타심을 경계해야 한다. 무엇보다도 정신적으로 꿋꿋하게 바로 서야 한다.

20. 어머니가 슬픈 마음을 가지면 아이에게 영향을 주고 그것이 아이의 마음의 병이 되기도 한다. 마음 쓰는 상태가 환경을 만들기 때문에 어머니가 마음을 편안히 갖고 밝은 마음을 가져야 집안도 밝아지고 아이들이 건강하게 자랄 수 있다.

21. 아이들은 부모의 영향을 많이 받는다. 부모들이 화목하고 따뜻한 마음을 가진다면 아이들은 그 영향을 받아 잔병이 적고 안정된다. 부모와 자식 사이는 본래 한마음이며 가까운 관계이다. 그 가운데서도 어머니와 자식 관계는 가장 가까운 인연이다. 어머니가 부처님과 같은 깊고 넓은 마음을 가질수록 가족들에게 좋은 일이 나타난다. 집안의 중심이 되는 어른과 부모님, 어머님의 존재는 참으로 중요하다.

22 . 부모와 자녀의 길을 지킨다는 말은 자식이 부모에게 다섯 가지를 받드는 것을 의미한다. 부모를 섬기고, 가업을 거들고, 가계(家系)를 존중하고, 유산을 지키며, 부모 사후에 성심껏 공양하는 것이다. 부모는 자녀에게 다섯 가지를 힘쓴다. 악을 멀리하게 하고, 선을 권하고, 교육을 베풀고, 때에 따라 결혼시키며, 적정한 시기에 집안을 상속하는 것이다. 서로가 다섯 가지를 지키면 가정은 평화롭고 풍파가 없다.

13. 공동체와 사회활동

13.1. 공동체 의식

1 . 모든 사람은 불자로서 진실하다. 악인은 없다. 모든 이웃은 불자이며 형제이다. 서로 돕고 힘을 합하여 충돌 없이 항상 마주 대할 상대이다. 악을 보지 말고 선을 보자. 미움을 보지 말고 자비를 보자. 어리석음을 보지 말고 지혜로운 존재를 보자. 이렇게 노력할 때 우리 주변에는 오직 선하고 조화롭고 평화롭고 아름다운 것만이 실현된다.

2 . 이웃에 대해 미움과 대립하는 마음을 갖고 싶지 않거든 내 마음의 대립을 먼저 무너뜨리고 미움을 털어버려야 한다. 그리고 사랑과 너그러움, 용서로 채워야 한다.

3. 우리는 사회 공동체다. 그러므로 서로 화합하고 존중하는 것이 성공의 길이다. 상대의 단점을 비판하면 안 된다. 그보다는 장점을 발견하고 끊임없이 찬탄하길 바란다.

4. 사람은 누구나 깊은 마음속에 진리의 빛을 품고 있으며, 서로 존경하고 협동하여 뜻을 이룰 사이이다. 결코 고립되거나 대립하는 존재가 아니라 공존하고 협동하는 관계에 있다.

5. 서로가 남이 아니다. 미워하는 사람도, 대립하고 다투는 사람도 아닌 원래 하나이다. 하나이기에 다른 사람이 행복하고 복을 받아야 나 역시 복을 받는 것이다. 본래 내가 잘되려면 먼저 베풀어야 하며 주는 자만이 받는다.

6. 더불어서 함께한 공심의 뿌리는 자유로운 활동의 근거가 된다. 너그러움과 베풂, 서로 돕는 것이 진리를 우리 생활 속에서 열어가는 윤리의 구체적인 모습이다.

7. 보살은 청하지 않아도 벗이 된다. 친구 사이에서 줄곧 옳고 그름을 따지고 상대의 잘못만 지적하면서 이기주의적으로 행동하면 따돌림을 받게 될 것이다. 그러나 친절하게 대하고 따라 주면 벗이 된다. 상대를 따라 주고 섬기는 것은 자신이 부족하기 때문이 아니다. 타인과 한 몸이 되는 것이고 조그마한 내가 큰 나로 성장하는 길임을 이해하고 행동해야 한다.

8 . 친구를 위하는 마음으로 경제적 도움을 줄 때도 있다. 자신의 마음과 달리, 친구가 빚을 갚지 않고 소식을 끊는다면 괘씸할 것이다. 하지만 그 친구도 부득이한 사정이 있을 수 있다. 친구가 넘어졌을 때는 붙들어 일으키는 것이 또한 친구의 도리이다. 감정이 격화되면 친구도 잃고, 자기 덕성도 잃게 된다. 친구를 믿고 도왔을 바에야 끝까지 우정을 지키는 것이 좋다. 불행을 만난 친구를 위해 함께 아파하고 그를 위해 기도해야 한다. 그렇게 할 때 친구와의 우정이 회복되고 신뢰와 존중이 쌓이게 된다.

9 . 수순은 나와 다른 이질적인 존재를 자기 가운데에 포섭하는 '자기확대'이다. 자기를 큰 자기로 성장시키는 것이다. 조그마한 자기를 큰 자기로 성장시키는 수순중생행을 실천하여 일체와 더불어 대립이 없는 큰 자기, 원만한 자기를 성취해야 할 것이다. 수순을 행하는 것은 남을 따르고, 남을 위하고, 남의 편이 되어 주고 받들어 줌으로써 내가 그 사람과 하나가 되는 것을 말한다.

10 . 경에는 수순행을 '부모처럼 대하라'라고 말씀하신다. 부모님을 진정으로 받드는 자세가 행원의 기본이다. 부처님을 공경하고, 부모님을 공경하라, 남편을 공경하라, 아내를 공경하라, 형제를 공경하라, 일체중생을 공경하라, 그들을 바로 부처님처럼 공경하라 하신다. 이렇게 행할 때 복을 받는 것이다. 수순행을 통해서 복이 내게 오는 것이다. 우리는 부모와 같이, 스승과 같이, 아라한과 같이, 부처님과 같이 수순하라는 이 가르침을 모든 일체중생에게 행함으로써 나의 생명이 부처님 생명으로서 모든 중생과 하나로 이

어져 있다는 사실을 확인해야 할 것이다.

11. 항상 자비심으로 우리의 이웃과 사회와 인류가 무엇을 구하고 있는지 살펴보자. 저들이 참으로 구하고 있는 것을 채워주는 것이 자비이다. 고통을 줄이고 안정된 편익을 도모하는 것이 자비이다. 그렇다고 고통을 줄여준다는 이유로 쾌락을 주어서는 안 된다. 쾌락은 도리어 사람을 타락시킨다. 모름지기 우리 본성의 진실을 자비와 지혜로 열어서 이웃에게 참으로 도움을 줄 것을 생각하고 힘써야 할 것이다.

12. 원래 우리는 각각 대립한 몸이 아니다. 진리 세계에서는 한 몸이다. 이웃 모두가 한 몸이기 때문에 진리대로 사는 사람은 화합하고 존중해야 한다. 내 손, 내 몸, 내 것, 우리 부모님, 우리 형제를 아끼고 존중하는 것처럼, 남도 아끼고 위하는 것이 차별이 없는 것이다. 우리가 진정으로 남을 아끼고 존중하며, 상대에게 사랑을 주었을 때 화합이 되고 성공의 길이 된다.

13. 모든 사람의 이익과 안락, 기쁨, 밝은 마음을 어기는 것들, 그것은 모두 악이다. 모두가 한 생명이고 동일생명이고 함께 지내는 관계이다. 우리 가족만 한 생명으로 같이 사는 것이 아니라 이웃 역시 한 생명이고 한 나라, 겨레도 한 생명이고 온 우주의 중생들도 한 생명이다. 다른 사람에게 가한 불행은 결국 나를 포함하여 모두를 불행하게 만든다.

14. 불성을 쓰는 것은 능동적으로 각자가 쓰더라도 본체는 둘이 아니다. 그러므로 하나의 진리, 하나의 생명, 하나의 기쁨을 모두 함께 누려야 할 사이이다. 사람만 그런 것이 아니고 온 세계가 그러하다. 온 세계는 진리 광명이 가득한 세계이다.

15. 무량공덕이 충만한 세상이 부처님께서 보는 세상이다. 누구의 세계가 따로 있는 것이 아니다. 완전 대립이 없는 모든 사람이 함께하는 세계이다. 혹시 그와 같이 보지 못하는 사람이 있다면 그것은 그 사람의 근기가 낮아 미혹한 세계를 보고 있기 때문이다.

16. 이웃을 생각하고 그들의 이익을 소중히 생각하는 마음에서 복의 문이 열린다. 그러므로 이웃의 이익을 우선해서 생각하는 자세는 부유함을 불러온다. 리더는 항상 자기보다 직장과 동료를 생각하고, 고객과 대중과 사회 전체의 이익을 염두에 두고 행동해야 한다. 이것이 번영의 원리이고 무한의 문에서 얻을 수 있는 것이다.

17. 자기를 내세우고 남을 존중하지 않는 사람은 주변의 사람들이 그를 멀리하게 된다. 남을 존중하고 자기를 낮추는 사람, 남에게 조금이라도 도움을 주고자 하는 사람에게는 항상 훈훈한 기운이 감돌고 밝은 빛이 나온다.

18. 조화로운 마음, 부드러운 마음을 항상 지키자. 대립적 관계에 있는 사람도 자기반성의 기회를 얻고 자기 향상의 요소를 발견할 수 있다. 역경은 순경으로 바뀌게 되고 대립적인 사람도 내 편이 될

수 있음을 알게 된다.

19. 이웃을 햇빛처럼 대하자. 저들을 밝고 기쁘고 따스하게 대하자. 모든 형제 일체중생에게 햇빛의 밝음과 따스함과 기쁨으로 대하자. 그러할 때 모든 이웃, 모든 형제의 가슴속에 숨겨졌던 햇빛이 쏟아져 나오리라. 밝은 얼굴을 하고 따뜻한 손길로 기쁨을 쏟아내리라.

13.2. 일과 일터

1. 일이란 서로의 관계를 통해 이루어진다. 모두가 서로의 관계에서 떠날 수 없다. 그러므로 우리가 하는 일은 작으나 크나 반드시 협력자가 있기 마련이다. 일은 협력자에 의해 좌우되기도 한다. 우리는 인생에서 어떤 협력자가 옆에 있는지 돌아볼 필요가 있다. 사람은 어떤 때에 협력자가 되는지를 깊이 살펴보자. 현대의 조직화된 사회에서 방대한 일을 해내는 것은 단순히 체계화된 기능적인 힘이 전부가 아니다. 모두 깊은 인간관계가 이를 좌우하고 있다. 훌륭한 협력자를 얻을 것인가는 중요한 문제이다.

2. 직장생활이 즐거운지 고통스러운지는 일 자체보다 인간관계에서 크게 좌우된다. 그러므로 좋은 인간관계를 맺도록 노력해야 할 것이다. 남이 먼저 다가올 것이라고 기대하면 안 된다. 스스로가 적극적으로 관계를 만들어야 한다. 그리고 인간관계에 있어 상대

의 태도는 내 태도의 거울임을 항상 인식해야 한다.

3. 어느 직장이나 제각기 직분이 있지만, 그중에도 일을 회피하는 사람과 일을 떠맡는 사람이 있게 마련이다. 동료가 도움을 청해 오면 좀 곤란한 일이라도 선뜻 맡아 준다. 상담에 응해 준다. 이런 친절한 사람은 항상 일도 많다. 겉보기에는 고달파 보일 때도 있다. 그러나 이런 사람이야말로 그 직장을 중심으로 성장하는 것이고 동료들 마음의 벗이 된다. 고달프기보다 인기 속에 성장하는 것이다.

4. 다른 사람에게 신세를 지는 사람이 되지 말고 자신이 항상 남을 돕고 보탬이 되도록 힘쓰자. 남에게 빚을 지고 사는 인생이 될지, 베푸는 인생이 될지를 결정하는 갈림길이다.

5. 같은 일을 하더라도 자기 스스로 하는 것과 남이 시켜서 하는 일은 다르다. 하고자 하는 일도 남이 시키면 의욕이 떨어진다. 이것은 스스로 하고자 하는 의욕을 인정받지 못한 데서 오는 반감이다. 마땅히 마음속 의욕에 불을 붙여서 자발적으로 나아가야 한다. 스스로 생각하고 스스로 행동하자. 여기에 참된 승리와 참된 인생의 보람을 느낄 수 있다.

6. 일은 보수가 있든 없든 반드시 계속해야 한다. 일을 그만두거나 정년퇴직 이후에 많은 이들이 급격하게 노화하는 것은 그 생명이 침체하기 때문이다. 무슨 일이든 끊임없이 즐겁게 일하면 수명은 건강하게 오래 유지된다. 따라서 일은 원래 즐거운 것임을 알아

야 한다. 일은 괴롭다거나 조금만 해야 한다는 생각은 잘못된 것이다. 우리는 모름지기 모든 일에서 사는 보람을 찾아 우리의 삶을 더욱 윤택하게 만들어야겠다.

7. 일은 우리의 가치를 나타내주며 자기를 실현하는 도구이다. 아울러 직장은 우리의 가치를 실현하는 장소가 될 수 있다. 일을 자기표현의 기회로 삼아서 기쁨으로 맞이해야 한다. 직업이 바로 부처님 법이다. 일과 부처님 법은 다르지 않다. 일하는 사람의 재능은 바로 부처님에게서 온 것이다. 우리가 지닌 능력과 재능은 나에게 깃든 부처님의 은혜이자 신력이다. 부처님의 지혜와 자비와 위신력이 우리 자신 가운데서 나타나는 방식 하나하나가 바로 재능이고 능력이다.

8. 일을 처리할 때 선입견이나 상식적 견해에 빠지지 말고 항상 새로운 관점에서 보도록 하자. 치우치게 사물을 보는 것은 판단을 그릇되게 한다. 일의 밝은 면을 먼저 보자. 긍정적이고 적극적인 면을 보자. 실패 속에서도 무엇인가 배울 것을 생각하자. "무엇이든 해결할 수 있다. 잘될 수밖에 없다"라고 용기와 자신을 갖자.

9. 사람은 마땅히 직장에서 보람을 발견해야 하고 즐겁게 일해야 한다. 우리는 일을 통해 자기를 표현한다. 자신에게 잠재된 능력도 갖가지 일을 겪고 처리하는 데서 계발되고 무한의 가능성을 실현해 간다. 직장이야말로 자기표현의 마당이며 보람을 느끼게 하는 장소이다. 의욕을 가지고 열정을 기울여 하루 일을 해냈을 때, '잘

했다'라는 보람을 느끼는 법이다. 여기에 일하는 사람의 멋이 있다.

10 . 하루하루를 성장하고 발전한다고 생각하자. 그리고 내가 겪는 모든 일이 나를 계발하는 기회이며 교재라고 생각하자. 자기 직무에 사명감을 느끼자. 비록 보잘것없는 작은 일이라 하더라도 이 일이 전체를 받들고 있다는 자각과 긍지를 갖자.

11 . 직장은 나의 잠재적 능력을 발휘하는 장소라고 생각하자. 일을 떠나서는 나의 능력도 개성도 발휘할 곳이 없고, 보람을 느낄 곳도 적다. 또한 어려운 일이야말로 나의 잠재 능력을 끌어낼 기회라고 생각하자. 그래서 적극적으로 성실하게 일을 대하자. 고난이 나의 성장을 촉진할 교재이며 소재이다.

12 . 발전하고 성공하는 사람은 직장에서의 생활을 봐도 어딘가 다르다. 그것은 일에 대처하는 근본적 사고방식과 인생을 대하는 정신 자세가 다른 것이다. 그래서 생각이 발전적이고 적극적이다. 이러한 자세가 자신과 사회의 발전을 가져온다.

13 . 손해 보는 일도 공덕이 될 수 있다는 점을 이해해야 한다. 그리고 거기서 배우자. 나에게 부과된 일이 비록 자기의 적성이나 취미에 맞지 않더라도 소극적이고 종속적 위치에 서지 말아야 한다. 적극적으로 참가하여 정면으로 일을 대하고 추진하는 주도적 자세를 취해야 한다.

14. 평소에 침묵하고 봉사하는 사람은 많은 것을 주는 사람이다. 적극적인 자세로 일을 처리하는 사람은 직장과 사회에 많은 것을 주는 사람이다. 남에게 기쁨을 주는 사람, 도움이 되는 사람, 봉사하는 사람은 밝고 행복할 요건을 장만하는 사람이다. 친절과 봉사심을 가지고 일을 하면, 그 사람의 능력은 향상되고 가능성은 더욱 확대된다. 새로운 일을 만날 때마다 그 사람은 새로운 것을 배우고 성장한다.

14. 말은 진리의 구체적 표현

14.1. 진리를 긍정하는 말

1. "나는 불자다. 부처님의 진리와 더불어 한 생명이다. 부처님의 은혜가 넘치고 있다. 나는 건강하다. 나는 오늘 하루 매사에 있어 잘 되어 간다." 이렇게 깊은 신앙심을 가지고 자기 선언을 했을 때 그 사람은 자기 마음이 그러한 방향으로 간다. 말과 생각은 관념이 아닌, 실제적인 힘이다.

2. 생각과 말에는 힘이 있어서 생각하는 대로, 말하는 대로 결과를 가져온다. 그래서 정말 말을 조심해야 하고 생각을 잘해야 한다. 미움과 원망, 대립, 갈등, 불행, 어둠을 마음속에 가지고 있으면 생각한 대로 분열이 일어난다. 두렵다고 생각을 하면 두려움이 밀려오기 쉽다. 생각하는 것이 그대로 이루어진다.

3 . '말과 생각을 정말 조심해라.' 이것은 나쁜 생각을 가지면 죄가 된다는 단순한 의미가 아니다. 생각이 바뀌면 환경이 바뀌듯 생각에 따라서 자기 운명이 좌우된다. 말도 마찬가지이다. 말도 단순히 말로 끝나는 것이 아니다. 말의 위력, 생각의 위력을 활용해야 한다.

4 . 참된 말, 진리를 긍정하는 언어를 계속해서 쓰면 그 말은 그대로 내 마음에 작용해서 마음이 바뀐다. 바뀌는 것만큼 진리에 따른 실현력도 생긴다. 말하는 것이 이루어진다. 이것을 '진언(眞言)'이라고 한다.

5 . 인간의 덕성을 긍정하고 찬탄하는 말들은 아름다운 진리를 꽃피게 한다. 평화로운 한 해를 생각하면서 어둡고 거친 말을 몰아내고, 긍정적 마음이 담긴 언어의 창조자가 되자.

6 . 우리에게 갖춰진 능력을 어떤 방향으로 이끌고 실현케 하는가는 전적으로 믿음과 생각과 말이 좌우한다. 스스로 진실한 생명은 부처님의 무한공덕임을 믿고 그 밖의 모두는 허망하다는 것을 알아야 한다. 공덕에서 끝없는 행복이 넘쳐난다는 사실을 말로 표현해야 한다. 말은 한낱 음성의 파동이 아니다. 우리가 말할 때는 반드시 그에 상응하는 상태가 마음에 있다. 의미 없이 한 말도 반복하는 가운데 자신의 마음이 그 방향으로 바뀐다. 마음에 품고 있는 것이 이루어진다는 사실을 안다면 말은 우리가 번창할 유용한 지혜이고 도구이다.

7. 말은 바로 마음의 표현이다. 무의식중에 한 말이더라도 마음의 말은 곧 무의식에 감춰진 의식을 표현한 것이다. 우리는 말을 통해 참된 자기를 실현하는 것을 배우고 성공법을 훈련해야 한다. 말은 실현력이 있어 말한 대로 이루어진다.

8. 언어는 우리들의 의사전달 수단이다. 말은 우리의 내적 감정의 표현 수단으로, 말을 통해 우리의 마음이 서로 연결된다. 말의 또 하나의 작용은 감정의 형성이다. 감정은 내적 요인이나 외적 자극 으로 형성되지만, 언어를 통해서도 형성된다. 기쁜 감정에서 기쁜 말이 나오고 슬픈 심정에서 슬픈 표정과 슬픈 말이 나오지만, 즐거 운 노래와 밝은 표정에서 기쁜 감정이 일어난다. 언어의 또 다른 역 할은 창조 기능이다. 신념이 담긴 깊은 마음의 언어나 노래는 창조 적 형성력을 가진다.

9. 우리의 말과 행동은 우리의 심층 의식과 깊은 관계를 맺고 있 다. 잠재의식에 새겨진 것이 그대로 현실 위에 나타난다. 대개 우리 의 마음은 두 가지 작용이 있다. 하나는 평소의 의식 상태로 우리가 항상 쓰고 자각하고 있는 마음이다. 또 하나는 잠재의식으로 현재 의식이 주는 생각이나 마음 상태, 감정 등을 그대로 받아들여 현실 화하는 작용을 한다. 현재 의식은 씨앗을 뿌리는 사람에 비유할 수 있고, 잠재의식은 그 씨에 싹을 틔워 키우는 밭으로 비유할 수 있 다. "우리는 무엇이다"라고 선언할 때, 무엇이라는 내용을 규정짓 는 것은 현재 의식이며, 자신을 완성하는 것은 잠재의식이다. 그러 므로 우리는 무엇이든 키우고 만드는 힘을 가진 잠재의식에 훌륭

한 씨앗을 뿌려야 한다. 신념 있는 말이 건실한 씨앗이며 이 씨앗을 잠재의식이 키워 현실화시킨다. 바꿔 말하면 말이 곧 창조력을 발동시키는 것이다.

10 . 친절한 말, 따뜻한 표정에서 평화로운 마음이 이루어진다. 밝은 노래에 마음이 사뭇 밝아지고, 평화로운 마음에서 우리의 행동과 분위기는 밝아진다. 신념이 담긴 적극적인 말, 사랑이 담긴 긍정적인 말은 마음의 뿌리에서부터 커다란 힘을 불러일으켜 언어가 지시한 방향으로 사물을 형성해 간다.

11 . 말은 무한한 진리의 구체적 표현 방법이다. 진리를 긍정하는 말은 무한한 진리의 힘이 뒷받침하고 있어서 자신이 원하는 바를 실현할 힘이 있다. 적극적인 말, 긍정적인 말, 희망이 넘치고 성공의 환희를 외치는 말을 해야 한다. 그러한 말에는 성공이 있고 번영이 있다. 다른 사람의 장점을 발견하여 찬양하는 말에는 평화가 있고 발전이 있다. 언어가 가지는 창조적 의미를 알아서 바르게 쓸 때, 그 앞에는 꽃이 피고 새가 운다.

12 . 말은 단순한 음성이 아니다. 그것은 우리의 마음속에 살아서 활동하며 우리의 생명을 조절하고 있는 깊은 마음의 활동이다. 그래서 깊은 마음의 의지적 발동은 창조력을 가지고 현상을 바꾸려는 힘이 있다.

13 . 말과 생각은 관념이 아니라 실질적인 힘을 발휘한다. 마음은

진리로 채워야 하고, 말은 끊임없이 진리를 담아야 한다. 불행, 고난, 실패, 미움, 갈등, 대립, 공포, 불안 등 부정적인 말은 절대로 하지 말아야 한다. 부정적인 말은 자기 마음을 부정적으로 바꾸어 자기 운명마저 흔들어 놓는다.

14. 우리는 과거의 실패나 불행, 고난과 죽음에 대해 자연스럽게 말하는데 이는 옳지 못하다. 생각과 말에는 힘이 있어 말과 생각을 조심하고 잘 가져야 한다. 미움과 원망, 불행, 어둠을 마음속에 가지고 있으면 두려움이 밀려오기 쉽다. 말과 생각이 지닌 힘을 깊게 생각해보고 항상 기쁘고 밝게 말해야 한다.

15. 입은 광명과 진실을 토한다. 입의 중요한 역할 중 하나는 사람들을 찬탄하고 칭찬하는 것이다. 진리의 눈으로 보면 모든 사람에게는 찬탄할 것만 있다. 그래서 찬탄하는 것이다. 찬탄한다는 것은 찬탄하는 당사자의 마음이 밝아지고 즐거워진다는 의미이다. 내 말은 내 마음을 나타낸 것이고 내 마음에 있는 것이 말로 나타난다. 말을 하면 그와 동시에 마음도 그렇게 된다.

16. 불자는 참으로 진실해야 한다. 생각, 말, 행동 모두 진실해야 한다. 그것은 우리와 모두의 진실한 덕성을 긍정하는 것으로 시작해야 한다. 진실한 덕성을 긍정하는 말을 쓰고 사실을 바른 대로 보고 말해야 인간 사회는 평화롭고 조화롭다.

17. 다른 사람으로부터 마음에서 우러나오는 칭찬을 받을 때 그

사람의 마음도 밝아지고 자신에게 자신감이 생기면서 새로운 힘과 지혜를 끌어낼 수 있는 계기가 된다. 칭찬한다는 것은 모두를 밝고 건강하게 만든다.

18 . 자비로운 말, 그 가운데서도 진언(眞言), 즉 참된 말을 해야 한다. 누군가가 고난에 빠져서 우울해하고 슬퍼할 때 그 사람에게 다가가서 이렇게 말하자.
"용기를 내십시오. 당신은 불행한 사람이 아닙니다. 당신에게 지금 고난이 닥쳐왔지만, 고난은 곧 사라지고 밝은 길이 나타날 것입니다. 왜냐하면 당신은 부처님의 공덕을 가지고 태어난 사람이기 때문입니다. 당신은 성공할 것입니다. 절대로 여기서 주저앉지 마십시오."

19 . 신뢰를 주고 진리를 긍정하는 말이 참된 말이다. 겉에 나타난 것에 사로잡히지 않고 진리의 모습을 긍정한 말은 참되다.

20 . 우리의 몸과 입과 생각은 늘 조심히 다루어야 한다. 항상 내 마음을 살펴서 거친 행동과 거친 말을 하지 말자. 그리고 바라밀을 일심으로 염송하여 힘을 기르자.

21 . 입은 일을 만드는 힘을 가지고 있다. 긍정적인 말을 사용하고 실패하는 말은 쓰지 말아야 한다. 환경이 바뀌어 어둡고 불행하거나 다른 사람과 대립하는 마음을 가지고 있다면 생각은 자기 환경처럼 거칠어진다. 생각을 바꾸면 환경이 바뀌듯이 생각에 따라 관계와 상황, 자기 운명이 움직인다.

14.2. 경계해야 하는 말

1. 진리 아닌 말은 입 밖으로 꺼내지도 말아야 한다. 불행, 고난, 실패, 미움, 갈등, 대립, 공포, 불안 따위의 말은 절대로 하면 안 된다. 이런 말을 장난삼아서라도 하면 자신의 마음에 그것이 각인되고 그런 방향으로 착색되어 자신의 운명도 그렇게 흐르게 된다.

2. 진리에 어긋난 말은 하지 말아야 한다. 미움, 원망, 슬픔을 남한테 호소하거나 끊임없이 그런 생각을 지속하는 것은 병과 재앙의 뿌리를 길러주는 것이다.

3. 다른 사람의 단점을 말하고 가혹하게 비평하며 나아가 악구를 서슴지 않으면 그 앞에는 어둠이 깔릴 수밖에 없다. 다른 사람을 헐뜯고 욕한다면 자신 앞에 겹겹이 불행의 가시덤불이 엉기게 된다. 지혜 있는 사람은 힘써 다른 사람의 장점을 발견하려고 노력하며 그것을 긍정하고 칭찬한다. 만약 그러하지 못하다면 아무리 명철한 지혜가 있더라도 그는 지혜로운 사람이라고 할 수 없다. 불행을 부르고 진리의 길을 모르기 때문이다.

4. "나는 불행하다. 나는 고난에 빠져 있다. 앞으로 어려울 것이다." 이렇게 현재의 생활이 불만스럽다고 말하면 그것은 말로 끝나지 않는다. 말은 생각을 움직이고 생각은 바로 마음에 깊은 영향을 준다. 깊은 마음의 움직임은 바로 우리의 운명을 좌우한다. 그러므로 말은 조심해야 한다.

5. "요즘 어떻게 지내요?"라는 인사말에 "불행합니다. 고통스러워요. 절망적입니다"라고 부정적인 말을 하면, 안으로는 고난이 뿌리를 내리고 밖으로는 고난이 나타난다. 말은 말로 끝나지 않는다. 말은 그것을 실현하는 힘이 있다. 그러므로 꼭 밝은 말, 성공적인 말, 희망적인 말, 행복한 말, 기쁜 말을 해야 한다.

6. 남이 나를 성나게 한다고 같이 화를 내면 내가 지은 공덕이 모두 허물어진다. 손해를 보거나 부당한 일을 당하더라도 성내지 말고 부드러운 말, 평온한 말로 응대하고 성내거나 화내지 말고 같이 맞서지 말아야 한다.

7. 스님들과 불자들의 허물을 말하지 말아야 한다. 다른 사람의 나쁜 점, 허물, 죄가 되는 말은 해서는 안 된다. 겉모습을 보는 것이 아닌 깨달음의 마음자리, 청정한 자리를 바탕으로 하는 진실을 행동으로 보여야 한다. 그것이 '법망경 보살계'의 핵심이다. 10중대계(重大戒), 즉 '열 가지 중요한 계' 가운데 '사부대중의 허물을 말하지 말라'는 계가 있다. 우리 행자들 모두가 잘 지켜야 한다. 겉으로 드러난 모습에 사로잡혀 그 허물을 말하는 것은 진정한 내면을 보지 못하는 것이다. 또한 뒤에서 나를 험담한 사람을 탓하지 말고 그 사람을 참으로 찬탄하고, 그를 위해 기도한다면 어느새 그 사람도 바뀌어 있을 것이다.

8. 마땅히 입을 지켜 악한 말을 하지 말아야 한다. 바른말을 하라는 뜻이다. 성난 말, 독한 말, 거친 말은 입 밖으로 꺼내서도 안 된

다. 함부로 성을 내면 공덕을 잃고 성불하기도 어렵다. 자기가 지은 공덕을 모두 불태우고, 번뇌를 더욱 키우기 때문에 함부로 화를 내면 안 된다. 참는 것이야말로 큰 덕이라고 부처님이 강조하셨다.

9. 인간이 무지와 죄악의 결정인 듯 말하는 것은 잘못이다. 반야지혜에 의하면 인간은 불성의 완전한 구현자이다. 자신 속에 무한의 기회와 공덕을 지니고 있다. 그런데도 우리는 자신의 진실한 모습을 깨닫지 못하고 범부로 자처하며 육신을 자신으로 삼고 있다. 이러한 언행은 하지 말아야 한다.

15. 음성공양은 수승한 전법

1. 노래는 자연에 가장 가까운 감정의 언어 수단이다. 하지만 노래의 기능은 단순히 감정의 표현에 머물지 않는다. 노래는 감정의 표현에서 감정 형성의 수단이 될 수 있다. 밝고 기쁜 노래를 불러서 그 마음을 밝고 기쁘게 하고, 밝고 기쁜 마음은 기쁜 생활을 하게 한다.

2. 삼보를 우러러 받들고 찬양하며 부처님 말씀을 전하는 말과 글이 소중한 것처럼 그러한 노래 역시 소중하고 가치가 있다. 노래는 무언가를 이해할 특별한 능력이 없어도 막힘없이 사람 가슴속 깊이 흘러 들어간다. 그리고 마음과 정서를 물들이고 바뀌게 한다. 이

것만 생각하더라도 노래를 통해 부처님 법을 전달하는 데 노래가 얼마나 중요한지 알 수 있다.

3. 부처님과 부처님의 덕을 찬양하고 믿음과 정진, 평화로운 진리의 경계를 찬양하는 노래가 수행에 방해가 될 리 없다. 우리가 부르는 노래는 이처럼 성스러운 노래이다. 우리의 마음을 열어 주고 새 힘을 북돋워 주는 진리의 노래이다.

4. 원래 우리의 깊은 마음은 법성 진리이다. 따라서 밝고 아름답고 활기 넘치는 진리의 노래를 부르는 것이 좋다. 밝은 노래에는 밝은 감정이 깃들고 심신과 환경이 밝아진다. 나아가 노래가 지닌 의사 교류의 기능 역시 소중하다. 일반 언어는 논리와 합리, 사유의 통로를 거쳐야 이해되지만 노래라는 감성의 언어는 그런 굴곡 없이 깊은 감성에 직접 전달된다.

5. 부처님의 가르침을 노래로써 전하는 것은 좋은 전법 방법이고 수행에도 도움이 된다. 이 점을 생각한다면 불교에서 바른 노래가 크게 퍼져 나와야 한다.

제3장
불자의 기도와 수행

1. 기도

1.1. 기도의 성취

1 . 기도를 성취하려면 '악인, 죄인'이 원래 없음을 아는 것이 중요
하다. '악인이다, 죄인이다'라는 생각이 있는 한 미움과 배척의 감
정이 일어나는 것은 어쩔 수 없다. 만약 미움과 배척하는 감정이 일
어난다면 그 사람은 부처님과 대립하는 사람이다. 그러면 기도는
성취되지 않는다.

2 . 부모님과 조상님께 감사하고 있는지, 가족 간에 잘 화합하고
있는지, 부부 사이에 대립이 없는지, 미움과 원망스러운 감정을 품
지는 않았는지를 살펴보아야 한다. 기도할 때 장애 요인들은 모두
버려야 한다. 이것이 기도성취하는 법이다.

3. 예경, 감사, 환희, 찬탄, 보시, 공양 이 여섯 가지 요목은 일상생활에서 바라밀 공덕을 내어 쓰는 방법이다. 기도하는 시간에만 부처님 공덕과 부처님 광명이 쏟아져 나오는 것을 생각하고, 나머지 시간은 어둡고 대립하는 온갖 망상을 가지면 기도성취는 이루어지지 않는다.

4. 기도해도 점점 어려움이 나타나거나 처음 같지 않다면, 이는 자기 안에서 자기 정화와 자정 작용이 일어나는 중이다. 그러므로 기도를 해서 생기는 어려운 일에 대해서 오히려 '기뻐하고, 기도성취의 날이 가까워졌다'라고 마음속에 다져야 한다. 아울러 경계에 이끌리지 말고 일심으로 바라밀 염송을 하고 기원을 하고 독경을 하고 바라밀행을 하는 게 좋다.

5. "기도해도 성취는커녕 오히려 어려운 일이 생겼다. 그래서 더 힘이 든다"라고 말하는 사람도 있다. 하지만 기도를 열심히 하는데 오히려 형세가 더 어렵게 되었다고 기도를 중단해서는 안 된다.

6. 기도가 성취되려면 시련이 꼭 필요한 것인가. 불교에는 시련이 없다. 참된 소망을 세워 바르게 정진하고 진실을 행한다면 자연스럽게 이루어진다. 소망이 이루어지는 과정에서 한때 어렵고 고통스러울 수는 있어도 그것은 시련이 아니다. 참된 소망이 이루어지는 과정의 한 표현이며 소망을 방해하던 요인들이 무너지는 과도적 현상일 뿐이다.

7. 어떠한 힘이 작용해서 기도가 성취되는 것일까. 기도는 부처님 앞에서 소망을 세우고 수행하는 것이다. 우리가 바라는 소망 가운데 참된 소망은 부처님 공덕에서 싹튼다. 우리가 소망을 세운다고 말하지만, 실은 우리라는 자아의식은 공허하다. 우리는 염불하고 정진하는 결과로써 소망이 이루어졌다고 생각하지만 실제로는 그렇지 않다. 나라고 생각하는 자아는 없다. 따라서 거기에 어떤 힘이 있을 리 만무하다. 실로 부처님의 공덕만이 있다. 기도하고 정진하고 이루어지는 모든 것은 온전히 부처님의 공덕이다.

8. 우리는 소망을 가지고 기도한다. 이러한 소망의 본질은 무엇인가? 소망 가운데는 진실한 소망과 그렇지 못한 소망이 있다. 진실한 소망은 자신이 발전하고, 남을 돕고, 자기 생활이 윤택해지고, 지혜와 능력이 향상된다. 참된 소망은 숨은 진리의 빛이고 자비 성장의 싹이다. 씨앗을 땅에 뿌리고 성장할 수 있도록 땅을 고르고 북돋듯 올바른 기도법을 알아서 기도한다면 반드시 이루어진다.

9. 때로는 바르게 기도했어도 사태가 한층 나빠지는 듯한 일이 일어나면 기도하는 자는 놀라기 마련이다. 이럴 때 기도성취가 실패한 것은 아닌지 두려워하고 흔들리기도 한다. 그러나 이럴 때도 부처님의 대지혜, 대자비, 대신력을 의심해서는 안 된다. 기도 중에 사태가 악화하는 듯 나타나는 것은 과거에 내가 지은 진리에 어긋난 어두운 마음의 축적이 소멸하기 시작했기 때문이다. 마음속에 미혹한 생각이 허물어져 갈 때 나타나는 일시적 현상일 뿐이다.

10. 기도가 성취되지 않는 방해 요인이 있다. 첫째는 부처님의 크신 은덕, 진리의 막힘 없는 위력을 믿지 않는 것이다. 둘째는 어떠한 명분으로든 화합하지 못하고 대립하는 마음을 가지는 것이다. 미워하거나 대립하는 감정을 가지고는 기도가 성취될 수 없다.

11. 기도성취가 잘 되는 터가 따로 있을까? 기도성취가 잘 되는 도량은 있다. 어떠한 이유에서든 삼보를 모시고 수행을 진실하게 하며, 수행하는 불자들이 많이 웅거하는 도량은 훌륭한 도량이다. 바로 일심청정 도량이다. 일심청정이라는 도량은 처소가 따로 없다. 어느 곳이든 일심청정해서 부처님의 자비로우신 위신력을 가까이 받을 수 있다. 환경이 안온하고 청아하고 신심으로 다져진 곳은 일심으로 기도하기 쉽다. 오랫동안 많은 사람이 일심을 기울여서 기도해 온 도량은 많은 힘과 맑은 힘이 축적되어 있다. 그러므로 그런 도량에서는 수행에 도움을 받을 수 있다. 그러나 아무리 오랜 역사를 가진 기도 도량이라 하더라도 본인이 청정하지 못하고 일심이 현전하지 않으면 은혜를 입기 어렵다.

12. 진리와 부처님의 위신력을 쓰는 기도는 모두 이루어질 수밖에 없다. 모든 존재는 진리를 여의지 않았고 일체 사물은 그 내용이 마음인 까닭에 마음을 움직여 만물을 창조하는 것이다.

13. 우주 구석구석에 부처님의 자비로운 복덕의 손이 미쳐 있다. 우리는 애착하고 집착함으로써 복덕의 창구를 닫게 된다. 그러므로 자비롭고 보시함으로써 우리가 얻고자 하는 소망의 문이 열리

는 것을 알아야 한다. 기도는 이 기초 위에 집을 세우는 것과 같다.

14. 우리의 소망은 진리에서 싹튼다. 우리의 깊은 마음에서는 기도와 동시에 이미 이루어진 것이다. 그것이 우리의 현상에 드러나기까지는 과정과 시간이 따른다. 과정과 시간이라 하지만, 이것도 정해진 것은 없다. 우리의 마음이 그것을 볼 수 있도록 바뀌고 향상되어야 한다. 기도할 때 구하는 것을 받은 것으로 감사하라는 것은, 밝은 빛을 받아들이는 자신의 마음을 이루는 것이다. 받은 마음이 되어 감사하는 것이 종자가 되어 원하는 것을 현실적으로 얻게 되기 때문이다.

15. 우리가 인생에서 참된 소망을 세워 정진했는데 나의 소망이 금방 현실화하지 않는다고 불안해하거나 초조할 필요는 없다. 설사 기도 발원하기 이전보다 더욱 답답하고 고통스러운 일이 생기더라도 결코 마음에 흔들리거나 두려운 생각으로 정진을 중단해서는 안 된다.

16. 기도하더라도 근원적인 큰 원(願)에 연결해야 한다. 원을 세워 나뿐만이 아닌 모든 사람의 허물까지도 본인이 대신 지고 참회하는 것이다. 이를 통해 진리의 광명이 회복되고 자신의 소망도 한꺼번에 이루어진다.

17. 모든 사람의 본성을 부처님으로 알고 있으면, 그 사람들을 존경할 수밖에 없다. 저절로 절하게 되고, 칭찬하게 되고, 감사하게

되고, 섬기게 된다. 그렇게 하는 사람이 바로 기도하는 사람이다. 그렇게 해야 부처님과 내가 하나로 통할 수 있고 부처님의 복력, 부처님의 지혜, 부처님의 신력이 그대로 내 가슴에 들어와 나의 기도가 성취된다.

18. 우리는 기도할 때 원을 세웠으면 이 원이 이루어진다고 믿어야 한다. 또 그 원이 이루어진 상태를 마음에서 항상 그려서 상상해야 한다. 어두운 생각이 들고 '실패할지 모른다'와 같은 부정적인 생각을 물리치고, 긍정적으로 생각해야 한다. 마음속에서 잘 된다는 밝은 생각, 기쁜 생각, 성공한다는 생각을 항상 품고 자기 상상력 속에서 끊임없이 성공을 그려야 한다. 자기 안에 있는 힘과 용기를 가동하는 것이다. 완전히 자기 능력을 발휘해서 앞으로 나아가고, 실패의 그림자를 마음에 담아두지 말라는 의미이다.

19. 기도만 하면 시험을 잘 볼 수 있을까. 요행을 바라고 기도하면 안 된다. 우리는 우리의 지혜를 발휘하여 최선을 다해 선택하고 최선의 노력을 기울여야 한다. '참된 성장으로 인도해 주소서!' 하고 기도하며 노력의 결과를 기다려야 한다. 그렇다고 시험의 기도, 학업 성취의 기도가 허망한 것은 아니다. 진실하게 노력하고 참되게 믿고 기도하면 반드시 은혜로운 가르침을 받게 된다.

20. 진언을 외우면 기도의 목적을 달성할 수 있을까? 진언은 진리의 말씀이며, 불보살님의 불가사의한 위덕이 함께한다. 그러므로 수지의 법을 따라 맑은 마음으로 일심 수지하면 죄업이 소멸되고

지혜가 나는 등 세간적 장애를 극복하는 신묘한 힘을 얻을 수 있다.

21. 성취할 수 있는 기도와 그렇지 못한 기도를 구별할 수 있을까. 참된 능력을 성장시켜 우리의 생활이 행복해지고, 나라와 이웃에게 이익을 주고 해를 끼치지 않는 모든 소원은 성취된다. 다만 부처님을 의심하거나 수행을 게을리하며 때를 가리지 않고 마음이 바뀌는 사람은 기도가 성취되기 어렵다. 기도는 진리에 있는 소망을 드러내는 것이므로 기도의 목표도 진리에 부합되어야 하고 기도 또한 진리와 같이 높고 맑고 너그러워야 한다.

22. 모든 기도가 이루어지는 것은 아니다. 타인에게 손해를 끼치고 타인의 인격을 견제하는 소망은 이루어지지 않는다. 또한 정의가 실현되기를 바라는 기도일지라도 거기에 자신이 품은 감정이나 고집, 적개심 등이 첨가되면 안 된다. 때로는 강한 염력으로 일시적 소망을 이룬 듯할 때도 있지만 그런 성공은 또 다른 파탄을 부른다. 그것은 커다란 진리의 법칙을 어기는 것이므로 일시적 염력이 감당하지 못한다.

23. 기도하면 부처님이 소망을 이루어 주실까? 진리가 모두를 이루게 한다. 부처님은 우리가 소망하고 기도할 때 즉시 응답하셨고 즉시 주셨다. 우리는 끊임없는 정진을 통해 생각을 바로 쓰고 마음을 청정케 하여 진리가 주신 은덕을 발견해야 한다.

24. 우리는 기간을 두고 기도하는 경우가 많다. 소망은 진리에서

이루어지는 것이므로 기도성취에 기한을 고집하는 것은 옳지 못하다. 진리 세계에서 이루어진 소망이 우리의 감각 현상 위에 나타나려면 시간이 필요하다. 기한은 부처님 지혜에 전적으로 맡기는 것이 좋다.

25 . 참된 소망을 깊은 마음으로 기도했다 하더라도 그것이 처음부터 완전한 상태로 나타나지 않는 경우가 있다. 나타나는 순서가 있으며 과정이 있다. 작은 일도 소홀히 하지 말고 성실하게 닦아 나아가면 반드시 소망을 이루게 된다. 씨앗을 뿌려 식물을 키우고 수확하는 것과 같다.

26 . 부처님의 자비공덕의 현전이 기도이다. 이 기도를 성취하자면 몇 가지 유의할 점이 있다.

첫째는 원하는 바가 진실해야 한다. 원하는 바는 일체중생을 대진리로 성숙시키고자 하는 부처님의 큰 자비와 청정 질서에 맞아야 한다.

둘째는 다른 사람과 경쟁 대립 의식을 갖거나 미워하는 마음을 가져서는 안 된다. 부처님의 진리 세계에서는 대립도 미움도 없다.

셋째는 다른 사람에게 이익이 되고, 세상에 도움을 주어 자신의 향상과 발전을 가져오는 것이어야 한다.

넷째는 끊임없이 기도해야 한다. 기도를 자주 중단하고 마음이 바뀐다면 그 기도는 성취되기 어렵다. 일과를 정하여 조석으로 염불 독경하거나, 평소에도 끊임없이 기도해야 한다.

다섯째는 원을 세웠다면 이미 진리 세계에는 그것이 받아들여지고 기도성취의 싹이 완성되었다는 것을 알아야 한다. 다시 말하면 원을 세웠을 때, 부처님께서 다 받아주시고 은혜를 주시고 있음을 분명히 믿고 감사하는 마음을 가져야 한다.

여섯째는 기간을 정한 기도에서 기도를 끝내고 바로 발복하기를 기대해서는 안 된다. 기도는 시작과 동시에 성취된 것이며, 그것이 우리의 현상 위에 구체적으로 나타나기까지는 시간이 필요하다.

1.2. 기도의 방법과 자세

1. 중생을 공양하고 받들고 부처님의 가르침을 행하는 것이 기도 방법의 하나이다. 우리가 불법을 배우면서 불법의 지혜를 활용하지 못한다면 그건 지식으로만 배웠기 때문이다. 불법의 지혜를 활용한다는 것은 실천을 의미한다. 「보현행원품」에서 가르치신 바를 일체 처소에서 행하는 것이다. 이것이 우리 생활 가운데 어려움을 이겨 나가는 지혜이다. 우리에게 처한 어려움과 고난을 타파하고 우리의 삶을 부처님의 은혜로 가득 채우고 싶다면 실천이 수반되어야 한다. 섬기고 위하고 찬탄하고 행해야 한다.

2. 기도할 때 부처님의 무한공덕이 내 생명 안에서 빛나고 있다는 사실을 알고 확실히 믿은 다음에 마하반야바라밀을 일심으로 염송해야 한다. 무슨 기도를 하든지 부처님의 무한공덕이 자기 생명 가운데서 빛나고 있다는 사실을 마음의 눈으로 보아야 한다. 그래야 부처님과 우리 사이에 통로를 열 수 있다.

3. 원래 부처님은 완전하시다. 무한의 지혜이시고 무한의 자비이 시다. 어둠이나 장애는 없다. 부처님에 대한 믿음을 확고히 가지는 것이 기도임을 알아야 한다. 우리는 바라밀불자이다. 진리의 태양 을 당당하게 표현하고 생각과 말과 행동으로 원만공덕을 실현해야 한다.

4. 기도는 언제든지 상대방을 위하는 절대적인 자비로운 마음과 그 사람의 성공을 기원하는 보살심이 바탕에 깔려야 한다. 집안에 불화, 걱정거리가 생겼다고 해서 미워하고 원망하고 상대방이 잘 못되기를 바라는 나쁜 마음을 품어서는 안 된다. 아무리 세간 도리 로 보아서 그 사람이 불행해져야 할 이유가 있다고 하더라도 그것 은 불보살의 세계에서는 있을 수 없는 일이다. 그 사람이 바른길을 찾아가서 행복하게 살도록 그 사람을 위해서 기도하는 자세가 불 신력이 나타나는 길이다.

5. 기도 정근할 때 마하반야바라밀을 염(念)하거나 관세음보살, 혹은 아미타불, 혹은 석가모니불 등 부처님 명호를 생각하면서 기 도를 하기도 한다. 이와 같은 염불은 차별이 있는 것이 아니다. 모 두가 진리를 자신 가운데 드러내고 있는 것이 염불의 실상이다. 염 불 일구에는 모든 기도성취의 요건이 갖추어져 있다. 염불 일구 속 에 부처님과 부모님과 모든 형제에 대한 감사가 있고 찬탄이 있다. 모든 사람과의 화합이 있고 허물에 대한 참회가 있으며, 뜨거운 자 비가 있고 부처님의 한량없는 공덕과 청정 불성이 함께 있다.

6 . 경의 말씀을 믿고, 삶의 목표를 부처님 법 내에서 분명히 하고 큰 원을 발해야 한다. 재가불자로서 조석으로 독경과 염불은 필수적이다. 끊임없이 부어지는 부처님의 자비 위신력을 생각하면서 일심으로 기도 정진해야 한다. 그럴 때 기쁨과 새로운 희망이 뚜렷하고 밝게 드러날 것이다.

7 . 집에서도 기도하는 절차가 있을까. 처음에 합장하고 귀의불, 귀의법, 귀의승을 염(念)하고 삼배를 한다. 다음에 중생의 허물과 자신의 허물을 참회하고 큰 보살의 원을 세우며 자신이 원하는 바를 부처님 앞에서 염한다. 그리고 독경한다. 『반야심경』이나 『지장경』 등 경전을 읽되 전체가 아닌 부분만 읽어도 좋다. 그 후 일심으로 염불한다. 마지막으로 감사의 염송을 한다.

8 . 살다 보면 어느 길을 가야 하는지 스스로 결정짓기 어려울 때가 있다. 인생을 헤맬 때는 어떻게 기도하는 것이 좋을까? 기도하는 사람은 먼저 자신이 문제 삼고 있는 일에 대해 초점을 명확하게 표출해야 한다. 스스로 살피고 또 살펴서 반성을 거듭한 연후에 무엇이 문제인가를 명확하게 파악해야 한다. 그다음에 자신의 이성으로 최대한의 판단을 시도해야 한다. 거기서도 명확한 자신이 서지 않을 때는 기도해야 한다.

9 . 기도 수행에 마장(魔障)이 있다면 어떻게 방지해야 할까? 기도하는 사람이 미혹한 마음으로 형상을 구하고 집착할 때 마장을 만나기 쉽다. 망령된 마음을 버리지 않고 염불하는 것을 애착심으로

추구할 때도 마장을 만나기 쉽다. 이렇게 되면 수행이 전도되고 미혹한 환상에 사로잡혀 기도는 이루어지지 못한다. 원래 부처님은 진리이며 법신이다. 형상이 없다. 우리의 망념이 다한 본성은 본래 무상(無相)이다.

10. 불평불만이 있으면, 참고 있는 것보다 염불하는 것이 좋다. 만약 누군가를 욕한다면 그 욕을 해서 속이 시원해질까? 불평불만을 내뱉어도 시원하지 않고, 환경을 개선해주지 못한다. 기도만이 나쁜 환경을 바꾸어 준다. 일시적 감정이나 이기적 동기로 일을 한다면 얻는 것은 파괴와 손실뿐임을 알아야 한다.

11. 잠자리에 들기 전에는 어떤 기도를 해야 할까? 잠자리에 든다는 것은 우리의 현재 의식이 휴식하고 활동이 정지하는 때이다. 물론 생명 활동이 정지하는 것은 아니다. 우리의 깊은 의식과 생명 조절 기관은 여전히 활발하게 활동해 심신의 건강을 지키고 있다. 그러므로 잠들기 전에 기도하는 것은 참으로 유용하다. 자는 동안에도 기도가 계속되게 할 수 있기 때문이다.

12. 잠들기 전에 기도는 다음과 같이 하면 된다. 먼저 단정히 앉아 눈을 감고 합장한다. 그리고 일심으로 염불한다. 그리고 부처님의 진리가 자신의 온몸을 감싸고 우리의 생활을 인도해 주심을 생각하며 감사하고, 이 몸이 온전히 부처님의 진리 속에서 성장하고 있음을 생각한다. 빛나는 지혜와 뜨거운 자비와 완전한 건강이 넘쳐흐르고 기쁨이 너울대고 있음을 생각한다. 그리고 지극히 평화

로운 마음으로 부처님께 감사하며 잠자리에 든다.

13. 기도 염불하는 사람은 염불 일구로서 기도에 관한 모든 공덕을 받는다. 기도 정근 의식은 여러 가지가 있으나 핵심은 일심 염불이다. 특별히 첨언할 것은 기도하는 사람은 반드시 일정한 시간에 염불하고 정근하는 수행 일과를 가져야 한다.

14. 기도는 우리의 생명 속에 간직된 부처님의 무애자재한 위신력, 즉 우리의 근본 생명력을 생각으로 끌어내어 우리의 현실 위에 드러내는 것이다. 우리의 생명에는 무한한 지혜와 힘이 본래부터 주어져 있고 이것의 출구는 곧 우리의 마음이다. 우리의 마음을 생각과 말과 행동으로 표현해 마음속의 위력을 현실 위에 실현토록 하는 것이 바로 기도이다.

15. 기도를 잘하는 방법은 망념을 없애는 것이다. 진리는 원래 충만하고, 부처님의 은혜와 자비 위신력은 이미 이 땅 가득히 우리 모두에게 완전하게 주셨다. 하지만 우리가 망령된 마음이나 그릇된 생각으로 보지 못할 뿐이다. 망심을 제거하면 부처님의 은혜가 내 가슴속에 솟아난다.

16. 우리 법회의 수행은 기도, 혹은 정진이라고 부른다. 법회의 수행은 일반적으로 기도를 말한다. 혹자는 불교가 깨닫는 종교인데 무슨 기도냐고 반문할 수도 있다. 하지만 우리 법회의 기도는 부처님께서 우리가 원하기 전에 완전한 것을 이미 우리에게 주셨기 때

문에, 우리는 오직 정진해서 부처님께서 주신 밝은 은혜의 햇살을 받는 것이 목적이다.

17. 기도할 때도 부처님의 진실한 모습, 부처님은 진리라는 사실을 알아야 한다. 진실한 모습에 마음을 두고 그것을 바탕으로 기도해야 한다.

18. 기도하면 부처님을 상대하고 진리를 상대하는 것이므로 우리는 오직 일심으로 정진할 뿐이요, 그 이하는 진리의 흐름에 맡겨 두어야 한다. 다시 말하면 무아(無我)가 되어야 한다. 무아로서 기도할 때 참으로 크신 공덕의 감응을 느낄 수 있다.

19. 기도는 때와 장소를 가리지 않는다. 특별히 기도하는 시간을 따로 마련하는 것이 아니라 언제든지 틈날 때마다 기도한다. 부처님의 가르침을 긍정하고 부처님의 은혜와 위신력을 생각하고 있을 때는 노래를 불러도 기도가 되고, 걸어가든 일하든 무엇을 하든지 그 사람에게는 기도가 이어진다.

20. 기도는 구하는 것 없이 정진해야 한다. '반야바라밀' '관세음보살' '지장보살' 무엇이든지 오직 일심으로 외울 뿐 다른 생각은 하지 말아야 한다. 다른 생각들은 모두 망념이다.

21. 아무리 열성을 기울여 기도해도 행동이 따르지 않고 실천이 따르지 않는다면 기도의 효과를 거두지 못한다. 기도하고 수행하

는 사람은 일심으로 염송하여 마음을 부처님에게로 돌리고 기원하는 바의 성의와 노력을 기울여야 한다.

22. 무슨 일을 하든지 기도가 먼저이다. 기도 다음에 계획을 세우고 일을 추진해 가야 한다. 내 마음을 밝게 하고, 마음의 문을 열어 반야바라밀, 무한대의 부처님 공덕세계를 순수하게 받아들여야 만사가 이루어진다.

23. 기도할 때 먼저 일체중생을 제도하겠다는 원을 세우고 참회해야 한다는 말은 어떤 뜻일까? 보리심을 발해야 한다는 뜻이다. 불보살님과 같은 원을 세우는 것은 자신에게 불보살님의 위신력이 함께 흐를 수 있도록 자신의 생명 차원을 높이는 것이고, 그 위에서 온갖 창조적 소망이 이루어지는 것이다. 기도성취는 진리의 실현이기 때문에 남과 대립하는 이기적인 이용 충족에서는 이루어지지 않는다.

24. 기도하다 보면 마음에 걸리는 것이 많다. 지금까지 허물도 많고, 스스로 잘못한 것도 많다. 그래서 부처님 앞에 나와 기도를 하자니 어쩐지 떳떳하지 못한 심정이 든다. 어둠이 밝은 빛 앞에서 소멸하는 것처럼 대자대비 부처님 앞에 나의 가슴을 열고 허물이 많은 사실을 드러내어 참회하자. 우리의 어두운 구석을 덮어두지 말고 빛을 받게 해야 한다. 참회했거든 다시는 죄를 생각하지 말고 감사와 희망으로 마음을 채워야 한다.

25. 기도를 절하는 것으로만 생각해서는 안 된다. 천 배, 만 배의 절도 중요하지만, 앉아서 하는 기도가 오히려 깊은 공덕이 있다. 불교의 기도는 부처님을 부르고 절하며 애걸하는 것이 아니다. 부처님을 믿고 마음을 밝히며 마음이 흔들리지 않는 것이 더욱 중요하다. 부처님의 무한공덕을 믿고 그 은혜가 자신에게 충만한 것을 믿는 것이다. 염불삼매가 되어 부처님의 무량공덕과 하나가 되는 것이 중요하다.

26. 수명이 짧다든가 액운이 있는 사람은 살생을 금하고 방생에 힘쓰는 것이 불교의 관례이다. 비록 미물의 생명일지언정 죽게 된 생명을 살게 해주고 해탈로 인도한다면, 그 공덕이 크므로 전생에 살생한 과보를 면할 수 있다는 것이다. 『금강경』을 읽고 나의 생명은 무량광 공덕생명임을 믿으며 마하반야바라밀을 염(念)하는 것이다. 그리고 불법을 전하는 전법행에 더욱 힘써 실천한다. 단명한다든가, 올해 죽을 수라든가 하는 일체 생각을 마음 밖으로 몰아내야 한다. 오직 부처님의 공덕생명이라는 사실을 믿고 감사하며 그 속에서 기쁨으로 살아야 한다. 그러면 공덕심에서 공덕 상호로 바뀔 것이다.

27. 기도할 때는 부처님의 한량없는 자비하신 위신력이 자신과 온 누리에 넘치고 있음을 깊이 믿고 감사하며 일심으로 독경, 염불해야 한다. 다음으로 매사에 자비로운 마음으로 대하고 자비로운 행을 하고, 결코 분노나 증오를 일으켜서는 안 된다. 분노는 마음의 불길을 일으키는 것이다. 그동안 닦은 공덕을 모두 태워버리고, 겁

은 연기에 뒤덮여 공덕의 햇살을 받지 못하게 된다. 적어도 다른 사람이 자기와 같고 행복해야 할 사람이라는 따뜻한 마음을 지닌 것이야말로 기도하는 사람의 바탕이 된다.

28 . 기도를 순수하게 하면 설령 비뚤어진 원(願)을 마음에 가지고 있다 하더라도 일심으로 하다 보면 비뚤어진 생각이 다 녹아 없어진다. 그러나 처음부터 비뚤어진 생각을 버리고, 올바른 방법을 가지고 기도하는 것만 못한다. 원칙적으로 기도는 다 이루어지게 마련이다. 좋은 기도, 남을 위한 기도는 다 이루어지게 마련인데, 기도해도 이루어지지 않을 때가 있다. 오히려 거꾸로 더 안 좋아질 때가 있다. 그래도 실망할 일은 아니다. 기도성취가 잘 안 이루어지는 것은 자신의 오래된 나쁜 것이 무너지고 있기 때문이다.

29 . 기도할 때는 합장하고 불보살님을 생각한다. 그리고 불보살님께서 한량없는 지혜와 행복과 생명을 부어주고 계심을 생각하고, 마음의 눈으로 보면서 감사드려야 한다. 이러한 기도를 아침저녁으로 해야 한다. "나는 행복하고 기쁘다"라는 말을 아침저녁으로 열 번 이상 반복하는 것이 좋다. 종이에 써서 책상 앞에 놓고 읽거나 벽에 붙여 외우는 것도 하나의 방법이다. 이렇게 기도할 때 유의할 점이 두 가지 있다. 하나는 항상 남을 도와주려는 따뜻한 마음을 가져야 하고, 다른 하나는 침체와 게으름을 몰아내고 끊임없이 향상을 지향해야 한다.

30 . 태양이 어둡다고 하면 안 된다. 구름이 벗겨지면 햇빛은 바

로 쏟아진다. 부처님의 진리 은혜는 태양처럼 가득히 우리에게 비추고 있다. 그러나 우리는 어두운 생각, 망념 때문에 부처님의 진리 은혜를 못 받고 있다. 이런 생각을 버리고 일심으로 염(念)하는 것이 기도 정진하는 가장 좋은 방법이다.

31. 집에서 생활하면서 간단히 기도하는 방법이 있을까. 우선 어느 곳에 있든 눈을 감고 합장한다. 그리고 내 생명에 부처님 공덕이 넘치고 있음을 마음의 눈으로 보면서 일심으로 염불한다. 그리고 이렇게 생각을 반복한다. '나의 생명의 근원이신 부처님, 진리로서 키워주시는 부처님, 건강과 자비와 지혜와 끝없는 성취를 이루도록 도와주시는 부처님, 감사합니다.'

32. 첫째가는 기도는 항상 염불하고 진리를 긍정하며 진리의 한없는 은덕이 나와 내 환경을 감싸고 키우고 있다는 사실을 깊은 마음으로 믿는 것이다. 부처님과 부처님의 진리에 항상 감사하며 그 공덕을 찬탄해야 한다. 이 끝없는 감사 염불이 첫째가는 기도이다.

33. 항상 진리 공덕 세계를 마음의 눈으로 지켜보고 바라밀을 염(念)하자. 설령 바라밀을 염하지 않더라도 부처님의 은혜, 부처님의 생명, 부처님의 공덕이 내게 충만하며 내 집안에 넘치고 있음을 마음속에 지니고 항상 감사한 생각을 쉬지 말아야 한다.

34. 염불 기도하는 사람은 언제나 부처님의 크신 은혜가 함께하고 있음을 알기 때문에 감사한 마음이 끊이지 않는다. 기도하는 사

람은 부처님의 크신 은혜가 함께한다는 사실을 믿고 감사하며 일심으로 염불해야 한다. 대개 기도성취라고 말하는 것은 노력의 결과로 은혜를 받는 것이 아니라 은혜를 발견한다고 하는 것이 올바른 의미이다. 이미 주신 은혜를 발견하고 확신하는 것이다. 이외의 다른 생각들은 망념이며 수행에 장애가 된다.

35. 오늘의 불완전에 실망하지 말고 공포를 버리고 흔들림 없이 전진해야 한다. 오늘의 불완전은 성장의 과정일 뿐이다. 근원적인 진리가 우리의 생명이며 눈앞의 불완전한 현상은 일시적이다. 기도하면서 기원한 것이 성취되지 않더라도 중단하지 말아야 한다. 믿음을 가지고 감사와 용기, 자유를 가지면 언젠가는 근원적인 진리 광명이 나타난다는 것을 실현해 나아가야 한다.

36. 기도에서 일심 염불과 참회 이외에 선행을 해야 한다고 하는 이유는 무엇일까. 선행은 맑은 마음의 표현이다. 그러므로 선행을 하는 사람은 마음이 맑은 사람이라 할 수 있다. 선행을 끝없이 행하고도 행하는 상(相)이 없으면 그것으로 깨달음을 이룬 것이다. 염불은 열심히 하면서도 선행을 번거롭게 생각해 외면한다면, 그것은 잘하는 수행이 아니다. 수행이나 기도도 그만큼 더디게 된다.

37. 어느 날 불광 형제들이 처음에는 어떤 원을 세워 기도하기 시작했는데, 기도하다 보니 차츰 깨닫기 시작했다고 나에게 말한 적이 있다. 그래서 무엇을 깨달았는지 물어보았다. 이들은 자신의 허물이 크다는 사실을 깨달았다고 나에게 말했다. 그리고 나의 삶이

참으로 감사하고 주변이 참으로 감사하다는 것을 깨닫게 되었다고 말했다. 이 말을 들은 나는 참으로 기뻤다. 법당에서 듣고 책으로 읽은 말이 아니라, 자기가 일심으로 염불하고 자기 마음을 밝히는 과정에서 자기 마음에 있는 법문, 마음에서 나오는 마음의 경을 보았기 때문이다.

38. 구름이 걷히면 햇빛은 쏟아진다. 부처님의 은혜가 확연히 내 가슴에 솟아난다. 부처님의 진리 은혜는 지금 태양처럼 가득하게 우리에게 쏟아지고 있지만, 망념과 어두운 생각들 때문에 구름이 되어서 그것을 못 받는 것이다. 태양은 어두울 수 없다. 일심으로 염(念)하라. 염하고 염해서 염한다는 생각마저 끊어질 정도로 염하라. 이것이 기도 정진하는 최상의 법이다.

39. 마음에 분노와 원망을 지닌 채 하는 기도는 이루어지지 않는다. 염불하고 염불해서 일념이 되어 미움과 어두운 마음이 녹아야 비로소 부처님의 벅찬 광명이 넘쳐 나오고 기적을 성취할 수 있다.

40. 우리는 어려움을 당하면 부처님께 기도한다. 그렇지만 기도는 부처님께 간청하거나 매달리는 것이 아니다. 기도는 진리 그대로의 모습을 믿고, 진리대로 적극적이며, 착한 말을 하는 것이다. 일상생활 가운데서 참된 말을 쓰고 참된 생각을 하는 것이 바로 기도인 것을 거듭 명심하자.

41. 우리는 고통이 있거나 재난이 있으면 부처님 앞에 엎드려서

모든 걸 털어놓는다. 모든 걸 부처님께 털어놓으면 부처님께서 다 받아주시기 때문에 우리의 고난은 소멸한다. 그래서 부처님께 감사를 드린다. 이것이 바라밀 불자가 하는 기도의 기본방식이다.

42. 부처님 공덕을 자신에게 구현하는 기도를 성취하려면, 첫째로 부처님의 무한공덕과 무한자비와 그것이 자신에게 뒷받침되고 있다는 사실을 굳게 믿어야 한다. 둘째로는 기원하는 바가 순수하고 부처님 진리에 부합되어야 하며, 그러한 기도 일념이 명확하게 현전해야 한다.

43. 기도를 성취하고자 하는 사람은 반드시 대립 감정을 버려야 한다. 미움과 원망과 슬픔과 어두운 마음을 가지면 안 된다. 항상 말한 바와 같이 바로 내 생명은 마하반야바라밀이다. 내 생명은 범부 생명이 아니고, 육체 생명도 아니며, 죄를 짓고 허물을 덮어쓴 생명도 아니다.

1.3. 기도의 공덕

1. 불공(佛供)은 탐심을 버리고 마음을 닦아 복덕의 문을 여는 행위이다. 부처님의 자비하신 복덕의 물줄기가 흘러오도록 막힌 것을 털어버리는 행위가 불공이다. 불공으로 없어지는 것은 탐착심이고, 얻은 것은 복덕이다. 자기 소망이 아무리 크더라도 부처님께서는 참된 소망을 당신의 원력으로 이룩해 주신다는 점을 믿고 감

사해야 한다. 만약 복을 원하면서도 그것이 참된 소망이 아니라면 이룰 수 없다. 일심으로 기도할 때 새로운 가르침을 얻게 된다. 대개 복을 얻는 기도는 자기 개혁에 의한 창조행이 뒤따른다.

2. 흔히 기도는 어려운 일을 당해서 상식적 방법으로 해결하기 어려울 때 절대자의 힘에 의지하는 행위라고 말하곤 한다. 하지만 그런 말은 진리에 어두운 사람이나 하는 말이다. 기도는 생활을 진리와 함께 펴나가는 창조적 수단이며 지혜로운 행동이다. 마음의 안정을 얻고 절대자에게 의지하려는 수단이 아니다. 올바른 기도는 진리를 통해 펼치므로 거기에는 자연히 안정과 용기가 함께 있다.

3. 반야바라밀의 믿음을 갖고 기도할 때는 모두가 진리에서 나온 싹임을 믿고 눈앞에 결과가 금방 나타나지 않더라도 불안해하지 말아야 한다. 내가 정해 놓은 기한에 무엇인가가 이루어지지 않는다고 불신하지 말고 철저하게 믿어야 한다. 지금 이루어지고 있다.

4. 우리의 기도는 큰 믿음이고, 우리의 발원은 진리가 뒷받침되어 나온 싹이라는 사실을 잊지 말아야 한다. '우리의 원(願)은 진리에서 나오는 것이다'라는 확고한 믿음과 부처님의 위신력으로 키워지는 원이라는 믿음을 갖고 올바른 수행을 하면 결실을 거둘 것이다.

5. 자신의 이익을 위해 기도하는 것은 나쁜 것일까? 자신의 이익을 구하는 것은 나쁜 일이 아니다. 남을 해치면서 이익을 도모한다거나, 게으르고 불성실하고 노력하지 않으면서 무엇인가를 얻으려

는 것이 나쁜 것이다. 그렇지 않고 자기가 잘 되기 위해 하는 것은 정당한 행위이다. 어떤 곳에서든 자기가 잘 되기 위해 바르게 기도하는 것은 불자로서 정당한 일이며, 권장할 만한 일이다.

6. 기도는 우리의 목적을 이루기 위한 수단이다. 기도는 믿음직한 지혜이고 자기실현의 수단이고 목적을 이루는 기술이다. 기도의 기술을 바르게 써서 우리는 우리 생명에 깃든 부처님의 무한공덕을 내어 써야 한다. 기도는 바로 부처님께서 주신 공덕의 문을 여는 열쇠이다.

7. 기도는 자기 생명을 진리 본연의 생명으로 회복시키는 것이다. 미혹된 자아의식에서 벗어나 진리인 부처님의 완전한 은혜가 충만한 생명을 자신에게서 드러내는 것이다. 대자대비 부처님은 먼 곳에 계신 것이 아니라 가장 가까이 우리 생명으로 계신다. 멀리 계시다가 염불하고 착한 일을 하면 가까이 오시는 것이 아니다. 일찍부터 우리 생명에 참된 생명으로 이미 와서 머물러 계신다.

8. 기도는 불자가 스스로 닦고 스스로 밝아지는 수행의 일부이다. 우리가 일상생활에서 평화와 안녕을 기원하고 무상보리의 성취를 바라는 것은 절실한 문제이며 수행자로서 허물이 되지 않는다. 우리는 오직 바르게 구하고 있는지만을 생각해야 한다.

9. 기도는 무한 절대 진리에서 끌어내는 것이 아니라, 스스로 그 진리가 나타나도록 자기 조절을 하는 것이다. 왜냐하면 진리는 영

원한 현실이지만, 그 사실을 은폐하고, 왜곡하고, 착각했기 때문에 몰랐을 뿐이다. 기도함으로써 착각과 은폐와 왜곡을 바로잡는 것이다. 그러한 위덕을 끌어내는 능력은 바로 지혜이다. 능력은 밖으로 물리적 힘을 행사하기보다 자신의 무한성을 바르게 조절하는 지혜이다. 진리는 원래 내가 가지고 있다. 나의 생명이 원래 진리이다. 사람에 따라 인연에 따라 차별이 있는 것이 아니다.

10. 기도는 안일한 해결법이 아니라 진리에 순응해서 진리대로 행동하는 것이다. 진리다운 목표를 세워서 진리에 비추어 보아 진리에 어긋난 마음과 행동을 버리고, 참된 진리를 적극적으로 전개함으로써 얻어지는 성과이다. 진리를 가로막던 요인들을 제거함으로써 진리의 광명을 얻을 수 있다. 이것은 모두에게 이익을 주는 결과가 된다. 한 사람이 불행하면 한 집안이 불행하고, 한 집안이나 한 기업이 망하면 그만큼 사회가 어두워지고 국력이 줄어든다는 것을 생각하더라도 개인의 정상적 성공은 죄가 아닌 공덕이다. 어떤 곳에서든 자기가 잘 되기 위해 바르게 기도한다는 것은 불자로서 정당한 일이다.

11. 주체적인 자기를 상실해 버릴 때 공허한 가슴속에 불안이 오고 온갖 환상이 따라와서 여러 가지 정신적인 질환을 겪게 된다. 불법의 가르침에서는 근본적으로 안정된 정을 닦는다. 일심으로 염송염불하고 독경해서 자기 자신 가운데 있는 무한력을 끌어내야 한다. 그리고 자신 가운데 있는 진리를 항상 현존시키는 수행을 한다.

12 . 진리가 모든 것을 이루게 한다. 진리이신 부처님은 우리가 소망하고 기도할 때 즉시 응답하셨고 즉시 주셨다. 우리는 끊임없는 정진을 통해 생각을 바로 쓰고 마음을 청정하게 하여 진리가 주신 은덕을 발견해야 한다. 기도하여 얻는다는 것은 발견하는 것임을 알아야 한다.

1.4. 다른 이를 위한 기도

1 . 상대의 성공과 행복, 성취를 기원해 그 사람을 위해주는 마음을 가져야 통로가 열린다. 내 욕심대로 내가 하고자 하는 의욕을 위해서 상대방이 움직여주기를 바라는 것은 불보살에게는 가당하지 않다. 기도는 언제든지 상대방을 위해주는 절대적인 자비심과 그 사람의 성공을 기원하는 보살심이 바탕에 깔려야 한다.

2 . 기도의 기본 요건은 자비를 행하는 것이다. 이 둘은 어떤 상관관계가 있는 것일까? 자비를 행한다는 것은 마음의 문을 여는 것이다. 이기적 자아의 성을 허물고 진리의 생명을 회복하기 위해 나아가는 것이다. 대개 무엇이든 얻으려 하면 먼저 주어야 한다. 기도하려면 먼저 자비로운 마음으로 무엇인가 주려고 노력하자. 모든 사람에게 친절과 따뜻한 마음을 나누어주자.

3 . 부처님에게 발원하는 사람은 누구도 적으로 만들거나 대립하고 미워하지 않아야 한다. 항상 참다운 말로 자신과 이웃에게 밝음

을 주려는 사람이 되어야 한다. 이렇게 함으로써 기도하는 사람은 스스로 무량공덕을 짓고 기도가 이루어진다.

4. 우리는 기도할 때도 무량공덕을 지어야 한다. 기도를 통해 무엇인가를 이루겠다는 사람일수록 더욱 이러한 마음을 가져야 한다. 나아가 자기 자신을 항상 뒤돌아봐야 한다. 내가 과연 자비로운가, 남에게 따뜻한가, 서로 존중하고 있는가 등을 항상 살펴야 한다.

1.5. 기도하는 마음

1. 기도에서 가장 중요한 점은 마음에 있는 것을 이루는 데 있다. 기도는 마음에 있는 것이 현실로 나타낸다. 우리에게 뜻대로 되지 않거나 고통스러운 일이 생겼을 때 원인을 살펴보면, 전생부터의 업연도 있고, 다른 사람과의 관계 때문일 수도 있고, 돌발적인 사고가 원인일 수도 있다. 이런 경우 사람들은 대개 밖에서 원인을 찾거나 다른 사람 때문이라고 생각한다. 그러나 원인은 오히려 밖이 아니라 자기 마음 때문인 경우가 많다. 자신에게 이유가 있다.

2. 기도의 성취는 감정의 정화와 마음의 변화가 있을 때 가능하다. 우리는 일심으로 염불하고 많은 절을 했는데도 일이 잘 풀리지 않는다고 불평하기도 한다. 업장이 두터워서 되지 않는다거나 사주팔자 때문이라고 말하기도 한다. 사실은 내 마음이 조화롭고 평화롭지 않기 때문에 기도가 이루어지지 않는 것이다.

3. 기도는 어떤 힘을 가지고 있을까. 기도는 우리의 생명 속에 간직되고 있는 부처님의 무애자애한 위신력, 즉 우리의 근본 생명력을 생각으로 끌어내어 우리의 현실 위에 드러내는 것이다. 우리의 생명 깊이에는 무한한 지혜와 힘이 본래부터 주어져 있고 이것의 출구는 곧 우리의 마음인 것이다. 우리의 마음을 쓰는 생각과 말과 행으로 마음속의 위력을 현실 위에 실현토록 하는 것이 기도이다. 기도는 참으로 큰 위력이 있다.

4. 우리의 현실이 아무리 어둡더라도 현상에 매이지 않고 끊임없이 밝은 것을 생각하면서 기도해야 한다. 밝음은 미래에서 오는 것이 아니라 내 생명에 이미 부처님의 은혜로서 와 있다. 우리는 눈에 보이는 현상 저 너머에 이미 와 있는 광명에 눈을 떠야 한다. 이렇게 일심 무념이 될 때 기도가 성취된다.

5. 내 주변이 어둡더라도 어둠을 마음에 두지 않고 내 가슴속에 충만한 부처님의 공덕을 생각하고 끊임없이 바라밀을 염(念)하면, 기쁨이 내 가슴속에 넘치게 된다. 이렇게 될 때 밝은 등불을 켠 것처럼 내 앞이 밝아지고 내가 가는 길이 밝아진다. 기도는 그렇게 성취된다. 막연하게 기도를 한다고 되는 것이 아니라 이와 같은 확실한 뿌리가 있어야 한다.

6. 가장 먼저 누군가를 원망하는 마음을 비우고, 나를 어둡게 하는 생각을 비우고, 슬픈 생각을 비우고, 과거부터 잘못된 생각을 뉘우쳐야 한다. 그리고 부처님의 광명이 나에게 충만한 것을 감사하

는 심정으로 망념을 재우면서 기도해야 한다.

7. 마음의 상태는 자기 육체와 환경을 아주 철저하게 좌우한다. 이것을 마음속에 새겨서 우리는 끊임없이 평화로운 마음, 기쁜 마음, 밝은 마음, 따뜻한 마음, 존경하는 마음을 가지려고 노력해야 한다. 노여움과 미움, 다른 사람과 격해지는 모난 대립 감정은 이유를 따지지 말고 버려야 한다. 그것이 우리 바라밀행자가 가지는 특별한 기술이다.

8. 마음속의 모든 생각을 다 비워라. 미운 생각, 원망스러운 생각, 슬픈 생각, 고통스러운 생각, 마음에 가지고 있는 것들을 전부 비워라. 부처님 앞에 절할 때 다 쏟아버려라. 그리고 부처님의 은혜를 생각하고 부처님의 위신력을 생각하고 부처님의 자비를 생각하고 감사하라.

9. '마음에 있는 것은 이루어진다.' 생각한 것이 이루어진다면 나쁜 마음 거친 마음을 두지 말아야 할 것이고 비워야 한다. 비운다면 밝은 진리 공덕, 진리 광명이 나타난다. 모든 중생을 위해서 큰 보살의 마음을 가져야 한다. 바라밀의 근본적인 깨달음의 마음을 갖게 될 때 그 사람의 기도는 이루어진다.

10. 내 마음의 문을 닫고 있지는 않은지, 또한 미움과 원망과 대립이 있지는 않은지 돌이켜 보아야 한다. 부처님의 자비 위신력이 끊임없는 햇살처럼 비추고 있더라도 우리가 마음의 문을 닫은 채

기도하면 아무런 소용이 없다. 그 은혜는 오지 않는다.

11 . 기도할 때 마음속의 패배 의식, 두려움, 탐심, 미움, 원망이나 거칠고 어두운 생각은 이유 여하를 막론하고 털어버려야 한다. 기도하면서 '참으로 저 사람이 나에게 이렇게 했는데 어떻게 원망하지 않을 수 있겠는가?' 하면서 원망하는 생각을 가지면 그 기도는 이루어지지 않는다. 어떠한 이유가 있어도 두려운 생각, 어두운 생각, 거친 생각, 나쁜 생각, 미운 생각들은 다 쏟아버려야 마음에 행복이 채워진다.

12 . 기도할 때 어떤 마음가짐을 가져야 하는가? 첫째는 부처님의 한량없는 자비하신 위신력이 자신과 온 누리에 넘치고 있음을 깊이 믿고 감사하며 일심으로 독경, 염불하는 것이다. 둘째는 매사에 자비로운 마음으로 대하고 자비로운 행을 하고 결코 분노나 증오를 일으키지 말아야 한다. 분노를 일으키면 마음의 불길을 일으키는 것이기 때문에 오랫동안 닦은 공덕을 모두 태워버리는 꼴이 된다. 증오와 대립을 가지면 마치 검은 구름이 세상을 덮은 것처럼 공덕의 햇살을 받지 못한다.

13 . 기도성취의 핵심은 자기가 바뀌는 것이다. 우리는 어떻게 자신을 바꿔야 할지를 배워야 한다. 지금 결핍을 느끼는 것이 우리가 잘못되어 눈을 가리고 부처님 공덕을 외면한 까닭이라면 우선 내가 바뀌어 부처님의 진리 공덕을 받을 마음 그릇이 되어야 한다.

14. 무슨 일을 하든지 기도가 먼저다. 부처님의 위신력과 함께하는 밝은 마음을 가진 후 일을 추진해 나가야 한다. 기도할 때 중요한 것은 마음 안에 거칠고 어두운 생각을 털어버리는 것이다. 원망과 원인을 들추어가면서 어두운 생각을 하면 기도는 이루어지지 않는다. 부처님은 우리가 자주적으로 기도하며 자기 일을 개척해 나가는 주체가 되길 원하신다.

15. 기도해서 무언가를 받으려고 한다면 마음의 문을 열어야 한다. 자기에게 있는 무엇인가를 조건 없이 베풀어야 한다. 베푸는 마음이 중심이 되어 복의 문을 열어야 시원한 바람이 들어온다. 대립하고 미워하고, 원망하는 마음이 조금이라도 있다면 기도성취는 이루어지지 않는다. 원래의 진리 그대로가 나타나는 것이 기도성취이다. 따라서 진리와 어긋난 상태로는 기도가 이루어지지 않는다.

16. 불공하고 기도하기에 앞서서 내 안에 대립하는 감정이 있는지, 미워하는 대상이 있는지, 누구를 원망하지는 않는지를 돌이켜 보아야 한다.

17. 부처님께 기도할 때 부처님께서 어떻게 치유하여 주실 것인가, 불행을 제거하여 주실 것인가 하는 기도성취의 과정은 전적으로 부처님의 대자비와 지혜에 맡겨야 한다. 기도는 반드시 성취된다고 확신하고 부처님을 온전히 믿어야 한다.

18. 기도는 몇 시간 동안 해야 할까? 정해진 답은 없다. 일심으로

염불 독경하고, 부처님의 자비로운 은혜가 충만한 것이 자신의 현실이라는 믿음이 바로 서지 않는다면 그 기도는 미흡하다. 시간을 들여 따로 독경하지 않더라도 자신에게 끊임없이 쏟아지는 부처님의 한없는 자비를 믿고 지극히 감사한 생각이 일어난다면 그 기도는 기초가 이루어진 기도이다. 이 기초 위에서 온갖 기도가 성립된다.

19. 우리가 관심 두어야 하는 것은 '바른 믿음, 바른 기도'이다. 비뚤어진 믿음을 갖고 있으면 사람이 삿되어진다. 믿음도 없고 바른 이해도 없이 지식만 가지고 따지는 사람은 삿된 지견이 늘어나서 믿음이 생기지 않는다. 무엇이 바른 믿음, 바른 기도 방식인가를 생각해야 한다.

20. 불자의 기도는 큰 믿음에서 출발한다. 무엇을 큰 믿음이라 하는 것일까? 위없는 깨달음의 부처님, 무한공덕이 영원히 너울지는 막힘없는 창조의 법이 원래로 자기와 온 국토 위에 주어져 있는 것을 믿는 것이다. 불자는 이러한 진리 본연의 참모습을 끊임없이 가슴속에서 지켜보고 실현을 추구한다. 이것이 기도다. 이러한 불자의 기도에서 불자의 가슴은 지혜와 용기로 충만해진다. 자비와 위덕이 넘쳐난다. 끝없는 희망과 밝음과 기쁨이 솟아난다. 일체를 삼키고 모두를 하나로 받아들이는 너그러움이 함께 있다.

21. 따뜻한 심정, 너그러운 마음이 자비심이다. 다른 사람이 자신과 같고 행복해야 할 사람으로 생각하는 따뜻한 마음이 바로 기도하는 사람의 마음 바탕이다.

1.6. 기도와 감사

1. 기도하는 것은 구하는 것을 얻지 못했기 때문에 하는 것인데, 어찌 받지 않고도 받은 것처럼 감사하는 것일까. 우리의 소망은 진리에서 싹튼다. 우리의 깊은 마음에서는 기도와 동시에 이미 이루어졌다. 그것이 우리의 현상에 드러나기까지는 과정과 시간이 따른다.

2. 기도할 때 구하고자 하는 것을 이미 받은 것처럼 감사하라는 의미는 밝은 빛을 받아들이는 마음을 이루는 것이고, 그 마음이 기도를 성취하게 하기 때문이다.

3. 기도하여 소망을 이루려면 어떻게 해야 할까? 가장 먼저 감사 염불을 하면 한다. 끊임없이 감사하며 끊임없이 염불하면 그 마음이 진리의 가르침을 이해하게 된다. 부처님의 자비 위신력은 진리의 광명으로 우리를 끊임없이 비추고 있으므로 우리의 마음이 청정하고 순수하게 되면 무엇을 할 것인지 스스로 알게 된다.

4. 기도는 관념이 아니라 행동이며 실천이다. 아무리 부처님 공덕을 찬탄하고 감사하더라도 실천하지 않는다면 그것은 관념일 뿐이다. 부처님께 감사하고 스스로 마음을 열어 부처님의 무한공덕을 받고자 한다면 보시 공양은 필수다. 말로는 감사하고 보시 공양하는 행위는 아까워서 못한다면 그것은 탐착으로 마음을 닫은 기도이다. 탐착을 끊어 마음을 열고 부처님께 공양하고 보시함으로써

감사 찬탄 기도는 실천이 된다.

5. 기도하여 명확한 영험을 느낄 수 없더라도 더욱 감사하고 정진해야 한다. 그리고 어떻게든 남을 돕겠다고 생각하고 작은 일이라도 바로 실천해야 한다. 이웃에게 봉사하고 부처님께 감사하는 것이 소망을 담는 터전임을 알아야 한다. 그리고 기도에서 받은 착한 인연은 비록 그것이 소망에 비해 보잘것없더라도 진리에서 비추어진 은혜임을 알고 충실하게 섬겨야 한다. 그것이 실마리가 되어 마침내 구하는 바 큰 원을 이루게 된다.

2. 감사

2.1. 부처님에 대한 감사

1. 믿고 긍정하는 사람만이 부처님의 공덕을 입는다. 순수불교가 그러하다. 내 생명에 깃든 부처님의 무한한 자비, 무한한 위신력, 한량없는 공덕을 직접 긍정하고 항상 노력해서 쓰자. 그리고 항상 감사하는 마음으로 내게 주어진 것을 긍정하자. 이것이 참된 감사이다.

2. 감사할 줄 모르면 기도는 성취할 수 없다. 여기서 감사는 부처님의 대자대비에 대한 감사이다. 부처님이 대지혜와 대위신력으로 항상 은혜롭고 조화롭고, 완전하게 우리를 가호해 주시기 때문에

감사하는 것이다. 이런 말을 처음 듣는 사람은 아직 그런 은혜를 받지 못했으므로 이제부터 받고자 기도해야 한다.

3. 부처님은 극락세계나 불국토에서 덕성으로 계실 뿐 아니라 우리 국토에서 함께하고 계신다. 그러므로 우리가 거짓 모습에 빠지지 않고 진리의 모습을 바르게 행할 때 공덕을 받을 수 있다. 부처님은 이미 완전한 상태로 우리에게 주고 계시기에 내가 부족하더라도 그 주신 것과 이미 받은 것에 감사하고 국토와 진리를 염(念)해야 한다. 그렇게 내 마음 안에서 감사와 긍정을 통해 마음의 문을 열 때 부처님의 공덕이 현실 세계에 나타난다. 감사와 기쁨은 불자가 지켜야 할 기본 사항으로 끊임없이 정진해야 한다.

4. 아침에 일어나서 제일 처음으로 해야 하는 말은 "부처님 감사합니다"이다. 장애가 있어 목소리를 내지 못하는 사람도 있다. 우리가 목소리를 낼 수 있다는 것 하나만으로도 얼마나 감사한 일인가? 이렇게 생각하면 이 세상에 감사할 일이 참으로 많다. 신체가 건강해서 감사하고, 아무 탈 없어서 감사하다. 실로 나의 몸 하나만 가지고도 감사할 일이 너무 많다. 부처님의 법문을 듣고 바른 생각을 하고 믿을 수 있는 생각을 하고, 또 그것을 믿을 수 있다는 사실이 얼마나 감사한 일인가. 주변을 돌아보면 감사 안 할 것이 없다.

5. 부처님은 언제나 우리와 함께 계시며 우리를 보호하신다. 우리는 혼자 외로이 있는 것이 아니라 부처님의 진리 광명 속에 있다. 그래서 우리는 언제나 마음속에서 부처님을 염(念)하고 은혜를 생

각하며 감사한 생각을 일으켜야 한다.

6. 부처님의 진리가 자신의 온몸을 감싸고 우리의 삶을 인도해 주심을 감사하고, 이 몸이 온전히 부처님의 진리 속에서 성장하고 있음을 생각한다. 빛나는 지혜와 뜨거운 자비와 완전한 건강이 넘쳐흐르고 기쁨이 가득함을 생각한다. 그리고 지극히 평화로운 마음으로 부처님께 감사하며 잠자리에 든다.

7. 부처님의 법을 수행하고, 끊임없이 반야바라밀을 염송하더라도 그 바닥에 감사가 우러나오지 않는다면 자기 생명 가운데 깊이 깃든 부처님의 크신 은덕을 수행하지 않는 것과 같다. 감사하는 마음이 넘칠 때 자신의 삶도 저절로 밝고 활기차게 되고, 넉넉하고 창조적인 마음을 통해 자신을 구현해서 뜻한 바를 이루고 뜻한 불도를 완성하는 위대한 불자가 된다.

8. 불보살님께 감사하며 진리를 찬탄하고 그 마음을 청정하게 하자면 염불, 독경, 끊임없는 공양 그리고 감사, 보은행이 있어야 한다. 만약 염불, 독경하고 보시를 하더라도 감사 찬탄이 없고 청정심이 없다면 그런 염불은 공염불이 된다.

9. 어떤 경우더라도 마음속에 부처님을 생각하고 부처님의 은혜가 내 생명에 충만해 있고 부처님의 위신력이 나를 통해서 나타난다는 믿음을 가진 사람이면 밝은 얼굴과 감사가 나올 수밖에 없다.

10 . '부처님의 은덕으로 산다. 부처님의 은덕이다. 부처님의 큰 지혜와 큰 자비와 큰 위신력이 내 생명을 깨우치게 하려고 지금 끊임없이 작용하고 계시다. 부처님의 은덕이다'라는 생각을 항상 가졌으면 한다.

2.2. 수희찬탄(隨喜讚嘆)

1 . 모든 일에 감사해야 한다. 모든 시간에 감사해야 한다.

첫째, 감사한다는 것은 자신의 생명과 자신을 둘러싼 환경에서 부처님의 크신 은혜를 가로막고 있는 요인들을 허물고 부처님의 진리의 은혜를 받는 행위이다.

둘째, 우리는 다른 사람으로 인해 고통받는다고 말하기도 한다. 하지만 그 사람과의 과거 인연이 오늘의 결과로 나타난다고 생각하면 나와 아주 무관한 사건은 없다.

셋째, 고통받는 일이 반드시 나에게 불행을 가져다주는 것은 아니다. 자신이 과거에 지은 업연이 잠복 상태에 있다가 나타난 것이며, 나타남으로써 어둠의 그림자는 소멸한다. 그렇다고 고난에 대해 저주하고 타인에게 책임 전가를 하는 것은 부당하고 또 불행을 가져오는 일이 된다.

넷째, 고통스럽고 불행한 일을 당했어도 우리는 그러한 고난을 겪으면서 자신의 마음과 행위, 생활을 반성하게 된다. 나아가 스승을 찾고 불법을 찾아 새로운 지혜의 길, 진리의 길로 인생 궤도를 바꾸기도 한다. 즉, 인간은 고난과 역경을 통해 성장하고 향상한다. 편안한 것에서는 나태와 안일과 타락이 따르기 쉽다.

2. 매사에 감사하는 습관을 들여야 한다. 내 마음에 거슬리는 일이 있는 것은 수행 부족이라는 것을 깨닫고 그때마다 자기 수행, 자기 향상의 기회를 만난 것에 감사해야 한다. 역경을 당해 내가 성장하는 계기임을 알고 감사하는 마음으로 대해야 한다.

3. 우리는 부처님의 대자비 은덕 속에 있으므로 매사에 감사하자. 넘어지면서도 감사해야 한다. 넘어지면 누가 그랬느냐고 분개하기에 앞서 감사하자는 말이다. 그래야 넘어져서 생긴 상처가 깊어지지 않고 치유가 빨라진다. 만약 분노의 마음을 갖게 되면 상처가 심해지거나 병이 심해진다.

4. 감사하자. 부처님께 감사하고 모든 가족에게 감사하자. 이웃과 벗과 모든 인간에게 진심으로 감사하자. 그러면 건강과 평화, 번영과 행운은 넘쳐 흐를 것이다. 부처님의 무량공덕의 문이 열렸기 때문이다. 감사야말로 부처님의 공덕의 문을 여는 열쇠임을 명심하자.

5. 불교인의 특징은 감사하는 마음이다. 부처님의 무량광명이 끊임없이 들어옴을 확신하면서 어떠한 일을 당하고 어떠한 고난을 겪더라도 끊임없이 감사하고 감사한다. 감사는 바로 참된 진리의 긍정이며, 진리의 문을 여는 것이며, 진리의 공덕을 받아쓰는 것이기 때문이다. 감사를 통해 일체 고뇌를 없애고 무량 위덕을 받아쓰고 새로운 소망을 이루어간다.

6. 모든 사람을 찬탄하고 감사해야 하는 이유는 모두가 바로 나 자신의 생명인 마하반야바라밀 생명, 마하반야바라밀 동일생명으로 함께 있기 때문이다. 자신이 순수한 반야바라밀 생명임을 믿고 찬탄과 감사를 끊임없이 해야 한다. 자신에게 거칠고 거슬리게 나오는 사람에게도 부처님 믿음으로 대하면, '당신은 고마우신 분'이라는 생각이 저절로 든다.

7. 언제나 감사하는 사람이 성공하는 자, 지혜 있는 자가 된다. 부처님의 진리생명이 우리의 생명에 흐르기 때문에 지혜와 은덕, 그리고 위신력이 우리의 생명에 지금 흐르고 있다. 이것을 알 때 어찌 감사하지 않겠는가.

8. 우리는 흔히 도움을 받았을 때는 감사하지만, 방해나 어려움을 당했을 때는 원망하는 것이 일반적이다. 혹은 이것도 저것도 아닐 때는 그저 무심하게 대하게 된다. 그러나 불자는 무엇인가 도움을 받아 감사하며, 자기 향상에 도움을 얻게 되어 감사하고, 서로 좋은 인연으로 만난 것을 감사해야 한다. 어려움을 당했을 때는 나에게 수행이 되니 감사하고, 심할 때는 오래되어 허물이 된 인연이 소멸하니 감사하다. 남에게 베풀 수 있었을 때는 그런 기회를 만난 것을 감사하게 된다. 주고받는 것 없이 무심히 만난 사이에도 서로가 믿음을 주고 기쁨을 얻는 인연을 만난 것을 감사하게 된다.

9. 감사는 무한의 문을 여는 것이다. 부처님께서 이미 주신 완전 구족한 무한공덕을 받는 행위이다. 감사는 자신에게 주신 여래 공

덕의 긍정이며 공덕의 수용이다. 어둡고 답답하게 갇힌 데서 창문을 활짝 열고 밝은 빛과 시원한 바람을 받아들이는 것과 같다. 여기에는 긴 수행도, 많은 염불도, 인욕행도 필요 요건이 아니다. 먼저 창문을 열라. 감사하라. 밝은 빛과 시원한 바람은 천만년 묵은 어둠을 일시에 몰아낼 것이다.

10 . 모든 사람이 나와 더불어 따뜻하게 기쁨을 나누고 성장하기 위해 와주신 분들이다. 그래서 고맙고 반갑고 기쁜 것이며 서로 찬탄하는 것이다. 누군가를 찬탄하면 그 상대의 마음이 밝아지고 즐거워진다.

11 . 감사하는 것, 이것이야말로 자기 자신에게 깃든 부처님의 크신 은덕을 보는 사람이다. 감사야말로 자기 자신에게 깃든 부처님의 크신 은덕을 내어 쓰는 길이다.

12 . "입은 광명과 진실을 토한다"라는 말처럼 끊임없이 모든 사람을 찬탄하고 칭찬하는 것이 입의 제1차적인 역할이다. 찬탄한다는 것은 사람들을 부처님 공덕을 지닌 존재로 보고, 부처님의 은혜로 내게 온 사람으로 대하는 것이다. 설령 상대가 자신에게 안 좋게 굴었다고 해도 원인을 자신의 마음에 있다고 여기는 것이다.

13 . 일체에 감사하는 마음을 가져야 한다. 특히 미운 사람에게 감사해야 한다. 병이 나면 치료를 받는 것처럼, 미워하는 마음이 있는 병은 바로 감사하는 마음으로 고쳐야 한다. 우리는 일체의 원망과 미움, 대립하는 감정들을 버리고, 모두가 부처님의 광명과 은혜를 받

은 성불할 사람임을 기억하고 언제나 감사해야 한다.

14. 조건 없이 감사해야 한다. 특히 미워했던 사람에게 철저히 감사해야 한다. 내 마음에 박힌 미움과 원망을 감사의 마음으로 녹여내자.

15. 감사에서 좋은 일을 생각하고 그 마음을 희망과 평화로 바꾸면, 자신의 환경은 평화롭게 바뀐다. 감사하는 마음은 모든 사람에게서 선을 발견하고 모든 환경에서 평화를 발견하고, 모든 상황에서 조화와 성공을 발견하게 한다.

16. 눈을 뜨고 보면 모든 사람이 부처님의 대지혜 대자비로 나를 깨달음의 길로 인도하고 있다는 사실을 알게 될 것이다. 모든 어려움은 우리의 성장과 향상을 기약할 묘약을 지니고 다가온 것이니 감사하는 마음으로 받아야 한다. 항상 감사한 생각을 가슴에 채운다면 설령 재난을 만나더라도 피해가 가벼워지며 다시 일어설 지혜와 용기가 솟아난다.

17. 감사는 감사할 무수한 새로운 일들을 불러일으킨다. 감사는 소극적인 관념이 아니라 적극적인 창조이다. 감사가 진리 세계에 있는 것을 긍정적인 말과 긍정적인 마음 자세로 응했을 때, 그 진리에 있는 구체적인 내용이 우리 생활 전면에 나타난다.

18. 감사하는 자가 지혜로운 사람이 되고, 법을 이루는 자가 되며 성공하는 자가 된다. 본인에게 와 있는 부처님의 은혜를 끊임없이

지켜보면서 감사해야 한다.

19 . 다른 사람이 착한 일을 하고 보살도를 행할 때 그것을 보고 함께 기뻐하면 그 공덕이 끝이 없다. 「보현행원품」에서 배웠듯이 이것이 수희공덕(隨喜功德)이다. 나는 착한 일을 하지 못했어도, 다른 사람이 한 착한 일을 보고 함께 기뻐하고 찬탄하고 칭찬하자. 그렇게 함께 기뻐하는 그 마음에서 이루어지는 공덕은 끝이 없다.

20 . 사부대중의 허물을 말하지 말고 다른 사람의 장점을 칭찬하자. 안 좋은 일은 덮어주고 잘못을 자기에게 돌리고 다른 사람을 도와주어야 한다. 다른 사람을 도와주면 두 가지 이익이 있다. 자기 마음 가운데 다른 사람을 도와주는 따뜻한 심정이 생기고, 다른 사람도 도움을 받으므로 이 세상은 서로 돕게 된다.

21 . 참된 개성이 지닌 아름다움에 눈떠 성스러운 사명을 자각한 자는 모든 사람에게 감사하고 축복한다. 저들의 존재 가치를 높이 평가하고 서로 손을 잡고, 각각의 입장에서 개성이 지닌 높은 가치를 나타내려고 노력한다.

22 . 일상생활에서 찬탄할 수 있는 상황은 한이 없다. 그래서 찬탄을 많이 할수록 그 집안이 밝아진다. 찬탄의 수가 적을수록 그 집안은 어두워진다.

23 . 밝음 앞에는 밝은 것밖에 없다는 말과 같이 찬탄해야 할 것밖

에 다른 것이 없다. 찬탄한다는 것은 그 대상을 긍정하는 것이다. 따라서 긍정한 그 진리가 우리 생활에 나타난다. 그런데 여러 이유를 들어서 비판하고, 증오에 찬 말로 대립하고 따진다고 해서 삶이 좋아질까? 그렇지 않다. 따지는 것이 많아질수록 삶은 더욱 거칠어진다.

24. 가정생활이든 개인 관계나 직장 관계이든 어디서나 비판하고 따져서는 평화가 오지 않는다. 분열과 투쟁밖에 없다. 우리의 생명에 깊이 깃들어 있는 진리와 광명을, 부처님의 완벽한 예술품과 같은 완전한 덕상을 우리는 가지고 있다. 지혜의 눈으로 그것을 직접 본다면 다툼은 더 이상 일어나지 않을 것이다.

25. 찬탄은 무엇을 가져올까? 감사를 가져온다. 찬탄이 바로 진리의 긍정인 까닭에 내 생명과 내 삶 속으로 진리가 가득 온다.

26. 우리는 찬탄한다. 나의 생명, 가족, 우리 사회의 한량없는 부처님 공덕이 충만한 것을 찬탄한다. 우리는 온갖 정성을 기울여서 부처님과 이웃과 자랑스러운 환경을 찬탄한다. 우리는 찬탄과 공덕으로 아름다운 소망과 빛나는 환경을 이끌어 나가야 할 것이다.

27. 어떠한 이유에서든 비판과 부정, 증오, 갈등을 마음에 품고 있으면 불행한 인간이 될 수밖에 없다. 무슨 일을 겪든 찬탄하는 기쁨으로 내 마음을 채울 때 공덕이 결실을 맺는다.

28. 우리의 소망을 진리 위에서 성취하면 국토를 풍요롭고 편안

하게 만들 것이다. 나라와 사회를 위해서 기도하고, 불평불만 없는 찬탄 칭찬을 제일로 삼아서 추구해야 할 것이다.

29 . "염불하라, 독경하라." 하는 말보다 우선하는 말이 있다. "존중하라, 찬탄하라, 기뻐하라, 그리고 밝은 마음을 가져라"이다. 밝은 마음, 활달한 마음을 주장하는 이유는 우리의 생명이 원래 진리의 태양을 간직한 밝은 것이기 때문이다. 또한 불행을 몰아내고 삶에서 기쁨과 성공을 가져오게 하기 위한 가장 가까운 방법이기 때문이다.

3. 화두의 본질

1 . 화두는 말과 생각으로 규정할 수 없다. 화두는 부처님이나 조사가 깨달으신 법성이고 진여이며 불성 자체를 순수하게 드러낸 것이다. 부처님의 '깨달음 자체'이므로 이것은 생각으로 표현할 수 없고, 비유나 언설로도 짐작할 수 없다. 무한하고 절대이고 원만이며 자재하다고 하니 범부들은 생각으로 짐작할 뿐이다. 왜냐하면 범부는 생각과 논리와 형상, 그 이상을 넘어서지 못하지만, 화두가 의미하는 법 자체는 그러한 사유나 이론이 아니기 때문이다. 그러므로 화두의 본질을 말한다면 그것은 불성이고 견성 그 자체이다.

2 . 화두는 생각의 길이 끊어져야 나올 수 있다. 생각을 멈추는 것이 화두 공부라고 안다면 잘못이다. 화두를 하는 사람은 '알지 못하

는', '생각이 아닌', '생각할 수 없는' 무언가를 생각하는 것, 즉 몰사량(沒思量)을 사량(思量)해야 한다. 생각이 없는, 생각이 다 빠져 버린, 생각을 이룰 수 없는 것을 생각한다.

3. 화두는 생각과 말로 담을 수 없는 진리의 원래 모습 전체를 드러내는 것이다. 이것이 바로 공안(公案)이다. 내가 생각을 지어서 그리거나 비유를 들어 짐작하고, 논리적인 해석을 붙여서 견성을 말해도 그것은 사유에 불과하다.

4. 화두는 진리를 깨친 부처님이나 조사의 말씀이기도 하고, 몸짓이나 이외의 방법으로 드러내기도 한다. 이것은 말씀이나 몸짓으로 보이지만 실은 단순한 말이 아니다. 거기에는 법, 진리 자체가 온전히 드러나 있다. 그래서 화두를 깨치면 곧 부처가 되고 조사가 된다.

5. 화두를 가지고 참선하는 데는 서고 앉고가 없다. 오고 가고, 서나 앉으나, 항상 화두 참구를 하는 것이다.

6. 화두는 정신 집중도 아니고, 어떤 목적을 달성하기 위한 방편도 아니다. 화두는 근원적인 질문에 대한 가장 명확한 해답이다. 법 자체를 전면적으로 직접 보인 것이 화두의 본질이다. "어떤 것이 달마 대사가 전해 오신 교리, 교학 밖에 있는 참된 도리입니까?"라고 물었을 때, "뜰 앞의 잣나무이니라"라고 대답한 말이라든가, "어떤 것이 불조의 진정한 뜻입니까?"라고 물었을 때 묻는 사람을 주장자로 때린 것 등 이 모두가 정신 집중의 방법이지만, 깨달음을 위한

방편이 아니라는 말이다. 질문을 가장 분명하게 가르쳐 준 것이다. 그런데도 그 뜻을 알아듣지 못한다면 불가불 알려고 노력할 수밖에 없다. 그러므로 화두 공부는 법 자체를 직접 보고자 하는 진지한 노력이라 할 수 있다. 거기에서 마침내 법 자체를 확연히 보게 된다. 이것이 바로 견성이다.

7. 화두는 이론과 생각에 의지하지 않고 불법 자체를 직접 아는 공부 방법이다. 화두를 들고 불교 공부하는 것이 참선이다. 우리는 불교를 배운다고 하면서 불법 진리 자체를 체득하려고 하지 않는다. 오히려 불법 진리를 이론이나 비유로써 이해하고 그것으로 만족하는 경우가 많다. 이것은 아직 보배가 있는 곳에 도달한 것이 아니다. 모든 사람이 자기 생명의 보배를 직접 깨달아 그것의 주인이 되게 하는 것이 부처님의 본래 뜻이다. 이 뜻을 깨달아 참된 공부를 해야 한다.

4. 경전을 읽을 때

1. 어느 특정한 경전을 한정하지 않고 독송하고 연구해야 한다. 참선이든 염불이든 포교든 이웃돕기든 온 생활에 무상무아의 순수를 바치면, 그 사이에 안심처가 열린다.

2. 경전 공부를 많이 했다는 사실은 중요한 일이다. 하지만 문자에 얽매인 경전 공부로 진보를 삼을 수는 없다. 어려움을 이기며 견

디는 것이 공부이고 그 속에서 높은 뜻, 밝은 희망이 흔들리지 않고 일관해서 나아가는 것이 진보이다.

3. 마음의 경에서 무량한 법문이 나오는데, 이는 모든 사람에게 이미 갖추어져 있는 법문이다. 이 법문은 자신의 마음을 쉬고, 자신의 눈을 똑바로 떠서 자신을 향할 때 비로소 보인다. 보이는 것이 듣는 것이요, 듣는 것이 보이는 것이다. 부처님의 목소리를 듣는 것이다. 그것을 관(觀)한다고 한다.

4. 경전을 독송한다는 뜻은 단순한 성대의 진동이 아니라 나의 생명인 진리가 진동하는 것이다. 독송함으로써 법의 광명이 그를 감싸고 법의 광명을 방사한다는 사실을 알아야 한다. 일심으로 독송하면 미혹이 사라지고 죄가 무너지며 장애가 제거되고 일체 마가 고개를 숙인다. 이를 통하여 청정을 성취하고 제천이 환해진다.

5. 경에서 말씀하신 것처럼 무슨 소리를 들었다거나 형상을 보았다고 하면 그것은 비뚤어진 것이다. 평소에는 그런 것들이 안 보이다가 보이는 이유는 마음이 고요하고 깊은 경계에 이르러 핵심적인 초점이 흐려졌을 때 그러한 경계가 벌어졌기 때문이다. 경계를 벗어나려면 다시 일심을 세우는 방법밖에 없다.

6. 『금강경』은 형상을 깨는 파상(破相)의 상(相)이며 상을 깨고 집착을 부수는 경이지만, 이를 통해 인간에게 허위와 허망의 둥지에서 벗어나 완전한 자기 복귀를 통해 참되게 살아가는 길을 열어 주는 법

문이다.『금강경』을 파상의 법으로만 아는 것은 겉모양만 보는 것이다.『금강경』은 우리가 집착하는 것을 놓게 만들며, 끊임없이 부정해서 해방되고, 끊임없이 자기 성장을 이루어 내부를 충실하게 만든다.

7 . 『지장경』『금강경』『반야심경』을 읽고, 마하반야바라밀을 염송하는 습관을 들여야 한다. 이것은 원래 있어야 할 내 생명의 빛을 나의 삶 속에 나타나게 하는 행위이기 때문이다.

8 . 물질에 매달리고 형상만 좇으면 인간은 물질의 노예가 된다. 『금강경』은 인간의 살아갈 길, 역사의 갈 길을 보여 준다.『금강경』은 완전한 자기 복귀, 완전한 인간 회복, 인간의 참된 길을 말한다.

9 . "법문은 자신에게서 들어라. 마음에서 보라. 일체 법문과 경은 마음속에 이미 온전히 갖추어져 있다." 문자에 의한 경은 그림자 경일 뿐, 마음에 있는 경이야말로 진실한 부처님의 목소리이다.

5. 불자의 마음가짐과 생활

5.1. 불자의 삶

1 . 불법은 내 것으로 보아야 한다. 특정인만의 전유물이 아니라 내 생명 부처님 무량공덕 생명, 내 생명을 사는 것, 이것이 불자의

삶이고 태도이다.

2. 불자란 부처님의 자식이며 그 상속자라는 뜻이다. 우리는 우리의 업력으로 태어났지만, 원력으로 태어난 보살님들의 지혜와 자비심을 본받아야 한다. 그렇게 하는 것이 부처님의 자식이며 제자로서의 길을 가는 것이다.

3. 불자들은 마음에 자비심이 있고, 염불하는 사람들이기 때문에 스스로 모진 일을 하지 못한다. 나무를 꺾어도 이유 없이 꺾지 않는다. 더구나 동물을 사냥하는 일은 하지 않는다. 절대로 장난삼아서 목숨을 빼앗는 일은 하지 않는다. 불자들은 이 세상에 가득히 넘치는 생명을 보는 사람인 까닭에 마음은 항상 평화와 자비가 넘친다. 모든 동물과 모든 중생과 대화할 수 있는 사랑스러운 마음을 불자들은 가져야 한다.

4. 불교인의 생활방식은 우선 생명존중을 들 수 있다. 불자는 생명존중을 신행의 제1조로 삼는다. 모든 생명을 존중하고 사랑하며 결코 죽이거나 다치게 하지 않는다. 생명이 고귀한 것은 인간뿐 아니라 모든 생물 역시 마찬가지이다. 이것이 모든 중생을 사랑하고 존중하는 불교인의 첫째 신행이다. 불자의 이와 같은 생명존중은 무엇에 근거하는 것일까? 그것은 말할 것도 없이 모든 중생의 모습은 불성이고, 비록 겉모양은 다르더라도 윤회를 통하여 서로 모양을 바꾸고 있다는 믿음에서 기인한다. 서로 윤회하고 몸을 바꾸는 가운데 겉모양은 달라도 그 속의 생명은 너무나 귀하고 소중한 것이다.

5. 참으로 눈떠서 자기가 귀한 존재라면 귀하게 살아야 한다. 자기가 못난 존재라면 못나게 사는 것도 삶의 하나일 것이다. 그러나 부처님의 가르침을 통해서 '우리 자신이 법성이고 불성이다. 바라밀 완전 성취의 진리이다'라는 것을 알게 되면 우리의 생활은 바뀐다.

6. 몸소 행하라, 힘들여서 행하라, 힘들다고 멈추면 안 된다. 부처님의 법을 게으름 피우지 않고 끊임없이 행할 때 기쁨이 나온다. 자기가 몸소 행해서 체험할 때 참다운 기쁨이 나오고 힘이 나온다. 몸소 힘들게 행할 때 큰 것을 얻는다.

7. 참되고 보람 있게 살아보겠다는 생각이 있는 사람이라면, 먼저 자기 자신이 무엇인지를 알지 않으면 안 된다. 그래서 불자는 자기 자신이 불자라는 믿음을 생활의 기본으로 삼는다. 자신에게 부처님의 크나큰 은혜와 위신력이 온전하게 깃들어 있음을 믿는다.

8. 불자는 어려운 일을 당해도 불평하지 않고 오히려 밝게 웃고 감사한다. 불평할 시간에 희망을 생각하고 발전을 구상한다. 밝은 희망이 마음에 그려질 때 밝은 창조는 새롭게 움트기 시작한다. 그러므로 결코 어두운 생각, 불쾌한 현상에 사로잡히지 않는다. 그런 것을 마음에 두면 그때부터 어둠이 찾아오기 때문이다.

9. 불교인의 특징적인 행동은 진실을 말한다는 것이다. 여기서 진실이란 현상에 걸림이 없는 근원적인 진리의 본 모습이다. 그러므로 불자는 모든 사람에게서 부처님의 공덕이 원만한 것을 본다.

10 . 말할 때 언제나 밝고 긍정적이며 상대를 칭찬한다. 사람을 대할 때 그 사람의 장점을 말한다. 그 사람의 빛나는 과거 업적을 말한다. 그것은 현상에 걸리지 않는 그 사람의 내면 인격을 믿고 하는 말이다. 다른 사람의 단점이 보인다는 것은 내 눈을 가린 탓이고 내 마음에 나타난 단점 때문이다. 그 사람의 단점일 수 없다. 그러기에 지혜 있는 사람은 모든 사람의 장점을 많이 발견해 그 장점을 인정하고 칭송한다.

11 . '나는 업보 중생이다. 죄가 크다. 장애가 많다. 신수가 어떻다'라고 생각하면 안 된다. '부처님의 무량공덕과 자비한 위신력이 넘쳐나고 있다. 조금도 부족함이 없다. 그것이 나의 현실이고 나의 진실한 모습이다'라고 끊임없이 생각하고 감사한 마음으로 사는 것이 불광의 기본적인 믿음이고, 모든 기도의 마음가짐이다.

12 . 우리의 밝은 얼굴, 기쁜 표정에서 마음은 더욱 밝아지고 희망과 성공이 여물어간다. 그래서 불자에게 있어서 밝은 얼굴, 기쁜 표정은 어떠한 이유로도 지울 수 없는 영원한 자기 표정인 것이다.

13 . 어떤 경우에도 진리에 의지해야 한다. 진리는 반야바라밀이자 부처님의 무한공덕 세계, 이것밖에 없다. 이것이 내 생명의 숨소리에 넘쳐나고 있음을 직관하고 이것밖에 다른 도리가 없음을 믿고, 끊임없이 이어 나갈 때 바로 내 삶에 나타난다.

14 . 정견에 선 사람들은 자기가 가진 무한대의 부처님 공덕성이

자기 자신에게 원래로 갖추어진 것을 믿고 그것을 끊임없이 내어서 발휘할 것을 생각한다. 그래서 내가 가진 완전하고 태양처럼 밝고 지혜로운 부처님의 무량공덕 성품을 막힘없이 일체에 쓰이도록 끊임없이 노력해야 한다.

15. "내가 불자다." 이 말은 근본적으로 푸른 하늘과 찬란한 태양, 밝은 빛, 반야바라밀만이 있다는 의미이다. '내가 불자다'라는 생각을 지니고 평소에 항상 따뜻하고 밝고 친절한 표정과 말과 생각으로 서로 대하는 것이 자기 운명을 바로 만들어 가는 길이다.

16. 몸과 정신이 건강하여 바른 법을 왕성하게 배울 때 더욱 겸허하고 나태하지 말아야 한다. 항상 자비로운 마음으로 보시할 생각을 하고, 방일하지 말아야 한다. 거만하게 일생을 살아가면 말년에는 영락하지 못한다. 자신의 육신뿐만 아니라 나를 둘러싸고 있는 환경, 사회, 세계는 덧없이 변해간다. 덧없는 것이 영원할 줄 알고 권세를 누리고, 마음을 놓고 지내는 게 좋다 하더라도 거기에 미혹해 어둠에 빠지지 말아야 한다. 오염되지 말고 잘 배워 뜻을 밝게 알아보아야 한다. 생활의 환경이 다르더라도 일상생활에서 도를 보아야 한다.

17. 불교를 믿는 사람은 교만한 마음이 없다. 자신을 낮추는 마음, 다른 사람을 섬기는 마음, 대지처럼 모든 것을 받드는 마음, 모든 일을 섬기면서 싫어하지 않는 마음, 온갖 괴로움을 참고 받는 마음, 게으름이 없는 마음, 모든 가난한 사람들에게 선근을 베푸는 마음으로 살아간다.

18 . 모든 사람이 귀한 까닭에 정말 존중하는 마음으로 대해야 한다. 존중하는 행이 나오고 자기 스스로 항상 낮춰서 누구를 대하든 항상 겸허한 사람이 되어야 한다. 나이와 덕이 많고, 더 많은 것을 알고 있다고 해서 존경받으려고 한다든지, 나이가 젊고 활동력이 있고 좋은 일을 하고 있다고 해서 남에게 대접을 받으려 하는 것은 안 된다. 오히려 그럴수록 더욱 상대방을 공경하고 겸허하고 자신을 낮추는 마음으로 상대를 대해야 한다. 자기가 참으로 귀한 사람이기 때문에 귀하게 행하는 것이다. 겸허한 것, 남을 공경하는 모습이 귀한 사람의 모습이다. 귀한 사람은 스스로 낮추고 교만하지 않다.

5.2. 밝은 마음

1 . 무엇보다 밝은 마음이 중요하다. 신념에 찬 자신과 적극적인 사고와 말, 희망과 축복이 함께하고 있음을 믿는 것이 중요하다. 기쁘고 적극적이고 성공을 확신하며 용기가 넘치는 밝은 마음은 우리의 소망이 커가는 마음의 터전이다.

2 . 우리의 마음은 밝은가? 부처님의 광명이 비치고 있는 것을, 부처님의 은혜가 넘치고 있는 것을 생각하고 있는가? 모든 사람과 가족, 이웃 모두가 부처님의 은혜로 내게 와 있음을 보고 있는가?

3 . 어두운 생각을 어떻게 마음에서 몰아낼까? 답은 밝은 마음을 가지는 것이다. 마음을 감사하고 선량하고 성취하고 활기 넘치는

생각으로 가득 채우라. 답답하고 용렬하고 약한 생각이 들거든 자신의 불신력을 생각하고 용력으로 채워라.

4. 평소에 '나는 이 정도다'라는 자기 한계를 정하면 그 힘이 다 나오지 않는다. 자기가 정한 한계를 버릴 때 큰 힘을 스스로 낼 수 있다. '이것은 된다. 되기로 되어 있다. 나는 해낸다'라는 긍정적인 자세로 세상을 살아야 한다.

5. 얼굴은 마음의 포장이므로 마음 씀씀이에 따라 용모가 바뀐다. 마음이 밝으면 일체중생에게서 구족한 아름다움을 발견할 수 있다.

6. 마음이 진리라고 하는 자기 확립을 철저히 하면 마음도 밝아지고 자기의 문단속도 잘 된다. 바깥에서 어두운 바람이 불어오더라도 안에서 밝은 빛을 비춰서 전부 없애 자기 마음의 왕국을 밝고 맑게 지켜갈 수 있다.

7. 천상도 인간도 불국토도 축생도 모든 세계는 마음이 만든다. 마음을 바르게 쓰면 완전한 부처가 되고, 미혹하게 쓰면 미혹한 중생의 삶을 살아야 한다. 이 진리 세계를 잊은 채 바깥에서 오는 것에 매달려 나를 잃은 삶을 살지 말아야 한다.

8. 마음이 근본이다. 근본인 마음은 남에게 뺏긴 것이 아니라 자기 자신이 가지고 있는 것이다. 이 마음을 부처님의 가르침에 따라서 바르게 쓰고 바르게 활용하면 그대로 일체에 통할 수 있다. 이웃

과도 통하고, 돌아가신 부모님과도 통하고, 멀리 간 벗과도 통한다. 이는 원래 전체가 하나의 마음이기 때문이다.

9 . 내 마음이 부처님 마음인 까닭에 자기 마음을 부처님 마음답게 살아가야 한다. 이것은 남이 시켜서가 아니라 본래의 자기로 사는 주체적 삶이다. 주체적이기 때문에 다른 사람의 눈치를 보지 않는 다. 누가 알아주지 않아도 자기답게 살아가는 것이다.

10 . '나', 바로 내가 모든 일과 환경의 원인이다. 내가 바뀔 때, 내가 참으로 순수한 자기 자리로 돌아올 때 나의 환경도 바뀐다. "환경을 탓하지 말고 내 마음을 돌이켜 보라"고 스님들은 항상 말씀하신다.

11 . 미혹도 깨달음도 마음에서 나타나며 모든 것은 마음에 의하 여 만들어진다. 마치 재주 있는 목공이 마음대로 물건을 만들어내 듯 사람 마음의 변화는 한이 없고 그 작용도 한이 없다. 때가 묻은 마음에서 때 묻은 세계가 나타나고, 맑은 마음에서 맑은 세계가 나 타난다.

12 . 환경의 그림자에는 좋은 그림자와 나쁜 그림자가 있다. 하지 만 이것들은 모두 마음에 달려 있다. 예를 들어, 나쁜 그림자가 나 에게 나타났다면 그것은 어떤 나쁜 외부적 요인이나 남이 잘못해 서 내가 고생하는 것이 아니다. 어디까지나 나의 마음의 문제이다. 마음에 온갖 인연을 가지고 있어서 그 인연의 그림자가 자기 환경 을 만드는 것이다.

13. 모든 것은 마음이 먼저이고 마음이 주인이고 마음으로 이루어져 있다. 때 묻은 마음으로 말하고 행하면 괴로움이 그 사람을 따른다. 마치 소에 매인 수레가 소를 따르는 것과 같다. 그러나 착한 마음으로 말하고 행하면 즐거움이 그 사람을 따르기를 마치 그림자가 형상을 따르는 것과 같다.

14. 내 마음이 거친 곳에 있고, 내 마음에 그림자가 있고, 내 마음에 그러한 원인이 있으므로 일심으로 바라밀을 염(念)해서 자기 마음을 맑게 해야 한다. 남을 원망하지 말고 남에게 책임을 추궁하지 말자. 자기 마음을 비우는 것이 먼저다. 이것은 우리처럼 기도하고 성취하는 사람들은 다 잘 아는 이야기이지만 실천하기가 참 어렵다.

15. 마음이 먼저다. 무엇이든 마음이 먼저다. 내가 평화로워지고 내 집안이 잘되려면 내 마음이 평화로워야 한다. 집안에 내 속을 들볶는 사람이 있거나 나를 괴롭게 하는 이웃이 있더라도 그 사람이 나를 괴롭고 귀찮게 한다고 생각하지 말아야 한다. 그 원인이 먼저 나에게 있다. 먼저 있는 것이 바로 나이다.

16. 우리가 일상에서 경험하는 마음은 알 수 없는 불길과 같고 물거품과도 같아서 온갖 생각이 일어난다. 우리의 감각기관이 작용해 온갖 대상물을 접해 얻기도 하고 경험하고 생각한 것을 상기하고 불러일으킴으로써 마음의 경계로 나타나기도 한다.

17. 마음속에 있는 조물주를 뜯어고치지 않고 따로 둔 채 조물주

가 자비롭고 너그럽기를 바라는 것은 잘못된 일이다. 우리는 자기 자신 가운데 있는 탐욕과 그릇된 미혹한 마음, 이것들이 조물주가 되어 내 몸과 내 생활과 내 국토와 내 환경들을 만든다는 사실을 알 아야 한다. 그것은 과거부터 자신을 끌고 다닌다.

18. 우리의 마음은 진리에서 오고 우주와 하나이다. 마음의 힘은 단순한 관념이 아니다. 마음은 창조력을 가지며, 신념을 가진 말은 놀라운 힘을 발휘한다. 항상 좋은 생각, 좋은 감정을 가지자. 활기 차고 아름다운 꿈을 그리자. 생명의 위대한 힘으로 우리의 몸도 환 경도 아름답게 가꾸어 가도록 하자.

19. 마음은 창조의 힘을 가지고 있다. 신념이 담긴 말을 한다는 것은 자기 운명을 바꾸는 일이다. 근본이 마음이고 마음이 온 우주 와 온 생명과 이 몸과 우리의 환경을 만든다. 우리는 이 가르침을 활용할 뿐이다. 항상 부처님의 진리, 부처님의 은혜가 함께한다는 사실을 깊이 믿고 밝고 긍정적인 신념으로 하루하루를 열어가기 바란다.

20. 한 가족은 한마음이다. 한마음 중에서도 어머니와 자식의 관 계는 가장 가까운 인연을 맺고 있다. 어머니가 부처님과 같은 깊은 마음, 큰마음에 가까워질수록 가족들에게는 더욱 덕스러운 일이 나타난다.

5.3. 생활 다짐

1. 현대 사회에서 성공하는 방법을 '마음의 법칙'의 입장에서 정리해 보겠다. 우리는 불자이다. 근원 진리인 불성의 구유자(具有者)이다. 그러므로 무한의 가능, 무량공덕장을 이미 부여받았다는 사실을 굳게 믿어야 한다. 이것은 개현하여 쓰면 쓸수록 화수분처럼 더욱 샘솟는다. 우리의 능력은 쓰면 쓸수록 향상한다. 이 사실을 믿고 항상 마음속에 희망과 목표를 뚜렷이 그려가며 생활하도록 하자.

2. 내 집안, 내 환경, 내 권세가 마음 놓고 지낼만하게 좋다고 하더라도 거기에 미혹해서 어둠에 빠지지 말아야 한다. 마땅히 잘 배워서 법의 등불을 밝히고 법을 밝게 알아야 한다.

3. 괴로움을 받기 싫거든 남에게 괴로움을 주는 행을 하지 말고 그러한 마음도 갖지 말아야 한다. 나쁜 일을 했든 좋은 일을 했든 행위자의 주체는 자기 자신이기 때문에 마음속에 여문 그대로를 수확하게 된다. 이러한 의미에서 우리는 착한 생활을 하고 착한 마음을 기르고 덕스럽게 살아가야 한다. 남한테 칭찬받고 좋게 보이고자 하는 가식 없이 마음속에 무엇이 형성되고 있는지가 소중하다.

4. 작은 일이라고 해서 소홀히 말고 최선을 다하자. 다른 사람을 도울 때 나도 도움을 받는다. '다른 사람은 어떻게 되어도 상관없으니 나만 잘살자'라고 생각한다면 나도 살지 못한다. 왜냐하면 원래 깊은 생명의 바탕에서는 남과 나는 각각 남남이 아닌, 한 몸처럼 하

나로 이어진 자타불이이기 때문이다.

5. '삶은 고통스럽다. 살다가 죽으면 그만이지 내생이 다 뭐냐'라고 생각하는 사람들, 인간을 죄인이고 무능하다고 보는 이들, 사람을 박복자이고 불행한 자라고 어둡게 보는 이들이 가장 어리석은 사람들이다. 절대로 이런 생각을 해서는 안 된다.

6. 대개 사람의 표정은 마음 상태에 따라 바뀐다. 얼굴의 윤곽이나 신체의 특징도 마음 씀씀이와 활동하는 방법에 따라 바뀌어 간다. 얼굴과 표정으로 그 사람의 성격이나 과거 행위의 누적 상황을 알 수 있다. 즉, 사람에게 있어 중요한 것은 그 사람의 성품이다. 성품을 나타내 쓰는 것이 마음과 생각이다.

7. 우리는 항상 밝은 표정을 하고 기뻐하며 살아야 한다. 밝은 표정과 기쁜 말은 창조의 힘을 가지고 있다. 표정과 말에는 정신적 분위기를 만들고, 그와 같은 분위기에 상응하는 일들을 끌어당기고 만들어 가는 법이다.

8. 모든 것은 고귀하고 어느 것 하나 귀하지 않은 것이 없다. 차별하고 대립하며 미워할 것도 없다. 우리는 하루하루 귀하고 가치 있게 살아가야 하고, 자기 행실 하나하나도 항상 바르게 해야 한다.

9. 불교를 믿는 사람은 교만한 마음이 없다. 자신을 낮추는 마음, 다른 사람을 섬기는 마음, 대지처럼 모든 것을 받드는 마음, 모든

일을 섬기면서 싫어하지 않는 마음, 온갖 괴로움을 참고 견디는 마음, 게으름이 없는 마음, 모든 가난한 사람들에게 선근을 베푸는 마음으로 살아간다.

10. 재능에 감사하자. 우리는 자신만의 재능을 가지고 있다. 재능은 부처님에게서 온 지혜와 능력이다. 그러므로 우리는 끊임없이 재능을 존중하고 사랑해서 올바른 일에 쓰고, 썩히지 말고 발휘해야 한다. 자신에게 이익이든 남에게 이익이든, 존중받든 존중받지 못하든 훌륭한 재능을 사랑하고 존중해야 한다. 존중하는 방법은 자신의 재능을 그대로 내어 쓰는 것이다. 이유와 조건을 따지지 않고 내어 쓸 때 복이 온다. 우리에게 깃든 능력과 재능은 원래 부처님의 신력, 부처님의 은혜, 부처님의 자비 표현이다. 이기적인 것이 아니다. 자기중심적이고 타산적이지 않다.

11. 우리가 항상 평화롭고 자비로운 마음으로 행동하도록 힘쓴다면 가정의 평화와 안녕은 말할 것도 없고 나라의 평화, 세계의 평화에 공헌할 수 있을 것이다. 이와 반대로 대립하고 미워하고 투쟁하는 정신을 일으킨다면 가정은 소란해지고 그가 속한 직장이나 사회는 어지러워지며 나라도 세계도 불안해질 것이다.

12. 인생은 단 한 번뿐이라고 말하지만, 끝없이 반복하면서 진보할 계기를 준다. 따라서 똑같은 하루의 반복이 아니고 하루하루가 늘 새로운 것이다.

13 . '나는 성공한다. 나는 성취한다. 고난은 사라진다. 고난은 없는 것이다.' 이렇게 되뇌며 반야바라밀을 염(念)하고 부처님 광명이 내 생명 속에서 끊임없이 빛나고 타오르고 있음을 마음으로 지켜보며 꿋꿋하게 이겨 나가야 한다.

14 . 신념이 있으면 무엇이든 이룰 수 있을까? 신념은 일체 환경을 움직이고 자신을 새롭게 형성하는 힘이 있다. 그러나 무엇이든 다 이루어지는 것은 아니다. 진리에 어긋나는 그릇된 신념은 이루어질 수 없고 자기를 해치게 된다. 잘못된 신념도 때로는 일시적 성취를 가져올 수 있다. 하지만 그것은 오래가지 않는다. 그러므로 법이 무엇인가를 바로 알아서 모두가 함께 이로울 수 있는 신념을 가져야 한다.

15 . 오늘날 사람들은 환경이 안정되고 생활도 사뭇 풍부해졌다. 오래 살게 되었고 생활의 안정도 보장되고 또 높은 지식을 자랑한다. 그렇지만 자신이 누구인지 모르는 한 미혹 속을 사는 것과 마찬가지이다. 삶이 미혹하고 역사도 미혹의 역사이고, 복지도 평화도 미혹의 모습이며 행복 또한 그러하다. 따라서 인간 회복, 인간 확인의 과제가 무엇보다 중요하다.

16 . 자기 자신이 무엇인지를 바르게 알아야 한다는 생각은 무엇보다도 귀하다. 자기 자신을 모르고 그냥 환경과 습관에 따라서 남이 하는 대로 살아가는 것은 뿌리 없는 삶과 같다. 마치 물 위에 떠있는 물거품처럼 허무하게 살아가는 위험한 삶이다.

17 . 세상의 부귀영화는 뜬구름과 같다. 구름은 하늘에 있지만, 흘러가는 것이고 곧 변하는 것이고 금방 있다가도 흩어지는 것이다. 그것은 믿을 것이 못 되는데 그것을 맹신하는 사람들은 부귀영화만을 추종하며 다른 법을 배우려 하지 않는다. 다른 정신세계에서 사는 사람들이나 배우는 것이라고 여길 만큼 관심이 적다. 하지만 능히 허무한 것을 알아서 그런 것에 마음 두지 않고, 허물어지지 않는 불멸의 법을 배운다는 것은 참으로 어려운 일이다.

18 . 습관은 마음을 방종하게 놓아두었거나 단속하지 않아서 생긴 것이다. 마음을 단단히 단속하면 입과 몸에서 나오는 습관을 끊을 수 있다. 그러므로 우리는 항상 돌이켜보아 행을 반성하고 참회해야 한다. 더 나아가 참회로만 그치지 말고 마음으로부터 견고하게 끊겠다는 생각으로 실행해야 한다.

19 . 사람은 누구나 원색의 크레파스를 손에 잡고 하루하루 새 화판을 앞에 두고 자신의 생을 그려가고 있다. 하루하루가 새롭기 때문에 날마다 새 화판이 주어지는 것이다. 우리는 주어진 화판 위에 성실히 자기 인생을 그려가야 한다. 매일매일 정성을 다하여 그리고, 그리는 자신이 조금씩 성장해 가는 것을 잊어서는 안 된다. 반복되는 나날에서 우리의 진리생명은 끊임없이 향상한다. 어떤 날은 실패작도 나오지만, 정성을 다한 데서 교훈과 경험을 얻고 영혼은 단련되고 생명은 성장한다.

5.4. 성취와 발전

1. 우리가 무언가를 성취하고자 할 때 가장 먼저 자기 자신을 확립해야 한다. 어떠한 어려움이나 고난, 어둠 속에 빠져 있다고 하더라도 먼저 자기를 바로 세워야 한다. 경을 읽고 반야바라밀을 염(念)하여 순수하게 자기 생명 속에서 빛나는 밝은 진리의 태양, 부처님의 따뜻하신 광명, 이것이 내 생명에서 빛나고 있음을 뚫어지게 지켜봐야 한다. 자기 확립이 뚜렷해지면 부처님의 광명을 항상 확신하게 된다. 나의 앞에는 밝은 길밖에 없고, 나는 빛의 중심이라는 사실을 저절로 알 수 있다.

2. 발전하고자 하고 의욕이 있는 사람이라면 사소하고 조그마한 일에서도 성공의 길을 걷는다. 일의 작고 큼에 눈을 두지 않고 그 일에 대한 자각과 사명감을 가지고 성실과 열성을 다해 일한다. 성공자의 말을 들어보면 대개 역경 속에서 오히려 활로를 찾았다는 이야기를 종종 듣게 된다. 집도 자산도 아무것도 없는 상태에서 오직 성실과 창의, 가능성에 대한 끈질긴 신앙이 성공의 터전을 장만해 준다. 마땅히 역경 속에서 성공의 기회를 찾고, 고난 속에서 성장하고 발전할 지혜와 힘을 찾아내야 한다. 우리의 정신 자세에 따라 일의 국면이 달라진다. 역경 앞에 오히려 용기를 내는 자, 그 사람이야말로 역사를 만드는 사람이다.

3. 역사상 위대한 업적을 남긴 사람치고 마음속에 꿈을 가지지 않은 사람은 없다. 역사상 위대한 사람들은 모두 마음속에 커다란 꿈

이 존재했다. 우리는 무엇보다 먼저 꿈을 꾸고 커다란 소망을 갖는 활기찬 마음의 소유자가 되어야 한다. 참으로 크고 밝고 활발하고 용기 있게 꿈꾸는 자야말로 위대한 사업을 성취하는 능력자라 말할 수 있다. 꿈은 실현성 없는 공허한 것이 아니다. 희망을 현실화시키는 힘을 가지고 있으며 생각을 구현시키는 방법이기도 하다.

4 . 마음만 있을 뿐 스스로 노력하지 않고 간절한 실천이 따르지 않는다면 무엇도 이룰 수 없다. 방송국에서 전파를 보내더라도 라디오를 켜지 않은 것과 다르지 않다. 사람은 누구나 부처님의 무량공덕을 지니고 있다. 훌륭한 사람이 될 권능이 쥐어져 있다. 그런데도 만약 훌륭한 사람이 되지 못했다면, 그것은 될 수 없는 것이 아니라 훌륭하게 되자는 단호한 결심과 성실한 행동이 따르지 않았기 때문이다.

5 . '나의 하루하루는 향상하고 진보한다. 나는 적극적인 인간이다. 불안정한 상황 속에서도 오히려 성장하고 생활은 성공적으로 변한다.' 이렇게 스스로 선언하고 늠름한 자세를 지니자. 이것이 불성의 소유자로서 정상적인 자기 영리의 자세이다.

6 . 생각을 어떻게 쓰고 있는가? 자유롭게 생각할 수 있다는 것이 중요한 이유는 생각으로 무엇이든 실현할 수 있기 때문이다. 따라서 진정으로 자유롭게 생각하는 사람은 꿈을 실현할 힘을 가지고 있다.

7 . 현실에서 구체화 되는 생각, 이 생각을 원만하게 닦아서 자기

의 본성을 본성답게 지니는 사람이 불자이고 수행하는 사람이다. 현실에서 자기 마음의 청정 원만성을 나타낼 수 있는 창조자이다.

8. 사람의 성장이나 깨달음이라고 하는 도리를 알아가는 과정에는 여러 가지 환경이 작용한다. 환경이 나빠서 좌절하는 사람도 있고, 환경이 좋아서 크게 성취했다는 사람도 있다. 그러나 우리 불자에게는 모든 환경과 여건은 걸리는 바가 없는 성장의 소재이다. 어떤 경우에도 흔들림 없이 불자라고 하는 긍지와 깨달음을 가지고 확신으로 살아갈 때 흔들림 없이 성장 일로의 길을 가게 된다.

9. 부처님 일을 내 힘으로 한다고 생각하지 말라. 내 일을 내가 하는 것이 아니다. 기도하면서 부처님 위신력으로 부처님 일을 한다고 생각해야 한다. 부처님만큼 강대하고 지혜롭고 굳센 힘으로 모든 일이 제대로 될 것이라는 믿음을 가져야 한다.

6. 수행과 참선

6.1. 불퇴전의 수행

1. 끊임없이 수행에 힘쓰기를 바란다. 수행은 한 가지 방법만 있는 것이 아니다. 수행에는 여러 가지가 있다. 몸으로 하고, 말로 하고, 물질로 베풀면서 하는 수행들, 혹은 베풀지 않더라도 앉아서 마

음만으로 하는 수행 등 여러 가지가 있다. 그러나 진실한 수행만이 참 공양이라고 말씀하신 부처님 뜻을 우리는 잊지 말아야 한다.

2. 기도와 수행의 기본 요목에는 본래 청정한 것을 믿고 끊임없이 확인하며 의심 없이 행하는 것이다. 불가에서 행하고 있는 참선이나 염불, 독경, 지주, 그 밖의 수행들 모두가 경계 대상이나 미혹에서 마음을 돌이켜 본래 자기의 청정에 눈뜨라고 하는 것이 기본인 수행 방법이다.

3. 염불 독경하며 정진하고 있을 때 보고 듣고 느끼는 가운데 신비한 체험을 했다고 해서 그것의 의미가 무엇인지를 찾으려 하고 좇아서는 안 된다.

4. 불행, 고난, 어둠이 나타났을 때 우리는 생각한다. '반야바라밀! 내 앞에 나타난 것, 이것은 실로 없는 것이다. 오직 부처님의 공덕세계만이 존재한다. 상대가 밉게 보이거나 나를 나쁘게 대하는 사람이 있더라도 그 사람은 원래 그런 사람이 아니다. 그 사람도 부처님의 완전한 공덕을 갖추고 있는 보살이다. 나를 깨우치고자 그 사람이 내 앞에 나타났다고 생각하고, 미움과 대립의 감정을 털어버려야 한다. 합장하고 마하반야바라밀을 염(念)하면서 그분에게 축복과 감사를 기원하자.' 이것이 우리들의 기본적인 수행 자세이다.

5. 수행자의 몸가짐과 거동은 언제나 안정되어야 한다. 일심을 닦는 사람의 태도는 인간의 희노애락에 냉혹하리만큼 침착해야 한다.

6. 부처님께서는 누구든 본성이 불성이고, 일체중생이 다 불성을 가지고 있다고 하지만, 불성을 닦지 않으면 범부성을 벗어나지 못한다. 그래서 닦고 노력해서 본래 지닌 불성을 드러내야 한다. 그 드러내는 방법, 닦는 방법, 번뇌를 제거하는 방법을 수행이라 한다.

7. 지식은 있어도 믿음이 없으면 사견만 늘어난다. 책을 읽어 얻은 지식만으로는 그 어떤 힘도 나오지 않는다. 부처님의 무한 절대의 위신력이 진실로 나의 생명이라는 믿음을 갖고 하루하루 수행 일과를 통해 나 자신의 생명을 윤택하게 키우는 작업을 해야 힘이 나온다.

8. 선방에 있는 보살들이 "경계가 아찔아찔합니다." "망상에 빠집니다. 어떻게 하면 좋겠습니까?" 하고 가끔 물어온다. 망상을 망상으로 상대하면 결국 망상에 빠져버린다. 망상을 잡는 방법은 망상이 들어오고 잡념이 들어와도 무시하고 상관하지 말아야 한다. 아울러 잡념을 없애는 신묘한 방법은 일심으로 염송하는 방법밖에 없다.

9. 부처님의 도(道)에 들어가는 사람은 중간에 장애가 있더라도 거기에 이끌리지 않고 오직 부처님의 용맹정진을 본받아야 한다. "이것 없이 나의 제자라 할 수 없느니라"라고 하셨던 부처님의 말씀을 생각할 필요가 있다. 수행을 견디기 위해서는 무엇보다 견고한 마음가짐이 절실하다. 그래서 부처님은 용맹심을 가지고 정진하라고 하셨다. 그런 점을 거듭 생각해서 우리 형제들과 더불어 용맹정진을 다짐해야 한다.

10 . 아침에 눈뜨거든 부처님을 생각하라. 마하반야바라밀을 염(念)하고 부처님을 생각하라. 나는 불자이다. 부처님의 위신력과 은혜가 나의 온몸에 넘치고 있다. 나는 건강하고 오늘 하루 매사에 좋은 일이 이루어질 것이다. 부처님이 함께 있고 건강하고 매사가 하루하루 잘 될 것으로 생각해야 한다.

11 . 부처님의 크신 뜻이 담긴 진실한 자기를 실현하자면 우리는 무엇보다 하루의 시작을 반야바라밀 염송 또는 염불로 시작해야 한다. 하루를 시작하는 데 있어 먼저 자신의 진실 본분인 법성, 즉 부처님을 향해 자신의 마음을 활짝 열어야 한다. 그리하여 자신에게 끊임없이 들어오는 부처님의 지혜와 자비와 위신력을 확인하고 감사하며 하루를 시작해야 한다.

12 . 우리에게 닥친 온갖 장애는 우리 마음속에 대립과 장벽을 두었기 때문에 일어났다. 일상 수행을 통하여 마음의 장벽을 허물어 메아리가 없는 세계에 이르기 위해서는 무엇보다 법을 실천해야 한다. 오직 몸으로 행해야 한다. 우리들의 믿음을 행의 생활로 끊임없이 열어 갈 때, 우리는 부처님의 위덕 일체를 성취하는 참 불자로 성장할 수 있다.

13 . 불자란 모든 중생을 완성하고 모든 국토를 완성해서 평화, 원만, 대자재를 성취하는 길은 바로 성불의 길, 무상도(無上道)의 길이라는 사실을 알고 믿는 사람이다. 부처님은 그 진리가 있다는 것을 가르쳐 주셨다. 그것을 모른 채 불교를 믿는다고 말하거나, 염불 조

금 해서 작은 성취를 이루었다고 좋아하는 사람이 있다. 그러나 불법을 믿는다는 것은 무상대도(無上大道)를 보이는 것이다. 생사가 없음을 보이는 것이고, 대지혜, 대원만, 대위덕, 대자재를 보이는 것이다. 그것은 막연한 관념적인 것이 아니다. 내 인격을 완성하는 길이다.

14. 정진을 쉬고 포기하는 사람은 게으름의 굴레에 빠져든 것과 같다. 스스로 맹세한 약속을 어기는 일이다. 보살은 끊임없이 정진한다. 이것이 정법 정견에 서는 행이다.

15. '수행은 정(定)을 닦는 것'인데 '오직 지혜만이 소중하다'라고 생각해 계행이나 정의 수행을 소홀히 하는 것은 잘못된 행동이다. 오물을 가지고는 향을 만들 수 없듯이 계의 그릇이 허물어지고는 청정한 깨달음의 공덕을 이룰 수 없다. 그러므로 계를 지키고 흔들림이 없는 불퇴전의 수행으로 지혜의 법을 드러내는 것이 수행자의 본분이며 자세이다.

16. "사람에 의지하지 말고 법에 의지하라." 비록 전문 종교인이라도 완전할 수는 없다. 실패를 반복하면서 새로워지고 참 되고자 노력하는 자임을 생각할 때 진흙에 쓰러진 종교인을 너무 탓하지 말자. 그보다도 종교의 진리를 바로 이해하고, 그 가르침대로 실천하도록 노력하는 것이 좋다.

17. 시간을 정해 놓고 일과를 실천해야 한다. 일과 시간은 나의 진리생명이신 부처님, 무한의 위신력을 부어주시는 부처님, 항상

나를 감싸 주시는 부처님과 대화하는 시간이자 내 생명에 부처님의 위신력을 연결하는 시간이다. 진실하게 바라밀 염송을 하고 독경을 하며 참선해야 한다. 이것이 바로 생명의 뿌리가 진리에 정착하는 진실한 수행이다.

18. 바람직한 수행 생활을 위해서는 선지식에게 의지하고 그 가르침을 따라 배워야 한다. 보시 공양하고 계를 지키며 힘 따라 불사를 짓되 반드시 법회에 참석하여야 한다. 그리고 매일 수행 일과를 반드시 지켜야 한다. 하루의 수행 일과는 되도록 아침에 1시간 정도 하는 것이 좋다. 귀의, 전경, 염불, 발원 및 좌선을 하는 것이 좋다. 반드시 아침 일과를 지키고 여타 시간에 염불 등을 수행하는 것이 바람직하다.

19. 법신을 완성하는 것이 수행의 목표이다. 다시 말해서 우리의 수행이 지향하는 바는 법신의 회복이다. 완성은 없는 것이 이루어지는 것이 아니라, 모르고 헤매다가 정신 차려서 본 자리로 돌아온다는 뜻이다. 일찍이 부처님께서 완전하게 이룩하신 그 자리를 회복하는 것임을 깨달아야 한다.

20. 이론을 앞세운 후 실천하는 것을 경계해야 한다. 이론을 배워 지식을 충족시킨 후 번뇌를 끊으면 진리 실상이 현존한다. 그러면 자신이 진리의 위덕을 바로 갖추게 되었다고 이해한 후 염불하거나 참선하면서 수행한다. 그러나 실제 꽃이 피기 시작하는 것은 실천할 때부터이다. 실천하지 않은 채 알기만 하면 그것은 벽에 걸린

그림 속 떡에 불과하다. 일과를 지키지 않고 수행의 실천이 없으면 그것은 단순한 지식에 불과하다. 언젠가 사용하려 해도 평소 닦아서 힘을 길러놓아야 사용할 수 있다. 힘을 길러놓지 않으면 실천하기가 어렵다.

21. 염불하거나 참선한다고 하면서 방심에 빠지면 평생 염불하고 참선해도 성취하지 못한다. 마음을 쉰다는 말은 모든 생각을 잊어버린다는 뜻이 아니다. 끊임없이 일어나는 생각을 쉬어서 참으로 자기에게 있는 바른 생각, 정념을 비춰 보는 것이 자기의 마음을 쉰다는 참뜻이다. 부처님의 목소리를 듣는다는 것도 정념을 수행해서 부처님의 목소리를 듣는 것이다. 이 법문이 실상의 소리이다. 그러므로 이 소리를 항상 들을 줄 알아야 한다.

22. 권위자의 말이라고 맹목적으로 따르는 것은 불법에서 취하는 바가 아니다. 참된 진실 참된 존재가 무엇이냐, 무엇이 진리냐를 먼저 밝혀놓고 진리의 실현을 향해서 수행해야 한다.

23. 행은 생각에서 일어나고 생각은 밖에서 오는 자극에 의해 움직인다. 가령 바깥의 여건이 내부에서 내적 충동을 일으키거나 상대방이 나에게 강한 자극을 주더라도 쉽게 흔들리지 않도록 튼튼하게 수행하는 것이 중요하다.

24. 수행자는 항상 고마움과 감사의 마음을 가져야 한다. 정신이 교만한 수행자는 죽은 수행자이다. 교만한 마음을 가지면 모든 공

부는 끝나고, 부처님 은혜를 갚는 일은 십만 리나 멀어지게 된다. 부디 겸손하고 하심(下心)해서 수행에 임해야 한다.

25. '밝다'는 것은 부처님의 가르침을 자기 마음속에 받아들여서 수행한다는 뜻이다. '진지하다'는 것은 부처님의 가르침이 진실하다는 믿음이 꽉 차 있어서 일과를 철저히 지키고 어려움이 있어도 부처님 가르침을 따르며 극복해간다는 의미이다. 부처님의 가르침을 굳게 믿고 일과로 행하고 생활로써 나타낼 때 수행의 결실을 보게 된다. 지식과 이론으로만 차 있는 것이 아니라 표정이 바뀌고 생활이 달라지는 것이 불법을 참으로 행하는 것이다.

26. 참된 자신의 충실한 삶을 가꾸어 가기 위해서는 바른 지혜의 가르침을 따라 믿음을 세우고 행을 닦아야 한다.

27. 자기 자신을 바로 알아 참된 자신의 충실한 삶을 가꾸어야 한다. 그러자면 바른 지혜의 가르침을 따라 믿음을 세우고 행을 닦아야 한다. 지혜의 눈을 열어 참된 자기를 보고 참된 자기 생명의 질서를 보여 참된 자기 생명의 권위를 되찾아야 한다. 참된 인간의 행복, 인간의 평화, 진리에 의한 번영을 이뤄야 한다.

28. 남의 이목을 탓하지 않고 자신이 어떤 행동을 하고 있는지 항상 자신의 마음과 행에 중심을 두고 돌이켜볼 필요가 있다.

29. 몸을 소중히 여기되 집착하지 마라. 항상 나 혼자 외롭게 있

는 것 같아도 내 생명 깊은 곳에는 늘 부처님이 함께하고 있다.

30. 우리 생활 가운데 어떠한 어려움, 어떠한 고난, 어떠한 답답한 일이 생기더라도 밝은 등불을 켜라. 반야바라밀 부처님의 무량공덕 생명 무량진리의 태양이 항상 빛나고 있는 것을 잊지 말아야 한다.

31. 눈을 감고 내 마음속에 미운 감정, 어리석은 감정, 분노, 미혹한 생각들이 있는지 살펴보아야 한다. 남을 원망하지 않고 대립하지 않고 싸우지 않고 내 마음을 돌이켜서 맑게 하는 것이 지혜이다.

32. 생활 속 수행이란 생활하면서 틈틈이 수행한다는 뜻이 아니라 생활이 그대로 수행이 되게 한다는 뜻이다. '생활즉수행(生活卽修行)'이요, '수행즉생활(修行卽生活)'을 의미하는 것이다.

6.2. 수행의 방법, 좌선과 호흡

1. 예불은 여러 뜻이 있으나 무엇보다 자기를 중심으로 한 온갖 마음을 다 비우고 부처님의 크신 법에 귀의하는 것이다. 그 표시로서 합장하고 몸을 굽히고, 또는 오체투지를 한다.

2. 수행이 고되고 고통이 따른다고 해서 고행주의에 빠지면 안 된다. 반대로 즐거움만을 취하려 하는 쾌락주의에 빠져서도 안 된다. 하지만 고행과 쾌락만이 수행은 아니다. 부처님은 이 고행과 쾌락

의 양극단을 여의고 중도를 깨달으셨다. 부처님이 중도에 계신다고 해서 양쪽 모두를 지워버렸다는 의미는 아니다. 이 모두를 초월한 근원적인 자리, 거기에 머무신다는 뜻이다. 모든 것을 초월하는 근원적인 자리에 대해 '참으로 있는 실재(實在)'라고 말한다. 양쪽을 여의는 것, 예를 들면 '조용하다 혹은 시끄럽다'라는 이 두 가지를 여의는 일심(一心)을 말한다. 중도는 바로 이 일심을 통해서 들어가고, 일심을 통해서 상대적 세간을 초월한다. 이것이 중도의 자리이며 바로 근원적인 진리의 자리이다. 양쪽에 치우침이 없는 바른길이 중도이다. 이 중도가 불교의 근본적인 입장이다.

3. 수행자의 근본은 하심(下心)이다. 하심하지 않으면 법이 보이지 않아 어두운 사람이 되고 만다. 수행자가 서 있는 토대는 인욕(忍辱)이다. 인욕이 없으면 무엇 하나도 이루지 못한다. 깨달음도 얻을 수 없다. 수행자의 생명은 감사다. 감사가 없으면 보은이 없기 때문이다.

4. '정신'은 만사의 근원으로 이 정신력이 자기 자신을 뒷받침해 줘야 한다. 좌선의 활동은 자기 개선과 수련의 시간으로 선(禪)의 원리를 이해하며 수행해야 한다. 선은 근원에 있는 절대적, 주체적 진리를 자각해 인간의 진면모를 확립하는 생활이다.

5. 선(禪)은 공허한 환상에서 벗어나 주체적인 인간성을 회복하게 해주어 인간의 가치를 깨닫게 한다. 또한 생사에 허덕이는 범부를 영겁 불멸의 광명으로 바꾼다. 이를 위해 먼저 결가부좌나 반가부좌하고 정좌한다. 심호흡하며 몸을 단정히 조정하고 마음과 호흡

을 하나로 이루는 상태를 이어가는 것이 시작이다. 말끔하고 또렷하게 자성을 비추어가며 화두를 참구하는 간화선의 방법도 있다. 선의 효용으로는 마음이 안정되어 생활 전반에 집중력이 향상되고 인간관계 개선에 도움을 준다. 육체와 정신 모두의 건강에 도움을 주며 심신의 유약성이 극복된다.

6. 좌선의 호흡법은 우선, 가부좌 또는 반가부좌를 하고 몸을 단정히 하고 모든 생각을 다 놓고 허리는 반드시 반듯하게 편다. 다음에 숨을 한두 번 크게 내쉰다. 서서히 숨을 들이쉬고 배꼽 아래 단전 부위에 이르게 한다. 이때 호흡과 생각과 힘이 함께 아랫배에 모이게 된다. 아랫배에 힘을 모으려고 힘쓸 필요는 없다. 긴 호흡을 하려고 무리할 필요도 없다. 호흡이 아랫배 단전 부위에 이르는 과정을 세밀하게 추적해서 호흡과 생각이 떠나지 않게 하는 것이 중요하다.

7. 호흡이 단전에 이르면 잠시 멈췄다가 다음에는 서서히 밖으로 내쉰다. 역시 생각으로 호흡을 관(觀)하면서 코로 내쉰다. 숨을 들이쉴 때는 비교적 가볍게, 내쉴 때는 되도록 정밀하게 서서히 하는 것이 좋다. 호흡에서 특히 주의할 것은 무리하지 않는 것이다. 자연스럽게 서서히 미세한 호흡이 되어야 한다. 서두르거나 거칠어지면 안 된다. 그리고 호흡에만 전심전력해야 한다. 모든 생각을 다 내려놓아야 한다. 호흡은 좌선의 기초과정이다.

8. 좌선할 때 중요한 것은 첫째, 큰 원(願)을 세워야 한다. 자기 혼

자 생사에서 벗어나고 도를 얻으려 하는 마음에서 벗어나, 진실한 자기 면목을 밝히며 일체중생과 세계를 구하겠다는 굳건한 서원이 있어야 한다. 원이 없거나 작은 원을 세우면, 공부가 진척이 없고 장애가 생기며 진정한 공부라 할 수 없다.

둘째, 바른 좌선의 자세를 취해야 한다. 두꺼운 방석을 준비하고 허리띠를 느슨하게 풀어 몸과 호흡을 자유롭게 한다. 그다음 방석 위에 가부좌하고 앉는다. 오른손을 아래로 두고 왼손을 오른손바닥 위에 겹치게 놓은 후 양쪽 엄지손가락 끝을 둥글게 맞댄다. 이후 몸을 서서히 바로 일으키며 허리를 반듯이 편다. 이때 몸을 전후좌우로 약간 흔들어서 허리를 단정히 세우고 자연스럽게 앉는다. 앉았을 때는 눈을 뜨고 턱을 앞으로 당겨 코와 배꼽이 수직이 되게 한다. 그리고 목과 어깨의 힘을 모두 풀고 허리와 가슴을 펴고 앉는다.

셋째, 호흡을 고르게 한다. 호흡법이 필요 없다고 하는 사람도 있다. 하지만 좌선에 실패하지 않으려면 반드시 좌선의 기초법에 따라 바른 호흡법을 배우는 것이 좋다.

넷째, 마음을 고른다. 몸이 안정되고 호흡이 고르면 저절로 번뇌가 끊어져 마음이 맑아진다. 온갖 생각을 쉬고 공부만을 지어가야 한다. 이때 선지식의 가르침이 절실하다.

다섯째, 공부를 올바로 하고 있는지 가릴 줄 알아야 한다. 대개 공부가 길어지면 마군(魔軍)의 장난도 커진다. 또한 삼매를 이루게 되면 가지가지 경계가 나타난다. 대개 경계에 나타나는 것은 그 원인이 마음에 있다.

9. 호흡의 경계는 수행 정도에 따라 제각기 다르다. 앉은 자세가

안정되고 편안하면 하복부에 힘이 모인다. 그와 함께 눈이 시원해지고 머리가 청량해짐을 느끼며 몸에서 피로감이 사라진다. 호흡을 좌선의 준비 과정이나 기초과정으로 권하고 싶다. 선 공부를 할 때 호흡은 선 자체가 아니지만, 공부에 도움이 되기 때문이다.

6.3. 참선과 선정

1. 참선하는 사람들의 가장 큰 문제는 참선하다가 마음이 맑아져 어떤 경계와 맞닥뜨리면, 신비한 형상을 눈으로 보거나 귀로 듣게 될 때 일어난다. "나는 광명을 보았다. 꽃을 보았다. 부처님의 손길을 보았다." 공부하다가 이처럼 무언가를 보았다고 하는 사람이 있으면 그 사람은 경계에 빠진 것이다. 경계에 빠졌다는 것은 자신의 본 물건을 잊어버린 것이다.

2. 참선은 들뜬 마음, 움직이는 마음, 번민하는 마음, 허망한 마음인 번뇌에서 벗어나 진실한 나로 복귀하여 확인하는 공부 방법이다.

3. 참선은 무엇일까? 우리는 일상에서 수많은 일을 하지만, 모든 일의 주인공인지는 명확하게 알지 못한다. 더 나아가 내 마음이 무엇인지 몰라 당황하기도 한다. 이렇게 자기를 잃어버린 인생살이는 미혹한 삶이고, 주체적 자기가 어두운 상태에 놓여 있는 것이기도 하다. 참선은 이러한 자기 상실의 인간에서 참 자기를 회복하는 공부이다. 인간과 천지 만물의 근원을 밝혀내는 공부이다. 인간의

어둑한 마음을 깨뜨려 근본 지혜를 여는 공부이다. 인간의 참된 주체성을 곧바로 열어서 인간과 진리의 참모습을 온전하게 드러내는 공부이다. 그러므로 선(禪)은 모든 사람에게 필요하다. 자기가 무엇인지를 알지 못하며 허둥대는 미혹한 인간이 진실한 자기 본 면목을 되찾는 것은 무엇보다 값진 일이다.

4. 참선은 모든 사람의 본성이 불성이라는 최상의 근본 진리가 바탕이 된다. 이 불성은 믿어서 있는 것이 아니고 원래의 상태를 의심하지 않는 것이다. 이러한 인간 본성인 불성은 범부라 할지라도 변질되어 늘거나 줄어드는 것이 아니다. 참선은 모든 사람이 자기 본성을 보아 불성을 확인하는 것이 요점이다.

5. 참선을 수행하는 자의 마음가짐이 있다.
첫째, 큰 서원을 발원해야 한다. 참선자의 수행은 개인의 안락이나 해탈을 위함이 아니라 일체중생을 제도하고 불국토를 이루겠다는 책임의 자각에서 출발해야 한다.
둘째, 철저히 선지식의 가르침에 의지해야 한다.
셋째, 어느 때나 좌선의 마음 자세를 놓지 말아야 한다.
넷째, 오직 수행에 전념할 뿐 잡념을 일으키지 말아야 한다.
다섯째, 긍정적인 말을 하고 결코 남의 허물을 보지 않는다.
여섯째, 자비심과 공심으로 살아야 한다. 참선자는 언제나 대립을 모르고 이기심에서 벗어나 법성에 효순하는 삶을 산다.
일곱째, 적어도 불조의 기초적인 가르침을 이해해야 한다.

6. 참선에서 공안(公案)과 의정(疑情)이 없다면 참선이라고 할 수 없다. 공안에서 명백한 의정을 내야 하며, 의정에서 비로소 깨달음이 있다고 하는 것은 모든 조사들의 일치한 말씀이다. 큰 의정에서 큰 깨달음이 있다.

7. 참선은 인간이 가지는 근본 상황, 즉 원초적 과오인 미혹을 타파한다. 자기 상실에서 공허를 극복하고 진실한 자기로 복귀시키며 물질과 관능과 조건과 상황과 관계의 노예에서 인간을 해방시켜 인간 생명을 근원적 실제로 돌아오게 한다. 실로 선은 인간을 허망의 둥지에서 탈출시키고 불안의 풍랑에서 안전한 대지로 인도한다. 따라서 인간을 구제하는 근본적인 방법은 참선이다.

8. 참선과 경전 공부를 많이 하고, 특히 반야바라밀을 공부한 사람은 무한 진리의 주인공이다. 그런데 이러한 가르침을 알고는 있어도 믿지 않는 사람이 있다. 알고만 있고 믿지 않으면 지식에 불과하고 힘이 되지 않는다. "진실은 불력으로 이루어진다. 부처님의 무한 진리의 본원이 고루 모든 인간과 하나로 통해 있다"라는 위대한 진리를 깨우쳐야 한다.

9. 탐욕과 향락만 누리며 함부로 놀아난 인간이 갈 곳은 삼악도(三惡道)뿐이다. 오계를 닦고 다시 정밀하게 십선을 닦으면 적어도 천상인 욕계천에 태어난다. 같은 중생 세계를 윤회하더라도 복스럽고 환경이 넉넉하고 따뜻하며 자비심 많은 국토에 태어난다. 더욱이 바라밀 염송이나 염불법, 선정법을 닦아서 마음에 흔들림 없

는 깊은 삼매에 들어갈수록 천상에서도 색계천 같은 기쁜 세계에서 태어나 성인들을 만날 기회가 생긴다.

10. 확신을 가진 행동이 나오려면 선정(禪定) 없이는 어렵다. 지혜도 선정을 바탕으로 해서 나온다. 불법도 선정을 바탕으로 해서 나온다.

11. 삼매란 정(定), 즉 마음이 어지럽지 아니하고 한 경계에 머무른 맑고 안정된 상태이다. 흔히 선정이라고 한다. 개개인의 마음속 정의 정도에 따라 중생 차별이 벌어진다. 따라서 사람들은 삼매정을 닦는 방법을 통하여 자기 환경을 바꿀 수 있고 자신을 바꿀 수 있으며 자기가 태어날 국토를 바꿀 수 있다.

12. 선정에 들어 맑고 고요한 경계를 체험한 사람은 평소에 화가 났다가도 그 맑은 세계가 있는 것을 알기 때문에 곧 마음을 돌이킨다. 이렇게 자주 마음을 맑은 데로 돌이키는 사람은 탐심이나 진심이 담백해지고 설령 누구와 다투다가도 금방 아무 일도 없었던 것처럼 마음이 맑게 바뀐다.

13. 오직 한곳으로 마음을 몰아가 마침내 일념조차 끊은 맑고 고요한 경지에 이르는 것이 삼매의 기술이다. 그와 반대로 동서남북다 쳐다보면서 망상에 사로잡혀서는 삼매가 이루어지지 않는다. 삼매를 닦고 염불 수행으로 닦았던 정력(定力)은 두고두고 그 사람의 등불 노릇을 한다. 마음이 흔들리면 흔들린 만큼 탁하고 어두운

경계가 나타나고, 마음이 안정되면 안정된 만큼 맑은 경계가 나타난다. 선정력으로 안정된 마음은 등불과 같아서 앞날을 밝혀 주므로 평소에 큰 염불과 큰 수행을 하지 못했을지라도 일심으로 염불하면 어려움에서 벗어날 수 있다.

14. 인간이 거친 이유는 마음이 흔들렸기 때문이다. 삼매는 흔들리는 마음을 잡아 주어 진리에 접근하게 하고 마음을 안정되게 해서 자성을 밝힌다. 그래서 게으름 피우지 말고 선정력을 길러야 한다.

15. 세상 사람들은 탐욕으로 고생한다. 탐심이 없으면 고생도 없다. 염불을 일심으로 하고, 선법을 일심으로 수행해서 삼매의 힘을 닦으면 마음이 안정되고 맑아지므로 삼독심은 저절로 없어진다.

16. 참선하러 선방에 갔다가, 또는 누구에게 이끌려 절에 갔다가 그 인연으로 불법을 만난 사람도 있다. 불법을 어떻게 만났든지 믿음을 발하고 그 믿음이 서로 단결해 발전해 나갈 때 힘이 된다.

제
4
부

불교의
사회적 실천
(사회 편)

우리는 횃불이다
스스로 타오르며 역사를 밝힌다!

제1장
재가불자의 사명

1. 불자가 수행할 때 먼저 돌이킬 것은 '우리는 불자'라는 사실의 확인이다. 불자란 부처님의 완전한 지혜와 자비, 덕성, 능력과 청정, 무량공덕을 완전히 갖춘 자, 부처님의 법을 이어받고, 부처님의 생명을 이어받은 자녀이다. 그러므로 불자들은 죄에 의해서 때 묻은 존재나 악에 의해서 삐뚤어진 존재가 아니고, 불행한 일을 저질러서 고통을 받는 숙명적인 존재도 아니다. 불자는 부처님의 완전한 지혜, 위신력, 덕성, 무량공덕을 받는 상속자임을 알아야 한다.

2. 불자는 부처님의 진리 말씀을 믿는 자이다. 진리를 믿고 행하므로 행복의 창조가 있고 기적적인 장애 극복이 있다. 그러나 불자는 기적과 행복을 위해서 부처님 말씀을 따르는 것이 아니다. 부처님의 말씀에서 우리들의 진리생명을 보고, 모든 이웃의 진실한 가치를 믿음으로 보기 때문이다. 이 진리인 현실을 자기의 참 현실임을 인정하고 생활하기 때문에 행복의 창조가 있고 기적의 성취가 있다.

3. 불자의 기본은 자비가 바탕이다. 이 대자비심으로 부처님은 욕

계(欲界), 색계(色界), 무색계(無色界)의 삼계(三界)를 두루 살피셨다. 탐심이 뿌리가 되어 사는 사람들, 축생이나 아귀 모두가 욕계이며, 무색계는 물질을 초월한 것이다. 부처님은 대자비의 눈으로 수없이 형태를 달리하는 중생들의 세계를 살피고 계시므로 생각을 돌이켜 자비심을 근간으로 하는 수행 자세를 가져야 한다.

4. 불자의 기본자세는 마음을 비우는 것이다. 마음을 비운다는 것은 법문을 받아들이는 그릇을 만드는 일이다. 법문을 듣는다고 하지만 생각의 잣대로 '저 말은 논리에 맞지 않는다. 저 말은 틀리다. 저 말은 지금 시대와는 맞지 않는다'라고 한다. 그러면 부처님의 큰 진리 말씀이 자기에게 제대로 다가올 리 없다. 법문 내용도 중요하지만 듣는 자세가 더욱 중요하다. 겸허한 자세로 마음을 비워야 비로소 참 목소리가 들리고 한 줄의 경전에서도 빛을 받을 수 있다.

5. 처음에는 부처님께 무엇인가를 구하는 불자로 시작했지만, 마침내 부처님께서 이미 주신 것을 알고 부처님의 참뜻이 무엇인가를 살피게 되었다. 부처님의 법을 이 땅에 널리 펴고, 이 사회와 역사 가운데 부처님의 법이 실현되도록 노력하자. 그러기 위해서는 원을 세우고 행동을 가다듬어 부처님 앞에 참되고 성숙한 불자, 성숙한 효자가 되어야겠다.

6. 불자란 부처님의 자식이며 그 상속자라는 뜻이다. 불자는 부처님의 가르침을 따라서 보살의 업을 닦는다. 불자는 이렇게 하여 불법이 영원하도록, 참된 세계가 번영하도록 노력해야 한다.

7. 불자들은 아침저녁으로 정근하되 일심으로 진지하게 해야 한다. 용감하게 저돌적으로 온몸을 들이대는 용맹스러운 정진 없이는 결코 메아리 없는 골짜기에 들어가지 못한다. 지혜도 얻지 못할 것이다.

8. 불자는 스스로 닦고 남을 도우며 국토를 밝히는 거룩한 사명을 지니고 있다. 이들은 혼자뿐만 아니라 모임을 통해 그 뜻을 추구하고, 단체를 이루어 거룩한 사업을 추진한다. 불자의 거룩한 모임이 원만하게 그 목적을 이루려면 육화경법(六和敬法)을 실천해야 한다. 육화경법은 아래와 같다.
첫째, 신화동경(身和同敬)이니, 몸으로 행하는 일에 화합해 서로 공경한다.
둘째, 구화동자(口和同慈)이니, 말이 화목해 서로 자비심으로 대한다.
셋째, 의화동심(意和同心)이니, 뜻으로 화합해 한 가지 마음이 된다.
넷째, 시화동균(施化同均)이니, 대우하는 것으로 화합해 균등하게 가진다.
다섯째, 계화동존(戒和同尊)이니, 계행으로 화합해 함께 받들고 따른다.
여섯째, 견화동주(見和同住)이니, 견해로 화합해 함께 머문다.

9. 불자의 삶은 어떤 것일까? 불보살의 행적에 자신을 비추어 보며 점검하고, 끊임없는 불보살의 위신력을 생명의 밑바닥에서 의식하면서 사는 것이다. 이것은 불의(佛意)의 모든 생각과 행으로 나타난다. 말과 행과 그리고 말 없는 분위기로써 펼쳐진다. 그래서 불자가 있는 곳에 '개인과 사회와 국가에 광명이 있다'라고 하는 것이며 세계에 평화와 질서가 있다고 하는 것이다.

10. 우리는 우리의 업력으로 태어났지만, 원력으로 태어난 보살님들

의 지혜와 자비심을 본받아야 한다. 그렇게 하는 것이 부처님의 자식이며 제자로서의 길을 가는 것이다. 그래서 부처님 가업을 계승하고 이 땅에 불국토를 이루며 스스로 성불을 향해 정진한다. 불자는 이렇게 하여 불법이 영원하고, 세계가 참되도록 노력하는 것이다.

11. 불자는 일상에서 많은 사람을 대하며 함께 일을 도모한다. 이럴 때 불자는 마땅히 네 가지 법으로 저 사람들을 섭수(攝受)해야 하니 바로 사섭법(四攝法)이다.

첫째, 보시이다. 재물이나 힘으로 부처님 법문을 기쁜 마음으로 베푼다.

둘째, 애어(愛語)이다. 친절하게 말을 거는 것이다.

셋째, 이행(利行)이다. 사람들에게 이익이 되도록 돕는다.

넷째, 동사(同事)이다. 고락을 함께하고 사업을 함께한다.

이 사섭법은 불자가 이웃을 돕고 법을 전하며 사회를 밝히는 데 근간이 된다. 불자는 사섭법으로 모든 중생들의 원을 이루게 한다.

12. 불자는 결코 주어진 현재 상태에 자기 마음을 속박시켜서는 안 된다. 자기의 무한 가능성을 스스로 속박해서는 안 된다. 우리의 운명을 속박하는 것은 주변 환경이 아니라 자기 마음인 것을 명심하자. 환경에 속박된다고 생각하는 자기 열등감에서 벗어나야 한다.

13. 나와 우리 가족이 귀한 사람이고 모두가 귀한 사람이다. 모두가 부처님 공덕이 충만한 국토이다. 그리고 모든 사람이 부처님의 무량지혜를 갖춘 사람이다. 더 닦을 것 없이 완전한 사람이다. 이렇

게 보는 것이 불자의 참된 믿음이라 할 수 있다.

14. 불자가 법을 전하여 세상을 밝히는 기둥이 된다는 것은 권능이라기보다 의무이다. 불자는 법으로 태어난 자가 아닌가. 그의 생명은 여래공덕이요, 청정 본성이요, 마하반야바라밀이 아닌가. 그는 시간과 공간과 일체 생명과 진리를 하나로 묶어 밝고 지혜롭고 따뜻하고 너그럽게 아름다움을 실현하고 있는 자가 아닌가. 전법이 우리 생명의 표현인 것을 다시 확인하자.

15. 불자는 지혜와 자비를 머금은 자이다. 밝음과 사랑과 따뜻함이 넘쳐 흐른다. 그러기에 그의 마음은 항상 밝고, 그 말은 따뜻하고, 그의 행은 싱싱하다. 청하지 않아도 벗이 되고 언제나 생명의 빛이 넘쳐난다. 마치 태양이 빛을 토하듯이 사랑과 희망과 힘을 주는 자, 이것이 불자다. 그것은 부처님 말씀을 전하는 일이다. 법을 전하자. 이것이 살아 있는 믿음이다.

16. 신앙생활에도 예절이 있다. 발원에 따라 부처님께 올리는 의식이 다르고 격식이 다르다. 불자로서 부처님께 하루에 예불 공양을 올리는 것은 생활의 기본이며 삶의 원칙이고 생명의 질서이다.

17. 감로법은 생사가 없는 법이다. 생사가 없고 영원한 안녕과 평화의 질서를 이 땅 위에 심으려는 것이 감로법을 펼칠 우리의 사명이다.

제 2 장
불광인의 자세

1. 불광인의 수행

1. 불광 수행을 하는 사람들의 첫째는 염송이고, 두 번째는 부처님의 무한공덕을 생각하고 감사하는 것이다. 세 번째는 삼독심을 버리는 것이요, 네 번째는 『반야심경』을 외고 보현행원을 행하는 것이다. 이것이 근원적인 법 생명이다.

2. 불광의 불자들은 아침저녁으로 일과를 철저히 지키고, 법회에 열심히 참석한다. 법회 참여가 어려울 때도 법등 모임은 반드시 참석해서 내가 있는 곳에 등불을 밝힌다. 나와 함께 있는 사람을 밝혀 보살도를 실천하는 불법을 닦는다. 그래서 불광의 불자들은 항상 주목받고 새로운 격려를 받는다.

3. 우리가 하는 일은 우리들의 일이 아니다. 불광법회 불자들이 세우는 원(願) 자체가 순수하다면 그 원의 크기에 상관없이 모두 이

루어진다. 하지만 원이 남을 해치고 괴롭게 하면 안 된다. 순수하고 행복하고 내가 성장할 수 있는 원이어야 한다. 믿음을 가지고 정진하면, 부처님의 신력이 이 땅에 현실적으로 나타나게 해주신다.

4. 진실한 마음으로 기도하는 것은 불광법회 불자의 기본이다. 우리의 현실이 아무리 어둡다고 하더라도 현상에 매이지 않고 끊임없이 밝은 것을 생각하고, 밝은 것을 꿈꾸면서 기도해야 한다. 이 밝은 것은 미래에 오는 것이 아니라 내 생명에 이미 부처님 은혜로서 와 있음을 생각하고 눈에 보이는 현상 저 너머에 이미 와 있는 광명에 눈을 떠야 한다. 이렇게 일심 무념이 될 때 기도는 성취된다.

5. 내 생명이 마하반야바라밀이며 부처님의 무량공덕이고 부처님의 법성신이라는 것을 마음으로 깨닫고 확신하면 그 사람은 달라진다. 정말로 어둠이 사라진 밝은 마음에서 밝은 표정과 행위가 나온다. 이것이 우리 불광의 계명이라 할 수 있는 '밝은 얼굴, 밝은 마음'이다.

6. 불광에 오면 밝은 얼굴의 친절한 사람들을 만날 수 있다. 반야바라밀을 열심히 행하면 그 마음이 부처님으로 가득 차기 때문에 저절로 밝아진다. 그 밝은 마음은 누구하고도 대립하지 않는다. 서로 따뜻한 마음을 나누고, 청하지 않아도 친구가 된다. 불광인 모두 보살의 자세가 확립되었기 때문이다.

7. 우리 형제들에게 참회나 예경할 때 하루에 108배 또는 천 배를

하라는 이야기를 했다. 그 이유는 선정의 깊은 삼매에 들어가기 위해서는 그 방식이 좋기 때문이다. 그렇게 함으로써 번뇌 망상이 다 끊어진다. 이것이 바로 깊은 선정에 들어가는 것이다. 불법 믿는 사람들의 무기가 선정의 힘(선정력)이다. 도력의 기초가 선정력이다. 흔들림이 없는 깊은 마음속에 안정된 것이 선정력이다. 이를 얻는 제일 쉬운 방법이자 가장 확실한 방법이 바라밀관, 바라밀 염송이다.

8. 불광에서 반야바라밀을 배우고 반야바라밀을 수행하는 데 자부심을 가져도 좋다. '모든 것은 고통이다. 모든 것은 덧없고 허망한 것이다'라고 가르치는 것을 불법이라고 아는 사람들도 있다. 그러나 그것은 부처님의 깨달음의 세계가 아니다. 그것은 중생이 잘못 알고 있는 것으로 중생의 세계가 그러함을 부처님께서 알려주신 것이다. 그러면 부처님께서 깨달은 진리는 무엇인가? 그것은 지금 우리가 알고 있는 반야바라밀이다. 무한의 지혜와 무한의 희망과 무한의 환희와 용기와 끝없는 성장을 약속하고, 무한의 창조 능력이 주어진 이 근원적인 법 생명, 바로 이것이다.

9. '반야바라밀 정진, 호법, 법등수행' 이 세 가지는 진리로 사는 길이다. 허망한 범부의 무상한 육체로 사는 것이 아니라 불멸의 진리 광명으로 사는 길이다. 반야바라밀 염송, 호법 정신, 법등수행 이 세 가지가 진실한 자기 생명으로 사는 길이요, 부처님 생명으로 사는 길이요, 영원불멸한 법성 생명으로 사는 길이다.

10. 정진해서 성취했다면 어떻게 할 것인가?

첫째, 끝없이 감사한 마음으로 살아야 한다.

둘째, 호법 발원이다. 호법은 전법이고 법등 활동이다.

셋째, 한 사람 한 사람이 세간의 등불이라고 생각해야 한다. 세간등 (世間燈)이란 세간의 기쁨과 밝음과 희망을 주는 사람이다.

11. 반야바라밀에 대한 믿음·전법·호법 이 세 가지가 있을 때 불법은 영원하다. '위대한 믿음으로 전법과 호법까지 완수하는 불자로서 우리는 완벽한 수행을 하는 불자다!'라는 긍지를 갖자.

12. 불광에서는 '마음에 있는 것이 이루어진다, 남을 바꾸려 하지 말고 나를 먼저 바꿔라, 부처님께 구하기 전에 이미 받은 것에 대해 감사하라'라는 가르침을 배운다.

13. 순수불교의 횃불은 전후좌우가 없다. 법등이 있는 곳이 밝은 곳이고, 법등이 가는 곳이 밝은 곳이다. 만약 자기 앞길만 밝히고 이웃과 거리는 밝히지 않는다면 법등의 등불은 아직 미흡하다고 말할 수밖에 없다. 법등을 높이 들고 거리로 뛰어나가 부처님의 찬란한 은혜의 광명을 전해주어야 한다.

14. 불광법회는 '마하반야바라밀'의 법문을 받들어 이 법문을 행하고 펴는 것이 본의이다. 이러한 불광의 신앙이 능히 국가와 사회에 안녕의 토대를 마련하고, 조국의 영원한 번영을 형성하는 것을 확신한다.

15 . 불광을 다른 말로 하면 '마하반야바라밀'이라고 할 수 있다. 이 마하반야바라밀은 모든 사람이 신성 존엄과 절대적인 권위와 결코 변할 수 없는 불변의 진리 주인공임을 증명한다.

16 . 불광 형제들은 어떤 경우라도 진여 법성 반야바라밀이 지닌 완전무결한 진리 세계의 믿음을 잃지 말아야 한다. 그러기 위해서는 반야바라밀을 염(念)하고, 반야바라밀을 행하고, 끊임없이 기도해야 한다.

17 . '어둠은 없다. 밝음만이 있다. 부처님의 광명이 나의 생명이다.' 우리는 항상 이 생각을 잊지 말고 우리 마음에서 일체 어둠을 소탕하자. 그리고 건강, 행복, 지혜, 용기, 성취를 마음속에 가득 채우자. 이것이 불광이다. 이것이 대성취의 길이다.

18 . 우리 불광인에게는 첫째, 반야바라밀 생명인 까닭에 절대로 미움, 슬픔, 노여움, 다툼, 불행, 불안 등이 없다. 내 생명 진리생명, 부처님 공덕생명, 이것밖에 다른 것은 없다. 내가 그렇고 이웃이 그렇고 모든 사람이 그렇고 온 우주 중생이 그렇듯이 진리생명뿐이다. 그러므로 나 아닌 자가 없고 대립된 자가 없다. 둘째. 진리 태양, 찬란한 진리 공덕, 찬란한 부처님의 무량 은혜가 가득하다. 참다운 나를 아는 불광인에게는 오직 반야바라밀의 청정, 반야바라밀의 완성, 반야바라밀의 무한공덕만이 있을 뿐이다.

19 . 내가 가장 귀한 사람이고 내가 덕이 많은 사람이고 행복하게

살 사람이고 행복해야 할 권능적인 사람이다. 나를 못나고 죄짓고 불행한 사람이라고 생각하면 안 된다. 그것은 미혹한 사람의 말이고 반야바라밀의 가르침에도 어긋난다. 한 사람 한 사람 모두가 귀하고 이 세상을 밝힐 사람이며, 나에게 기쁨을 주기 위해 나타난 사람이다. 모든 사람을 부처님 공덕이 충만한 사람으로 보라. 이것이 불광법회의 인간관이다.

20. 불광 형제들은 '내가 누구인가?'에 대해 가장 잘 대답할 수 있을 것이다. "마하반야바라밀! 마하반야바라밀이 바로 내 생명이다. 나는 끊임없이 마하반야바라밀을 염해서 내 생명에 부처님의 무량공덕과 무한의 위신력과 지혜와 위덕이 넘치고 있는 불자다"라고 말이다.

21. 불광 형제들은 이 땅에 감로법을 널리 펴 부처님의 정법이 영원히 머물기를 바라고, 온 누리 중생을 진리 광명으로 넘치게 하는 서원을 세웠다. 우리는 다시없는 수승한 법문에서 우리의 금생을 닦고 빛내고 있다는 긍지를 가져야 한다.

22. 불광 불자의 믿음은 바로 반야바라밀이다. 반야바라밀은 제불의 생명이며 제불의 법이다. 부처님의 은혜와 큰 위신력은 일체 국토, 일체 생명을 초월해 마하반야바라밀 무애의 위신력과 크신 은혜의 물결이 함께 있다.

23. 우리 불광에서 항상 밝은 얼굴, 항상 적극적이며 긍정적인 자

세, 두려움을 모르는 전진, 이러한 표현들이 자주 나오는 까닭은 '내 생명이 마하반야바라밀이다.' 이것을 믿기 때문이다. 자기 생명이 태양같이 밝은 까닭에 밝은 표정, 밝은 말, 밝은 행동을 한다.

24. 불광 형제들은 어떤 경우에도 상대를 미워하지 않는다. 나를 해치고 내가 억울한 일을 당했다 하더라도 절대로 원망하지 않는다. 미워하지 않는다. 대립하지 않는다. 증오하지 않는다. 마음의 감정, 마음의 파동, 마음의 거친 것을 다 쏟아 버리고 마음을 비워야 한다. 이유 여하를 막론하고 미움과 대립 감정을 버려야 한다.

25. '저 사람이 나를 미워한다. 저 사람이 나한테 악한 짓을 하고 있다. 그래서 저 사람은 나쁜 사람이다'라고 생각할 수 있다. 하지만 부처님의 광명 세계, 진리 세계에는 그러한 것이 없다. 오직 내 마음이 그렇게 본 것일 뿐이다. 우리가 그렇게 보고 있는 한 미혹의 세계에서 벗어나지 못한다. 생각을 돌이켜 모든 사람을 존중하고 모든 사람이 지혜롭고 덕스럽고 행복할 사람이라고 생각하자. 상대에게 깊은 신뢰를 주고 상대하는 것은 깨달은 안목에서 나온다. 우리의 눈앞에 나타나는 어떠한 거친 현상도 자기를 떠나서 존재하지 않는다. 나와 무관한 법은 하나도 없다. 그러므로 어떤 현상이 나타나면 바로 나에 대한 중대한 경고이자 충고임을 알아야 한다. 나의 또 다른 면을 새롭게 대할 하나의 중대한 계기가 되기 때문이다.

26. 고난과 어려움을 당했을 때 마음을 돌이켜서 내 생명의 뿌리인 마하반야바라밀을 생각하자. 일체 대립이 없고 일체 공덕이 원

만한 청정세계를 마음에 두고 그 마음 하나하나 깊이 긍정하면서 마음을 쓸 때 우리의 마음은 청정해진다.

27. 불광이 가지는 국토 장엄, 가정 장엄, 일심 장엄은 어떻게 하는 것일까? 그 마음을 청정하게 하는 것이다. 어떠한 이유가 있더라도 미워하지 않고, 원망하지 않는다. 어떤 경우에도 불운을 마음에 담아두지 않고, 어떤 경우에도 좌절하지 않고, 어떤 상황에서도 어둠을 마음에 머물게 하지 않는다. 오직 맑고 밝게 마음을 닦아가는 것이 바로 장엄이다.

28. 언제든지 어두운 미망의 생각에서 사로잡히지 말고 반야바라밀을 염해서 본래의 청정 본래 완전한 본성에 눈뜨자. 그 본성에 눈뜬 상태를 항상 지속하고 그것을 직관해서 생활하면 우리 마음의 밝음이 원만히 이룸과 같이 우리의 환경, 생활 또한 이룰 것이다.

29. '우리 모두는 반야바라밀이다, 우리 모두는 반야바라밀 진리이다. 부처님 은혜에 쌓여 있는 생명이다.' 이것을 마음속에 굳게 다짐하고 자기 스스로를 존경하자. 반야바라밀 생명은 죽지 않는 불멸의 생명이며 새로이 꽃 피우는 불멸의 생명이다. 왕성하게 퍼져나가는 이 생명의 주인은 우리 모두이다.

30. 불광은 개인의 완성이 바로 세계의 완성, 중생의 완성, 국토의 완성, 나와 세계가 하나가 되어서 완전히 성취시키는 대법을 배우는 곳이다.

2. 불광인의 역사적 사명

1. 부처님의 광명은 변하지 않는다. 부처님 광명이 항상 옆에 있다는 것을 알면 기도와 생활 그 모든 것이 바뀐다. 우리는 마하반야바라밀을 통해 번뇌 망상에 머물러 있지 않고, 변하지 않는 자신의 무한한 공덕 세계를 바로 써야 한다. 불광의 형제들에게 많은 기적이 일어나고 있다. 여기에는 바라밀이라는 자기 본래의 생명, 본지풍광(本地風光)에 복귀해서 거기에 대한 깊은 믿음을 가지고 행동하기 때문이라고 나는 생각한다. 그야말로 무작위(無作爲)이고 무위공(無爲空)뿐이다. 일체 대립이 없다. 불광의 형제들은 마하반야바라밀 수행을 통해 진리의 실천자, 행동자가 되어야 한다.

2. 우리는 가정과 사회와 나라를 평화와 번영으로 이끌 수 있는 위대한 힘을 지니고 있다. 이것을 알아서 이 큰 힘, 이 큰 권능을 항상 바르게 쓰도록 노력해야 한다. 모든 사람이 성취자가 되고 행복한 사람이 되고 이 땅과 국토, 이 시대와 이 세계를 밝고 행복한 국토로 만드는 데 책임을 다해야 한다.

3. 우리 형제는 바라밀 수행을 통해서 행복해지고, 지혜롭고 덕스럽게 성장하는 것에만 만족하지 말자. 사회와 나라와 인류와 세계를 함께 밝히고 아름답게 만들어 간다는 더 큰 목표를 세우자. 부처님의 가르침이 그러하다. 이와 같은 사실을 우리의 염원 속에 담아서 수행하도록 하자.

4. 왜 행하는가? 명확한 목표가 있어야 한다. 우리는 '나의 생명이 진리인 까닭에 조국과 더불어 하나이고, 중생과 더불어 하나이고, 우주와 더불어 하나이다'라는 참으로 큰 생명, 참된 진리에 확고한 뿌리를 가져야 한다. 그러면 자신의 모습대로, 자신의 생명대로 자기가 지닌 진실 그대로를 풍길 수 있다. 살아가는 것 자체가 자기 내면의 진리를 풍기는 것이다. 꽃이 피듯이, 태양이 빛나듯이 세상을 밝히고 향기롭게 할 수 있다.

5. 불광의 수행은 마하반야바라밀이다. 내 생명의 진리를 보았다면 나를 둘러싼 모든 사람에게서도 진리를 보고 고귀한 존재로 인정한다. 나의 소망을 이루고 나의 환경과 나의 가정과 나의 사회를 광명으로 바꾸고자 하는 창조적 기능의 토대는 이러한 믿음에서 출발한다.

6. 우리는 조국 대한민국을, 세계평화를 이끌어가는 영예로운 국가로 키워나가야 한다. 인류의 생명을 지켜가고 진실과 평화를 가꿔 가는 명예로운 불자의 사명을 다할 것을 우리 불광 형제 모두가 맹세해야 한다.

7. 우리나라의 평화는 아시아의 평화이고 세계의 평화이다. 세계평화와 우리나라의 평화는 함께 연결되어 있다. 세계평화를 가꾸는 불광, 이 나라의 번영을 가꾸는 불광으로서 호법발원 형제들이 앞장서기를 거듭 빌어 마지않는다. 형제 여러분의 큰 정진과 큰 성취를 항상 바란다.

8 . 불광 형제는 전법지상의 믿음을 가지고 사는 성숙한 불자들이다. 우리 불자들은 전법지상을 믿고 생활함으로써 자기 행복을 지킬 수 있다. 나아가 자신 주변의 환경을 지키고 이웃에게 그것을 가르쳐 줄 때 그 나라와 세계가 잘된다는 깊은 믿음과 기대가 있다.

9 . 부처님의 가르침을 믿음으로써 깨닫고, 그 깨달음을 행한다면 자신의 진리 광명이 세상에 드러난다. 불광인은 스스로 행복해질 의무가 있고, 이웃과 나라, 사회를 밝힐 의무가 있다.

10 . 전법을 부지런히 해서 전국을 법등화하고, 모두 함께 수행하면 이것이 세계평화 운동이다. 전쟁을 없애고 파괴를 없애고 서로 협동하여 이 땅을 정토로 만드는 길은 전법에 있다.

11 . 호법발원을 한 내가 바로 불국토의 역군이며, 과거 제불이 성불하신 것처럼 우리도 성불할 것이다. 과거 제불이 법을 전함으로써 이 국토에 부처님 법이 전해진 것처럼 오늘과 미래에도 부처님의 법이 전해질 것이다.

12 . 우리 불광 형제들은 스스로 밝게 닦아서 가정을 행복하게 하고, 이웃에게 법을 전하고 있다. 우리나라 모든 사람이 밝은 마음으로 살 수 있도록 노력하고 전법하는 것이 최상의 애국이며 호국임을 알아야 한다. 반야바라밀 호법행을 하는 것이 나라를 지키는 것이고 최고의 애국이다.

13. 호법 발원은 순수한 신앙의 발로였고, 한국불교 발전에 책임을 지겠다고 나선 새로운 호법불사이다. 진정한 호법은 불자가 스스로 불교의 미래를 책임지는 것이고, 인류 행복과 세계평화를 위해 보살행을 펼쳐가는 것이다.

제3장
불교의 사회참여

1. 중생을 섬기고 수순하고 성숙시키는 복지 사업은 바로 성불을 향한 수행이다. 복지행은 복지 보살이라 할 수 있다. 일체중생을 섬기는 것이 복지 보살의 정신으로 절대 인권의 존중과 절대 평등, 인간 성숙을 그 이념으로 삼는다. 여기에는 높은 차원을 향한 인간성 긍정에 그 이념이 자리한다. 복지행은 다음과 같이 실천해야 한다. 사회적 약자를 돌보는 시설이 필요하며, 방황하는 시대정신을 이끄는 시설이 필요하다. 또한 사회의 어둠을 밝히고 빈곤을 추방해야 한다. 이처럼 불교의 복지행은 무량공덕에서 나오며 행은 끊임이 없다.

2. 복지 지상의 경제 시책이 성공하더라도 인간을 인간답게 만들고 인간의 존엄한 가치를 유지하는 것은 결코 남이 주거나 외부의 도움만으로는 이룰 수 없다. 인간 스스로가 인간의 존엄에 대해 확신하고 스스로 존엄한 가치를 지키고 존엄의 내실을 행사하여야 한다.

3. 새로운 종단 교육 시책에서 추구하는 승가상은 보살도의 실천자가 그 기본 목표다. 첫째로 절대적 긍정의 인간상이다. 둘째로는 서원력의 의지를 지닌 것이다. 셋째는 구체적으로 향도하는 능력을 갖춘 능력자다. 넷째는 청정 해지의 인격자다. 이를 위해 출가 초기에 기본 교육 과정과 기성 승려의 보충 교육, 종단 운영 요원에 대한 특별교육 등 자질 향상을 위한 다각적인 시책을 추구해야 한다.

4. 불교도는 사회제도나 정치에 관해서 관심을 가지면 안 되는 것일까? 불교를 수행하는 사람은 자기 일신만 닦고 국민과 나라가 어떻게 되든 상관하지 말라는 것이 아니다. 그렇게 될 수도 없다. 불교의 수행이라는 것은 개인으로서 존재한다는 집착에서 벗어나 온 우주와 온 중생과 근원 진리와 함께하는 성격이 있다. 따라서 불교 수행자에게는 당연히 자기 수행과 중생의 이익과 국가의 이익은 대립하는 것이 아니고 하나로 통한다.

5. 종교인이 정치에 관심을 가지는 것은 정당하고 당연하다. 불교도여서 정치 참여가 배제된 적은 없다. 오히려 깊은 사명감을 가지고 국가의 법질서에 순응하면서 겨레의 편이 되고 신성한 생명의 옹호자, 정의와 진실의 증언자로서 책임을 다해야 한다. 불자는 끊임없이 인간을 둘러싼 사회 환경에 관심을 가지고, 사회제도의 모순과 혼란을 방지해야 한다. 나아가 사회제도가 인간의 진실한 성장과 행복을 이룰 수 있도록 계도하는 노력이 필요하다.

6. 오늘의 불교 교단은 인간 진리와 신성과 영광을 위한 연구 활

동이 중심이 되어야 한다. 사회 현실에 적용될 구체적 종교 진리를 계발해 사회와 역사에 제공하고 그 실현을 추구해야 한다. 인간 모독, 인간 타락, 진리 역행을 경고하고, 인간 신성의 길을 증언해야 한다. 인간의 진정한 성숙을 위한 처방을 끊임없이 제시해야 한다.

7. 중요한 것은 의식이다. 먼저 의식의 내용을 모른 채 한문으로 행해지는 의식 예문의 우리말화가 급선무이다. 우리말 번역과 동시에 그 속에 중국적 요소를 배제해야 하며 문서 포교와 전파 매체를 통한 대중 포교 사업이 진행되어야 한다. 또한 교단의 자주적 자세의 문제와 역사의식 문제의 해결이 절실하다. 주체적, 자주적 역량이 없는 외부 요인에 따르기만 하는 것은 심히 위험스러우며, 불교에 믿음이 있다면 우리가 살아가는 시대와 국토 상황에 책임을 갖고 바른 판단, 분명한 길을 제시해야 한다.

8. 한 사람 한 사람은 고귀한 사람들이다. 모든 사람은 절대적이며 궁극적인 가치를 가지고 있다. 이것을 지키기 위해 한 사람 한 사람 스스로가 깨닫고, 또한 체제와 사회제도가 생명의 가치를 참으로 발휘할 수 있도록 바꿔야 한다. 욕망과 쾌락을 옹호하는 그릇된 사상들이 이 세상에 머무르는 한 인간의 진실한 가치는 남아 있을 수 없다. 짓밟히고 만다. 부처님은 이 중생들을 구원하기 위해 나투신 것이다. 이를 위해서는 많은 사람이 불교교육과 수행을 해야 하고, 포교당과 전법도량을 많이 만들어야 한다. 나아가 전법사를 많이 양성하고 전법 시설과 운영에 필요한 자료들을 만들어야 한다.

9 . 종교는 부단히 인간의 진리생명을 비추어 주고 인간 정신이 서야 할 곳을 제시해야 한다. 그리고 인간의 역사가 인간 본래의 길을 벗어나지 않도록 끊임없이 보정과 비판을 쉬지 말아야 한다. 이것이 종교인의 존재 의의이며 역사에 참여하는 길이다.

10 . 인간의 완성은 개인의 힘만으로는 이루기 어렵다. 한 사람 한 사람을 키울 수 있는 사회제도가 있어야 한다. 환경·제도·체제에 있는 수많은 악재 요소를 그대로 내버려 둔 채 진리를 키울 수 없다. 사회·정치·경제·문화·교육·사상 등 일체 모든 사회제도를 바꿔 인간 생명을 고귀하고 아름답고 참으로 기쁘게 키울 수 있도록 해야 한다. 전법의 또 다른 방법이 이것이다.

11 . 사회제도의 맹점이 인간을 타락시키고 있는데 개인에게만 착하게 살면서 등불을 지키라는 것은 순교자가 되라는 요구와 마찬가지이다. 미래의 불법은 올바른 환경 조건을 만드는 데 힘써야 한다. 국가 제도, 정치 체제 등 사회적인 모든 여건을 고귀하고 가치 있는 인간을 키울 수 방향으로 바꿔야 한다.

12 . 한 사람 한 사람은 지극히 고귀한 사람들이다. 모든 사람은 절대적이며 궁극적인 가치를 가지고 있다. 이것을 지키기 위해 한 사람 한 사람 스스로가 깨닫고, 또한 모든 체제와 사회제도가 생명의 가치가 발휘될 수 있도록 바뀌어야 한다.

13 . 오직 각(覺) 사상만으로 개인 및 사회 구제와 인류 행복이라

는 인간 숙원을 이룰 수 있다. 이 부분에 대한 본격적인 시도를 위해 연구소를 만들어서 발표하고, 외국 학자들에게 연구과제를 제공하여 국제적인 주제로 떠올려 해마다 발표하게 해야 한다. 세계의 정치 지도자들에게 종합된 이론을 보내 주는 노력을 꾸준히 한다면 미래 인류를 이끌어갈 참다운 원리가 형성되고 실현된다. 이것을 현대적인 방법으로 실현하기 위해서는 불교사회과학연구소 설립이 필요하다.

14. 지금까지의 전법 방법은 과연 옳은 것인가? 현대인은 독자적 판단 능력을 거의 상실한 상태이다. 겹겹으로 둘러싸인 환경 여건이 그렇게 만들었다고 생각한다. 현대인에게 모든 사회적인 악업을 거부하고, 스스로 결단하여 행동하라고 촉구한다면 과연 효과가 있을까? 오늘날의 인간은 조직 사회에 종속된 생각 부재의 존재라는 안타까운 생각을 하게 된다. 그러므로 결국 전법의 방법에 있어서 개인뿐 아니라 조직 사회 구조를 향한 또 하나의 전법이 나와야 한다.

15. 개인 구제 방식의 전법이 아닌 구조를 통한 사회 구제가 필요하다. 시간이 흐를수록 세상은 더 복잡해지고 옳고 그름을 판단하기 어려워지고 있다. 불교가 이 땅의 어둠을 제거해서 믿음과 인간 존중을 실현하겠다는 의지를 닫아 버리고 개인의 포교에만 집중하는 게 과연 옳은지 생각해볼 문제이다. 교단은 조직된 힘을 가지고 사회 구제의 방향으로 힘을 써야 한다.

16. 인간을 무섭게 만드는 것, 인간을 두렵게 타락시키는 것은 사상이다. 그릇된 사상으로 신념이 바뀌거나 사상적인 맹종을 하는 것은 불교에서 말하는 미(迷)의 형태이다. 오늘날 우리 사회 곳곳에서 이러한 사건들이 벌어지고 있지 않은지 관심을 가져야 한다. 종교는 인간의 정신을 병들게 하는 그릇된 사상과 미(迷)를 타파하는 데 앞장서야 한다.

17. 오늘날 인류 문명이 물질 만능주의, 향락주의에 빠져든 원인은 그릇된 사상에서 출발했기 때문이다. 종교의 역할은 인간이 자기 밑을 들추어 볼 수 있는 부단한 반성과 지혜를 공여할 수 있도록 하는 것이다.

18. 기술의 발전으로 인해 오는 위험은 사회적으로 중대한 문제이고, 원인을 제공한 자에게 책임이 돌아갈 수밖에 없다. 사회를 각성시켜 문명의 방향을 바로 조정하는 작업과 그 책임이 얼마나 막중한가를 종교 스스로 느껴야 한다.

19. 국토 분단, 민족의 분단, 다양한 문화권, 세계정세 속에서 한국의 종교인들은 무엇을 할 것인가. 절박한 현실 문제를 외면하고 다른 방법으로 논의한다면 종교인의 기본자세에서 벗어난 것이다. 종교는 현장의 증언자이다. 현장의 목소리를 듣고 우리가 나아갈 방향을 제시해야 한다.

20. 우리는 서로 독립해서 사는 것 같지만, 실은 조직과 구조의

틀을 벗어나지 못한다. 그러므로 부처님의 가르침을 사회화할 때 곧 사회가 정화되고 중생들이 깨달음을 얻을 수 있다. 불교의 사회적 전개를 위해 인문, 사회과학, 자연과학 등 다방면으로 불교 연구를 하는 연구소 설립이 중요한 이유이다.

21. 만약 주체적인 자기에 눈뜨지 못하고 물질적 욕망과 그 충족에만 관심을 둔다면 인간은 영원히 타락의 길을 벗어나지 못한다. 오늘날 부정과 비리가 끊임없이 터지는 이유이다. 그러므로 사회정화운동을 통해 사회 구성원 개개인의 의식 정화를 선행해야 한다.

22. 한 사람이 청정할 때 사회가 청정해지고, 한 사람이 애국할 때 나라의 부강이 온다. 반대로 내 마음이 부정할 때 사회가 문란해지고, 내가 국가에 충성하지 않을 때 나라가 약해진다. 나는 나 한 몸의 중심일 뿐만 아니라 국가와 사회의 중심임을 깨달아야 한다.

23. 불교 수행에는 두 가지 길이 있다. 첫째는 자기 마음속 번뇌를 없애는 수행을 통해 완성된 자성을 확인하는 것이고, 둘째는 법을 전하고 도를 행하여 다 함께 성불하는 수행 방법이다. 사회복지는 이 두 번째 수행 방법에 해당한다.

24. 우리의 의식이 참되게 발휘되면 그 토대 위에서 모든 국가의 번영과 질서가 바로 선다. 어떠한 타국의 외압에도 동요하지 않는 막강한 민족을 만들 수 있다. 참되고 진실한 국민, 세계인, 역사의 책임자로서 의식을 바르게 하고 행동해야 한다.

25. 반야 법문은 일체의 허위와 부정과 대립을 극복하게 한다. 이를 통해서 진실이 증명되고 진실이 가지고 있는 무한성이 분출된다. 진리는 우리 개개인이 대립하는 존재가 아닌 한 몸이라는 사실을 깨달았을 때 이루어진다. 다시 말해, 가족과 사회와 겨레와 인류가 하나의 진리에서 이루어진다. 그 법을 반야바라밀에서 가르치고 있다. 반야바라밀 법을 가정과 사회, 국가가 행할 때 그 사회와 국가는 번창한다.

26. 우리의 의식이 참되게 발휘되면 그 토대 위에서 모든 국가의 번영과 질서가 바로 선다. 어떠한 타국의 외압에도 동요하지 않는 막강한 민족을 만들 수 있다. 참되고 진실한 국민, 세계인, 역사의 책임자로서 의식을 바르게 하고 행동해야 한다.

제4장
세계평화와 불국토

1. 불교는 정법 국가를 이상 국가로 삼고 수호하기 위해 적극적으로 나설 것을 강조한다. 종교는 사회 통합의 기능과 평화 유지 기능을 가지며 평화운동을 적극적으로 전개해야 한다.

2. 마음이 조물주라는 부처님의 가르침은 우리에게 본래 마음을 깨닫고 끊임없이 희망과 평화, 자비와 용기를 채우게 한다. 그래서 끝없는 번영과 환희를 창조하게 한다. 마음이 밝고 기쁘고 평화로워야 세계평화와 행복이 있는 것이다.

3. 부처님은 인간 존재는 개아(個我)가 아니며, 이웃과 사회와 온 중생이 함께하는 생명임을 알려 주셨다. 하지만 미혹한 중생들은 동일자적 존재성을 모른 채 이기심과 차별이 범람하는 세상에서 살고 있다. 가족과 이웃과 사회와 겨레가 한 몸이라는 동일 법성의 자각은 아무리 외쳐도 지나침이 없다. 공동체적 윤리와 자비의 자각이 참 생명을 사는 방식이며, 생명 존재의 진실 구조임을 알아야

한다. 이기심과 대립이 우리 자신과 사회를 좀먹고 있다는 사실을 명심해야 한다.

4 . 나라가 행복해지고 온 세계가 평화롭게 번영한다는 것은 인간 생명 그 자체가 진실하고 바르게 산다는 의미이다. 만약 이웃 나라를 침략하거나 서로 대립한다면, 동일자 생명 질서를 위배하는 행위가 된다. 이는 우리 모두에게 불행을 가져온다. 자기 파괴나 다름없다.

5 . 불교를 비롯한 종교 단체는 욕망적 인간의 긍정 이론에 동조하지 않고 문명의 방향을 바로 조정해야 한다. 오늘날 현대 문화와 사회 황폐화에 종교 역시 책임의식을 갖고 현실 문제를 절실히 발언해야 할 것이다.

6 . 우리는 진리로 통한다. 서로는 공동체이다. 서로 화합하고 존중하는 것이 성공의 길이다. 서로의 장점을 발견하고 끊임없이 찬탄하자. 우리가 남을 미워하고 대립하고 원망할 때 진리와 나와의 사이는 끊어지게 된다. 이는 불행을 불러올 뿐이다. 상대방을 꺾어야 내가 이긴다는 생각이 조금이라도 있다면 사회는 성장할 수 없고 불행과 파괴밖에 남지 않는다. 이렇게 되면 사회 구성원 모두가 손해를 본다. 서로 존중하고 깊이 이해하며 사는 것이 진정한 승리이다.

7 . 오늘날 사회는 마음이 궁핍한 사람들이 부족함을 채우기 위해 발버둥 치는 세상이 되었다. 무엇이든 서로 부족한 것을 채우려고 한다. 채우기 위해 싸우고 빼앗는다. 그래서 세상이 전쟁터가 되

는 것이다. 인간은 나아가야 할 방향을 모르고 표류하고 있다. 그래서 부처님께서 인간의 지향점을 알려주신 것이다. 개인뿐만 아니라 사회와 역사가 궁극적으로 나아갈 목표, 부처님은 그것을 가르쳐 주셨다. 아무리 세상이 풍족해졌어도 자기 자신이 누구인지 모르는 미혹한 상태로 있는 한 그것은 정신을 잃은 것과 마찬가지이다.

8 . 기도와 독송, 전법하는 정진력은 평화를 가져오고 전쟁을 없애는 근본적인 운동이 된다. 반야, 부처님의 진리가 아니고는 이 땅에 평화가 오지 않는다. 전쟁, 투쟁이 어느 한 곳에서 일어나더라도 세계 전체에 영향을 미친다. 자원과 에너지 등의 문제가 불거진다. 우리는 원래 대립한 존재, 나눠진 존재가 아닌 하나로 이루어진 진리이므로 모두가 평화롭게 번영해야 한다. 이 진리를 모른다면 세계는 싸움이 그치지 않을 것이다. 서로 힘을 합하여 모든 인류가 상호 동일자의 관계라는 진리를 널리 알리고 다툼을 멈추게 하는 데 노력해야 한다.

9 . 불교의 자비는 자기 일신만을 사랑하는 것이 아니라 중생과 국토와 진리를 하나로 사랑한다는 뜻이다. 그러므로 불자들은 겨레와 국가와 세계에 대해 정성을 바쳐 진실한 성장과 평화를 추구해야 한다. 이것이 불교이며 보살이 살아가는 길이다. 불자는 겨레가 병들고 불행에 빠졌을 때 함께 불행을 나눌 것이며, 조국이 외침을 당했을 때 분연히 일어나 나라를 지킬 것이다. 겨레와 인류가 그릇된 사상에 물들고 방종의 탁류에 빠지면 정법을 가르쳐 진실과 청정을 구현하게 할 것이다. 사회와 인류가 악한 세력에 압도되어 고난에 빠질 때 불자는 결연히 일어서 겨레를 지키고, 인류와 세계를 지

킬 것이다. 불교도와 같이 진리에 근거해서 겨레와 조국과 중생을 구하고자 하는 사람이야말로 이 사회 궁극의 구원자이다.

10. 불교의 진리는 민족의 평화 번영과 국제적 우호 증진을 통해 세계를 하나로 통합하고, 중생을 한 몸으로 승화시켜 온 인류의 지도 원리가 된다.

11. 물질의 추구와 정신적 갈등은 모두 마음의 빈곤에서 생겨난다. 깨달음을 바탕으로 한 참된 사회는 이러한 마음의 빈곤이 없다. 이것이 부처님이 말씀하신 불국토이며 진리 사회이다. 빈곤과 질병이 없고, 올바른 인간들이 살아가는 정의로운 사회를 만드는 것은 우리 불자들이 해야 할 커다란 불사(佛事)이다. 부처님께서는 이를 첫째 과업으로 삼으셨다. 고통의 해소와 평화 질서의 확립, 구김 없는 인간 가치의 발휘는 오직 각성(覺性) 본분의 완전한 발휘에 있다.

12. 진리를 깨달으면 참된 평화가 온다. 모든 사람이 지닌 생명의 가치, 생명 내부에 있는 위대한 창조의 능력이 여지없이 발휘되는 사회를 우리 불자들의 손으로 만들 수 있다. 평화로운 세상, 마음 놓고 살 수 있는 세상은 우리가 마음먹기에 달렸다.

13. 세계를 천국으로 만들려면 개개인의 마음이 착하고 지혜로운 사람이 되어야 한다. 사람이 바뀌면 국토도 그렇게 바뀐다. 그래서 우리는 높은 사명감을 가지고 끊임없이 정진하고 노력해서 나를 바꿔야 한다. 내가 바뀌어 갈 때 사회와 국가도 바뀌게 된다. 그리고 마

침내 우리가 궁극적인 진리를 회복했을 때 세상은 불국토가 된다.

14. 국력의 원천은 국민의 화합과 교육에 있음을 명심하자. 사회가 번성하려면 단체를 구성하는 요소로서의 개인과 그 개인이 자유롭게 자기 개성을 발휘할 수 있는 조건이 이루어져야 한다. 사회 내에서의 모든 요소, 사회집단들이 대립 없이 완전히 화합하고 단결하고 평화롭게 교류하는 질서하에서 비로소 사회는 번영하게 되는 것이다.

15. 부처님이 원하시는 바는 일체중생이 불성을 깨닫고 본연의 청정 불국토를 실현하는 것이다. 믿고 염불하는 것은 나 혼자 닦는 것이지만, 부처님의 법을 수호하고 그 법이 실현되도록 돕는 일은 이 국토에 불법 광명을 심는 일이다.

16. 우리는 여래 장자, 부처님의 가업을 계승하는 사람, 부처님의 법을 이 땅에 실천하는 불자들이다. 부처님의 법이 영원히 머무르고, 모든 중생이 미혹에서 벗어나 자재한 경계를 성취하여 성불하고, 불국토를 이루는 것은 부처님이 원하시는 바이다. 부처님의 가업은 중생을 제도해서 한 사람도 남기지 않고 성불시키는 일이다. 또한 모든 국토를 극락국으로 만드는 것이 부처님의 가업이다. 그 가업을 행동으로 실천해 나가는 이를 여래 장자라고 한다. '부처님의 법문이 영원히 머물고 이 땅에 법성광명을 빛나게 하는 것'을 목표로 하는 우리 호법이야말로 가장 완벽한 수행이라고 말할 수 있다.

17. 부처님은 영원하시고, 불생불멸(不生不滅)이며, 영겁을 진리

로 자재하신다. 부처님이 계시니 그곳이 불국토가 아니겠는가. 우리는 장차 불국토를 이룩한다고 말하기에 앞서 이미 불국에 있음을 생각해야 할 것이다.

18. 불교란 깨달음의 가르침이라는 뜻으로 부처님의 가르침이라는 뜻도 있다. 우리가 알 수 있는 역사적 부처님은 석가모니 부처님이다. 그분은 모든 사람이 진리를 깨달아 진리의 주인공이 된다는 것을 보셨다. 모든 사람이 깨우쳐 진리를 회복하고 진리 본연의 국토를 이루라고 가르친 것이 불교이다.

19. 우리는 흔히 '업장을 소멸한다, 복을 짓는다, 행복하게 된다'라는 말을 하는데, 이는 결코 수행으로 이루어지는 것이 아니다. 왜냐하면 바로 이 세계가, 이 자리가 부처님의 세계이기 때문이다. 부처님의 진리 세계를 그대로 믿고 그대로 깊이 알고 나아가야 한다.

20. '나는 불자다. 무량복을 지닌 자다. 무한한 가능성이 있다. 나는 운이 좋다. 전도가 유망하다'라는 생각으로 염불하고 기도하자. 기도할 때는 반드시 세계평화와 국가 안녕을 함께 기원한다.

21. 불교에서는 전쟁을 어떻게 볼까? 불교는 어떻게든 전쟁을 막고, 전쟁이라는 이름조차 없는 진정한 평화를 추구한다. 부처님의 가르침이 중생들을 완성시키고, 국토를 청정 불국토로 이루고자 하심을 생각한다면 이보다 더 큰 평화 추구, 인간 옹호의 가르침도 없을 것이다. 그런 만큼 불교는 전쟁을 억제하는 평화의 세력이다.

22 . 인간의 마음에서 삼독이 사라지면 전쟁 같은 것은 일어나지 않는다. 불교는 삼독을 제거하는 최상의 해독제이다. 이것만으로도 불교의 전쟁 억지력은 충분하다. 삼독심 없는 청정한 마음에서 청정 국토가 이루어지고, 평화로운 마음에서 평화로운 환경이 이루어짐은 명백하다. 경에도 말씀하시기를 "그 마음의 청정함을 따라 국토가 청정하다"라고 하셨다. 중생의 마음이 청정해진다는 점이 불교의 평화실현에 대한 기본적인 출발이 된다.

23 . 불교는 모든 사람에게서 위없는 진리를 발견하고 그것을 발현시키는 것이 목표이다. 그리고 모든 사람과 협동하고 공존할 수 있는 원리를 밝혀나가는 것도 목표 중 하나이다. 이처럼 불교가 사회적 기능을 발휘할 때 개인은 향상되고 행복하며 사회는 성장과 조화를 가져오고, 국가는 평화와 발전이 있으며, 세계와 인류는 번영을 누리게 된다.

24 . 인간이 지닌 창조의 능력은 무한하다. 인간이 지닌 창조성은 한량이 없다. 그러므로 인간 보배를 바르게 활용하면 끝없는 번영이 약속된다. 보물을 참으로 보물답게 활용함으로써 나라의 번영뿐만 아니라 세계평화가 이루어지며, 마침내 행복이라는 삶의 의의를 이룰 수 있게 된다. 개인이 성공하는 것도, 한 사회가 번영하는 것도, 인간 보배를 존중하고 활용하는 데서 오는 것이다. 나라의 발전도, 세계의 원만한 장엄도 인간 보배의 원만한 계발에 있다고 할 수 있다. 보배 중의 보배인 인간 보배를 어떻게 계발할 것인가를 불교는 가르쳐 준다.

25. 너와 나의 대립 없는 하나의 은혜, 하나의 광명, 하나의 성취 속에 서로를 보며 기쁘게 웃으며 살자. 내 마음에 예경을 채우고 우리의 국토, 우리의 역사를 따뜻한 인간 생명의 체온의 피어남으로 가꾸자.

26. 세상이 어수선하고 불안할 때일수록 우리의 마음은 더욱 밝고 늠름하며 희망에 불타 있어야 한다. 그것은 경제나 정치가 가져다주는 것이 아니라 진리의 깨달음, 진리의 실천으로 행해져야 한다. 그래야 어둠이 물러간다. 평화와 성취가 온다.

27. 우리의 개아(個我)가 동일 법성이라는 사실을 깨닫자. 우리는 개인이로되 개아가 아니고 가정과 사회와 더불어 하나이다. 조국과 더불어 하나이며, 세계와 인류와 더불어 하나이며, 우주와 진리와 더불어 하나이다. 따라서 세계 분쟁 속에서 내 나라만의 평화가 있을 수 없고, 국가의 불안을 두고 내 당파, 내 기업, 내 가정만의 번영도 있을 수 없다.

28. 중생의 대립감정, 미혹한 감정을 깨뜨려서 진리로써 하나가 될 수 있다. 진리가 지닌 공덕을 한결같이 누리자면, 육체에 물든 물질 추구의 타성을 다 깨버려야 한다. 그것은 반야(般若) 사상밖에 없다. 반야의 진리가 능히 일체 대립, 일체 고난, 일체 투쟁, 일체 악의 요소를 뿌리부터 무(無)로 돌려서 모두를 소멸시켜 버린다. 그래서 이 땅에는 전쟁의 불이 꺼지고 평화가 오고 세계평화로 이어진다.

29. 마음을 정화해서 맑게 하고, 그 마음을 진리로써 충만 시켰

을 때 그 사람의 소망이 이루어진다. 그 사람은 행복해질 뿐만 아니라 그 사람의 행복을 통해서 역사가 바뀌는 것이다. 우리나라가 참으로 부강해지고 세계평화를 가꾸는 영예로운 국가가 되려면 뿌리 깊은 참된 생명 그 자체에 흐르는 진리에 자기를 확장시키는 데서부터 시작해야 한다.

30. 자기완성, 자기의 순수청정을 확립해서 청정한 자기 힘을 끊임없이 사회와 역사에 헌신하자. 맹세코 일체중생을 구할 수 있다. 역사 앞에 자기 생명 전체를 던져버리고 용해한다는 목표로 살아가자. 자기완성을 위한 구도 정신이 강하다는 점과 구세 구국정신이 강하다는 점이 한국불교의 특성이다.

31. 마음이 청정함에 따라 국토가 청정해진다. 가정의 평화는 내 마음의 평화이다. 가족을 존중하고 가정의 평화를 생각하자. 가족 모두가 불보살의 보호를 받는 지극히 착하고 올바른 존재임을 마음속으로 깊이 신뢰하고 믿어야 한다. 그렇게 대하는 것이 가정을 평화롭고 안락하게 만드는 기초가 된다. 세상 역시 마찬가지이다. 중생이 그렇고 국가가 그렇고 세계가 그러하다.

32. 마음이 중심이다. 나의 중심은 바로 나의 마음이다. 사회와 국토의 중심도 나의 마음이다. 나 자신이 절대적인 권능을 스스로 지니고 있는 자이며, 그와 같은 책임을 지니고 있는 자이며, 그와 같은 절대 가치를 지니고 있는 자이다. 그래서 스스로 환경을 청정하게 만들고, 나 자신의 마음을 청정하게 만들어야 한다. 마음을 청정하게 하고

부처님의 지혜에 의지하면 바로 이 국토가 청정한 것을 알게 된다.

33 . '심정국토정(心淨國土淨), 마음이 청정하니 국토도 청정하다'는 이 구절은『유마경』에 나오는 가르침이다. 이 법문은 내 마음이 청정한 것을 나타냄으로써 몸도 국토요, 가정도 국토요, 우리 사회, 우리나라도 국토요, 온 중생 세계가 다 국토라는 뜻을 담고 있다. 그래서 마음이 청정하므로 국토가 청정해진다는 의미이다. 이것을 알아서 반야바라밀을 염(念)하고, 부처님의 청정광명을 생각하고 감사해야 한다.

34 . 인간의 영원성을 생각해야 한다. 100년 살다 끝나는 생명이라는 생각을 버리자. 본래 생명은 100년보다 길다. 희망과 집념을 가지고 자신이 가진 무한성을 끊임없이 끌어내서 불국토를 실현하자. 서로 아끼고 사랑하고 진리를 꽃피우는 국토를 만들어야 한다.

35 . 개아(個我)의 존중, 개아의 자유, 개아 능력의 전적인 계발과 만인의 존중 화합, 마찰 없는 단결이 국력의 토대임을 생각한다. 이 길은 불자뿐만 아니라 위정자, 온 국민이 함께 배워 갈 공도이다. 이 길이 스스로를 지키고 나라를 지키고 세계평화를 지킨다. 불자는 이 길에 동참해야 한다.

36 . 청정 자성이 지닌 무한공덕, 제불보살이 쓰시는 무한공덕, 이 모두를 개성으로 삼고 중생 한 명 한 명은 태어났다. 중생들의 본래 면목은 부처님 마음이고, 중생들이 지닌 천차만별의 개성들은 모

두가 보살들의 무한한 공덕세계를 나타내 보인 것이다.

37. 말하자면 불심이라는 끝없이 높고 넓은 꽃동산에 핀 천만 가지 꽃들이 바로 중생이다. 그러므로 중생들의 가지가지 특징은 부처님의 마음 바다에 핀 아름다운 꽃이다. 바르게 보면 부처님의 마음속에 흐르는 무한청정 공덕이 오늘의 중생이라는 말이다. 중생들은 중생이 아니요, 기실 여래의 청정 자성을 분별하는 것이라는 까닭이 여기 있다.

38. 그러므로 그 중생 하나하나를 받들고 섬기고 수순하는 것이 어찌 제불보살을 받들고 섬기고 수순함이 아닐까. 중생 국토를 떠나 불국토가 없음을 여기서 말할 수 있다. 그리고 중생 하나하나가 소중하며, 중생들이 제각기 지닌 모든 개성이 사실은 지극히 아름답고 순수하고 고귀한 것임을 알아야 한다. 거듭 말하거니와 중생이 중생이 아닌 것이다. 중생상이 중생상이 아닌 것이다. 중생 세계가 중생 세계가 아닌 것이다.

39. 우리는 이 가르침 속에서 자신을 대하고 이웃을 대하고 중생을 대해야 한다. 이처럼 대하는 마음이 보살의 수순이다. 자성의 청정함을 구체적으로 내어 쓰는 것이 된다. 이러할 때 어디에서 대립과 투쟁이 일어난단 말인가. 끝없는 평화와 조화의 물결이 흐르고 있다. 온 세계와 온 중생에게 끝 모를 환희가 밀려올 것이다.

40. 우리 불자들은 깊이 뉘우치고 다짐하는 바가 있어야 하겠다.

이 조국 강토 위에 평화를 가져오고 통일이 오게 하려면 무엇보다 행원과 수순을 배워야 한다. 수순을 배우면 불화하고 불목하고 대립할 자가 없다. 모두가 형제며 한 몸이다. 내 고장 내 나라가 내 생명이며, 그곳 모든 형제가 내 피를 함께 나눠 쓰는 거룩한 생명이다.

41. 우리가 항상 평화롭고 자비로운 마음과 감정으로 행동한다면 가정과 나라와 세계의 평화에 공헌할 수 있다. 반대로 서로 대립하고 미워하고 투쟁하는 마음을 일으킨다면 가정은 소란해진다. 그가 속한 직장이나 사회는 어지러워지고 나라와 세계가 불안해지는 데 일조하게 된다.

42. 우리의 정신 파동은 내 주변에 영향을 미치고 나아가 환경에 변화를 준다. 따라서 우리는 항상 평화와 우정과 협동과 밝은 번영을 생각해야 한다. 이를 위해 일심으로 반야바라밀을 염(念)하는 사람은 자신의 환경을 평화와 번영으로 바꾸기 위해 힘쓰는 사람이다. 가정과 사회와 나라의 안녕을 형성하는 사람이다. 우리가 마음먹은 것이 현실에서 구체적으로 이루어진다는 사실을 명심해야 한다.

43. 참으로 진리에 근거해 진리를 행하는 나라가 되면, 그 나라에 있는 모든 국민은 진리의 영광과 기쁨, 진리의 성취를 누리게 된다. 그러나 우리의 사회나 국가가 진리를 모르고 허둥대는 사회가 된다면 그 폐단은 말할 수 없다. 우리는 불법을 배워서 자기 성취를 이루고, 이를 통해 사회와 국가, 나아가 세계평화에 이바지해야 한다.

44. 사회가 진리를 모르고 진리가 아닌 것을 행하고 야욕을 충족시켜 주는 집단에 의해 움직인다면 그 사회의 구성원들은 모두 불행해질 것이다. 그 사회가 주도하고 있는 역사가 오염되었기 때문이다. 이는 그 사회의 미래까지도 악에 물들게 한다. 이를 방지하기 위해서는 불법이 진리라는 사실을 믿어야 한다. 불법의 진리는 때와 장소를 가리지 않고 적용된다. 개인이 깨달아서 적용하고, 사회가 깨달아서 적용하면 개인이 완성되듯이 사회도 완성되어 불국토를 이룰 수 있다.

45. 온 세계가 평화로워야 한다. 온 누리가 전생을 영영 잊어버리고 진리의 공덕이 충만한 국토가 되어야 한다. 모든 사람이 자신의 가슴속에 부처님의 한량없는 지혜와 위덕과 자비와 위신력을 여지없이 발휘해서 완전한 성취를 이룬 나라, 이런 국토가 되는 것이 나의 소망이다.

46. 여기에 어찌 대립과 투쟁이 있을 수 있겠는가. 뜨거운 단결과 협동만이 있다. 겨레는 진리로 하나가 된다. 세계를 진리로 꽃피우고 인류의 가슴속에 뜨거운 진리의 피가 함께 넘쳐흐를 때 어느 곳에 투쟁하고 정복할 적이 남아 있겠는가. 중생이 일심이요, 세계는 일화(一花)라는 사실만이 현전할 것이다.

나무 마하반야바라밀.

제

5

부

서원·발원·찬불가

제 1 장

서원·염송

1. 마하반야바라밀 염송

보살이 국토를 장엄하여 불국토를 이루는데 무상의 여의보주를 가졌으니 보살은 이 보주를 항상 굴리어 대위신력을 발휘하고 중생을 제도한다.

이 보주는 '마하반야바라밀'이다. 관세음보살도 마하반야바라밀로 '관자재'하시어 '오온개공'하여 일체 고액에서 해탈하신다. 일체 보살이 반야바라밀다로 일체 공포를 타파하고 자유를 성취하며 열반을 증득하고 성불한다. 마하반야바라밀다는 이것이 대신주다. 대명주다. 무상주다. 무등등주다.

마하반야바라밀다가 구르는 곳에 일체 고가 없어지며 일체의 장애가 타파되며 삼악도가 없어진다. 광명 천지가 열리고 일체 소원이 성취되며 자재 해탈을 얻게 된다. 일체 불보살과 함께하게 되어 그 위신력을 쓰기 때문이다. 그러므로 불광보살은 생각마다, 걸음마다, 항상 마하반야바라밀을 힘차게 염송하는 것이다.

마하반야바라밀을 염할 때는 자세를 바르게 하고 합장 또는 대삼마야인을 맺는다. 눈을 감고 자신의 마음에 부처님이 함께하고 있고 부처님의 빛나는 위신력과 큰 공덕이 넘치고 있음을 관한다. 동시에 일체 소원이 성취되는 자신과 용기를 가지고 환희심과, 감사한 마음으로 마하반야바라밀을 일심 염송한다.

2. 법등일송(法燈日誦)

생명은 밝은 데서 성장한다. 인간은 밝은 사상에서 발전이 있다. 우리의 본면목이 원래로 밝은 생명이기에.

어둠을 찢고 솟아오르는 찬란한 아침 해를 보라. 거침없는 시원스러움이, 넘쳐나는 활기가, 모두를 밝히고, 키우고, 따뜻이 감싸주는 너그러움이 거기 있다.

이 한 해를 결코 성내지 않고, 우울하지 않고, 머뭇대지 않고, 밝게 웃으며, 희망을 향하여 억척스럽게 내어닫는 슬기로운 삶으로 만들자.

빛을 향하는 곳에 행운이 있다. 성공이 온다.

오늘 우리는 몇 번 남을 칭찬하였던가. 오늘 우리는 몇 번 남의 허물을 말하였던가. 칭찬하면 태양이 나의 주위에서 빛나고, 비방하면 어둠이 나를 감고 돌아간다. 칭찬하는 마음에는 천국이 열려가고, 비방하는 발길에는 가시덤불 엉기나니.

입은 진실과 광명을 토하는 문이다. 언제나 찬탄과 기쁨을 말하도록 하자.

쾌활은 빛이고 우울은 어둠이다. 쾌활과 우울은 공존하지 못한다. 쾌활해지면 우울이 사라지고, 우울해지면 쾌활이 사라진다. 쾌활하게 살자. 크게 웃고 살자. 우울해지면 웃음을 터트리자. 마음이 밝을 때, 건강과 행운이 오는 법이다.

사람들 중에는 말과 표정과 몸가짐 전체로 밝게 빛나는 사람이 있다. 이런 사람은 어디를 가나 환영받는다.

설사 초청받지 않은 자리라도 마치 겨울의 햇빛처럼 누구에게나 환영받는다. 초청받은 사람이라도 마음이 어두운 사람은 언젠가는 사람들이 싫어한다.

사람이 우울한 것을 싫어하기 때문이다. 마음 밝은 사람에게는 행운이 따라붙고, 어두운 사람에게는 불운이 따라붙는다.

'나는 불행하다'고 생각하였을 때, 불행한 일은 찾아든다. 그러니 결코 근심스러운 표정이나 성난 표정은 하지 말아야 한다.

생각은, 이것이 하나의 조각가와도 같다. 사람의 용모 위에 재주를 부린다.

사람을 미워하면 주름살을 나타내고, 슬퍼하면 얼굴 위에 슬픔을 그려낸다. 따뜻한 자비심은 보살을 나타내고, 근심 걱정할 때에는 용모를 어둡게 만들어 간다. 용모가 어두울 때, 어두운 운명이 오는 법이다. 마땅히 모든 근심 걱정 털어버리고 밝은 행복을 생각할 것이다. 평화롭고, 만족스러운 표정, 희망에 넘치는 미소는 그 사람에게 영원한 젊음과 아름다움을 나타낸다.

아무리 어두운 구름이 덮여오더라도 태양은 거침없이 찬란한 빛을 부어댄다. 아무리 고난과 불안이 밀어닥쳐도 우리의 희망, 우리의 전진을 가로막지는 못한다.

구름을 벽으로 아는 자에게 길이 막힌다. 구름을 두려워 떠는 자에게 불행이 온다.

고난과 불행은 움직이는 필름의 영상과 같이 나타났을 때 사라진다. 그것은 그림자다.

두려워 말고 흔들리지 말고 앞으로 나아가자.

희망과 용기와 자신을 더하고 성공을 꿈꾸자.

영겁의 생명, 진리의 태양은 지금 우리의 가슴을 뛰고 시시각각 우리의 결단을 기다리고 있다.

원래로 보름달과 같이 원만한 우리 마음인데, 이를 가로막는 것은 감정의 구름 덩어리다. 원래로 행복한 우리 인생인데, 불행하게 만든 것은 번뇌 망상이다.

원망, 질투, 시기, 분노, 복수심, 슬픔, 삿된 욕망, 쓸쓸한 생각, 또는 무거운 죄의식 – 이런 것들이 우리의 밝은 마음을 흐리게 한다. 흐린 마음 어두운 마음에서 불행과 병고가 생긴다.

그러므로 우리는 항상 밝고 맑은 마음이어야 하고 결코 남을 미워하거나 원망하여서는 아니 된다. 어두운 망상이 나면 털어버리고 나쁜 마음이 들면 참회하여 맑혀야 한다. 참회는 망념을 정화하는 최상의 영약이다.

3. 법등십과(法燈十課)

1. 조석으로 법등일과를 지키고 부처님께 감사하며, 기쁜 마음으로 하루를 시작합니다.
2. 하루 세 번 이상 합장하고, '나는 불보살님과 함께 있다. 나는 건강하고 반드시 행운이 온다.'라고 선언합니다.
3. 매일 선조와 부모님과 가족과 이웃에게 감사합니다.
4. 사람을 만났을 때, 먼저 밝은 미소[和顏]와 친절한 말로 대하고, 무엇으로든 도와드릴 마음을 가집니다.
5. 공공일과 대중사에 앞장서고, 무슨 일이든 정성을 기울여 최선을 다합니다.
6. 매일 법등오서를 읽고 전법을 실천하며, 법회에는 반드시 출석합니다.
7. 자기 법등과 자기 번호와 마하보살 이름을 기억하고, 자주 연락을 가지며 법등가족의 거룩한 책임을 다합니다.
8. 병든 이나 고난에 빠진 이를 만나면 반드시 기도하고 돕습니다.
9. 자기 소망을 기원할 때도, 나라와 세계의 평화 번영과 중생의 성숙을 함께 기원합니다.
10. 법등가족은 감사, 찬탄, 헌신, 전법을 신조로 삼고 법등으로 호법하고 호국할 것을 명심합니다.

4. 법등오서(法燈五誓)

우리는 불광법등입니다.
전법(傳法)으로 바른 믿음을 삼겠습니다.
전법(傳法)으로 정정진을 삼겠습니다.
전법(傳法)으로 무상공덕을 삼겠습니다.
전법(傳法)으로 최상의 보은을 삼겠습니다.
전법(傳法)으로 정토를 성취하겠습니다.

5. 보현행자의 서원(축약본)

서분

보현행원은 나의 생명을 부처님 태양 속에 세우는 일이며, 내 생명에 깃든 커다란 위력을 퍼내는 생명의 숨결이며, 박동입니다. 보현행원은 나의 영원한 생명의 노래이며, 나의 영원한 생명의 율동이며, 나의 영원한 생명의 환희이며, 나의 영원한 생명의 위덕이며, 체온이며, 광휘이며 그 세계입니다. 나는 이제 불보살님 전에 나의 생명 다 바쳐서 서원합니다.
보현행원을 실천하겠습니다.
보현행원으로 보리를 이루겠습니다.
보현행원으로 불국토를 성취하겠습니다.

예경분

부처님께 예경하겠습니다.
일체 세계 일체 국토에 계시는 미진수 부처님께 예경하겠습니다.
아무리 모나게 나에게 대하여 오고, 아무리 억울하고 다시 어려운
일을 나에게 몰고 오더라도 거기서 자비하신 부처님을 보겠습니
다. 비록 형상과 나툼이 아무리 거칠더라도 진정 곡진하신 자비심
을 깊이 믿고 감사하겠사오며 그 모든 부처님을 공경하겠습니다.
온갖 방편 다 기울여서 영원한 미래가 다하도록 예경하겠습니다.
그리고 이 사회, 이 국토, 이 질서 속에서 이와 같은 불성 인간의 존
엄과 신성이 보장되고, 그가 지닌 지고한 가치와 능력과 덕성이 발
휘되도록 힘쓰겠습니다.

찬양분

모든 부처님을 찬양하겠습니다.
일체중생 모두가 부처님의 공덕을 갖추었으니 일체중생이 갖춘 그
모든 공덕을 찬양하겠습니다. 부처님께서 완전하심과 같이 일체중
생이 원만한 덕성임을 믿사오며, 그 모두를 항상 찬양하겠습니다.
중생과 세계의 나타난 현상이 아무리 거칠고 부정하게 보이더라도
실로 실상은 청정하고 원만하오니 저는 중생과 세계의 실상을 찬
양하고 긍정하는 말을 하겠습니다. 그리하여 저희들이 닦는바 찬
양하는 행원은 이것이 이 세상에 평화와 번영과 청정과 협동을 실

현하는 심묘한 작법임을 믿습니다.

공양분

널리 공양하겠습니다.
시방세계 일체처에 미진수의 부처님이 계시고 한량없는 보살들이
함께 계심을 믿사오며, 눈앞에 대한 듯 분명한 지견으로 모든 불보
살께 공양하겠습니다. 법공양에 힘쓰겠습니다. 법공양을 행함은 일
체 불보살의 바라시는 바를 실현하는 것입니다. 그러므로 법공양
을 행하면 보리의 싹이 자라고, 법공양을 행하면 무량공덕문이 열
리며, 법공양을 행하면 중생이 성숙되고, 법공양을 행하면 국토가
맑아지오며, 제불 보살이 환희하시옵니다.

참회분

모든 업장을 참회하겠습니다.
내 이제 청정한 삼업에 돌아가 모든 불보살님 전에 거듭 지성으로
참회하옵니다. 다시는 악한 업을 짓지 않겠습니다. 영영 청정한 일
체 공덕 속에 머물러 있겠습니다. 참회하였으므로 죄업이 소멸되
고, 모든 죄업이 소멸되었사오매 저의 생명에는 끝없는 부처님의
자비공덕이 넘쳐남을 믿사옵니다. 항상 밝은 마음, 항상 맑은 마음,
항상 활기찬 마음으로 일체 공덕을 실천하겠습니다. 고난과 장애

를 당하여 결코 불평하거나 원망하지 않겠습니다. 고난이 나타났으므로 업장이 소멸되고 참회하여 소멸되었음을 믿고 기뻐하고 용기를 내겠습니다.

수희분

남이 짓는 공덕을 기뻐하겠습니다.
이 세간 누구와도 대립된 자 없고 불화할 사람 없사오니 이 천지 누구와도 화합하고 화목하게 지내며 존중하겠습니다. 일체와 화합하고 일체와 둘이 아님을 쓰는 데서 저희들은 부처님의 은혜를 받을 수 있는 것이며 그 기쁨을 누릴 수 있사옵니다. 일체중생과 둘이 아닌 이 몸을 이루게 하는 '감사'와, '함께 기뻐하는' 이 심묘한 법을 저희들은 생명껏 노래하고 받들어 행하겠습니다.

청법분

설법하여 주시기를 청하겠습니다.
부처님 법은 이것이 영겁의 보배이며, 영원한 생명수입니다. 부처님의 법으로 중생은 대해탈을 성취하며, 이 세계는 불국토로 바뀝니다. 불법이 있으므로 해서 중생의 희망도 국토의 평화도 마침내 이룰 수 있사옵니다. 이 땅위에 평화가 영원하도록, 모든 중생이 환희하도록, 이들 모두를 가꾸고 키워주시는 감로의 법우가 끊임없이 포근히 내려지도록 지극정성 기울여서 권청하겠습니다.

주세분

모든 부처님께 이 세상에 오래 계시기를 청하겠습니다.

부처님은 법계의 태양이시며, 선지식은 일체중생을 돕고 성숙시킬 마지막 의지처이십니다. 이 모든 성스러운 스승님께서는 항상 밝고 맑은 청정법을 흘러내시어 중생을 키워주시고 세계를 윤택하게 하여 주시옵니다. 이 땅 위에 감로수가 끊이지 아니하도록, 복전이 영원하도록, 지혜의 태양이 영원히 빛나도록, 중생이 의지할 두려움이 없는 힘이 영원하시도록 저희들은 기원드리겠습니다

수학분

항상 부처님을 따라 배우겠습니다.

부처님께서 발심하고, 정진하고, 고행하시고, 대각을 이루시고, 교화하시는 그 사이에 베푸신 청량 못할 무량법문은 모두가 중생들이 닦아가야 할 표준을 보이심이십니다. 부처님이 행하신 바 그 모두는, 마땅히 배우고 의지하고 닦아 이룰, 위없는 대도이며 묘법임을 깊이 믿고 지성 다해 받들어 배우겠습니다.

수순분

항상 중생을 수순하겠습니다.
저희들은 모든 중생에게 부처님을 대하듯 공경하고 받들어 섬기겠습니다. 중생은 자성분별이요, 수순은 자성청정의 실현이오니, 이것이 보살의 최상행임을 믿사옵니다. 중생들을 성숙하고 참된 이익을 주기 위하여 저희들은 부지런히 지혜를 닦겠사오며, 다시 서원과 방편을 깊이 닦아서 항상 모든 중생을 수순하겠습니다.

회향분

지은바 모든 공덕을 널리 중생에게 회향하겠습니다.
바라옵나니 저 모든 중생이 모두 해탈하여 무상보리를 성취하여지이다. 제가 지은 공덕은 일체중생의 공덕이 되어 저들의 미혹한 마음이 활짝 밝아지오며, 불보살이 이루신바 모든 공덕을 수용하고 불국토의 청정광명을 영겁토록 누려지이다. 옛 불보살이 이러하셨으며, 오늘의 불보살이 이러 하시오매, 저희들의 회향도 또한 이러하옵니다.

나무 마하반야바라밀!

6. 보현행원송(축약본)

보현행원 수행하는 보살들이여

모-든   부처님께 예경할지라
일체여래 모든공덕 찬탄할지라
시방세계 일체불에 공양할지라
무시이래 지은업장 참회할지라
모든여래 지은공덕 기뻐할지라
일체불께 설법을- 청할지로다
일체제불 주세간을 청할지로다
어느때나 여래따라 배울지로다
온갖형상 일체중생 수순할지라
중생에게 보든공덕 회향할지라
허공계가 다하고 중생 다하고
중생의 번뇌가 다할지라도
보살의 행원은 다하지 않아

보현행원은 나의 진실생명의 문을 엶이어라
무량위덕 발휘하는 생명의 숨결이어라
보현행원은 나의 영원한 생명의 노래
나의 영원한 생명의 율동
나의 영원한 생명의 환희
나의 영원한 생명의 위덕

체온이며 광휘이며 그 세계이어라

내 이제 목숨 바쳐 서워하오니
삼보 자존이시여 증명하소서

보현행원을 수행하오리
보현행원으로 불국이루리
보현행원으로 보리이루리
나무 마하반야바라밀
나무 대행보현보살마하살

제2장
기도·발원문

1. 반야보살 행원기도문

위없는 진리로서 영원하시고 법성 광명으로 자재하옵신 본사세존이시여, 저희들의 지성 섭수하시고, 자비 거울로 간곡히 살펴 주옵소서.

대자대비 세존께서는 온 중생 하나하나 잠시도 버리지 않으시고 영원한 진리 광명으로 성숙시키시건만, 미혹한 범부들이 크신 광명 등지고 스스로 미혹의 구름을 지어 끝없는 방황을 계속하여 왔사옵니다. 장애와 고난과 죽음이 따랐고, 불행과 눈물과 죄악의 업도를 이루었사옵니다. 그러하오나 부처님의 지극하신 자비 위신력은 저희들을 살피시고 감싸시어 저희들에게 믿음의 눈을 열게 하셨사옵니다.

저희들의 본성이 어둠과 죄악이 아니고 광명과 지혜이오며, 불안과 장애가 아니고 행복과 자재이오며, 무능과 부덕이 아니라 일체 성취의 원만 공덕이 충만함을 깨닫게 하셨사옵니다. 저희 생명에서 부처님의 자비로운 위신력이 샘물처럼 솟아나고, 부처님의 크신 자비와 큰 서원은 생명의 소망으로 빛나고 있음을 깨달았습니다.

저희들의 용기는 무장애 신력으로 장엄하였고, 부처님의 자비하신 가호력이 영원히 함께함을 깨달았습니다.

부처님의 크나큰 원력이 저희들과 저희 국토를 성숙시키시니 저희 국토는 영원히 진리를 실현하고 영광으로 가득 채울 축복될 땅임을 깨달았습니다. 이처럼 커다란 은혜와 찬란한 광명으로 장엄한 저희들에게 어찌 실로 불행과 고난이 있사오리까.

영원히 행복하고 뜻하는 바는 모두 이루며, 행운과 성공이 끝없이 너울치는 은혜의 평원이 열리고 있사옵니다. 마하반야바라밀의 크신 위덕이 이와 같이 일체중생, 일체 국토를 광명으로 성숙시키고, 일체 생명 위에 무애 위덕을 갖추어 주셨사옵니다. 이와 같은 부처님의 대자비 은덕으로, 저희들의 생각은 항상 맑고 뜻은 바르며, 마음은 끝없이 밝은 슬기로 가득 차 있사옵니다. 그러므로 저희들이 부처님의 반야 법문을 깨닫고 이 믿음에 머무르니 끝없는 행복의 나날이 열려 옵니다. 불행은 이름을 감추고, 희망의 햇살은 나날이 밝음을 더하고, 성공의 나무에는 은혜의 과실이 풍성하고, 저희들의 생애는 끝없는 성취를 충만케 하십니다.

대자비 세존이시여, 이제 저희들은 부처님의 끝없는 은혜 광명 속에서 지성으로 감사드리고 환희 용약하오면서 서원을 드리옵니다. 저희들은 반야 법문에서 결코 물러서지 않겠습니다. 생명의 바닥에 영원히 빛나는 부처님의 끝없는 은혜를 잠시도 잊지 않겠습니다. 온 누리 온 중생 위에 끊임없이 넘치는 부처님의 자비 은덕을 끝없이 존경하고 찬탄하겠습니다. 부처님을 위시한 일체 삼보님과 일체중생에게 온갖 정성 바쳐 공양하고, 섬기고 받들겠습니다. 그리하여 영원토록 모든 국토 모든 중생에게 평화, 행복이 결실되도록 힘쓰겠습니다.

자비하신 세존이시여, 저희들의 이 서원이 이루어지도록 가호하여 주옵소서. 모든 번뇌에서 해탈하고 고난에서 벗어나며, 대립과 장애와 온갖 한계의 벽을 무너뜨리고, 걸림없는 반야광명이 드러나게 하여 주옵소서. 미혹의 구름이 덮여 올 때 믿음의 큰 바람이 일게 하시며, 고난과 장애를 보게 될 때 바라밀 무장애의 위덕이 빛나게 하여 주옵소서. 그리하여 저희들의 생애가 보살의 생애로서, 일체중생과 역사와 국토를 빛냄으로써 마침내 부처님의 크신 은덕을 갚아지이다.

나무 석가모니불
나무 석가모니불
나무 시아본사 석가모니불.

2. 구국구세발원문

상래에 닦은바 모든 공덕을 중생과 보리도에 회향하옵고 금일제자 일심청정 계수하오며 자비하신 부처님 전 기원합니다.

바랍노니 대자대지 세존이시여 걸림 없는 위신력을 베풀으시사 저희들의 간절한 뜻 거둬주소서. 저희들이 보리도를 닦는 가운데 반야 지혜 어느 때나 빛나지이다. 다생 동안 지은 죄업 소멸하옵고, 금생에 지은 장난 맑혀지오며, 심신은 청정하고 강건하오며, 보살 지혜 모든 방편 갖춰지이다. 선지식들 함께 모여 동지를 삼고 무진장 복의 물결 순환하오며, 본지풍광 어느 때나 현전하여서 법의 수레 미묘법문 굴려지이다.

이미 가신 부모님 보리 이루고, 살아계신 사친님 만복하오며, 애혼들은 광명의 길 얻어지이다. 중생과 세계 구할 보배 뗏목은 평등 공심 자비를 빌어서 가며, 진리의 바른길을 열고자 하면 보리 공덕 살리는 법문뿐이라 바랍노니 세 가지의 공만(公慢)을 알아 온 세상 살해업을 건네지이다.

영원토록 세계평화 이루려 하면 무엇보다 조국부터 구해야 하고 길이길이 세계인류 안락하려면 피를 나눈 겨레부터 구해야 하매 이와 같이 나라와 겨레 구하고 마침내 대천세계 한 몸 이루어 모든 중생 혈구처럼 살아지이다.

거룩하온 구세대비 삼보이시여! 문수보현 관음지장 대성이시여!

저희들의 작은 서원 어여삐 보사 살피시고 도우시고 가피하시며 큰 지혜로 한 몸처럼 살펴주시사 위없는 살바야지 원만히 이뤄 법계중생 모두 함께 마하반야바라밀, 나무 석가모니불!

3. 호법발원문

위없는 진리로서 영원하시고 법성 광명으로 자재하옵신 부처님!
정법 호지를 발원한 ○○○불자는(은) 부처님의 지극하신 가호력에
힘입어 일심으로 발원하옵니다.

바라옵건대 자비광명 비추시어 살펴 주옵소서.

저희들을 대자대비 무애 위신력으로 가호하시사, 마하반야바
라밀의 큰 법을 배우게 하시며, 저희 가족 모두를 대성취의 길로 이
끌어 주심을 감사드리옵니다.

이제 저희들은 가족과 함께 정법 호지와 불토 성취의 기초가
되고자 정법 호지를 발원하오니 대자비로 섭수하여 주옵시고 크신
위신력으로 가호하여 주소서.

저희들의 서원력은 문수·보현과 같게 하시고, 정진력은 지장
과 같게 하사, 만나는 사람마다 무상법을 전하옵고 겨레와 인류역
사 위에 정법 광명이 빛나게 하여 주옵소서. 그리하여 저희 조국은
평화통일 이루옵고, 겨레와 인류가 지닌 뜻 조화있게 피워내어 일
체중생이 빠짐없이 보리심을 내어지이다.

아울러 바라옴은 저희들과 가족과 일체중생의 가슴속에 부처
님의 청정 위덕이 햇살처럼 솟아나 지혜와 복덕을 두루 갖추며 나
날이 상서 일어나고, 모든 재난 소멸하여 진실불자의 대원을 원만
히 이루게 하여 주옵소서.

저희들 이제 이 땅에 감로법을 널리 펴 부처님 정법이 영원히
머물며 겨레와 국토를 법성 광명으로 빛낼 것을 굳게 서원하오며
거듭 자비하신 삼보전에 계수하옵니다.

나무 석가모니불
나무 석가모니불
나무 시아본사 석가모니불.

4. 전법발원문

일체 진리의 근원이신 부처님, 지극한 지혜이시며 자비이시며 한량없는 은혜이신 부처님, 일체 국토, 일체중생의 근원에 머무시사 일체중생을 진리의 성숙으로 인도하옵시는 부처님, 저희들에게 각별하신 위덕 내려 주시사 마하반야바라밀의 크신 법문을 일깨워 주심을 감사하옵니다.

저희들은 크옵신 법문에서 스스로의 생명을 새로이 하였사옵니다. 저희 생명이 뿌리하고 있는 터전과 생명이 나아가는 목표에 대하여 믿음의 눈을 열게 되었음을 거듭 감사드리옵니다.

저희들은 부처님 크신 법문 아래에서 저희들과 가족과 겨레와 나라를 가꾸고 받들고 발전시키는 큰 사명에 눈떴사오며 부처님의 크신 부촉이 저희들 모두에게 지극하신 은혜로 내리고 있음을 깨달았습니다.

대자대비 본사 세존이시여! 저희들은 지난 동안 전법보은의 서원을 세워 큰 정진을 일으켜 개인 수행과 법회활동을 통하여 적지 않은 성과를 거두었습니다. 저희들은 이 은혜가 저희들로 하여금 이 땅, 이 겨레 모든 중생에게 부처님의 크신 은혜를 깨닫게 하고, 진리에 의한 평화 번영과 창조를 이룩하게 하시는 거룩한 의지의 표현임을 깊이 믿사옵니다.

그리하여 저희들이 정성 바쳐 전법의 원을 세워 행하는 곳에는 언제나 부처님의 무애 위신력이 함께 하심을 굳게 믿사옵니다. 저희들은 이제 서원을 새로이 하여 부처님 광명을 받들어 봉사 전법에 더욱 헌신할 것을 맹세하옵니다.

부처님께서는 저희들에게 성장하는 조국에 있어 진리의 바탕을 담당케 하시고, 발전하는 역사를 진리에 의한 참된 성장을 확보케 하시는 거룩한 사명을 주셨사옵니다.

저희 조국의 참된 번영을 이루고 세계와 인류의 참인간을 위한 평화의 길을 닦는 것이 저희에게 주어진 거룩한 사명임을 자각하옵니다.

대자대비 본사 세존이시여, 저희들에게 법성의 지혜를 더욱 밝혀 주시옵고 진여의 위덕이 넘치게 하여 주옵소서.

거룩한 진리에 의하여 저희 겨레와 조국을 빛내고 인류역사를 밝혀가는 보살의 업을 담당케 하여 주옵소서.

저희들은 보현행원을 받들어 온 이웃을 수순하고 저들이 고난과 어둠을 당하였을 때 몸 바쳐 돕겠습니다. 온 가족과 온 이웃과 온 겨레의 가슴에 바라밀의 등불이 빛나도록 힘쓰겠사오며, 저희들이 목표한 바 전법과업을 기어이 달성하겠습니다. 법등 형제가 상호 심방하여 형제의 우의와 협동의 힘을 드높이겠습니다.

그리하여 온 형제와 겨레를 부처님 광명으로 빛나게 하고 영광된 조국의 역사를 이루게 하겠습니다.

대자대비 부처님이시여, 거듭 바라옵건대 저희들의 이 발원을 섭수하여 주시옵고 저희들 한 사람 한 사람에게 크옵신 은덕 부어 주옵소서. 저희들이 뜻하는 바는 부처님의 대비원력과 함께 하게 하시고 저희들이 행하는 곳에 부처님의 지혜와 위덕이 함께 하시며, 저희들이 대하는 모든 사람, 모든 일에 부처님의 자비로운 위신력이 넘쳐지이다.

그리하여 저희들의 봉사, 헌신, 전법의 정진이 원만 성취되어, 부처님의 크옵신 은덕을 갚아지이다. 저희들의 이 발원이 대자대비 부처님의 크신 원력 속에 원만 섭수되옴을 믿사오며, 거듭 계수하오며, 서원을 굳게 하옵니다.

나무 석가모니불
나무 석가모니불
나무 시아본사 석가모니불.

5. 수계발원문

태양의 지혜로 빛내 주시고 달빛의 자비로 감싸 주시며 원만 성숙으로 인도하시는 대자비 본사 세존이시여!

세존께서는 더없이 크신 은덕으로 온 중생을 깨달음의 길로 이끄시는 가운데 오늘 다시 저희들에게 대자비의 계 법문을 열어 주셨습니다.

이제 저희들 불광 불자들은 새로운 감동으로 계수하오며 감사드립니다.

돌이켜 생각하옵건대 세존께서는 저희들에게 미욱하고 고통 받는 중생살이에서 본래 밝은 본성의 땅에 언하에 들게 하시며, 범부 고쳐 성위에 들게 하는 가지가지 수행문을 열어 주시옵고, 오늘 다시 저희들에게 계법에 들게 하시어 중생 미혹을 벗어나 무량 공덕 무애 위신력을 수용케 하고 마음의 어둠을 밝혀 주시어 끝없는 청정에 눈뜨게 하셨사옵니다.

계법을 통하여 저희들은 기나긴 어둠에서 벗어나고 고통의 사슬에서 풀려나며 원만 자재 무량 성취의 대위덕에 눈뜨게 하셨습니다. 거듭 계수하오며 위없는 대자비 계 법문에 귀의합니다.

저희들은 오늘 크신 은혜 받들어 오계를 받았사오며 또한 이미 받은 오계 법문을 새롭게 수지하겠습니다.

자비하신 본사 세존이시여,

저희들은 지성 바쳐 오늘 받은 계법을 받들어 행하겠습니다. 결코 청정 계법에서 물러서지 않겠습니다.

깊은 생명에서 울려오는 부처님의 자비하신 목소리를 가슴으로 들으면서 온갖 장애, 온갖 고난, 온갖 혼미를 이겨내어 진실을 밝히는 바라밀 불자가 되겠습니다.

저희들이 받드는 오계 법문이 진실 생명에서 솟아나는 부처님의 대자대비 광명임을 가슴 깊이 받드오며 일심 기울여 정진하겠습니다.

저희들은 오늘 받은 계법으로 저희들의 마음에 청정심이 끊임없이 넘쳐나게 되었사옵니다. 저희들은 다시 새로운 결의로 이 땅 위에 생명 존중 인간 신성의 법문이 줄기차게 넘치도록 힘쓰겠사오며 자비 보시의 가르침이 사회 구석구석에 넘쳐 거룩한 생명 조건의 보장과 건전한 경제환경 여건 속에서 풍요와 평화, 정의와 우애가 성장하게 하겠사오며 청정과 진실과 본성 공덕의 절대 긍정에서 조화로운 창조의 물결이 끊임없이 이어지고 나아가 반야바라밀을 굳건히 염하여 이 땅 위 온 중생에게 정념 선정을 넓고 깊게 확립하겠습니다. 계법으로 행동하는 저희들의 서원은 온 겨레 온 인류 일체중생에 퍼져서 필경 청정·원만·평화·창조의 물결이 온 누리, 온 세계에 영겁토록 너울 치게 하겠습니다.

대자대비 본사 세존이시여, 엎드려 기원하옵나니 저희들의 오늘의 서원을 자비로서 거두시며 증명하여 주시옵고 기필코 저의 조국과 세계 구석구석에 계법 확립·중생 성취·정토 실현의 대원을 이루도록 무애 위신력으로 가호하여 주시옵소서.

이 자리 저희들의 오늘의 발원을 눈부신 광명 위덕으로 증명하시고 가호하옵시는 자비 은덕에 다시 없는 감사를 올리오며 이 자리를 함께 한 온 불자들은 일심 기울여 거룩하신 삼보님과 계 법문 앞에 이 서원을 올립니다.

대자비로 섭수하여 주옵소서.

나무 석가모니불
나무 석가모니불
나무 시아본사 석가모니불.

제3장
찬불가 (광덕 스님 작사)

1. 마하반야의 노래

거룩한 상서 광명 영원에서 부어지고
장엄스런 공덕 구름 온 하늘을 덮었어라.
삼라만상 모든 생명 환희를 노래하니
아, 이 땅은 은혜의 불광 바라밀 국토로다.
마하반야 마하반야 마하반야바라밀
마하반야 마하반야 마하반야바라밀

태양은 나의 두 눈 걸림없는 지혜의 눈
가슴에는 대자대비 보살원력 타오른다.
사자왕의 창조 위력 영겁으로 파도치니
아, 우리는 영광의 불광 불광의 본신이라.
마하반야 마하반야 마하반야바라밀
마하반야 마하반야 마하반야바라밀

온 누리 모든 국토 불국이룰 터전이며
형제와 이웃들은 문수보현 화현이라.
구세원력 함께 뭉쳐 불국토를 이룩하니
아, 우리는 영원한 불광 불국의 역군이라.
마하반야 마하반야 마하반야바라밀
마하반야 마하반야 마하반야바라밀

2. 임의 숨결

우리 님 눈부시고 다정해라
햇살처럼 달빛처럼
그림자 볼 수 없고 목소리 없는 때도
청산에 아련하고 두 눈에 역력해라
아, 우리 님 내 생명 타오르는
태양이여 태양이여

우리 님 너그럽고 유연해라
바다처럼 강물처럼
나 외로워 몸부림치고 나 기뻐 춤출 때도
언제나 함께 있고 희망이고 용기여라
아, 우리 님 내 생명 출렁이는
바다여 바다여

3. 보디스바하

금강 반야 배를 타고 돛을 펼치자
이 언덕은 고통 많은 생사의 바다
저 언덕은 부처님의 광명의 나라
아제아제 바라아제 어서들 가세

너도 나도 모두 함께 어서 건너자
저 산에 해는 지고 밤이 깃드니
반야용선 노를 잡고 어서 건너자
아제아제 바라아제 바라승아제

반야의 배 올라보니 이 땅이 불국
모든 형제 무량 공덕 갖추었으니
부처님과 중생 차별 찾을 길 없네
기쁘다 바라밀다 보디스바하

4. 연꽃 피는 날

부처님 나라 금빛 눈부시고
그윽한 향기 잔잔하여라
금모래 살풋이 피어난 연꽃

바람에 흔들리며 빛을 뿌리네
오, 거룩하신 보살님들의
맑으신 미소가 흘러나오네

거친 땅 진흙에 뿌리내리고
맑은 그 모습 하늘 닮아라
푸른 잎 하얀 꽃 피어나는 날
구름은 수를 놓고 바라춤 추네
오, 자비하신 보살님들의
기쁘신 목소리 들려오네

5. 탑돌이

도세 도세 백팔 번을 도세
도세 도세 백팔 번을 도세

부처님은 성중의 성 중생들의 자부시고
하늘 중의 하늘이며 온 누리의 빛이시어라

대자대비 상서 구름 온 누리를 감싸시고
대지혜의 감로수는 모든 중생 기르시네

하늘보다 넓고 넓은 원력 바다 깊으시고
훤칠하신 큰 위덕은 햇살 같이 눈부셔라

오, 부처님은 성중의 성 중생들의 자부시고
하늘 중의 하늘이며 온 누리의 빛이시어라

도세 도세 백팔 번을 도세
도세 도세 백팔 번을 도세

대자대비 상서 구름 온 누리를 감싸시고
대지혜의 감로수는 모든 중생 기르시네
하늘보다 넓고 넓은 원력 바다 깊으시고
훤칠하신 큰 위덕은 햇살 같이 눈부셔라
곡진하신 자비 방편 모든 중생 건지시네

오, 부처님은 성중의 성 중생들의 자부시고
하늘 중의 하늘이며 온 누리의 빛이시어라

도세 도세 백팔 번을 도세
도세 도세 백팔 번을 도세

6. 파랑새 울고

꽃 피고 파랑새 울고 무지개 피어오르고
룸비니 동산은 춤을 추었네. 하늘은 꽃비 내리고
감로를 비 내리고 음~

(후렴) 오 찬란한 아침이여, 부처님 오셨네
진리의 태양 생명의 태양 솟아오르네
나무 석가모니불 나무 석가모니불

연꽃 가득 핀 천지 평화 환희 너울 치니
눈부신 지혜 하늘을 덮고 이 땅 구하실
뜨거운 자비 피어났네 음~

하늘 중 하늘 오셨네. 성인 중 성인 오셨네
생명의 물줄기 온 누리 적시니 이 땅 부처님 나라
우리는 불국의 역군 음~

7. 보현행원

내 이제 두 손 모아 청하옵나니
시방세계 부처님 우주 대광명

두 눈 어둔 이 내 몸 굽어살피사
위없는 대법문을 널리 여소서
허공계와 중생계가 다할지라도
오늘 세운 이 서원은 끝없사오리

내 이제 엎드려서 원하옵나니
영겁토록 열반에 들지 맙시고
이 세상의 중생을 굽어살피사
삼계화택 심한 고난 구원하소서
허공계와 중생계가 다할지라도
오늘 세운 이 서원은 끝없사오리

8. 열반의 노래

하늘 꽃 비 내리고 풍악소리 은은한데
빛나옵신 부처님 열반상을 나투셨네
중생에게 무상보리 이루게 하시고저
무량수명 팔십으로 줄이시어 거두셨네

부처님 법신이라 상주금강 몸이시라
온갖 고통 여의셨고 무아 무상 넘으셨네
상락아정 무량공덕 중생들과 함께하니

일체중생 빠짐없이 모두 성불 축복했네

불자여 형제여 크신 부촉 받드오세
거룩하온 계법문을 스승으로 받들고서
방일을 멀리하고 용명정진 이어가서
크신 공덕 보답하고 열반 언덕 가옵고저

9. 빛으로 돌아오소서

영원한 광명 아미타 부처님
그 품에 안기려 님은 가셨네
지난 시절의 정다운 모습
살아계신 듯 가까이 있네

끝없는 수명 아미타 부처님
크신 은혜에 고이 잠드소서
대자대비 관세음보살
연꽃 수레로 맞아주시네

광명의 나라 아미타 극락세계
연꽃 봉우리에 태어나소서
부처님 뵙고 큰 법 깨치어

찬란한 빛으로 돌아오소서

10. 보살의 임

과거 현재 미래의 보살님들은
중생으로 인하여 보리심 내고
대비로 인하여 보리심 내며
보리심 인하여 성불하시니
중생들이 없다면 일체 보살이
마침내 성불하지 못하신다오

축 - 복 받을 지라 중생들이여
보리는 그대에게 속하였어라
그대는 불보살의 뿌리 되나니
대비의 물로서 보리 빛나라
아 - 티끌 속 불멸의 복전
그대는 보살의 영원한 임

섬기자 받들자 거룩한 중생
중생을 섬김이 부처님 섬김
중생들 공경이 부처님 공경
중생이 환희하면 제불 세존이

모두 함께 환희심을 내시나니
중생을 받들어 쉬지 않으리

11. 아제아제 바라아제

임은 임은 눈부신 햇살로 와서
휘 – 휘 – 휘날리는 꽃잎으로 가누나
푸른 하늘로 오고 푸른 하늘로 가니
그리운 그 모습 허공에 잠겼어라
(후렴)
아제아제 천지 열려라 새 지평 열려라
바라아제 불멸의 땅이여 빛날지로다

사랑은 황홀한 꿈속으로 와서
쓰리고 아픈 가슴으로 가누나
추억도 꿈도 시간 넘어 띄우니
서산에 해는 지고 동산에 달이 뜬다
(후렴)
아제아제 천지열려라 새 지평 열려라
바라아제 불멸의땅이여 빛날지로다

오! 임은 한량없는 광명이어라

모두와 한 몸 이룬 큰 몸이어라
모습에도 마음에도 걸림이 없는
자재위덕 넘쳐나는 진실이어라

(후렴)

아제아제 천지 열려라 새지평 열려라
바라아제 불멸의 땅이여 빛날지로다

광덕 스님 열반송(涅槃頌)

울려서 법계(法界)를 진동하여

철위산(鐵圍山)이 밝아지고

잠잠해서 겁전(劫前) 봄소식이

겁후(劫後)에 찬란해라!

일찍이 형상(形相)으로 몰형상(沒形相)을 떨쳤으니

금정산(金井山)이 당당하여 그의 소리 영원하리!

광덕 큰스님의 온 인류를 위한
진리와 사랑의 메시지

불광 창립 50년!

　금하 광덕 대종사께서 1974년 온 우주에 '순수불교선언'을 하시고 부처님 정법을 펼치시며 불국토를 실현하기 위해서 불광회를 창립하신 지 어언 반세기가 흘렀습니다. 역사적인 불광 창립 50주년을 맞이하여 금하 광덕 대종사의 대진리의 가르침을 기리고자, 스님이 남겨 놓으신 수승한 법문과 감동의 법어를 모아 『광덕 스님 법어록』을 편찬 발행하는 가슴 벅찬 기쁨을 나누게 되었습니다.

　광덕 큰스님의 반야바라밀 사상과 온 인류를 위한 진리와 사랑의 메시지를 한 권의 책으로 엮는다는 것은 엮은이에게는 지난한 불사였으나, 불광 창립 50주년을 맞이하여 큰스님이 일구어 놓으신 반야바라밀 진리세계의 위대한 가르침과 법향기를 함께 나누고자 용기를 내었습니다.

『광덕 스님 법어록』은 불광 형제들은 물론 재가불자나 이웃들이 손쉽게 부처님과 큰스님의 가르침을 접할 수 있도록, 그동안 출판된 큰스님 법문 관련 서적이나 녹취본에서 다양한 주제별로 엄선하여 구성하였습니다. 불자들이 손쉽게 수지독송할 수 있도록 편찬하고자 노력하였으나 아직 미진하고 부족한 부분이 많으리라 생각됩니다. 그간에 광덕 큰스님의 법문을 녹취하고 다양한 책으로 발간한 스님들과 불광 형제들에게 두 손 모아 감사의 큰절을 올립니다. 아울러 『광덕 스님 법어록』 편찬을 위하여 다년간 노고를 아끼지 않으신 '광덕 스님 법어록 편찬위원회' 위원님들께 깊은 감사의 말씀을 전합니다. 그리고 편집과 발행에 각별한 정성과 노고를 아끼지 않으신 불광출판사에 진심을 담아 고마움을 전합니다.

대자대비 부처님 법을 널리 전하고 불광의 반야바라밀 사상을 온누리에 전파해서 광덕 큰스님이 그토록 염원하셨던 보현행원을 통한 보리도의 성취와 불국토의 구현으로 세계평화를 이룩하는 데 불광이 온 세계의 중심 도량으로 거듭날 것을 발원합니다. 앞으로도 『광덕 스님 법어록』을 지속적으로 보완하여 새롭게 편찬해 나갈 수 있기를 서원합니다.

나무 마하반야바라밀!

불기 2568(2024)년 10월
광덕 스님 법어록 편찬위원장
혜은 이정민 합장

참고문헌

광덕 스님 편저서

- 광덕, 『반야심경 강의』(1980), 불광출판사
- 광덕 역주, 『선관책진』(1981), 불광출판사
- 광덕, 『생의 의문에서 그 해결까지』(1981), 불광출판사
- 광덕, 『불광법회 요전』(1983), 불광출판사
- 광덕, 『빛의 목소리』(1987), 불광출판사
- 광덕, 『보현행원품 강의』(1989), 불광출판사
- 광덕, 『메아리 없는 골짜기』(1990), 불광출판사
- 광덕, 『행복의 법칙』(1990), 불광출판사
- 광덕, 『만법과 짝하지 않는 자』(1992), 불광출판사
- 광덕, 『광덕 스님 명상 언어 집 – 봄 여름 가을 겨울』(1996), 불광출판사
- 광덕, 『마음이 바뀌면 세상이 바뀐다』(2008), 불광출판사

단행본, 전집

- 송암 지원, 『광덕 스님 시봉일기』(1999), 도서출판 도피안사
- 김재영 편저, 『광덕 스님의 생애와 불광운동』(2000), 불광출판사

- 불광사회과학연구원, 『정법광명이 영원하여지이다』(2005), 불광출판사
- 광덕 스님 전집 편찬위원회, 『광덕 스님 전집』1-10권(2009), 불광출판사
- 불광연구원, 『전법학연구』1-13집(2012-2018)
- 월간「불광」편집부, 『월간「불광」40년, 그 아름다운 기록』(2014), 불광출판사
- 혜담 지상, 『무한 창조력을 발휘하는 길』1-3권(2017), 불광사

잡지, 신문, 방송, 기타
- 월보「호법」
- 월간「불광」
- KBS 2TV, 〈11시에 만납시다〉대담(1986.01.06.), 이계진 아나운서
- 조선일보, 〈영원의 빛 순화된 불교, 현대에 적응하는 불교의 자세〉
  (1963.05.21)
- BTN불교라디오, 〈광덕 스님 법문, 불교가 나서야 한다〉(2016.03.04.)
- BTN, 〈반야의 지혜로 세상을 밝히다 금하당 광덕 스님〉(2016-2018)
- 광덕 큰스님 육성법어 녹취록

● **광덕 스님**(1927~1999)

1927년 경기도 화성에서 출생했다. 암울한 민족의 격동기였던 1950년대 범어사에서 당대의 대선지식인 동산(東山) 스님을 만나 참선을 시작, 진리를 위해 몸을 사르겠다는 위법망구(爲法亡軀)의 구도정신으로 수행정진했다. 1974년 9월 불광회(佛光會)를 창립하고, 같은 해 11월 월간 「불광」 창간, 불교의식문 한글화, 경전 번역, 찬불가 작시, 불광사 대중법회 등을 통해 부처님의 가르침을 만인의 품으로 돌려주며 대중을 일깨웠다.

스님은 불교의 생활화·대중화·현대화를 정착시켜 한국불교의 새로운 역사를 썼으며, 우리 시대의 보현보살로 존경받았다. 반야바라밀 구국구세운동을 전개하며 불광을 통해 한국불교의 새 물줄기가 형성되어 정불국토(淨佛國土)가 되어야 한다고 설파했고, 반야바라밀 불광사상을 통하여 세계평화운동을 주도하고자 염원했다. '불광평화상'을 제정하고 '불광평화연구소' 건립을 발원했으며, 불광을 중심으로 세계평화와 불국토를 구현하고자 하는 대원력을 세웠다.

'내 생명 부처님 무량공덕 생명'이라는 절대긍정의 세계를 열어보인 스님은 1999년 세연을 조용히 거두고 입적했다. 지금까지도 스님의 말씀은 끊이지 않는 샘물처럼 오늘 우리의 행복을 창조하는 원천이 되고 있다. 『반야심경 강의』, 『보현행원품 강의』, 『선관책진』, 『육조단경』, 『무문관』, 『생의 의문에서 그 해결까지』, 『행복의 법칙』, 『광덕 스님 명상언어집』을 비롯하여 대중들의 마음을 밝혀주는 주옥같은 역저서 20여 종이 있다.

광덕 스님 법어록

2024년 10월 24일 초판 1쇄 발행

편저자 광덕
발행인 박상근(至弘) · 편집인 류지호 · 편집이사 양동민
편집 김재호, 양민호, 김소영, 최호승, 하다해, 정유리 · 디자인 쿠담디자인
제작 김명환 · 마케팅 김대현, 이선호 · 관리 윤정안
콘텐츠국 유권준, 김대우, 김희준
펴낸 곳 불광출판사 (03169) 서울시 종로구 사직로10길 17 인왕빌딩 301호
　　　　대표전화 02) 420-3200 편집부 02) 420-3300 팩시밀리 02) 420-3400
　　　　출판등록 제300-2009-130호(1979. 10. 10.)

ISBN 979-11-7261-055-5 (03220)

값 30,000원